陕西残疾人职业教育发展研究

李明富 刘正安 著

图书在版编目(CIP)数据

陕西残疾人职业教育发展研究 / 李明富,刘正安著
. —西安：西安交通大学出版社，2022.7
ISBN 978-7-5693-2717-5

Ⅰ.①陕… Ⅱ.①李… ②刘… Ⅲ.①残疾人-职业教育-研究-陕西 Ⅳ.①G769.2 ②D669.69

中国版本图书馆CIP数据核字(2022)第134160号

书　　名	陕西残疾人职业教育发展研究 SHANXI CANJIREN ZHIYE JIAOYU FAZHAN YANJIU
著　　者	李明富　刘正安
策划编辑	曹　昳　杨　璠
责任编辑	苏　剑
责任校对	李　文
出版发行	西安交通大学出版社 (西安市兴庆南路1号　邮政编码710048)
网　　址	http://www.xjtupress.com
电　　话	(029)82668357　82667874(市场营销中心) (029)82668315(总编办)
传　　真	(029)82668280
印　　刷	西安五星印刷有限公司
开　　本	710 mm×1000 mm　1/16　印张 22.75　字数 349千字
版次印次	2022年7月第1版　2022年7月第1次印刷
书　　号	ISBN 978-7-5693-2717-5
定　　价	168.00元

发现印装质量问题，请与本社市场营销中心联系。
订购热线：(029)82665248　(029)82667874
投稿热线：(029)82668804
读者信箱：phoe@qq.com

版权所有　侵权必究

前言

残疾人职业教育是国家职业教育体系的重要组成部分。新中国成立后,特别是改革开放40多年来,党和政府高度重视残疾人职业教育事业的发展,出台了一系列政策措施,提升了残疾人职业教育发展水平。

以习近平同志为核心的党中央非常重视职业教育,高度关心残疾人,重视残疾人事业发展。习近平总书记对职业教育工作作出重要指示强调,在全面建设社会主义现代化国家新征程中,职业教育前途广阔、大有可为。习近平总书记指出,"全面建成小康社会,残疾人一个也不能少""共同富裕路上,一个不能掉队"。中共中央办公厅、国务院办公厅印发《关于推动现代职业教育高质量发展的意见》提出:"坚持党的领导,坚持正确办学方向,坚持立德树人,优化类型定位,深入推进育人方式、办学模式、管理体制、保障机制改革,切实增强职业教育适应性,加快构建现代职业教育体系,建设技能型社会,弘扬工匠精神,培养更多高素质技术技能人才、能工巧匠、大国工匠,为全面建设社会主义现代化国家提供有力人才和技能支撑。"

2018年,教育部等四部门印发《关于加快发展残疾人职业教育的若干意见》指出,加快发展残疾人职业教育,有利于更好满足残疾人受教育的权利,提升残疾人受教育的水平,促进教育公平,推进基本实现教育现代化;有利于帮助残疾人提高就业创业能力,促进残疾人就业和全面发展,更好融入社会,平等享有人生出彩的机会。近年来,国家还密集出台了《残疾人教育条例》《中华人民共和国残疾人保障法》等法律法规,以及"十四五"特殊教育发展提升行动计划》等文件,较为全面地规定了残疾人应享有的接受职业教育的权益,为每一个残疾人提供了通过职业教育实现平等就业、享有平等参与和发展的机会,加快以教育公平促进社会公平正义、阻断贫困代际传递、推动和谐社会发展的时代步伐。残疾人是一个类别和层次复杂的群体,作为社会弱势群体的一部分,如何保障他们接受良好教育的权利,为他们提供适合的职业教育,这既是一个难题,也是一个挑战,需要全社会关心支持、共同参与。

经过70余年的不断探索与创新,从国情出发,我国走出了一条具有中国特色的残疾人"融合教育"发展道路。特别是十八大以来,围绕残疾学生"进得去、留得住、学得好",以《"十四五"特殊教育发展提升行动计划》为指导,以《残疾人教育条例》为核心,衔接各项具体政策,涵盖全学段,政府、学校、家庭和社会共同推进残疾人"融合教育"发展。2015年,教育部确定37个国家特殊教育改革实验区,其中22个开展普通教育与残疾人"融合教育"实验。2017年普通教育与残疾人融合教育首次写进《残疾人教育条例》,此外,《中国教育现代化2035》和《第二期特殊教育提升计划(2017—2020年)》等文件均提出全面推进普通教育与残疾人融合教育。各地不断完善随班就读支持保障体系,加强普通学校特殊教育资源教室建设,配备专兼职教师,在普通学校就读的残疾学生规模不断扩大。"残疾人蓝皮书"对中国残疾人事业发展数据进行整理和分析,已连续三年发布中国残疾人事业发展指数,形成了对中国残疾人事业发展状况的整体判断,全面系统地展现了中国残疾人事业发展态势。中国残疾人事业在经历初创期、形成期、发展期、成熟期的过程中,地方各级政府和残联,根据国家教育发展方针政策,为不断优化残疾人参加职业教育和实用技术培训的社会环境,提供全方位的大力支持,使残疾人职业教育事业得到了极大地发展和进步。

近年来,陕西省残疾人职业教育得到较快发展,规模明显扩大,保障条件逐步完善。总体来看,陕西省残疾人职业教育滞后于全省教育整体水平,残疾人职业教育整体发展水平有待提高,办学质量偏低、师资力量薄弱、布局不合理等问题还比较突出,与全省职业教育发展水平和广大残疾人接受职业教育的迫切需求存在较大差距。残疾人职业教育发展,受制于地方经济、政策、观念、环境等诸多因素影响,有必要通过系统的调研和分析论证,弄清近期发展概况,发现问题所在,从而解决或化解陕西省残疾人职业教育存在的问题与矛盾,推动陕西省残疾人职业教育可持续发展。为此,本书从理论视角厘清残疾人职业教育的概念、内涵、对象、体系,分析残疾人职业教育的基本要素,明晰残疾人职业教育的理论基础。从实践层面,学习并借鉴国外残疾人职业教育的先进理念与典型案例,汲取经验做法,取长补短,促进我国残疾人职业教育的发展。本书还分析了我国发达地区残疾人职业教育的发展现状,总结残疾人职业教育和技能培训中的成功经验,梳理残疾人职业教育体系建设的有效做法,采用调查法研究陕西省残疾人职业教育的现状与存在的问题,寻找残疾人职业教育在教育教学资源建设、教育教学组织实施及过程管理、就业安置等方面的成功经验和破解问题的策略,从而提升残疾人职业教育成效。在理论与实践的基础上,根据中外残疾人职业教育和陕西省残疾人职业教育的现状,提出陕西省残疾人职业教育未来发展的规划与策略。

当前,对残疾人职业教育的相关研究仍呈现弱化状态,这与残疾人职业教育作为国家职业教育体系的重要组成部分的地位尚不匹配。本书的研究旨在改善当前残疾人职业教育研究生态中的不平衡状态,弥补理论研究成果的不足,丰富我国职业教育理论,提高我国残疾人职业教育的整体水平。同时,本书面向应用领域,坚持问题导向,以陕西省残疾人职业教育为研究对象,通过对其在开展职业教育中存在的问题进行梳理、分析,进而找寻解决问题的途径、方法和对策,从而为陕西省残疾人职业教育的高质量发展,指引新的方向、开辟新的道路。

编　者

2021年10月

目 录

第一章 残疾人职业教育理论基础与发展历程 (1)

第一节 残疾人职业教育的概念与内涵 (1)

第二节 残疾人职业教育体系及分类 (13)

第三节 残疾人职业教育的基本要素 (23)

第四节 我国残疾人职业教育发展历程 (41)

第二章 陕西省残疾人职业教育现状 (54)

第一节 国内外关于残疾人职业教育的研究 (54)

第二节 陕西省残疾人职业教育现状研究的主要内容 (59)

第三章 国外残疾人职业教育典型案例 (106)

第一节 美国残疾人职业教育 (106)

第二节 德国残疾人职业教育 (117)

第三节 日本残疾人职业教育 (130)

第四节 新加坡残疾人职业教育 (141)

第四章 国内残疾人职业教育发展经验研究 (154)

第一节 国内残疾人职业教育发展成就、现状与问题 (154)

第二节 国内残疾人职业教育发展成功做法与经验 (181)

第三节 促进残疾人职业教育融合发展的建议 (202)

第五章 陕西省残疾人职业教育实践研究 (210)

第一节 陕西省残疾人职业教育专业设置的对策与建议 (211)

第二节　陕西省残疾人职业教育课程建设研究 …………… (216)
第三节　陕西省残疾人职业教育实践教学体系 …………… (221)
第四节　陕西省残疾人职业教育师资队伍建设 …………… (225)
第五节　陕西省残疾人职业教育校企合作 ………………… (232)
第六节　陕西省残疾人职业教育职业培训体系研究 ……… (238)

第六章　陕西省残疾人职业教育形势与任务 ……… (248)

第一节　陕西省残疾人职业教育战略部署 ………………… (248)
第二节　陕西省残疾人职业教育面临的形势 ……………… (256)
第三节　陕西省残疾人职业教育发展机遇 ………………… (269)
第四节　陕西省残疾人职业教育面临的任务 ……………… (277)

第七章　陕西省残疾人职业教育改革策略与发展规划 ……… (284)

第一节　陕西省残疾人职业教育的改革策略 ……………… (284)
第二节　陕西省残疾人职业教育发展中长期规划(2021—2035)意见稿 …
　　　　…………………………………………………………… (288)
附件:陕西省残疾人职业教育中长期发展提质培优计划任务书 …… (311)

附录　陕西省残疾人职业教育发展研究报告 ……………… (321)

参考文献 ………………………………………………………… (344)

后　　记 ………………………………………………………… (354)

第一章 残疾人职业教育理论基础与发展历程

第一节 残疾人职业教育的概念与内涵

一、残疾人职业教育的概念

（一）残疾人职业教育的起源

我国最早关于残疾人的记录始于公元前8世纪，那时已有关于外伤致盲使人失去视觉的记载。在古代，对残疾人主要以"宽疾"和"养疾"政策为主，有时残疾人也能接受一定的职业教育。根据《尚书·禹典》的记载，周代宫廷曾设立培养乐师的学校，培训出规模不一的盲人乐队。但当时的残疾人职业教育针对的群体范围过小，对整个残疾人来说还没有正规的职业教育。

近代，太平天国将领洪仁玕在著名的《资政新篇》中对残疾人职业教育提出"请长教以鼓乐书数杂技"，将杂技作为残疾人的一种谋生手段；1874年，英国传教士穆·威廉（William Murray）在我国建立第一所特殊教育学校——北京瞽目通文馆，学校设有工艺部，主要给学生教授技艺，如做垫子、纺纱布、编篮子以及缝纫等，教授残疾学生职业技能，为学生将来谋生做准备；1915年，刘先冀先生在湖南长沙创办由中国人创立的第一所特殊教育学校——湖南倒盲学校，学校设置编制科，专门对残疾人进行工艺职业技术教育；1927年10月，国民政府在南京开办我国第一所公立特殊教育学校——南京市盲哑学校，学校设有专门的职业部，残疾学生在学校学习职业课程，并可升入大专院校——国立艺专继续学习。

新中国成立后，残疾人职业教育发展进入一个崭新的时期，逐渐被纳入新中国教育体系之中。1957年,教育部印发的《关于办好盲童学校、聋哑学校的几点指示》中提出:"要建立手工劳动课和职业劳动训练,努力积累经验,并随着社会上盲人生产组织的发展,逐步建立起我国盲童学校职业劳动训练的完整体系。"1989年,《关于发展特殊教育的若干意见》中指出:"各级各类特教学校都应贯彻执行德、智、体、美、劳全面发展的方针,在对残疾学生进行思想品德教育、文化教育和身心缺陷补偿的同时,切实加强劳动技能和职业技术教育,为他们参与社会生活,适应社会需要创造条件。"1990年,《中华人民共和国残疾人保障法》中规定:"残疾人教育应当根据残疾人的身心特性和需要,在进行思想教育、文化教育的同时,加强身心补偿和职业教育。"1994年,《残疾人教育条例》中指出:"发展残疾人教育事业,实行普及与提高相结合、以普及为重点的方针,着重发展义务教育和职业教育,积极开展学前教育,逐步发展高级中等以上教育。"2017年,修订后的《残疾人教育条例》中再次指出:"残疾人教育是国家教育事业的组成部分。发展残疾人教育事业,实行普及与提高相结合、以普及为重点的方针,保障义务教育,着重发展职业教育,积极开展学前教育,逐步发展高级中等以上教育。"

残疾人职业教育是随着特殊教育的发展而发展起来的,残疾人职业教育经历了从最初的关注听力障碍和视力障碍的学生,到现在涵盖各个残疾类别的残疾人,再到残疾人融合职业教育,残疾人职业教育获得了长足的发展。

(二)残疾人职业教育概念的演变

在我国,残疾人职业教育概念的演变经历了职业劳动训练—职业技能教育—职业技术教育—职业教育的演变。《关于办好盲童学校、聋哑学校的几点指示》(1957)和《全日制聋哑、盲童学校教学计划(草案)》(1962)中使用的是职业劳动训练这一概念;《全日制六、八年制聋哑学校教学计划(征求意见稿)》(1984)和《全日制盲校小学教学计划(初稿)》(1987)这两份文件的相继出台,职业技能教育一词替代了职业劳动训练;《关于发展特殊教育的若干意见》(1989)中进一步将职业技能教育改为职业技术教育;《中华人民共和国残疾人保障法》(1990)中将职业技术教育改为职业教育;《残疾人教育条例》(1994)中使用的职业教育被沿用至今。

(三)残疾人职业教育概念的界定

残疾人职业教育概念虽经历了从职业劳动训练到职业技能教育,再到职业技术教育,最后到职业教育的演变,但其基本内涵保持不变。

目前针对残疾人职业教育概念的界定因人而异,但大同小异。目前,行业内认可度最高的当属陈云英在其主编的《中国特殊教育基础》中对残疾人职业教育的定义,即"根据社会需要和残疾青少年的身体特点,实施的职前、职后的各级各类职业和技术教育以及与普通教育中的普通职业教育的总称。"因此,残疾人职业教育是有计划、有目的地传授残疾人有关职业道德、专业知识、技术技能等内容,使其具备所需的职业素质的教育活动,包括职前、职后的各级各类职业学校教育和各种形式的职业培训。

二、残疾人职业教育的内涵

残疾人职业教育属于职业教育的重要组成部分,同时也是教育事业的重要组成部分,其研究的内涵为:残疾人职业教育的发展历程、残疾人职业教育的对象(包括各个残疾类别的受教育对象的身心特点及其身心发展规律)、残疾人职业教育的目标(包括总体育人目标和各级各类残疾人职业教育育人目标)、残疾人职业教育分类(包括残疾人学历教育和非学历教育)、残疾人职业教育的基本要素(包括政策保障、专业设置、资源与条件、教师、课程、形式与教法和主要模式等)、残疾人职业教育的组织(包括宏观的残疾人职业教育体制、中观的残疾人职业教育学校以及微观的残疾人职业教育班级)、残疾人职业教育的方法(包括残疾人职业教育的教学方法、残疾人职业教育的评估方法以及残疾人职业教育的管理方法)等。

三、职业教育、残疾人教育与残疾人职业教育

(一)职业教育、残疾人教育与残疾人职业教育的基本概念

1. 职业教育

职业教育是指为了使受教育者具备从事某种职业或者职业发展所需要的职业道德、专业知识、技术技能和能力素质而实施的教育活动,包括各级各类职业学校教育和各种形式的职业培训。

2. 残疾人教育

残疾人教育是指使用一般的或经过特别设计的课程、教材、教法、教学组

织形式及教学设备,对有特殊需要的残疾儿童进行旨在达到一般和特殊培养目标的教育。它的目的和任务是最大限度地满足社会的要求和残疾儿童的教育需要,发展他们的潜能,使他们增长知识、获得技能、完善人格,增强社会适应能力,成为对社会有用的人才。

3.残疾人职业教育

残疾人职业教育是指有计划、有目的地给残疾人传授有关职业道德、专业知识、技术技能等内容,使其具备所需的职业素质的教育活动,包括职前、职后各级各类职业学校教育和各种形式的职业培训。目前,我国残疾人职业教育主要有三种形式:一是残疾人职业学校教育;二是普通学校招收残疾人进行职业教育;三是残疾人与普通学生一起随班就读,接受职业教育。

(二)职业教育、残疾人教育与残疾人职业教育之间的关系

1.职业教育与残疾人教育

残疾人教育是指专门针对残疾人进行的教育,其在教育目的、教学内容及教学方法上明显区别于针对健全人的教育。残疾人教育包括思想教育、文化教育、职业教育和身心补偿等四个方面的内容,职业教育是残疾人教育中的重要内容之一。

2.职业教育与残疾人职业教育

职业教育包括针对健全人的职业教育和针对特殊人(主要指残疾人)的职业教育。根据《残疾人教育条例》规定,我国残疾人职业教育体系由普通职业教育机构和残疾人职业教育机构组成,以普通职业教育机构为主体,普通职业教育学校必须招收符合国家规定的录取标准的残疾人入学,普通职业培训机构应当积极招收残疾人入学。残疾人职业教育学校和培训机构,应当根据社会需要和残疾人的身心特性合理设置专业,并根据教学需要,发展校办企业,办好实习基地。因此,残疾人职业教育不仅是我国职业教育的组成部分,也是国家教育事业的重要组成部分。

3.残疾人教育与残疾人职业教育

大教育观认为,教育是一个多样的、开放的、综合的大系统,其特点在于时间长、空间广、效率高、质量好、内容多,要培养出大批各类杰出的人才。残疾人虽然在身心的某些方面存在缺陷,但同样具有可塑造性,具备通过职业

教育走向就业岗位,成为各行各业所需人才的可能性,从这个角度上看,残疾人职业教育属于残疾人教育之一。大职业教育观认为,职业教育是"跨界"的教育,不仅具有教育性,而且具有突出的经济性、社会性、地域性、职业性、终身性等特点,仅靠教育界是难以办好的,需要动员全社会的力量参与支持。残疾人职业教育不单单涉及残疾人教育的一个方面,也需要除教育层面外社会其他的各个方面。从这个角度上看,残疾人职业教育包含残疾人教育。

因此,职业教育、残疾人教育与残疾人职业教育三者之间的关系为你中有我、我中有你、相互包含的关系,具体关系如图1-1所示。

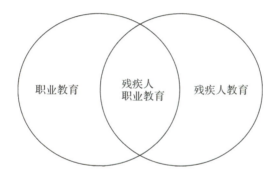

图1-1 职业教育、残疾人教育与残疾人职业教育之间的关系

四、残疾人职业教育育人目标

职业教育是残疾人教育的重要组成部分。残疾人职业教育根据层次不同可以划分为残疾人初等职业教育、残疾人中等职业教育以及残疾人高等职业教育,其育人目标根据职业教育层次不同而各异。

(一)残疾人职业教育总体育人目标

残疾人职业教育是有计划、有目的地给残疾人传授有关职业道德、专业知识、技术技能等内容,使其具备所需的职业素质的教育活动。残疾人职业教育的总体育人目标为:一方面,帮助残疾人通过接受职业教育弥补其身心缺陷,获得职业相关的实用知识和技能,掌握生存技能,获得职业能力,实现就业创业,从而使残疾人获得自我发展、实现自我价值,回归社会并平等参与社会生活;另一方面,对残疾人进行职业道德、职业知识、职业技能等方面的教育,全面提高其素质,有力地提升国家现代化水平与文明程度,加快全面建成小康社会进程。

(二)各层次残疾人职业教育育人目标

1. 残疾人初等职业教育育人目标

残疾人初等职业教育的主要对象为小学毕业或至少有小学文化程度的青少年,学制3—4年,其主要的教育形式为,在特殊教育学校的初中阶段,增开职业教育课程或设置专门的职教班。因此,残疾人初等职业教育的育人目标为培养具有初中文化基础、具有良好的劳动习惯、掌握初级职业技术、形成初步劳动能力的人才,并为接受中等职业教育打好基础。

2. 残疾人中等职业教育育人目标

残疾人中等职业教育的主要对象为已完成初等职业教育的残疾学生,基本学制以3年为主,招收普通高中毕业生或者同等学历者,基本学制以1年为主,是目前我国残疾人职业教育体系建设的重点,其主要的教育形式为在特殊学校的高中阶段、残疾人中等职业学校、普通中等职业学校的普通班或附设的特教班,其中特殊学校的高中阶段和专门的残疾人中等职业学校为主要教育形式。残疾人中等职业教育的育人目标为培养具有良好的职业道德、掌握专业知识和技术技能的专门职业人才,并为残疾学生就业和继续深造奠定必备条件。

3. 残疾人高等职业教育育人目标

残疾人高等职业教育建立在残疾人中等职业教育的基础上,学制3—4年,专业与中等职业教育阶段相衔接并有所扩展,毕业生可获得全国普通高等学校毕业证书。目前,我国残疾人高等职业教育主要包括以下三种基本形式:一是在普通高职院校招收各类轻度残疾学生进行融合教育;二是专门设立的残疾人高等职业教育学校;三是残疾人中等职业学校与普通高校合作开办的大专班。残疾人高等职业教育的育人目标为最大限度地发挥残疾学生的潜能,培养高级专门人才和职业人员,为社会主义现代化培养可靠的建设者和接班人。

五、残疾人职业教育的对象

残疾人职业教育需要根据残疾人的身心特性来开展,其对象主要包括以下几类。

(一)听觉障碍学生

听觉障碍是指由于各种原因导致双耳听力丧失或听力减退,以至听不到或听不清周围的声音,难以与他人进行正常的语言交往活动,听觉障碍包括聋和重听。无论障碍程度如何,学生均可接受相应的职业教育。

(二)视觉障碍学生

视觉障碍是指由于各种原因导致双眼视力低下,并且不能正常矫正或视野缩小,导致影响日常生活和社会参与。视觉障碍包括盲和低视力。无论障碍程度如何,学生均可接受相应的职业教育。

(三)肢体障碍学生

肢体障碍是指因人体运动系统的结构、功能损伤而造成的四肢残缺,或四肢、躯干麻痹(瘫痪)、畸形等,导致人体运动功能不同程度丧失以及活动参与受到限制。针对此类人群提供职业教育需要根据其残疾程度来进行。肢体残疾程度可分为:不能独立实现日常活动属于肢体一级残疾;基本上不能独立实现日常活动属于肢体二级残疾;能部分独立实现日常生活活动属于肢体三级残疾;基本上能独立实现日常生活活动属于肢体四级残疾。肢体一级残疾和二级残疾的学生因自身身体条件的缺陷,主要任务是进行独立生活方面的训练,不适合进行职业教育,因此适合进行职业教育的主要是肢体三级残疾和四级残疾的学生。

(四)智力障碍学生

智力障碍是指智力显著低于一般人水平,并伴有适应行为障碍,一般发生在智力发育期间(18岁以前)。针对此类学生提供职业教育需要根据其障碍程度来进行区分:智商分数在20分以下为极重度智力障碍;智商分数在20—34分为重度智力障碍;智商分数在35—49分为中度智力障碍;智商分数在50—69分为轻度智力障碍。重度和极重度智力障碍学生由于其认知、理解、沟通及运动方面存在明显的缺陷,主要以持续性康复和培养独立自主生活能力为主,不具备职业教育的条件,轻度和中度智力障碍学生具备一定的认知、理解能力,属于残疾人职业教育对象的范畴。

(五)言语发展异常学生

言语发展异常是指由于各种原因导致不同程度的言语障碍(经治疗一年以上不愈或病程超过两年者),不能或难以进行正常的言语交往活动。此类学生智力方面正常,可以根据学生特点进行针对性的职业教育,职业教育的内容以操作性为主,减少语言方面的职业教育。

(六)广泛性发育障碍学生

广泛性发育障碍又称孤独症,以明显的社交沟通障碍、重复刻板行为及局限的兴趣为特征,根据症状程度可分为轻度孤独症、典型孤独症、阿斯佩格综合征、高功能孤独症等类型。对该类学生可根据其智力障碍程度、兴趣特点或者某方面独特的能力进行职业潜能开发,开展有针对性的职业教育,但伴有其他障碍(如重度智力残疾)或者其他重度障碍类型等多重障碍学生不具备开展职业教育的条件。

特殊教育发展的趋势为全纳教育,即对残疾学生入学实行零拒绝,职业教育也是如此,应当对所有的残疾学生根据其身心特点进行相应的职业教育。随着社会的发展、医疗技术的进步,因为各种身体原因暂时无法接受适宜的职业教育的残疾人,在将来也是有可能接受相应的职业教育的。

六、残疾人职业教育的地位和作用

(一)残疾人职业教育的地位

残疾人在我国是一个数量庞大、问题突出的社会弱势群体,根据第二次全国残疾人人口抽样调查结果显示,我国残疾人口约 8 296 万。残疾人职业教育是国家职业教育体系与特殊教育体系的重要组成部分,办好残疾人职业教育,是落实党的十九大关于"办好特殊教育"以及习近平总书记明确要求的"全面建成小康社会,残疾人一个都不能少"的重要体现。残疾人教育事业的发展是衡量一个国家现代化水平与文明程度的重要指标,同时也是残疾人回归社会的重要途径。

(二)残疾人职业教育的作用

1.经济社会发展方面

残疾人职业教育的发展对于促进经济社会的发展有着重要的作用。随着我国经济的不断发展,对于劳动力的需求也越来越大,残疾人也是劳动力的重要来源之一。经过职业教育后,残疾人成为具备一定职业技能的人才,可以通过自身劳动在实现自身价值的同时,为社会创造经济财富,为全社会的经济发展作出自己的贡献;同时,残疾人通过接受职业教育实现就业,可以自食其力,减少甚至不用依靠政府的救助,对国家来说减轻了负担,国家可以节省更多的资金投入其他领域,促进全社会发展。因此,发展残疾人职业教育是经济社会发展的必然要求,政府要不断出台各种政策来促进残疾人职业教育的不断发展。

2. 社会事业发展方面

社会事业是指中央和各级地方政府领导的社会建设和社会服务事业,是国家为了社会公益目的,由国家机关或其他组织举办的从事教育、科技、文化、卫生等活动的社会服务,包括教育事业、医疗卫生、劳动就业、社会保障、科技事业、文化事业、体育事业、社区建设、旅游事业、人口与计划生育等10个方面。残疾人职业教育的发展将有利于推动残疾人教育事业和文化事业的发展,也将有力地解决残疾人就业问题和社会保障事业的发展,同时残疾人通过职业教育实现人力资源的转换,也有利于解决残疾人人口方面的问题,因此,从总体上来说,残疾人职业教育的发展将极大地推动整个国家社会事业的发展。

3. 残疾人事业发展方面

残疾人事业工作的领域主要包括残疾人的康复、教育、劳动就业、扶贫、社会保障、文化体育、环境建设、社区残疾人工作、组织建设、法治建设、残疾预防和国际交流与合作等各个领域。根据残疾人事业工作的划分,残疾人职业教育属于残疾人教育的范畴,是残疾人事业的重要组成部分。残疾人通过职业教育能够提升其职业技能,推动其实现就业,是解决残疾人教育和劳动就业的有效途径,能极大地推动残疾人事业的发展。

4. 残疾人自身发展方面

残疾人职业教育的对象是具备接受职业教育条件的残疾人,残疾人是开展职业教育的直接受益人,对其个人发展有着十分重要的促进作用。残疾人通过接受职业教育,一方面,能够弥补其身心缺陷,获得职业相关的实用知识和技能,掌握生存技能,获得职业能力,实现就业创业和脱贫增收,是残疾人自我发展、实现自我价值的重要途径;另一方面,残疾人接受职业教育可以提高他们的职业道德和整体素质,有利于其平等参与社会,提升获得感、幸福感和安全感。正因为残疾人职业教育对于残疾人而言作用巨大,全社会应该行动起来,支持和保障残疾人接受相应的职业教育。

七、残疾人职业教育的特点

残疾人职业教育的对象为具备基本和必备的接受职业教育条件的残疾人,与普通职业教育相比,残疾人职业教育有其显著的特点,而这些特点是基于残疾人自身的身心特点所决定的。残疾人职业教育的特点如下。

(一)教育对象不同

普通职业教育为普通的身心健全的人群提供职业教育,而残疾人职业教育主要为生理和心理有障碍的人士提供职业和技术方面的教育,包括生理发展异常人群、智力发展异常人群、言语发展异常人群及广泛性发育障碍人群。

(二)教育内容不同

因为教育对象的身心特点不同,残疾人职业教育在教育内容上与普通职业教育相比存在比较大的差异,残疾人职业教育除了以普通职业教育中的职业教育和技术教育外,还需要根据残疾人的身心特点开设有针对性的课程,例如,针对视力障碍学生开设的职业教育课程有针灸、推拿、按摩等专门职业课程,针对听障学生设置的工艺美术、服装设计、机械维修、烹饪、计算机应用等职业课程。

(三)教学方式不同

普通职业教育一般采取大班授课、集体学习的方式,而残疾人的职业教育大多情况需要采取个别授课或小班教学的形式。针对残疾人的身心特性,在教学上多采用因材施教的教学方法,并结合使用工作分析法、直接教学法以及概念教学法等特殊教育领域的教学方法对其进行职业教育,在教育方法上以实践体验为主。

八、残疾人职业教育的学习理论

残疾人职业教育的开展和实施,离不开相应的理论支撑,总体来说,主要包括基础理论支撑、残疾人教育理论支撑及职业教育理论支撑三个方面。

(一)基础理论

1. 人权理论

人权是人根据自身的自然属性以及社会本质所应该享有的权利,具有普遍性和特殊性。人权理论认为人人生而平等,人人都有自己神圣的、不可剥夺、不被侵犯的权利,如生存权、人身自由权等。在我国,宪法、民法典、未成年人保护法、教育法等均规定残疾学生享有平等的受教育权利。人权的享受主体是人,残疾人作为人类社会大家庭中的一员,同样也应该享受到人权的所有权利,尤其是平等的受教育权。因此,残疾人享受职业教育权利是我国残疾人的基本权利。然而,残疾学生作为弱势群体,经常会遭到忽视,应有的权利被无故侵犯,甚至无法得到保障,从人权理论上来说,是与其相违背的。因此,需要加大宣传,消除观念上对残疾人职业教育的歧视,使全社会关心、关注残疾人职业教育是人人平等这一基本人权理论的内在要求。

2. 教育公平理论

教育公平是公平在教育中的体现。在教育中要实现绝对的公平是不现实的,也是不科学的,但教育公平能够使人参与公平竞争,改善社会弱势群体的社会地位和生存状态,是实现社会公平的重要手段。教育公平理论强调受教育权利平等、受教育机会均等,即每个人都具有平等的受教育权,在教育面前人人平等,每个公民都有平等的受教育的机会。教育公平强调的是受教育权利平等和受教育机会均等,残疾人应该和健全人一样有接受残疾人职业教育的平等权利和均等机会。残疾人从生理条件来看,属于一个相对弱势的群体,帮助残疾人接受职业教育是实现教育公平的重要途径之一。

3. 人的全面发展理论

人的全面发展最初是文艺复兴时期人文主义者推崇的思想之一,而后马克思在批判性地继承了黑格尔等人的古典哲学基础上,再结合自己的唯物主义历史观逐步提出了人的全面发展理论。人的全面发展理论提倡人的能力得到多方面和全面发展。这里的能力也包括职业能力,全面发展的教育包括德育、智育、体育、美育和劳动技术教育等。我国的教育目的中涉学生在德育、智育、体育、美育、劳动技术教育等方面的发展,其中劳动技术教育也包括残疾人的劳动技术教育,即残疾人职业教育。残疾人通过职业教育可以提升自身职业能力,实现就业,实现个人的自我价值和社会价值,有利于促进其全面发展。

(二)残疾人教育理论

1.全纳教育

1994年,全纳教育理念最先在《萨拉曼卡宣言》中被提出来,《宣言》强调每个人都有受教育的基本权利,每个人都有其独特的个性、兴趣、能力和学习需要,学校要接纳全体儿童,并满足他们的特殊教育需要,从此拉开了全纳教育的序幕。全纳教育作为一种教育思潮,它容纳所有学生,反对歧视排斥,促进积极参与,注重集体合作,满足不同需求,是一种没有排斥、没有歧视、没有分类的教育。因此,根据全纳教育的基本理念,残疾儿童尽管存在身心方面的一些缺陷,但同样要纳入到教育体系当中,而残疾人职业教育兼具特殊教育和职业教育双重角色,尤为重要。残疾人只要具备职业教育的必备条件,都应该根据其身心特点对其开展相应的职业教育。

2.融合教育

融合教育理念是在全纳教育基础上延伸发展而来的,与全纳教育理念不同的是,融合教育的提出是针对隔离式的特殊教育而言的,更强调为残疾儿童提供正常化的教育环境,而非隔离的环境。因此,其主旨是让残疾儿童和健全儿童一起在普通学校接受教育,在普通班中接受特殊教育和相关服务,为将来适应主流社会打下基础。《残疾人教育条例》中也提出,对残疾学生的职业教育应该最大程度地融入普通教育。因此,越来越多的残疾人进入普通职业技术学校进行融合教育,包括职业方面的教育。同时,越来越多的残疾人职业学校也开始与普通职业学校进行对接,最大限度地满足残疾人职业教育发展的各方面需要。融合教育的持续发展,为残疾人职业教育的发展提供了一种全新的理论基础和支撑,极大地促进了残疾人职业教育不断走向现代化。

3.协同发展

无论是全纳教育还是融合教育,都提出要构建一个健全的社会支持系统,也就是需要协调两个或者两个以上的不同资源或者个体,相互协作完成残疾人职业教育目标,达到共同发展的双赢效果,这就是协同发展理论所提倡的。因此,需要政府、有关部门及社会各界共同加大力度,从与残疾人职业教育相关的基础设施、专业队伍、人才培养、就业扶持等方面给予支持,最大程度地构建全纳、公平的融合教育环境,让更多的残疾人能够得到平等接受职业教育的机会,获得就业机会,参与社会生活。

(三)职业教育理论

职业教育的目的在于通过对受教育者进行职业知识、职业技能以及职业道德方面的教育,提升其职业素质,促进其就业,实现个人价值和社会价值。2018年出台的《关于加快发展残疾人职业教育的若干意见》指出,要为残疾人提供适合的职业教育,促进其职业技能提升。因此,对于残疾人来说,接受职业教育后能够获得职业上的发展,从而实现就业创业,这是残疾人职业教育的出发点,也是落脚点。

第二节 残疾人职业教育体系及分类

一、残疾人职业教育体系

教育体系是指互相联系的各种教育机构的整体或教育大系统中的各种教育要素的有序组合。广义的教育体系,除教育结构体系外,还包括人才预测体系、教育管理体系、师资培训体系、课程教材体系、教育科研体系、经费筹措体系等,这些体系相对于教育结构体系,称为服务体系;狭义的教育体系,仅指各级各类教育构成的学制,或称教育结构体系。

残疾人职业教育体系是指由残疾人职业教育实施机构组成的规范体系(见图1-2)。残疾人职业教育分为学历教育和非学历教育,其中学习教育实施机构以特殊教育学校为主,也有各层次普通学校开设的特殊教育学院(班)。非学历教育实施机构则主要为职业教育机构,要开展各类实用知识和技术培训。

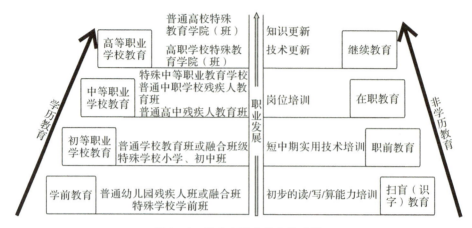

图 1-2 残疾人职业教育体系图

二、残疾人职业教育的分类

残疾人职业教育是让有身心缺陷的人群获得某种职业或生产劳动所需要的职业知识、技能和职业道德的教育。

根据受教育者接受教育的途径和取得的证书的不同,残疾人职业教育可分为学历教育和非学历教育。

(一)学历教育

学历教育是根据中华人民共和国教育部下达的招生计划录取学生,按教育主管部门认可的教学计划实施教学,学生完成学业后,由学校颁发国家统一印制的毕业证书和学位证书。

就现阶段我国的教育体制而言,学历教育按阶段可以划分为以下三个阶段。

基础教育:幼儿园(一般接纳3—6岁的适龄儿童);小学(一般为6—12岁的教育年龄,现阶段小学教育的年限是6年);初中(一般为12—15岁的教育年龄,现阶段初中教育的年限是3年);高中(一般为15—18岁的教育年龄,现阶段高中教育的年限是3年)。

职业教育:技工学校、职业技术学院、中等职业学校、高等职业学校。

专业教育:中等专业学校、高等专科学校(大学专科)、大学本科、研究生教育(硕士研究生,博士研究生)。

学历教育按层次划分,如表1-1所示。

表1-1　学历教育的层次划分

层次	阶段
学前教育	幼儿园
初等教育	小学、初中
中等教育	高中、中专、中职、中技
高等教育	专科(高职、高专、高技)、本科、硕士研究生、博士研究生

特殊教育的发展程度,直接与一个国家、一个城市的文明程度相关。残疾人职业教育作为职业教育的一个重要分支,和普通教育一样,可以划分为学前教育、义务教育、中等职业教育和高等职业教育四个层次,同时在各个教育层次上与普通教育都有不同程度的交叉、渗透和重合。其中学前教育阶段和义务教育阶段属于准备式职业教育阶段,即课程中没有开设专门的职业教育课程,而是在文化教育中渗透职业教育的理念和培养学生的职业劳动技能。

1. 残疾人的学前教育

残疾人的学前教育主要指对学龄前(0—6岁)缺陷儿童提供治疗、补偿性教育和功能康复训练,是残疾人在学前期能与普通儿童一样,得到德、智、体、美的全面发展和对特殊需要的满足。残疾人学前教育是特殊教育体系的基础。

残疾人学前教育的实施主体一般为特殊学校开设的学前班,或是在普通幼儿园增设的残疾人班或融合班。我国1994年颁布的《中华人民共和国特殊教育条例》第十条规定:"残疾幼儿的学前教育,通过下列机构实施:(1)残疾幼儿教育机构;(2)普通幼儿教育机构;(3)残疾儿童福利机构;(4)残疾儿童康复机构;(5)普通小学的学前班和残疾儿童、少年特殊教育学校的学前班。残疾儿童家庭应当对残疾儿童实施学前教育。"此外,还可以成立以检查、鉴定为主的培训中心、测查中心等,协同多方面专业人士对特殊儿童进行学前教育。残疾人学前教育的主要目标是及时治疗、补偿和矫正残疾儿童已经存在的缺陷,预防附加缺陷或继发性缺陷,帮助残疾儿童最大限度地发挥个人潜能,从而与健全儿童一样生活和学习。

2. 残疾人的初等职业教育

残疾人的初等教育主要是指小学和初中的义务教育阶段。义务教育是依照法律规定对所有适龄儿童、少年统一实施的具有普及性、强制性、免费性的学校教育,是提升国民素质的基础及实现社会公平的起点。我国2018年修订通过的《中华人民共和国义务教育法》第六条规定:"国务院和县级以上地方人民政府应当合理配置教育资源,促进义务教育均衡发展,改善薄弱学校的办学条件,并采取措施,保障农村地区、民族地区实施义务教育,保障家庭经济困难和残疾的适龄儿童、少年接受义务教育。"因此,残疾人的初等职业教育被纳入了我国义务教育的范畴。

残疾人初等教育的实施主体一般为普通学校开设的特殊教育班或随班就读的融合班级,以及专门特殊学校。残疾人义务教育的主要目标与普通教育一样,即将德育、智育、体育、美育等有机统一在教育教学活动中,注重培养学生独立的思考能力、创新能力和实践能力,促进学生的全面发展。

3. 残疾人的中等职业教育

残疾人的中等职业教育主要包括高中教育和中等职业教育两个范畴。其中高中教育的实施主体主要是残疾人高中学校、普通高中开设的残疾人班,以及随班就读;中等职业教育的实施主体则包括残疾人中等职业学校,以及各种职业技术学校、技工学校、职业高中(职业中学)中开设的残疾人班或随班就读。对残疾人进行中等职业教育的主要目标是根据市场需求和残疾人的自身特点,为他们传授相关知识、提供相关训练、现场辅导和跟踪支持等,帮助残疾人掌握初级的职业技能,从而为就业或为接受更高级的职业教育和就业打好基础。

据《2019年残疾人事业发展统计公报》显示,2019年,全国共有残疾人中等职业学校(班)145个,在校生17 319人,毕业生4337人,毕业生中1705人获得职业资格证书。全国有12 362名残疾人被普通高等院校录取,2053名残疾人进入高等特殊教育学院学习。

4. 残疾人的高等职业教育

发展残疾人高等教育是社会文明进步和教育发展的必然要求。我国残疾人的高等教育自20世纪80年代起步以来,在国家一系列政策和法律法规的指导下,至今已初步形成。1987年经原国家教委批准,由中国残疾人联合会和吉林省人民政府共同创办的全国第一所特殊教育学院,开创了我国视障、听障和肢体残障人接受高等教育的先河。1989年5月,国务院办公厅转发国家教委等部门《关于发展特殊教育的若干意见》中指出:"当前和今后一个时期,发展特殊教育的基本方针是:着重抓好中等教育和职业技术教育,积极开展学前教育,逐步发展中等教育和高等教育。"后来颁布的《教师法》《特殊教育条例》《教育法》《职业教育法》《高等教育法》等法律中都明确提出要保障残疾人接受高等教育的权利。2008年颁布的《中华人民共和国残疾人保障法》也规定:"逐步发展高级中等以上教育",强调"普通高级中等学校、中等职业学校和高等学校,必须招收符合国家规定的录取要求的残疾考生入学,不得因其残疾而拒绝招收;拒绝招收的,当事人或者其亲属、监护人可以要求有关部门处理,有关部门应当责令该学校招收。"2015年4月,教育部和中国残联印发《残疾人残疾普通高等学校招生全国统一考试管理规定(暂行)的通知》,以维护残疾人的合法权益,保障残疾人平等参加普通高等学校招生全国统一考试。

残疾人高等职业教育的实施主体,主要包括高等职业学校专门设置的残疾人职业教育学院或残疾人职业教育系或专业、高等职业学校的随班跟读(和健全学生一起学习)、普通高等学校建立的残疾人职业教育学院(如长春大学特殊教育学院)或残疾人职业教育系或专业、普通高等学校的随班跟读、成人(远程、函授)高等职业教育等。对残疾人进行高等职业教育的主要目标是根据市场需求和残疾人的自身特点,为他们传授更加专业化的相关知识和相关训练、现场辅导和跟踪支持等,帮助残疾人获得知识、掌握高级的职业技能,从而有效就业或参与推动社会文明进步发展的工作。近年来,随着国家对残疾人高等教育的日益重视,越来越多的残疾人参加普通高考,获得了与健全学生同等的受教育机会,圆了大学梦。当然,录取高校也会根据学生的特点和需要给予特殊的照顾,如表1-2所示。

表 1-2 残疾人职业教育中的学历教育简表

培养层次	办学主体	安置形式	培养目标	课程内容
学前教育	政府主办、民政部门、卫生部门、残疾人联合会、社会、单位办学等	(1)残疾幼儿教育机构;(2)普通幼儿教育机构;(3)残疾儿童福利机构;(4)残疾儿童康复机构;(5)普通小学的学前班;(6)残疾儿童、少年特殊教育学校的学前班	及时治疗、补偿和矫正残疾儿童已经存在的缺陷,预防附加缺陷或继发性缺陷,帮助残疾儿童最大限度发挥个人潜能,从而跟健全儿童一样生活和学习	治疗、补偿性教育和功能康复训练等
初等教育	教育系统	(1)普通学校开设的特殊教育班;(2)普通学校随班就读的融合班级;(3)专门残疾人学校	培养具有初中文化基础,具有良好的劳动习惯、掌握初级职业技术、形成初步劳动能力的人才,并为接受中等职业教育打好基础	文化课程、职业教育理念、劳动技能课程等
中等教育	教育系统、民政系统、卫生系统、残疾人联合会、社会办学等	(1)残疾人高中学校;(2)普通高中开设的残疾人班或随班就读;(3)残疾人中等职业学校;(4)各种职业技术学校、技工学校、职业高中(职业中学)中开设的残疾人班或随班就读	培养具有良好的职业道德、掌握专业知识和技术技能的专门职业人才,并为残疾学生就业和继续深造奠定必备条件	文化课程、职业教育课程、技能训练课程等

续表

培养层次	办学主体	安置形式	培养目标	课程内容
高等教育	公办、民办	(1)高等职业学校专门设置的残疾人职业教育学院或残疾人职业教育系或专业;(2)高等职业学校的随班跟读(和正常学生一起学习);(3)普通高等学校建立的残疾人职业教育学院(如长春大学特殊教育学院)或残疾人职业教育系或专业;(4)普通高等学校的随班跟读;(5)成人(远程、函授)高等职业教育	尽最大限度发挥残疾学生的潜能,培养高级专门人才和职业人员,为社会主义现代化培养可靠的建设者和接班人	高等教育文化课程、职业教育课程、专业课程等

(二)非学历教育

非学历教育是指各种培训、进修、研修类教育,如培训班、辅导班等,都属于非学历教育的范畴,参加非学历教育的学员完成学业,考核合格后,由学校或培训单位颁发培训结业证明,但不得颁发毕业证书、结业证书、肄业证书等和学历教育相混淆的证书和文凭。

残疾人职业教育中的非学历教育主要是指职业培训。所谓职业培训是指对受教育者实施可从事某种职业或生产劳动所必需的职业知识、技能和职业道德的教育,包括就业前培训、对职工的岗位培训、继续教育培训等各种职业培训。开展残疾人职业技能培训,发展残疾人福利事业,通过各种层次和多种渠道的培训促进残疾人文化水平和专业技能的提高,获得职业技能,得到更多的就业机会,是让更多的残疾人平等参与社会、共享社会物质文化生活、体现他们的人生价值、有力促进残疾人事业全面发展的重要手段。

残疾人职业培训的实施主体主要是各级职业学校、社会培训机构、或残联下属的专门残疾人职业培训中心等。残疾人职业培训的主要类型分为以下几类。

1. 扫盲（识字）培训

对不识字和识字少的残疾人进行识字教育，使其具有初步的读、写、算能力，能运用文字交流思想或进行必要活动。

2. 职前培训

残疾人职前培训主要依据市场需求和残疾人特点，以短中期的实用技术培训为主，从而帮助其就业或自主创业。

3. 职中培训

残疾人职中培训主要是就业单位针对岗位所需要的业务知识和技能进行的专门培训。

4. 继续教育培训

残疾人继续教育培训主要是为了促进他们的知识和技能的更新，考取和提升职业技能等级。按照国家职业技能标准和行业企业评价规范，职业技能等级一般分为初级工、中级工、高级工、技师和高级技师等五个等级。

三、残疾人职业教育的融合教育

残疾人教育包括学前教育、基础教育、高等教育、职业技术教育。20世纪90年代，国家制定的一系列教育法规都对残疾人教育做了明确规定，并将残疾人教育纳入国家教育改革和发展的总体规划，成为我国教育事业的一个重要组成部分。

长期以来，专门残疾人学校遵循的福利模式使专门学校更注重满足学生的基本需要，而非发展需要，使特殊教育与普通教育的距离拉大，也使得特殊教育专门学校和社会之间的隔离更深，特殊教育相对滞后于普通教育和现实生活的发展，专门残疾人学校的教育往往忽视学校教育后的社会适应问题，长期坚持的封闭式教育使学生毕业后难以适应社会，也无法获得高质量就业。

因此，隔离式的特殊教育无法适应残疾人职业教育发展的需要，随着特殊教育的不断发展,融合教育逐渐成为特殊教育的发展趋势。1994年,联合国教科文组织在西班牙萨拉曼卡市召开以"世界特殊需要教育大会:入学与质量"为主题的会议。会议通过了两份重要文件,即《萨拉曼卡宣言:关于特殊需要教育的原则、方针和实践》和《特殊需要教育行动纲领》,融合教育首次被正式提出。融合教育(Inclusive Education)的基本理念是教育机会均等,包容所有学生,注重团体合作,是一种没有轻视、没有分类的教育,让全社会和学校接纳残疾学生入学,让他们和健全学生一样享受平等的教育机会。联合国《残疾人权利公约》规定,缔约国应当确保在各级教育实行包容性教育制度和终身学习。融合教育是包容性制度教育的主要体现,它打破了教育的界限,是公平教育的主要体现,让残疾人有机会可以与健全学生一起学习,开展交流与情感沟通,促进相互间的心理发展,增强健全学生的奉献意识,有利于培养健全学生良好的道德素质和营造文明校园氛围。2018年9月举行的全国教育大会重点关注了职业教育,提出职业教育要服务发展、促进就业。残疾人职业教育是职业教育的重要组成部分,更是社会文明进步的重要体现,残疾人职业教育应该得到高度重视,尤其是充分体现平等的融合式职业教育更需要获得政策、资源和服务等支持。

(一)残疾人职业教育与特殊教育的融合

残疾人职业教育作为特殊教育体系的一个重要组成部分,其与特殊教育的融合主要是指职业教育理念和课程融入整个特殊教育机构和特殊教育过程,即残疾人在专门的特殊教育机构均能接受劳动、职业教育和训练。

一方面,残疾人职业教育与特殊教育的融合,就是要普及残疾儿童义务教育,及早让所有的适龄残疾儿童入学,接受完整的九年义务教育,从根本上提高残疾人的文化素质的同时,大力发展残疾人职业教育和培训,最大限度地满足广大残疾青少年学习职业技术的需求,为他们走向社会,求职就业创造条件。因此,大力开展职业教育和培训,应该作为特殊教育工作的基本方面。

另一方面,残疾人职业教育与特殊教育的融合,在残疾人义务教育阶段要做好职业教育的渗透,将劳动教育作为一门新课程,帮助残疾儿童接受劳动(作业)能力和基本生活技能的训练,为将来融入社会及就业、创业做好准备式教育或先修教育。义务教育阶段毕业后,要大力发展中等职业教育,适当发展高等职业教育,加强职业技能和职业训练的培养。

(二)残疾人职业教育与普通职业教育的融合

残疾人职业教育与普通职业教育融合的目标是让残疾学生真正融入普通职业学校。《特殊教育条例》明确规定:"残疾人职业教育体系由普通职业教育机构和残疾人职业教育机构组成,以普通职业教育机构为主体。普通职业教育学校必须招收符合国家规定的录取标准的残疾人入学,普通职业培训机构应当积极招收残疾人入学。"然而,根据全国二代残疾人证核发数据,我国的残疾人口总数达8500多万人,约占全国人口总数的6.5%。但全国相关特殊学校和教育厅统计数据初步教育统计显示,中高等职业教育毕业的残疾人数不足5000人,其中通过融合教育培养的残疾人不足5%。可见,残疾人融合职业教育还处于起步阶段。

实施融合教育是实现残疾人职业教育快速发展的必然趋势。在具体实施中,一方面,要让残疾学生真正融入普通职业学校。消除认知偏见,创造融合教育的条件,如配备师资、资源教室、无障碍环境等。通过制定法律,逐步扭转普通职业学校以融合教育条件不足为由拒绝接受残疾学生的思想和做法,清理入学体检考试招生环节中的不合理规定,最大限度地减少普通职业学校在招生环节上对残疾学生的排斥。另一方面,要让残疾学生能无障碍地学习。将残疾人融合教育融入职业院校管理的整体目标,让所有的师生都尊重残疾学生,残疾学生在普通学校能正常学习、生活和交往,提高社会适应能力。

政府在推进残疾人融合教育过程中,要加强对残疾人融合职业教育资源辐射指导,通过开展融合工作指导和资源支持服务,推动普通学校改革,同时推动特教学校转型。一些地区特殊学校的职业高中可以重新定位,调整方向,从"特殊职业高中"向"融合职业教育资源中心"转变,承担起所在区域融合职业教育指导中心的职责,开发适合残疾人学习的在线网络课程,开展教研、科研、咨询服务、资源资讯、培训交流、协调指导等。

普通职业学校在残疾人融合教育过程中,要设置残疾人融合职业教育过渡性课程。残疾学生的类别、等级复杂多样,有不少是多重残疾和处于康复期的残疾,如果不设置过渡性课程,不进行个性化的教育评估,不制定个性化教育方案,融合职业教育就会失去针对性、操作性和实效性。开展过渡性课程的前提是做好学习能力评估、适应性课程开发,开设康复训练课程,为残疾学生增强学习能力融合普通职业教育提供支持,弥补残疾学生知识与能力水平的不足,为他们参与普通职业教育做准备,提高其职业教育的实效性。

此外,要发展残疾人融合职业教育支持保障体系。政府、社区、家庭、行业专家、志愿者等应当联合力量,在师资队伍建设、辅助器具配备、无障碍环境改造等方面给予支持保障。

第三节 残疾人职业教育的基本要素

一、残疾人职业教育政策保障

(一)残疾人职业教育政策

我国特殊教育政策演进大致分为三个阶段:改革开放前,强调"两类残疾儿童"特殊教育的基本规范阶段;改革开放后至十七大,强调"三类残疾儿童"义务教育普及效率阶段;十七大至今,强调所有残疾人的教育公平和质量阶段。各个历史时期对残疾人职业教育的重视程度不同,相应的政策也不同。

1. 萌芽时期(1949—1987年)

新中国成立至改革开放前,特殊教育被纳入国家教育体系中,仍以盲校和聋校的教育发展为主。特殊教育学校类型单一化且数量较少,主要限于盲校和聋校,缺乏专门的智障等其他障碍类学校,不能满足不同障碍类别儿童的教育需要。此阶段还没有提到残疾人职业教育。

2. 形成时期(1988—2000年)

改革开放初期,作为教育的重要组成部分,特殊教育借改革的东风也开始了全面恢复。为了培养大量的实用型人才,开始发展职业教育。残疾人职业教育是职业教育中重要的一环,也开始受到了关注。同时出台了一系列政策,如表1-3所示。

表1-3 形成时期的残疾人职业教育政策

时间	法律、法规、规章名称	重点
1982年	《中华人民共和国宪法》	国家和社会帮助安排盲、聋、哑和有其他残疾的公民的劳动、生活和教育
1988年	《中国残疾人事业五年工作纲要》	着重抓好职业技术教育
1991年	《中华人民共和国残疾人保障法》	开展残疾人职业技术教育
1991年	《中国残疾人事业八五计划纲要》	建立、完善30所残疾人职业技术教育中心,其中10所达到国家中等职业技术学校标准
1994年	《残疾人教育条例》	残疾人职业教育,应当重点发展初等和中等职业教育,适当发展高等职业教育
1998年	《特殊教育学校暂行规程》	特殊教育学校要特别重视残疾人职业教育

3. 发展时期(2001年至今)

十七大以来,特殊教育迎来了快速发展阶段。这一时期,我国开始通过并实施"十五"计划纲要,提出了加快和推进我国的社会主义现代化建设。对于残疾人事业,国务院批准并实施残疾人事业"十五"到"十三五"规划纲要等政策。在此期间,开展职业教育的特殊教育学校逐年增加,接受职业教育的残疾学生人数也快速提升,这都为残疾人职业教育事业的发展提供了保障。这段时期主要相关政策如表1-4所示。

表1-4 发展时期残疾人职业教育政策

时间	法律、法规、规章名称	重点
2001年	《关于"十五"期间进一步推进特殊教育改革和发展的意见》	要坚持以职业教育为主,使学生具备良好的职业道德、比较熟练的职业技能和平等参与社会生活的能力
2006年	《"十一五"发展纲要的通知》	发展残疾人高级中等教育、高等教育和职业教育,切实保障残疾人接受教育的权利

续表

时间	法律、法规、规章名称	重点
2007年	《残疾人中等职业学校设置标准(试行)》	这是第一个专门针对残疾人的职业教育政策,强调进一步加强残疾人中等职业学校基础能力建设和规范化管理,促进残疾人中等职业教育发展
2008年	《中共中央国务院关于促进残疾人事业发展的意见》	1.发展残疾人教育。逐步解决重度肢体残疾、重度智力残疾、失明、失聪、脑瘫、孤独症等残疾儿童少年的教育问题,积极开展残疾人职业教育培训,加强特教师资建设、落实特教教师岗位津贴等意见。 2.加快发展以职业教育为主的残疾人高中阶段教育;残疾人中等职业学校要积极拓宽专业设置,扩大招生规模;中等职业学校要积极开展残疾人职业教育
2010年	《国家中长期教育改革和发展纲要(2010—2020年)》	大力推进残疾人职业教育
2011年	《中国残疾人事业"十二五"发展纲要》	大力发展残疾人职业教育;支持特教高中、残疾人中等职业学校建设。加强残疾人职业教育培训和职业能力建设……开展多层次残疾人职业教育培训,着力加强订单式培训、定向培训和定岗培训
2014年	《特殊教育提升计划》(2014—2016年)	大力发展以职业教育为主的残疾人高中阶段教育。在"重点任务"中提出"逐步提高非义务教育阶段残疾人接受教育的比例"
2017年	新修订的《残疾人教育条例》	残疾人职业教育应当大力发展中等职业教育,加快发展高等职业教育,扩大残疾人中等职业学校招生规模

总之,特殊教育政策的内容不断丰富与完善。在教育对象方面,从局限于视障、听障、智障三种残疾类别扩大到孤独症、脑瘫、情绪行为障碍等其他类型;在教育层次方面,由强调义务教育阶段的教育发展向非义务教育阶段的两端进行延伸。这些政策为残疾人职业教育提供了有力的保障,有利于满足残疾人接受教育的需求和权利,实现个体价值和社会融入。

(二)残疾人职业教育就业政策

我国历来十分重视残疾人劳动就业工作,如《中华人民共和国宪法》《中华人民共和国劳动法》《残疾人保障法》《残疾人就业条例》以及《中华人民共和国就业促进法》等,这些法律、条例都明确规定对残疾人劳动就业要给予特别的扶持、优惠和保护,并通过建立完善的政策法规、强化培训和服务、积极开发就业岗位等多项措施,推进残疾人就业工作,促进残疾人就业权利的实现。我国残疾人职业教育就业相关政策如表1-5所示。

表1-5 我国残疾人就业政策

时间	法律、法规、规章名称	关于残疾人职业教育的政策要点
1982年	《中华人民共和国宪法》第四十五条	国家和社会帮助安排盲、聋、言语障碍和其他有残疾的公民的劳动、生活和教育
1990年	《中华人民共和国残疾人保障法》第二十七条、二十八条、三十二条、三十三条、三十四条	这是我国第一部专门有关残疾人的法律。其中第四章劳动就业部分,第三十二条"政府和社会举办残疾人福利企业、盲人按摩机构和其他福利性单位,集中安排残疾人就业。"第三十三条"国家实行按比例安排残疾人就业制度。"
1994年	《中华人民共和国劳动法》第三条、十二条、十四条	《中华人民共和国劳动法》是为了保护劳动者的合法权益,调整劳动关系,建立和维护适应社会主义市场经济的劳动制度,促进经济发展和社会进步,根据宪法,制定本法。第十四条"残疾人、少数民族人员、退出现役的军人的就业,法律、法规有特别规定的,从其规定。"
1995年	《残疾人就业保障金管理暂行规定》	在贯彻实施《中华人民共和国残疾人保障法》的过程中,一些地方性法规规定机关、团体、企业事业单位和城乡集体经济组织安排残疾人就业达不到一定比例的,要交纳残疾人保障金。为了规范和加强"保障金"的管理,特制定本《规定》
1999年	《关于进一步做好残疾人劳动就业工作的若干意见》	为进一步做好残疾人劳动就业工作,确保按期完成中国残疾人事业"九五"计划纲要规定的残疾人就业任务,推动残疾人就业持续稳定发展提出的意见

续表

时间	法律、法规、规章名称	关于残疾人职业教育的政策要点
1999年	《关于积极扶持残疾人个体就业或自愿组织起来从事个体经营的通知》	各级残疾人联合会要积极扶持残疾人个人或自愿组织起来从事个体经营
2001年	《中国残疾人事业"十五"计划纲要2001—2005》	全面地阐释了残疾人职业教育与培训的任务目标、主要措施、经费保障、检查评估等内容，并提出"十五"期间初步建立初等、中等、高等职业教育与培训相互衔接，并与普通教育、成人教育相互沟通，协调发展，以能力培养为本的残疾人职业教育与培训体系
2006年	《中国残疾人事业"十一五"发展纲要（2006—2010）年》	"以提高残疾儿童少年义务教育为重点，加快发展残疾人学前教育、以职业教育为主的高中阶段教育和高等教育"的残疾人教育体系构建。从主要任务、具体措施方面逐步规划实施
2007年	《中华人民共和国就业促进法》第二十九条	为促进就业，促进经济发展与扩大就业相协调，促进社会和谐稳定而制定的法律。 第二十九条"国家保障残疾人的劳动权利"。各级人民政府应当对残疾人就业统筹规划，为残疾人创造就业条件。用人单位招用人员，不得歧视残疾人
2007年	《中华人民共和国残疾人就业条例》	为了促进残疾人就业，保障残疾人劳动权利，根据《中华人民共和国残疾人保障法》和其他有关法律，制定了残疾人就业条例
2016年	关于实施《残疾人职业技能提升计划（2016—2020年）》的通知	为贯彻《国务院关于加快推进残疾人小康进程的意见》和《国务院关于进一步做好新形势下就业创业工作的意见》要求，进一步提高残疾人职业技能水平和就业创业能力，保障和改善残疾人民生，决定实施残疾人职业技能提升计划（2016—2020年）。主要内容包括就业技能培训、岗位技能提升培训、创业培训
2019年	《职业院校全面开展职业培训促进就业创业行动计划》	积极开展面向重点人群的就业创业培训。鼓励职业院校积极开发面向高校毕业生、退役军人、农民工、去产能分流职工、建档立卡贫困劳动力、残疾人等重点人群的就业创业培训项目

3.残疾人职业教育资金政策

教育资金政策是一种有目的、有组织的动态管理过程,是政党、政府等政治实体为保证教育事业健康发展,利用公共资源,平衡、协调教育内外关系而对教育资金的来源、分配和使用等方面制定的行动依据和准则。同样,特殊教育资金政策是政党、政府等政治实体对特殊教育资金的来源、分配和使用等方面制定的行动依据和准则。国家通过采取立法、行政、司法等机关对特校职教资金政策进行分配、管理和监督。

我国特殊教育资金来源从一元化向多元化逐步完善,资金分配从一刀切向精细化逐步过渡,资金使用从不足到优化逐步迈进。支出项目主要有对学生的各项资助、教职工的各项工资福利和基建支出,而这些都依托于政策的制定。残疾人职业教育资金相关政策如表1-6所示。

表1-6 残疾人职业教育资金政策

时间	法律、法规、规章名称	关于残疾人职业教育的政策要点
1991年	《中国残疾人事业"八五"计划纲要》	在我国社会主义现代化建设进入实现第二步战略目标的新阶段,为使残疾人事业与经济、社会协调发展,国家计委等十六个部门依据《国民经济和社会发展十年规划和第八个五年计划纲要》,制定了《中国残疾人事业"八五"计划纲要(1991—1995)》。对残疾人的特殊教育措施有:各级政府要增加特殊教育经费投入,地方各级政府应将……残疾人职业技术教育中心列入计划
2009年	《关于进一步加快特殊教育事业发展的意见》	对残疾人的特殊教育措施有:各地要从残疾人就业保障金中安排一定比例的资金用于特殊教育学校(院)开展……各种职业教育与培训
2001年	《残疾人职业教育与培训"十五"实施方案》(2001年)	全面地阐释了残疾人职业教育与培训的任务目标、主要措施、经费保障、检查评估等内容,并提出"十五"期间初步建立初等、中等、高等职业教育与培训相互衔接,并与普通教育、成人教育相互沟通,协调发展,以能力培养为本的残疾人职业教育与培训体系。"各地教育、民政和残联等部门和单位要在经费……方面积极支持特殊教育学校开展劳动技能、职业教育。"并提出"残疾人就业保障金中应有一部分用于支持当地特殊教育学校开展残疾人职业教育"

续表

时间	法律、法规、规章名称	关于残疾人职业教育的政策要点
2006年	《少数民族教育和特殊教育中央补助专项资金管理办法》	设立特殊教育中央补助专项资金;重点用于教育主管部门设置的中西部地区特教学校购置教学仪器设备、康复训练设施和图书资料等,促进了中央补助专项资金的使用效益
2014年	《特殊教育提升计划(2014—2016)》	倡导"各级财政……安排一定比例的残疾人就业保障金,支持特殊教育学校开展劳动技能教育。"
2016年	《特殊教育补助资金管理办法》	强调补助资金支持范围除特殊教育学校外,还包括招收较多残疾学生随班就读的义务教育阶段学校,并重点支持中西部省份和东部部分困难地区
2017年	新版《残疾人教育条例》	地方各级人民政府可以按照有关规定将依法征收的残疾人就业保障金用于特殊教育学校开展各种残疾人职业教育
2018年	《关于加快发展残疾人职业教育的若干意见》	要求各地在落实职业院校生均拨款制度的同时,适当提高接受职业教育残疾学生的生均拨款水平。要求各地用好残疾人事业发展资金、就业补助资金等,支持残疾人接受职业教育和培训。鼓励企事业单位、社会组织、公民个人捐资支持残疾人职业教育发展,加大对接受职业教育残疾学生的资助保障,家庭经济困难的残疾学生优先享受国家助学金等。各地可结合实际,为接受职业教育的残疾学生提供特殊学习用品和交通费补助等

由此可见,残疾人职业教育的资金问题在政策的修订中不断得到了解决,由最初的增加残疾人职教资金,到后来规定具体部门为残疾人职教提供资金,以及提出相应措施解决特殊教育学校特殊教育资金问题,既保证了资金来源,又保证了残疾学生可以接受到真正的职业教育。

二、残疾人职业教育专业设置

(一)概述

专业设置是指专业的设立与调整。专业设置作为教育与经济的接口,不仅是职业教育为经济发展服务的具体途径,更是职业学校适应社会需求的关键环节。残疾人职业教育通过具体的专业教育形式,重点提升残疾人的职业技能。专业设置是残疾人职业教育的前提条件,研究残疾人职业教育的职业设置,能够提升残疾人职业教育在经济和社会服务中的意义。

(二)设置原则

1. 就业导向原则

就业导向原则是指政府和有关部门在制定关于学校专业设置的策略时,立足于现实的需要,以解决现实适应性问题,同时兼顾社会发展的需要,使专业设置能够促进残疾人就业、促进残疾人学校自身的发展。

各职业院校、各残疾人就业服务机构以帮助残疾人融入社会参与竞争为主旨,要结合残疾学生特点和需求提供就业创业指导,不仅要教残疾学生学好知识、技术,同时还要使他们具备适应工作岗位变化的能力,提高残疾学生的就业创业能力,开展"一对一"服务,做到不就业不脱钩。以上海的实践为例,上海的特殊职业教育学校专业设置除了有中餐烹饪(烹调)、酒店服务、园艺绿化、工艺美术、推拿等传统专业以外,经上海的教育主管部门和残联组织共同研究,还为残疾学生量身定制了一部分贴近市场需求的专业技能选修课,如茶艺、咖啡冲泡、美甲、化妆、糖艺、陶艺、手工串珠等课程,以及在图书馆、无人超市工作相匹配专业技能的选修课。

2. 补偿性原则

补偿性原则是指残疾人职业学校专业设置要对残疾人进行必要的补偿,缩小残疾人教育质量差异,保障公平公正。残疾人是典型的弱势群体,是社会合作中的"较不利者"。因此,教育应该根据残疾人的身心特点,在教育活动中对残疾人进行必要的补偿,缩小残疾人和健全人间的教育差距,进而提高教育质量,促进教育事业稳定、有序发展。

补偿性原则可以从两个方面理解:一是要通过政治、经济、文化、法律等措施缩小残疾人教育质量差异,在分配教育资源过程中适当向残疾人倾斜,给予残疾人个人及学校足够的经费与有效的政策保障;二是尽管残疾人的某些缺陷会引起整体发展水平的相对滞后,但是可以通过其他方法使缺陷得到一定程度的补偿。

3. 科学合理性原则

科学合理性原则是指残疾人职业学校专业设置要有科学规范的意识,在专业名称、专业划分、专业布局和专业设置的程序等方面做到科学规范,防止随意性和盲目性,提高可靠性和实效性。

专业名称可参考教育部2019年修订的《中等职业学校专业目录》,使其准确、科学、规范;专业划分不宜过宽或过窄;专业布局要合理,地方政府发挥一定的宏观调控作用,并且实施必要的引导和控制,以避免专业的重复设置;专业设置的程序方面,从专业的规划、实施等各个环节都要做到有据可依,符合教育教学规律。

4. 育训结合原则

育训结合原则是指残疾人职业教育专业设置要遵循育人和技能训练相结合的人才培养模式。育训结合是现代残疾人职业教育人才培养的重要形式,涵盖了残疾人职业教育人才培养活动的核心构成要素,集中体现了残疾人职业教育的类型特色和根本特征。

育训结合是中国特色残疾人职业教育发展模式的集中体现。既需要坚持专业知识教育与技能实操训练相结合,在专业知识学习过程中融入实践训练,在实践训练中深化专业知识理解,也需要落实德技并修,坚持职业精神培育与技术能力培育相结合。这不仅是为残疾学生的生存就业做准备,更是为其未来长期的职业成长打好基础。

(三)设置要求

残疾人职业教育的专业设置基本上参考普通高等学校高等职业教育的专业设置管理办法。如《中等职业学校专业设置管理办法(试行)》(教职成厅〔2010〕9号)的要求,中等职业学校专业设置应符合四点要求:一是依据国家有关文件规定制订的、符合专业培养目标的完整的实施性教学计划和相关教学文件;二是开设专业必需的经费和校舍、仪器设备、实习实训场所,以及图书资料、数字化教学资源等基本办学条件;三是完成所开设专业教学任务所必需的教师队伍、教学辅助人员和相关行业、企业兼职专业教师;四是具有中级以上专业技术职务(职称)、从事该专业教学的专业教师,行业、企业兼职教师应保持相对稳定。各地应根据区域经济社会发展实际,结合专业特点,进一步明确上述基本条件的相关细化指标,使专业设置条件要求具体化。

三、残疾人职业教育设施与条件

残疾人职业教育的目的在于实践技能和实际工作能力的培养,所以离不开对教育对象进行实践操作动手能力的训练。而为了进行这样的训练,设置残疾人中等职业教育学校应符合个别化、无障碍、信息化原则,须有与办学规模、专业设置和残疾人特点相适应的校园、教学场地和相关设施。

(一)校园

残疾人职业学校的校园(不含教职工宿舍和相对独立的附属机构)占地面积不少于 2000 平方米(约 30 亩),一般生均占地面积不少于 80 平方米。

(二)教学场地

残疾人职业学校须有与教学相关活动的校舍、体育用地、图书馆和阅览室等。校舍(不含教职工宿舍和相对独立的附属机构)建筑面积不少于 10000 平方米,一般生均建筑面积不少于 35 平方米;体育用地须有 200 米以上环形跑道的田径场,有满足残疾人教学和体育活动需要的其他设施和场地;图书馆和阅览室要适应办学规模,满足教学需要,适用印刷图书生均不少于 30 册,有盲文图书、有声读物和盲、聋生电子阅览室,报刊种类 50 种以上,教师阅览(资料)室和学生阅览室的座位数应分别按不低于教职工总数的 20% 和学生总数的 10% 设置。

(三)相关设施

残疾人职业学校须具备设施、设备与实训基地和信息化建设相关设施。设施、设备与实训基地必须具有与专业设置相匹配、满足教学要求的实验、实习设施和仪器设备,设施和仪器设备要规范、实用;要有与所设专业相对应的校内实训基地和相对稳定的校外实训活动基地;要根据学生残疾类别及程度的实际需要设置康复训练、专用检测等学习及生活所需专用教室和特殊器具设备;信息化建设要具备能够应用现代教育技术手段,实施教育教学与管理信息化所需的软硬件设施、设备,并具备安全监控功能。

四、残疾人职业教育教师

残疾人职业教育教师是有计划、有目的地给残疾人传授有关职业道德、专业知识、技术技能等内容,使其具备所需的职业素质的教育活动,包括职前职后各级各类职业学校教育和各种形式的职业培训的老师,其区别于特殊教育教师和职业教育教师,但又与他们存在着联系。

(一)与特殊教育教师的联系与区别

1. 联系

特殊教育教师是指从事特殊教育的一线教师。残疾人职业教育是特殊教育的重要组成部分,二者之间存在着一定的联系。从教学对象来看,残疾人职业教育教师和特殊教育教师的教育对象都是残疾学生;从教学要求来看,因为残疾人职业教育教师也属于特殊教育教师的一类,根据教育部2015年公布的《特殊教育教师专业标准(试行)》,二者都需要做到以下几点:理解特殊教育工作的意义和残疾人的多样性是人类多样性的一种表现,热爱特殊教育事业,尊重个体差异,主动了解和满足学生身心发展的特殊需要;树立德育为先、育人为本、能力为重的理念,将学生的品德养成、知识学习与能力发展相结合,潜能开发与缺陷补偿相结合,提高学生的综合素质;掌握特殊教育教学基本理论以及特殊教育评估的知识与方法,根据教育评估结果和课程内容,制订学生个性化教育计划等。

2. 区别

残疾人职业教育教师和特殊教育职业教师的区别主要体现在教学内容上。残疾人职业教育教师主要教学内容是为残疾学生提供有关职业道德、专业知识、技术技能等内容,聚焦在对残疾人进行职业教育方面;而根据《特殊教育教师专业标准(试行)》,特殊教育教师需要掌握康复训练等相关知识,并同时提供必要的生涯规划和职业指导教育,培养残疾学生的职业技能和就业能力,职业教育仅仅是其某一方面的内容。

(二)与职业教育教师的联系与区别

1. 联系

职业教育教师是在职业教育培训机构中,从事教育教学工作的专业人员。残疾人职业教育教师也属于职业教育教师的一种,因此,从教学内容上看,二者都是针对特定的对象传授有关职业道德、专业知识、技术技能等内容;从教学要求上看,根据教育部2013年颁布的《中等职业学校教师专业标准

(试行)》,二者都需要做到以下几点:理解职业教育工作的意义,把立德树人作为职业教育的根本任务;认同职业学校教师的专业性和独特性,注重自身专业发展;遵循职业教育规律、技术技能人才成长规律和学生身心发展规律,促进学生职业能力的形成;运用讲练结合、工学结合等多种理论与实践相结合的方式方法,有效实施教学;主动收集分析毕业生就业信息和行业企业用人需求等相关信息,不断反思和改进教育教学工作。

2.区别

残疾人职业教育教师与职业教育教师的区别主要体现在教学对象上,前者主要教学对象为残疾学生,后者的教学对象包括健全学生和残疾学生在内的所有人群,其教学对象更为广泛。

五、残疾人职业教育课程

残疾人职业教育课程是残疾人教育需要的学习内容及其进程与安排的总和。由于残疾人职业教育的特殊性,存在着与普通教育不同的课程体系。随着残疾人职业教育的发展,当前残疾人职业教育课程主要分为专业类课程、通识性课程、补偿性课程、技能性课程、实训类课程和发展性课程六类。

(一)专业类课程

专业课程指的是与残疾人职业相关的理论与实践性课程,往往与残疾类型和程度有关。比如,聋人听觉缺乏,但视觉较好,设有工艺美术、服装设计等专业;盲人视觉受损,但触觉、听觉灵敏,由此设置了医疗按摩、音乐表演等专业;肢体残疾人虽然活动空间受限,但智力发展正常,设有办公自动化等专业。

(二)通识性课程

通识性课程致力于残疾学生掌握基本的知识,提升综合素养,为学生形成正确的世界观、人生观、价值观,形成良好个性和健全人格,为学生的全面发展和终身发展打下基础。如培智学校的生活语文、生活数学、生活适应、唱游与律动、绘画与手工、运动与保健课程等;聋校、盲校的语文、数学、历史课程等。

(三)补偿性课程

补偿性课程是指把残疾人看作有某种病理缺陷的个体,根据残疾人的缺陷进行补救教学。如培智学校的康复训练课程,旨在改善学生在动作、感知觉、沟通与交往、情绪与行为等方面的功能障碍,提升其注意、记忆、言语、思维、情绪等发展水平,促进其潜能开发;聋校的律动课程,充分利用听障学生的视觉、触觉、振动觉以及残余听力等感知觉通路,以律动的方式,发展他们的动作协调能力、语言和沟通交往能力;盲校的定向行走课程,可以促进视障学生感知觉的发展,形成正确的方位、空间、距离等概念,学会规划行走路线,使他们能安全、有效、独立、自然地行走。

(四)技能性课程

技能性课程指的是与残疾人实际生活相关的操作性课程,致力于通过劳动实践提高残疾人劳动技能。如培智学校开设的自我服务劳动、家务劳动、公益劳动和简单生产劳动四类课程。帮助残疾学生学会整理物品、洗涤物品、使用物品、移动物品;学会厨房劳动、洗涤晾晒、清洁整理;学会社区劳动;校内劳动;学会手工劳动、编织缝纫、种植劳动、畜牧技术等(详见图1-3)。

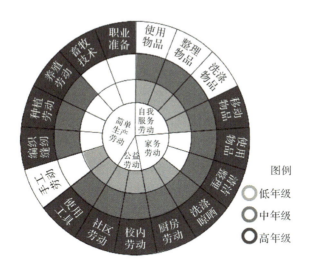

图1-3 培智学校义务教育阶段技能性课程

(五)实训类课程

实训课程是对技能性课程的补充,分为校内实训课程和校外实训课程。校内实训课程和特定的职业技能相关,强调动手操作能力;校外实训课程和特定职业密切相关,如有些高等教育层次院校的普通体育专业开设有游泳指导法、体操指导法、残疾人马术等课程。

(六)发展性课程

发展性课程基于心理学的发展阶段性理论,认为残疾人的发展遵循着个体发展的一般规律。横向上,在认知、交流、情感、运动和生活自理技能方面,和其他人一样有着同样的发展顺序和层级性;纵向上,符合残疾人心理发展的阶段性特征。如培智学校的艺术休闲课程,立足于培养学生当前和未来休闲能力的选择性课程,关注学生在休闲活动中获得情感、态度、价值观的教育课程;体育与健康课程,内容涉及心理健康和社会适应,培养聋人、盲人的意志品质,学会调控情绪的方法,形成合作意识与能力,具有良好的体育道德;社会适应课程,其中包含职业生涯规划的内容,认识残疾对职业选择的影响并帮助其进行职业生涯规划。

六、残疾人职业教育形式与教法

(一)残疾人职业教育形式

目前,职业教育体系由普通职业教育机构和残疾人职业教育机构组成,以普通职业教育机构为主体。除此之外,如果有不能到学校就读的,通过提供送教上门或者远程教育等方式实施教育。普通职业教育机构当中分为随班就读和全日制特殊班两种形式,残疾人职业教育机构一般称为特殊教育学校。

随班就读是指让部分肢残、轻度弱智、弱视等残障孩子进入普通班就读接受教育的一种方式,是特殊教育中的一种主要形式,其目的就是要让残疾学生能够与健全学生一起活动、相互交往的同时,获得必要的、有针对性的特殊教育和服务,以及必要的康复训练和补偿训练,使这些孩子能够更好地融入社会、开发潜能,为他们今后自主、平等地参与社会生活,成为有理想、有道德、有文化、有纪律的社会主义事业的建设者和接班人打好基础。

普通学校内的全日制特殊班是兼顾特殊教育规模效益与质量提升的折中方案,是特殊儿童多元融合教育安置模式之一。虽属于完全抽离式的融合,但对特殊教育的发展起到了至关重要的作用。与传统的寄宿制特殊教育机构或学校相比,特殊班从养护模式转变为真正意义的教育模式,是对特殊学校局限性的一种补救性措施。此种安置模式让特殊需要儿童全部或大部分时间在特殊班中接受教育或康复的同时,可以与健全儿童在同一校园环境下进行日常交往或共同参加某项教育教学活动(如升旗、团队活动、校外参观、野营等)。

特殊教育学校是由政府、企业事业组织、社会团体、其他社会组织及公民个人依法举办的专门对有残疾的儿童、青少年实施的教育机构。特殊教育学校是我国特殊教育办学主体之一,承担着全国近半数残疾儿童九年义务教育的重任,也承担着残疾人高中阶段教育的任务。特殊教育学校就读形式保证了残疾学生能够接受专门教育,有助于残疾学生身心健康发展。但也有专家学者指出,让残疾学生单独到特殊教育学校学习的现象,违背了教育平等的思想与"零拒绝"的哲学。

对于这三者之间的优先顺序,根据《残疾人教育条例》(2017年修订版)的规定,优先安排残疾儿童少年就近或者到指定的具备条件的普通学校接受义务教育。对于学习和生活上需要特别支持的残疾学生,要提供专业支持;对于不能接受普通教育的残疾儿童少年,安置到特殊教育学校入学,没有特教学校的区县由市级教育行政部门统筹;对于需专人护理、不能到校就读的残疾儿童少年,通过提供送教上门或远程教育等方式实施义务教育,并纳入学籍管理。

(二)残疾人职业教育教法

教学方法是为实现既定的教学目标,在教学过程中师生共同活动时所采用的一系列办法和措施,是教学实践中不可替代的表现形式。由于残疾人自身的特殊性,针对残疾人的教育方法不等同于普通教育中的教育方法。了解、认识残疾人职业教育教学方法是提高教学质量的重要保障。残疾人职业教育的教学方法主要有行为导向法、角色扮演法、案例教学法、任务驱动法、情景模拟法、合作教学法等。

1. 行为导向法

行为导向法是指以"行为导向驱动"为主要教学形式,从完成某一方面的"任务"着手,教师将大任务分解成小任务,通过引导学生完成"任务",从而实现教学目标的一种教学方法。行为导向法有利于在教学过程中充分发挥学生的主体作用和教师的主导作用,因材施教,注重对学生分析问题、解决问题能力的培养,激发和培养学生的学习兴趣,变抽象为具体、变枯燥为有趣,让学生乐于去操作、掌握,既能增强学生的自信心,又能提高学生学习知识和技能的兴趣。

2. 角色扮演法

角色扮演法指的是教师让学生扮演不同的角色,亲身去体验、去感受不同角色的心理、情感与态度变化的一种教学方法。具体做法是教师可事先准备一些背景材料和角色,让同学来扮演不同的角色,表演结束后,再让"演员"发表看法,全班一起讨论,最后教师给予归纳性总结,深化扮演效果的正效应。通过角色扮演法的运用,既为学生提供了更多实践锻炼的机会与空间,又可以加强师生之间、学生之间的沟通交流,帮助学生换位思考,完善自身的综合能力。

3. 案例教学法

案例教学法指的是教师在课堂中引入经典案例,让学生结合自身所学知识进行实践分析、探索、交流与解决,引导学生表达自身观点与解决方法的一种教学方法,该方法适用于残疾人多种教学情景。案例教学法能提高学生的知识灵活运用能力、问题解决能力、随机应变能力与团队合作能力,帮助学生掌握丰富多样的知识体系。

4. 任务驱动法

任务驱动法指的是在学习的过程中,学生在教师的帮助下,仅围绕一个共同的任务活动中心,在强烈的问题动机的驱动下,通过对学习资源的积极主动应用,进行自主探索和互动协作的一种教学方法,适用于残疾人解剖课、钢琴课、计算机课等多种实践教学情境。这种方法耗时长,但能有效激发学生的学习兴趣,能够达到较好的学习效果。

5. 情景模拟法

情景模拟法指的是在教学过程中,将课程中所需要的讲述内容安排在一个模拟的、特定的情景场合之中,在教师的严密组织指导下,通过鼓励学生大胆模拟演练,在愉悦宽松的场景训练中达到教学目标的一种教学方法,可应用于残疾人各类实践性教学课程中。在实景仿真的状态下,不但可以锻炼学生的临场应变、实际操作的工作技能和解决问题的能力,又可以活跃教学气氛,提高教学的感染力。

6. 合作教学法

合作教学法指的是教师以合作小组或团队为基本组织形式,通过各动态因素增强师生之间的合作性互动达成学习目标的教学活动。合作教学的具体操作步骤是由两位或者两位以上的教师共享教学空间和资源,对具有多样性、混合性或者含有多个小组的学生进行授课,可应用于残疾人运动训练实践教学。合作教学有利于教师之间的优势互补,发挥教师的整体功能,使教学走出高耗低效的困境,从而提高整体教学水平。

通过以上多种教学方法的分析与运用,教师在实际教学中,应充分分析学生的认知特点、教学内容与教学目标,并在此基础上灵活运用多种教学方法,以达到最佳的教学效果。

七、残疾人职业教育实践教学

残疾人职业教育实践教学是指相对于理论教学的多种教学活动的总称,包括实验、实习、设计、工程测绘、社会调查等,旨在使残疾学生获得知识,掌握技能、技艺,养成理论联系实际的作风和独立工作能力。残疾人职业教育实践教学能帮助学生进一步验证理论教学当中的基本理论知识,有助于培养学生分析问题和解决问题的能力、严谨的科学态度和实事求是的工作作风,增强残疾学生的实践能力和创新能力。

残疾人职业教育实践教学平台,一般包括校内实验实训基地与校外合作单位实践基地两个方面。校内实验实训基地根据使用功能的不同,一般包括认知功能评估与康复实训室、运动功能评估与康复实训室、言语功能评估与康复实训室、听觉功能评估与康复实训室、多媒体多感官综合实训室等;校外实习基地一般通过校校合作、校企合作、社区体验、农场体验等多种形式开展,可以采取情景模拟、实习实训、现场体验、在线学习、实地参观等灵活的实践方式联合培养培训人才,并通过信息化系统对培养过程进行跟踪和管理。校内校外实践基地双平台,能极大地丰富实践教学资源,从而保障残疾学生教学质量的提升。

八、残疾人职业教育主要模式

残疾人职业教育模式是在一定的理论指导下,对残疾人职业教育过程中的组织方式做简要表述。教育教学模式可以从宏观、中观、微观三个层次进行研究:宏观模式是指由教育行政部门构建的国家或地区的教育事业发展战略模式;中观模式是指由学校根据本校特点构建的办学模式;微观模式是教师根据某一学科的特点和学生的实际情况构建的教学模式。残疾人职业教育主要模式是指残疾人职业教育在一定社会条件下形成的具体式样,主要分为融合教育模式和校企合作教育模式。

(一)融合教育模式

融合教育(Inclusive Education)也称为"全纳教育",是指在平等和不受歧视的前提下,尽可能将残疾学生安排在所在社区的普通学校就读,并提供最适合其需要的支持和帮助,使不同学习风格、不同能力和背景的残疾学生能够得到尽可能好的公共教育。融合教育与我国长期以来普及残疾儿童少年义务教育策略的"随班就读"不完全相同,"随班就读"的教育理论与实践是我国普及残疾儿童义务教育策略的一种表现形式,但融合教育不完全等同于"随班就读"。融合教育不单纯指某种特殊教育安置形式和策略,而是促进健全儿童和特殊需要儿童共同发展的教育思想。融合教育涵盖残疾人终身学习的各个阶段和各种形式。广义的融合教育甚至涉及学习困难、多动症及天才儿童的学习和生活。

2017年新修订的《残疾人教育条例》明确提出"积极推进融合教育",国家《第二期特殊教育提升计划(2017—2020年)》要求"统筹推进,普特结合"。迄今为止,融合教育理念已得到了国际社会的普遍认同,融合教育的实践已在许多国家推行。融合教育已成为残疾人教育发展的主流方向,彻底改变了特殊教育和普通教育相互分割的传统观念和发展模式。发展融合教育是残疾人实现全面发展的需要,是促进教育公平、均衡、可持续发展的要求,可以为教育综合改革提供动力。

(二)校企合作教育模式

校企合作是一种注重在校学习与企业实践、学校与企业资源信息共享的"双赢"模式。这是一种将学习与工作相结合的教育模式,方式多种多样,有工学交替模式、订单合作模式、教学见习模式、顶岗实习模式、产学研合作模式、共建实训基地模式、共建产业园区模式、合作建立职工培训基地模式等。

校企合作是一种"双赢"模式。它做到了学校与企业共享信息和资源,学校利用企业提供设备,企业也不必为培养人才担心场地问题,实现了让学生在校所学习与在企业实践有机结合,让学校和企业的设备、技术实现优势互补,节约了教育与企业成本。有效的校企合作教育模式极大地弥补了残疾人职业教育中的不足,使残疾人职业教育质量大大提高,是帮助残疾学生完成职业适应和社会融合的有效途径。

第四节 我国残疾人职业教育发展历程

一、我国残疾人职业教育的发展历程

(一)萌芽时期(1949—1987年)

该时期特殊职业教育主要体现在盲校、聋人学校、智障学校等三类传统特校的职业教育中,且侧重于特殊学生初等职业教育。改革开放以前,主要关注视障儿童、听障儿童的职业劳动教育。该时期国家出台了一系列文件促进特殊职业教育的发展。1957年出台的《关于办好盲童学校、聋哑学校的几点指示》首次明确了我国盲校、聋哑学校的办学目标和任务,将职业劳动训练作为盲童、听障儿童小学后教育的重要组成部分,并要求配备职业劳动训练技师和技工;1962年出台的《全日制聋哑、盲童学校教学计划(草案)》则进一步明确了聋校、盲校的教学课程设置及课时安排,初步形成了我国特校"普通小学教育＋职业劳动训练"课程体系。改革开放以后,"职业技能教育"取代了"劳动教育",并纳入三类特校教学计划之中,进一步丰富了特殊学校职业教育的内涵。1984年《全日制六、八年制聋哑学校教学计划(征求意见稿)》和1987年《全日制盲校小学教学计划(初稿)》将职业技术作为聋哑学校、盲童小学9门课程之一,同时1987年出台的《全日制弱智学校(班)教学计划(征求意见稿)》不仅将劳动技能纳入全日制弱智学校(班)课程体系,而且提出中高年级要因地制宜地开展初步的职业技能教育,培养学生具有生活自理能力和劳动习惯,掌握从事家务劳动、简单生产劳动的初步技能。该时期陕西特殊职业教育的发展基本和国家整体的特殊职业教育发展相同。

(二)形成时期(1988—2000年)

该时期主要是加强特殊职业教育顶层设计,在积极发展特殊教育学校职业教育的同时,注重残疾人职业教育学校建设与中短期职业培训。在顶层设计方面,1989年出台的《关于发展特殊教育的若干意见》要求着重抓好初等教

育与职业技术教育;1990年出台的《中华人民共和国残疾人保障法》着重要求发展义务教育与职业技术教育;1994年出台《残疾人教育条例》专门阐释了特殊职业教育的方针、办学形式、专业设置、政府责任等;1996年出台的《中华人民共和国职业教育法》要求扶持特殊职业教育的发展。在发展初、中等残疾人职业教育,开展中短期职业教育培训方面,1994年出台的《残疾人教育条例》指出,以普通职业教育机构为主体,重点发展初等和中等职业教育,适当发展高等职业教育,开展以实用技术为主的中期、短期培训;1996年出台的《残疾人职业教育与培训"九五"实施方案》提出,"九五"期间,坚持"积极发展初、中等职业教育,适当发展高等职业教育"的方针,采取以普通职业教育(培训)机构为主、残疾人职业教育(培训)机构为辅,大力开展中短期培训。该时期,陕西省不断落实国家相关政策文件,大力推进本省特殊职业教育的发展。

(三)发展时期(2001—2013年)

该时期大力发展残疾人中等职业教育学校,不断健全残疾人职业教育体系,2001年出台的《残疾人职业教育与培训"十五"实施方案》全面阐释了残疾人职业教育与培训的任务目标、主要措施、经费保障、检查评估等内容,并提出"十五"期间初步建立初等、中等、高等职业教育与培训相互衔接,职前教育、职后教育与培训相结合的残疾人职业教育与培训体系,标志着特殊职业教育发展战略日趋完善;2007年出台的《残疾人中等职业学校设置标准(试行)》第一次系统阐释了残疾人中等职业学校建设的总体原则、基本要求,包括选址、办学规模、师资配备、基础设施、规章制度、管理机构、经费投入等,明确了残疾人中等职业学校建设标准与管理规范,并要求应促进残疾人中等职业教育的发展,加强残疾人中等职业学校基础能力建设和规范化管理,保证教育质量和办学效益;2009年出台的《关于进一步加快特殊教育事业发展意见》要求不断加强残疾人中等职业学校骨干专业课程的建设,更新高等特殊教育院校教学内容,提高残疾学生的就业和创业能力;2012年出台的《残疾人教育工作"十二五"实施方案》提出,大力发展以职业教育为主的残疾人高中阶段教育,注重城乡残疾人职业教育协调发展等。该时期我国残疾人职业教育体系更加完善,残疾人中等职业教育发展迅速。陕西省特殊职业教育在该时期也获得了长足的发展。根据《2013年陕西省残疾人事业统计公报》显示,2013年陕西省已开办特殊教育普通高中班(部)3个,在校生106人。其中聋高中2个,在校生98人;盲高中1个,在校生8人。残疾人中等职业学校(班)8个,在校生1399人,毕业生1223人,其中997人获得职业资格证书。有291名残疾人被普通高等院校录取,30名残疾人进入特殊教育学院学习。

(四)熟时期(2014年至今)

该时期受"全纳教育"思潮影响,残疾人职业教育的目标旨在建立终身特殊职业教育体系,提升特殊职业教育的保障能力与质量,2014年国家出台的《特殊教育提升计划(2014—2016年)》,不仅提出"全面推进全纳教育",而且明确了残疾人职业教育改革发展的重点与主要任务;2015年陕西省出台的《陕西省特殊教育提升计划(2014—2016年)实施方案》提出完善课程设置,增加必要的职业教育内容,强化生活技能和社会适应性能力培养,注重学生的潜能开发和缺陷补偿。2016年国家出台《残疾人职业技能提升计划(2016—2020年)》,系统阐释了提升残疾人职业技能的指导思想、基本原则、目标任务、主要内容和保障措施,将残疾人职业技能水平和就业创业能力培养上升到"民生"工程;2017年国家出台《第二期特殊教育提升计划(2017—2020年)》,加大力度发展残疾儿童学前教育,加快发展以职业教育为主的残疾人高中阶段教育,稳步发展残疾人高等教育。同年年底,陕西省出台的《陕西省第二期特殊教育提升计划(2017—2020年)实施方案》提出加大力度发展残疾儿童学前教育,加快发展以职业教育为主的残疾人高中阶段教育,稳步发展残疾人高等教育,非义务教育阶段特殊教育规模不断扩大。2018年国家出台《关于加快发展残疾人职业教育的若干意见》全面阐释了特殊职业教育发展的重要意义、重点任务、主要举措与组织领导,标志着我国残疾人职业教育体系的日趋成熟。2018年陕西省根据《中华人民共和国残疾人保障法》,公布了《陕西省按比例安排残疾人就业办法》,指出要大力发展保障残疾人就业。经过70年的不断探索与创新,陕西省已形成了比较成熟的残疾人职业教育发展体系,特殊职业教育得到较快发展。根据《2019年陕西省残疾人事业发展统计公报》显示,全省共有残疾人中等职业学校(班)5个,在校生1258人,毕业生516人,毕业生中有469人获得职业资格证书,有237名残疾人被普通高等院校录取,1159名残疾青壮年文盲接受了扫盲教育。

二、我国残疾人职业教育政策沿革

我国残疾人职业教育的政策沿革,依然按照残疾人职业教育发展历程的时间阶段划分,结合职业教育的发展历程,在政策层面进行梳理。

(一)萌芽时期(1949—1987年)

萌芽时期残疾人职业教育政策见表1-7。

表1-7 萌芽时期残疾人职业教育政策

发布时间	政策/文件	关于残疾人职业教育的政策要点
1957年	《关于办好盲童学校、聋哑学校的几点指示》	首次明确了我国盲童、聋哑学校的办学目标和任务,将"职业劳动训练"作为盲童、听障儿童小学后教育的重要组成部分,并要求配备职业劳动训练技师和技工
1962年	《全日制聋哑、盲童学校教学计划(草案)》	初步形成了我国特校"普通小学教育+职业劳动训练"课程体系
1982年	《中华人民共和国宪法》	"国家和社会帮助安排盲、聋、哑和其他有残疾的公民的劳动、生活和教育"。以国家根本大法的形式保障残疾人受教育权,这在我国是空前的
1986年	《中华人民共和国义务教育法》	"地方各级人民政府为盲、聋哑和弱智的儿童、少年举办特殊教育学校(班)",将发展残疾学生义务教育的责任归于地方政府,同时也标志着特殊教育成为与普通教育并行发展的一种教育方式
1987年	《全日制弱智学校(班)教学计划》(征求意见稿)	提出中高年级要因地制宜地开展初步的职业技能教育,培养学生具有生活自理能力和劳动习惯,掌握从事家务劳动、简单生产劳动的初步技能
1985年	《中共中央关于教育体制改革的决定》	客观地总结了现阶段我国教育存在的问题,指出"经济建设大量急需的职业和技术教育没有得到应有的发展""经过改革,要开创教育工作的新局面,使基础教育得到切实的加强,职业技术教育得到广泛的发展,高等学校的潜力和活力得到充分的发挥,学校教育和学校外、学校后的教育并举,各级各类教育能够主动适应经济和社会发展的多方面需要""在实行九年制义务教育的同时,还要努力发展幼儿教育,发展盲、聋、哑、残人和弱智儿童的特殊

高中2个,在校生98人;盲高中1个,在校生8人。残疾人中等职业学校(班)8个,在校生1399人,毕业生1223人,其中997人获得职业资格证书。有291名残疾人被普通高等院校录取,30名残疾人进入特殊教育学院学习。

(四)熟时期(2014年至今)

该时期受"全纳教育"思潮影响,残疾人职业教育的目标旨在建立终身特殊职业教育体系,提升特殊职业教育的保障能力与质量,2014年国家出台的《特殊教育提升计划(2014—2016年)》,不仅提出"全面推进全纳教育",而且明确了残疾人职业教育改革发展的重点与主要任务;2015年陕西省出台的《陕西省特殊教育提升计划(2014—2016年)实施方案》提出完善课程设置,增加必要的职业教育内容,强化生活技能和社会适应性能力培养,注重学生的潜能开发和缺陷补偿。2016年国家出台《残疾人职业技能提升计划(2016—2020年)》,系统阐释了提升残疾人职业技能的指导思想、基本原则、目标任务、主要内容和保障措施,将残疾人职业技能水平和就业创业能力培养上升到"民生"工程;2017年国家出台《第二期特殊教育提升计划(2017—2020年)》,加大力度发展残疾儿童学前教育,加快发展以职业教育为主的残疾人高中阶段教育,稳步发展残疾人高等教育。同年年底,陕西省出台的《陕西省第二期特殊教育提升计划(2017—2020年)实施方案》提出加大力度发展残疾儿童学前教育,加快发展以职业教育为主的残疾人高中阶段教育,稳步发展残疾人高等教育,非义务教育阶段特殊教育规模不断扩大。2018年国家出台《关于加快发展残疾人职业教育的若干意见》全面阐释了特殊职业教育发展的重要意义、重点任务、主要举措与组织领导,标志着我国残疾人职业教育体系的日趋成熟。2018年陕西省根据《中华人民共和国残疾人保障法》,公布了《陕西省按比例安排残疾人就业办法》,指出要大力发展保障残疾人就业。经过70年的不断探索与创新,陕西省已形成了比较成熟的残疾人职业教育发展体系,特殊职业教育得到较快发展。根据《2019年陕西省残疾人事业发展统计公报》显示,全省共有残疾人中等职业学校(班)5个,在校生1258人,毕业生516人,毕业生中有469人获得职业资格证书,有237名残疾人被普通高等院校录取,1159名残疾青壮年文盲接受了扫盲教育。

二、我国残疾人职业教育政策沿革

我国残疾人职业教育的政策沿革,依然按照残疾人职业教育发展历程的时间阶段划分,结合职业教育的发展历程,在政策层面进行梳理。

(一)萌芽时期(1949—1987年)

萌芽时期残疾人职业教育政策见表1-7。

表1-7 萌芽时期残疾人职业教育政策

发布时间	政策/文件	关于残疾人职业教育的政策要点
1957年	《关于办好盲童学校、聋哑学校的几点指示》	首次明确了我国盲童、聋哑学校的办学目标和任务,将"职业劳动训练"作为盲童、听障儿童小学后教育的重要组成部分,并要求配备职业劳动训练技师和技工
1962年	《全日制聋哑、盲童学校教学计划(草案)》	初步形成了我国特校"普通小学教育+职业劳动训练"课程体系
1982年	《中华人民共和国宪法》	"国家和社会帮助安排盲、聋、哑和其他有残疾的公民的劳动、生活和教育"。以国家根本大法的形式保障残疾人受教育权,这在我国是空前的
1986年	《中华人民共和国义务教育法》	"地方各级人民政府为盲、聋哑和弱智的儿童、少年举办特殊教育学校(班)",将发展残疾学生义务教育的责任归于地方政府,同时也标志着特殊教育成为与普通教育并行发展的一种教育方式
1987年	《全日制弱智学校(班)教学计划》(征求意见稿)	提出中高年级要因地制宜地开展初步的职业技能教育,培养学生具有生活自理能力和劳动习惯,掌握从事家务劳动、简单生产劳动的初步技能
1985年	《中共中央关于教育体制改革的决定》	客观地总结了现阶段我国教育存在的问题,指出"经济建设大量急需的职业和技术教育没有得到应有的发展""经过改革,要开创教育工作的新局面,使基础教育得到切实的加强,职业技术教育得到广泛的发展,高等学校的潜力和活力得到充分的发挥,学校教育和学校外、学校后的教育并举,各级各类教育能够主动适应经济和社会发展的多方面需要""在实行九年制义务教育的同时,还要努力发展幼儿教育,发展盲、聋、哑、残人和弱智儿童的特殊

续表

发布时间	政策/文件	关于残疾人职业教育的政策要点
1985年	《中共中央关于教育体制改革的决定》	教育"。提出"调整中等教育结构,大力发展职业技术教育"的具体规划,"发展职业技术教育要以中等职业技术教育为重点,发挥中等专业学校的骨干作用,同时积极发展高等职业技术院校,优先对口招收中等职业技术学校毕业生以及有本专业实践经验、成绩合格的在职人员入学,逐步建立起一个从初级到高级、行业配套、结构合理又能与普通教育相互沟通的职业技术教育体系。"第一次提出构建我国职业技术教育体系

这一时期的政策是在保障残疾人受教育权的前提下,积极探索残疾人职业教育的内容,包括将"职业劳动训练"作为盲童、听障、言语障碍学生小学后教育的重要组成部分,形成特校"普通小学教育+职业劳动训练"课程体系;地方各级政府在发展残疾学生义务教育中的责任,将特殊教育作为与普通教育并行的一种教育方式;广泛发展职业技术教育,第一次提出构建我国职业技术教育体系的基本框架。这一时期陕西省残疾人职业教育的政策是积极落实国家有关政策和法规。

(二)探索形成时期(1988—2000年)

探索形成时期残疾人职业教育政策详见表1-8。

表1-8 探索形成时期残疾人职业教育政策

发布时间	政策/文件	关于特殊教育的政策要点
1988年	中国残疾人联合会成立,召开"第一次全国特殊教育工作会议"	国家残联的创立,是中国特殊教育事业发展的重要里程碑,被视为我国"残疾人事业发展的最为重要的历史节点"。明确了我国特殊教育发展的战略地位与发展方针
1989年	《关于发展特殊教育的若干意见》	《若干意见》明确"发展特殊教育要贯彻普及与提高相结合,以普及为重点的原则"。基本方针是"着重抓好初等教育和职业技术教育,积极开展学前教育,逐步发展中等教育和高等教育""各级各类特教

续表

发布时间	政策/文件	关于特殊教育的政策要点
1989年	《关于发展特殊教育的若干意见》	学校都应贯彻执行德、智、体、美、劳全面发展的方针，在对残疾学生进行思想品德教育、文化教育和身心缺陷补偿的同时，切实加强劳动技能和职业技术教育，为他们参与社会生活，适应社会需要创造条件""高等院校、中等专业技术学校和技工学校要继续认真贯彻落实招收残疾学生的有关规定。有条件的省、自治区、直辖市，要选择一、两所大专院校，试招盲、聋等残疾学生在适合的专业中学习。""聋童学校（班）原则上实行九年制，即在现行八年制的基础上，再增加一年职业技能教育。条件不具备的地方，可实行六、三分段，先在聋童中普及六年教育。""大、中城市应积极创造条件发展残疾人的初级中等以上的职业技术教育和普通教育。今后五年内，各省、自治区、直辖市的残疾人联合会
1989年	《关于发展特殊教育的若干意见》	应会同当地民政、劳动、教育部门，为残疾青年举办一所职业技术教育机构。""民政部门要负责组织儿童福利机构和社区服务机构，对残疾儿童进行学前教育、文化教育和职业技术教育。""劳动部门要积极协助有关部门，组织推动残疾青年的就业前培训和在职培训。"
1990年	《中华人民共和国残疾人保障法》	这是我国第一部专门有关残疾人的法律，其中将残疾人教育单列一章，比较全面地确认了残疾人教育发展方针，规定了各级政府、各级各类教育机构在残疾人教育发展中所需承担的责任等。"高级中等以上特殊教育机构、普通教育机构附设的特殊教育班和残疾人职业教育机构，对符合条件的残疾人实施高级中等以上文化教育、职业教育。"
1991年	《中国残疾人事业"八五"计划纲要》	对残疾人的特殊教育措施有"建立、完善三十所残疾人职业技术教育中心，其中十所达到国家中等职业技术学校标准。条件较好的特殊教育学校，逐步开设职业班；有条件的城市开办残疾人职业中学。"体现职业教育在残疾人教育中的作用

续表

发布时间	政策/文件	关于特殊教育的政策要点
1994年 （2017年第一次修订）	《残疾人教育条例》	这是我国首部专门性的残疾人教育行政法规。2017年进行修订。 最新残疾人教育条例全文包括总则、学前教育、义务教育、职业教育、普通高级中等以上教育及成人教育、教师等共九章五十二条。确认了残疾人教育的发展地位，强调政府的发展责任，涉及残疾人教育各学段建设、教师、物质条件保障、奖励与处罚等。"残疾人职业教育"的提法首次出现在规范性文件中，将残疾人职业教育作为单独的一章，"残疾人职业教育应当大力发展中等职业教育，加快发展高等职业教育，积极开展以实用技术为主的中期、短期培训，以提高就业能力为主，培养技术技能人才，并加强对残疾学生的就业指导。残疾人职业教育由普通职业教育机构和特殊职业教育机构实施，以普通职业教育机构为主。县级以上地方人民政府应当根据需要，合理设置特殊职业教育机构，改善办学条件，扩大残疾人中等职业学校招生规模。普通职业学校不得拒绝招收符合国家规定的录取标准的残疾人入学，普通职业培训机构应当积极招收残疾人入学。县级以上地方人民政府应当采取措施，鼓励和支持普通职业教育机构积极招收残疾学生。实施残疾人职业教育的学校和培训机构，应当根据社会需要和残疾人的身心特性合理设置专业，并与企业合作设立实习实训基地，或者根据教学需要和条件办好实习基地。"
1996年	《中华人民共和国职业教育法》	第七条明确提出"扶持残疾人职业教育的发展"。第十二条"国家根据不同地区的经济发展水平和教育普及程度，实施以初中后为重点的不同阶段的教育分流，建立、健全职业学校教育与职业培训并举，并与其他教育相互沟通、协调发展的职业教育体系"。第十五条"残疾人职业教育除由残疾人教育机构实施外，各级各类职业学校和职业培训机构及其他教育机构应当按照国家有关规定接纳残疾学生。"

这一时期的残疾人职业教育法制建设取得了突破性进展,颁布了《中华人民共和国残疾人保障法》《残疾人教育条例》两部专门法规,有专门的残疾人职业教育发展规划。一是有专门的行政法规调整,二是有实施步骤推进,三是有各级政府、民政部门、劳动部门、各级各类职业学校、职业培训机构及教育机构落实,基本形成了我国残疾人职业教育体系和政策保障体系。《残疾人教育条例》对特殊教育、残疾人教育、残疾人职业教育的称谓在政策层面完成了有效衔接。陕西省残疾人联合会于1989年2月成立,开始有专门的残疾人服务保障部门来加强国家各项残疾人政策的落实。

(三)发展调适时期(2001—2013年)

发展调适时期残疾人职业教育政策详见表1-9。

表1-9 发展调适时期残疾人职业教育政策

发布时间	政策/文件	关于特殊教育的政策要点
2001年	《残疾人职业教育与培训"十五"实施方案》(2001年)	全面地阐释了残疾人职业教育与培训的任务目标、主要措施、经费保障、检查评估等内容,并提出"十五"期间初步建立初等、中等、高等职业教育与培训相互衔接,并与普通教育、成人教育相互沟通,协调发展,以能力培养为本的残疾人职业教育与培训体系
2007年	《残疾人中等职业学校设置标准(试行)》	第一次系统阐释了残疾人中等职业学校建设的总体原则、基本要求,包括选址、办学规模、师资配备、基础设施、规章制度、管理机构、经费投入等。为残疾人中等职业学校的设置指明了方向
2009年	《关于进一步加快特殊教育事业发展的意见》	"加快发展以职业教育为主的残疾人高中阶段教育,为残疾学生就业和继续深造创造条件。具备条件的地市要举办残疾人高中阶段教育。特殊教育学校要根据需要举办残疾人高中教育部(班);残疾人中等职业学校要积极拓宽专业设置,扩大招生规模;普通高中要招收具有接受普通教育能力的残疾学生;中等职业学校要积极开展残疾人职业教育。""大力开展面向成年残疾人的职业教育培训。以就业为导向,开展多种形式的残疾人技能培训,提高残疾人的就业和创业能力。""做好中等教育和高等教育阶段残疾学生资助工作。普通高校全日制本专科在校生中家庭经济困难的残疾学生和中等职业学校一、二年级在校生中残疾学生要全部

续表

发布时间	政策/文件	关于特殊教育的政策要点
2009年	《关于进一步加快特殊教育事业发展的意见》	享受国家助学金。在特殊教育学校职业高中班(部)就读的残疾学生也应享受国家助学金。""加大投入,确保特殊教育学校(院)正常运转。各地要从特殊教育学校(院)人均成本高的实际出发,研究制定特殊教育学校(院)生均公用经费标准,保证学校(院)正常的教育教学需求。""中央财政将继续设立特殊教育补助专款,地方各级人民政府要继续设立特殊教育专项补助费并不断提高。中央财政加大专项补助资金投入,鼓励和支持地方办好现有的面向全国招生的高等特殊教育学院。""各地要从残疾人就业保障金中安排一定比例的资金用于特殊教育学校(院)开展包括社会成年残疾人在内的各种职业教育与培训。""大力加强职业教育,促进残疾人就业。特殊教育学校要在开足开好劳动技术、综合实践活动等课程的同时,开设符合学生特点、适合当地需要的职业课程。根据市场和社会需求,加强残疾人中等职业学校骨干专业课程的建设。不断更新高等特殊教育院校教学内容,合理调整专业结构。加强学生的生产实习和社会实践,促进职业教育实训基地共建共享。做好学生的就业指导工作。鼓励和扶持各类特殊教育学校(院)、职业学校及职业培训机构,开展各种形式的残疾人职业培训。各级政府和有关部门要加大残疾人职业培训经费投入,在生产实习基地建设、职业技能鉴定、就业安置等方面制定优惠政策和具体扶持保护措施。""要高度重视残疾人职业教育专业课教师培训。依托高等特殊教育学院、其他有关院校和专业机构建设"特殊教育教师培训基地"
2012年	《残疾人教育工作"十二五"实施方案》	"以提高残疾儿童少年义务教育为重点,加快发展残疾人学前教育、以职业教育为主的高中阶段教育和高等教育。"的残疾人教育体系构建。从主要任务、具体措施方面逐步规划实施

续表

发布时间	政策/文件	关于特殊教育的政策要点
2011年	《国务院办公厅转发教育部等部门关于进一步加快特殊教育事业发展意见的通知》（国办发〔2009〕41号）	从"不断完善残疾人教育体系、全面提高残疾人教育水平、加大特殊教育学校建设力度、整合利用特殊教育学校资源、统筹建设附属特教班、加大经费保障力度、加强教师队伍建设、积极推进教育教学改革、进一步强化组织领导"等方面提出具体意见
2002年	《国务院关于大力推进职业教育改革与发展的决定》	"职业教育为初、高中毕业生和城乡新增劳动者、下岗失业人员、在职人员、农村劳动者及其他社会成员提供多种形式、多种层次的职业学校教育和职业培训，是我国教育体系的重要组成部分，是国民经济和社会发展的重要基础。"力争在"十五"期间初步建立起适应社会主义市场经济体制，与市场需求和劳动就业紧密结合，结构合理、灵活开放、特色鲜明、自主发展的现代职业教育体系

这一时期残疾人职业教育政策的特点是在残疾人职业教育体系和现代职业教育体系的基本框架内，结合各类残疾人职业教育单位发展实际，各级各类特殊教育学校、各级政府、民政部门、劳动部门等涉及残疾人职业教育的实施主体，积极行动，切实将两个体系相互衔接，发挥各自优势。尤其专门出台的《残疾人中等职业学校设置标准（试行）》，在加强残疾人职业教育培训、加快发展以职业教育为主的残疾人高中阶段教育等内涵式的残疾人职业教育路径等方面指明了方面。

(四)成熟时期(2014至今)

成熟时期残疾人职业教育政策详见表1-10。

表1-10 成熟时期残疾人职业教育政策

发布时间	政策/文件	关于残疾人职业教育的政策要点
2014年	《特殊教育提升计划（2014—2016年）》	"全面推进全纳教育,使每一个残疾孩子都能接受合适的教育。经过三年努力,初步建立布局合理、学段衔接、普职融通、医教结合的特殊教育体系,办学条件和教育质量进一步提升。"其中"扩大特殊教育教师培养规模,加大特殊教育教师培训力度,提高特殊教育教师的专业化水平。"是重点任务之一。在非义务阶段特殊教育要"加强残疾人职业培训,提高就业创业能力。"在特殊教育课程教学改革中"增加必要的职业教育内容,强化生活技能和社会适应能力培养。""改革教育教学方法。加强个别化教育,增强教育的针对性与有效性。开展"医教结合"实验,提升残疾学生的康复水平和知识接受能力。探索建立特殊教育学校与普通学校定期举行交流活动的制度,促进融合教育。以培养就业能力为导向,强化残疾人中、高等职业学校专业特色,建好实习实训基地,进一步加强对残疾学生的就业指导。"
2017年	《第二期特殊教育提升计划（2017—2020年）》	"坚持统筹推进,普特结合;坚持尊重差异,多元发展;坚持普惠加特惠,特教特办;坚持政府主导,各方参与。""加大力度发展残疾儿童学前教育,加快发展以职业教育为主的残疾人高中阶段教育,稳步发展残疾人高等教育。""加强职业教育,支持校企合作,使完成义务教育且有意愿的残疾学生都能接受适宜的中等职业教育。""支持普通高校、开放大学、成人高校等面向残疾学生开展继续教育,支持各种职业教育培训机构加强残疾人职业技能培训,拓宽和完善残疾人终身学习通道。加强就业指导,做好残疾人教育与就业衔接工作。""加强学前、普通高中及职业教育课程资源建设。"
2017年	《陕西省第二期特殊教育提升计划（2017—2020年）实施方案》	按照国家特殊教育提升计划要求,制定陕西省的实施方案

续表

发布时间	政策/文件	关于残疾人职业教育的政策要点
2017年	《陕西省人民政府关于加快推进残疾人小康进程的实施意见》	实施意见的目标任务是:"到2020年,全省残疾人权益保障制度基本健全、基本公共服务体系更加完善、生产生活水平明显提高,与全面建成小康社会相协调、相适应。建成覆盖城乡的康复服务网络、托养网络、文化网络、组织网络,残疾人普遍享有社会保障、普遍享有康复服务、普遍享有辅助器具适配、普遍享有托养服务,过上有房住、有学上、有医就、有人管、有尊严的幸福生活,共享经济社会发展成果。"
2018年	《关于加快发展残疾人职业教育的若干意见》	提出6条具体意见:要充分认识加快发展残疾人职业教育的重要意义;以中等职业教育为重点不断扩大残疾人接受职业教育的机会;改进残疾人职业教育的办学条件;提高残疾人职业教育的质量;加强残疾人的就业指导和援助;强化残疾人职业教育的组织领导。专门以文件形式强调发展残疾人职业教育的各环节要求
2019年	《国家职业教育改革实施方案》	明确阐述了新时代职业教育的发展改革要求,也为残疾人职业教育融入大职教观提供政策支持和蓝图规划

此阶段的政策是全面推进"全纳教育",建立终身特殊职业教育体系,提升特殊职业教育的保障能力与质量,残疾人职业教育发展战略体系日趋成熟。此阶段,政府及相关部门出台了一系列高质量、体系化建设的政策,残疾人职业教育政策体系趋于完善,强调残疾人接受职业教育的机会、残疾人职业教育办学条件改善、残疾人职业教育质量提升和残疾人职业教育组织领导,以及残疾人小康生活的实现。还专门出台了《关于加快发展残疾人职业教育的若干意见》来指导残疾人职业教育发展的各环节。综观顶层设计及实践历程,我国高度重视残疾人职业教育的战略意义,十分注重"普职融通"、特殊职业教育的"终身化"和"应用性",具有较强的现实针对性。

陕西省这一时期的政策落实更加紧密和到位,各级政府和各职能部门也都积极行动起来,残疾人联合会充分发挥桥梁和纽带作用,坚持政策托底、综合施策、项目带动、持续用力,整合各级各类残疾人教育资源,建设职业培训示范基地89个,实施特殊教育提升计划,免除公办普通高中非建档立卡家庭经济困难残疾学生学杂费,累计资助9100余名贫困残疾学生和贫困残疾人子女就学等。陕西省委、省政府也颁布并实施了对标国家政策的兜底补短、提标扩面的规范性文件。

三、残疾人职业教育现代化建设

综观我国残疾人职业教育发展历程和政策沿革,残疾人职业教育现代化有赖于残疾人教育的现代化和我国教育的现代化,以及融入大教育观中的现代化。残疾人职业教育现代化的目标是解决残疾人日益增长的多样化需求和各级各类教育资源供给不充分之间的矛盾。

结合《国家职业教育改革实施方案》(2019)、《国家教育事业发展"十三五"规划》、国务院关于印发《"十三五"加快残疾人小康进程规划纲要》《关于改革完善社会救助制度的意见》(2020)等一系列文件精神,我国残疾人职业教育现代化建设的总体目标是:坚持以习近平新时代中国特色社会主义思想为指导,"全面建成小康社会,残疾人一个也不能少""共同富裕路上,一个不能掉队"。加快建设布局合理、学段衔接、普职融通、医教结合的特殊教育体系,加快发展残疾人职业教育,满足残疾人受教育的权利,提升残疾人受教育的水平,促进教育公平,发展"融合教育+适合的教育"。

第二章 陕西省残疾人职业教育现状

第一节 国内外关于残疾人职业教育的研究

一、国内关于残疾人职业教育的研究

自20世纪80年代末,学术界开始关注残疾人职业教育的发展。李益生(1988)较早提出残疾人职业教育的重要性,概括性地指出其特殊性和意义,呼吁政府部门和社会共同关心残疾人职业教育的发展。万春华(1990)指出,"我国残疾人至今仍是我们社会上困难最多的一个群体,他们的就业问题令人忧虑。"1994年国家颁布《残疾人教育条例》,学术界的研究进程开始逐步发展,但发展态势较为缓慢。2006年通过的"十一五"规划对职业教育提出相应的发展要求,残疾人职业教育的学术研究进程开始明显加快。国家多部委先后印发《关于进一步加快特殊教育事业发展的意见》(2009年)、《特殊教育提升计划》(2014年)等文件,进而推动学术界对残疾人职业教育的相关研究不断取得新进展。由此可以明显看出,学界对残疾人职业教育研究的蓬勃发展离不开国家政策文件的支持和有效保障。

(一)残疾人职业教育的内涵研究

陈云英在其主编的《中国特殊教育基础》书中对残疾人职业教育的定义,即"根据社会需要和残疾青少年的身心特点,实施的职前、职后的各级各类职业和技术教育以及与普通教育中的普通职业教育的总称。"陈瑞英认为残疾人职业教育不仅有职业教育的普遍特性,还有其独特性,体现在教育对象特殊、教育内容复杂、组班教学方式有差异;顾然、杨雨溪将残疾人职业教育看作职业学校教育,认为其应当包括接受残疾人入学的各种职业技术学校等,

按照教学的不同层次,划分为初等、中等和高等职业学校教育,教学目标是培养具备一定文化水平和职业技能的残疾人劳动者;甘昭良主张发展残疾人职业教育应当重点围绕残疾人的劳动教育、劳动技术教育和职业技术教育三个方面展开;黄英认为对于处于特殊群体的残疾人,尤其是中重度残疾人而言,职业教育力图打破"职业教育即就业教育"的传统观念,使职业教育更具人文精神,将发展残疾学生基本生活能力、实现全面康复、提高生活质量作为残疾人职业教育的重要内容;王得义指出残疾人职业教育不仅服务于学生就业,更重要的是改善残疾学生的机体功能、满足个体的康复需要,提高生活自理能力和社会适应能力,带动其职业能力的潜在发展。由此可见,研究者对残疾人职业教育内涵的认识在不断丰富,逐渐打破一维的职业技能的单纯培养,发展为基于岗位胜任力的职业核心能力与全面素养的多维目标的全面塑造,促进残疾人就业和全面发展,更好融入社会,平等享有人生出彩的机会。

(二)残疾人职业教育发展的区域研究

学者从不同区域对残疾人职业教育进行了研究,有的从国家比较的视角出发,更多的是在省级、市级范围内进行了研究。许保生在研究全国残疾人职业教育发展现状中指出,改革开放以来,在党和国家、各级政府、教育行政机构和各级残疾人组织的领导下,我国残疾人职业教育有了很大发展,在办学规模、专业设置和办学层次上都有了较大进步。赵小红、都丽萍重点分析了我国大陆地区残疾人中等职业教育机构数量、规模、地区差异、毕业生素质等现状,同时,基于对23所残疾人中等职业教育机构的调研,对残疾人中等职业教育机构的专业设置、课程设置、师资状况和经费投入进行了分析。刘惠苑、杨庆峰、吴涛、李雪、方威等人对广东残疾人职业教育进行了研究,既有宏观分析,又从教师、课程、招生等微观角度进行现状的调查。李秀、张碧燕以福建省开展智障学生教育的特殊教育学校为调查对象,对智障学生职业教育现状进行调查。赵小红从职业教育课程开设、师资、经费与专用教室配备等方面研究广西智力残疾学生职业教育现状。田应启、马芳分别对贵州、宁夏特殊教育学校职业教育开展了情况调查和现状分析。冯学兰通过对甘肃省残疾人的定量分析,比较了西北地区残疾人职业教育的城乡差异。谢颖基于利益相关者的视角研究了江苏省残疾人职业教育的现状及发展路径。

(三)残疾人职业教育发展的问题研究

就目前关于残疾人职业教育的研究结果看,残疾人职业教育存在一系列问题。如李耘等人基于中国残联官方统计数据(2008—2013年),对中国残疾人中等职业教育问题进行研究后发现,残疾人中等职业教育有了较大的发展,但也存在着学校数量不足且地区分布不均衡、不同类型残疾人就读比例不协调等问题。孙会、张金福认为,在残疾人职业教育支持服务体系具体运行中,受制于诸多因素,还存在政策文本结构不完善、政策执行主体不确定、政策实施模式单一、政策文本表述缺乏可操作性等结构性困境。周满生认为,制约残疾人职业教育发展的原因,一是残疾人职业教育尚未完全纳入国家和地方职业教育发展大局,缺乏整体规划和布局,基础薄弱,资源分布不均,办学标准不健全,亟待加强管理与指导;二是残疾人职业教育基础能力建设落后,残疾人职业教育机构规模相对偏小、专业相对狭窄,教育质量和师资队伍整体水平亟待提高,残疾学生实习训练场所普遍缺乏;三是残疾学生救助体系不完善,许多残疾学生家庭经济困难,完成义务教育后没有机会接受职业教育,极大地限制了他们平等参与社会生活。刘俊卿提出,特殊教育学校职业教育发展存在的问题是经费投入不足、内涵建设不够、缺乏教学保障、教育管理滞后。赵文君提到,专业设置与市场脱节、单一的教学模式、缺乏专业的师资力量、课程设置缺乏系统性、就业困难等问题是目前特殊教育学校普遍存在的。此外,一些地方的特殊教育学校职业教育办学资源和水平参差不齐,职业技术教育课程比较随意,缺乏规范的职业教育教学计划,课程结构单一。特殊教育学校因本身的封闭性与特殊性造成其缺少与外界的交流,学校很难进行市场调研,使得学校职业教育的开展与社会就业存在脱节,如何探索出一条适合特殊教育学校职业教育发展的道路,值得进一步探讨和研究。

(四)残疾人职业教育发展的对策研究

残疾人职业教育的发展是长期的系统性社会工程,我国的残疾人职业教育发展起步较晚,虽然取得一定的发展成果,残疾人职业教育体系也在逐步建立,但在发展过程中仍然面临着许多问题和困境,学界围绕这些问题及相应的改进方案提出了许多不同的见解。尤兴琴和郭文斌提出,残疾人职业教育应当立足就业市场需求、推进校企合作、开展"互联网+"职业教育模式等建议。周满生提出,构建残疾人职业教育融合发展模式,高度重视残疾人职业教育师资的培养培训,开展国家间残疾人职业教育的政策、课程、学术方向、师资等方面的交流与合作,与企业共同探索残疾人学习计划和培养方案,创造条件,为残疾学生提供国际学习交流的机会等建议。许保生提出,有关部门应在调查研究的基础上,制订合理的具有可操作性的残疾人职业教育学校办学标准和补助政策并加以落实,同时残疾人职业教育学校要认真落实立德树人的根本任务,加强学校的内涵建设。刘志敏等提出,发展残疾人职业教育必须处理好以下几个问题:一是精确把握残疾人职业教育的培养目标;二是精准把握残疾人教育对象的特征与多样化需求,扬长补短,长善救失;三是精妙运用现代教育技术,把技术嵌入教育,提升教育的附加值。李耘等人建议将残疾人职业教育纳入现代职业教育体系,重点完善残疾人中等职业教育保障机制,包括经费保障、制度保障等,引导社会力量积极参与,逐步完善残疾人中等职业学校与企业的合作制度,努力实现职业教育的均等化,尽快消除职业教育在地区和不同类型残疾人之间的不均衡状况。

二、国外关于残疾人职业教育的研究

相较于我国,国外的残疾人职业教育发展起步较早。德国于 1969 年、1981 年先后颁布了《联邦职业教育法》《联邦职业教育促进法》,并在 2005 年对两部法律进行了合并修订,其中专门有一章节就特殊人群职业教育作出法律规定与详细解释,从法律高度明确了残疾人职业教育的重要地位,并提出了相应的实施细则;美国从 20 世纪 60 年代起开始注重开发残疾人这一特殊人力资源,先后制定一系列有关残疾人教育和职业教育的法律法规,包括《职业康复法》《残疾人教育法》等;日本以《残疾人教育法》为主,《残疾人福利法》《残疾人雇佣促进法》《残疾人职业训练法》等配套法律为辅,用法律手段来保障残疾人教育权利的实现。

随着"全纳教育"理念的提出,学者们从残疾学生的职业发展角度考虑,对残疾人教育层次和体系提出了更高要求,主要表现为对残疾人职业教育的重视和深入探讨。Cornish 和 David 认为针对残疾学生的教育,应当考虑到更高层次的教育需求,围绕残疾学生的特殊需求,对他们在学习过程中所遇到的问题提供相应的解决方法,以帮助他们进行有效的学习,并跟进后续更高阶段的学习计划。Karl H. Seifert 提出残疾人在职业成熟度、职业适应性、自我意识建构等方面存在欠缺，非常有必要帮助他们培养职业探索能力。Foster 和 Carl 从残疾人教育课程设置方面出发，指出残疾人教育应当符合残疾学生的实际发展需要，以帮助他们获得更好的职业发展。Greenan 和 James P. 则指出职业教育工作者和特殊教育工作者应当共同努力，为所有残疾学生提供职业教育辅导和必要的支持服务。Dario Fortin 等学者提及开发课程主要是考虑到残疾人未来就业以及个人和社会的强化。Sharon Davis 等学者就向残疾学生提供职业教育过程中所遇到的问题，进行了调查研究，主要包括跨部门合作、人员配备、资金、服务项目、个性化教育等，这些问题将影响职业教育服务和项目的具体实施。James 和 Guy Johnson 在对罗切斯特聋人技术学院进行调查研究时，指出其课程安排上主要围绕能力培养、重视就业、工学结合等方面予以设置，其中能力培养主要是指对学生职业技能的挖掘，重视就业是为学以致用，关注学生未来职业发展，工学结合则是强调课程教学应服务于实践需要，满足就业市场需求。

三、国内关于残疾人职业教育的研究综述

综合上述文献回顾，可以看出我国学术界对残疾人职业教育的研究经过30多年的发展，已经取得一定的研究成果，并呈现以下几个特点。

一是通过对残疾人职业教育内涵的梳理，不断拓展丰富残疾人教育的外延，充分体现了现代残疾人职业教育的新理念，并与国际接轨。

二是重点聚焦我国残疾人职业教育在实践发展中所面临的问题及相应对策讨论，力促政府和社会给予其更多的关注和支持。

三是逐渐重视对残疾人职业教育体系的研究，从多角度进行思考和研究残疾人职业教育。既有宏观的研究，又有微观的研究；既有对国外残疾人职业教育的比较研究，又有对地方残疾人职业教育的区域研究，还有针对个别特殊教育学校及中高职院校的个案研究。研究的内容涉及法律政策、办学条件、专业设置、课程开发、招生就业、师资培养等方方面面。

已有成果为本书的研究打下了坚实的基础，研究中的不足也可为本书提供新的切入点。

一是理论深度不够。当前现有的关于残疾人职业教育研究更多的是"就

事论事"和一些比较浅显的倡导性的论文,或者是一些比较性的和借鉴性的论文成果,往往停留在中观和宏观层面,缺少更多的理论深度和高度,没有从理论层面进行研究和反思。在未来的研究过程中,我们需要进一步去思考残疾人职业教育的理论深度问题,通过对理论的深入探讨和研究,从而更好地寻找残疾人职业教育的对策。

二是研究方法单一。在残疾人职业教育研究的过程中,学者们往往是从经验出发、从事实出发,或者从工作的实际情况出发。可见,在研究方法上显得单一,更多的是一种思辨性的研究,没有更多的实证性研究。因此,我们需要通过深入的调查研究、数据分析、国内外比较研究、历史研究等,来拓宽我们的研究视野,促进研究更加多元化。

三是亟待加强对陕西省残疾人职业教育的区域研究。我国幅员辽阔、人口众多,受制于地方经济水平、政策支持力度、职业教育发展程度、残疾人类型的不同等因素的影响,在进行残疾人职业教育过程中,需要充分考虑到地方的差异性进行残疾人职业教育,从而更好实施残疾人职业教育工作。就目前来看,陕西省的残疾人职业教育服务供给和教育需求仍存在较大差距,目前文献中没有专门就陕西省残疾人职业教育的发展进行针对性的研究。因此,亟需梳理、总结陕西省在残疾人职业教育发展上的具体实践情况及存在的问题,并结合国内外在残疾人职业教育发展方面的先进经验和有益尝试,探索发展残疾人职业教育的一些可行性做法和方案,为持续推进我国及陕西省残疾人职业教育的发展提供若干思路。

第二节 陕西省残疾人职业教育现状研究的主要内容

一、陕西省残疾人职业教育发展的概况

残疾人是社会大家庭的平等成员,发展残疾人事业是社会文明进步的标志。残疾人职业教育作为残疾人自我发展的重要途径,不仅能提高残疾人的劳动技术能力,也能促进残疾人德育、智育等其他方面的共同进步,让其更好地融入正常社会生活,促进社会和谐发展。

陕西省一直以来都高度重视残疾人事业,把残疾人工作列入重要议事日程,纳入经济社会发展总体规划,认真落实扶残助残政策,及时研究解决重大问题,出台了一系列促进特殊教育发展的政策措施,极大地推动了陕西省残疾人各项事业的健康发展。残疾人受教育机会不断扩大,残疾儿童义务教育入学率达到95%以上,残疾人高中阶段教育规模不断扩大,进一步扩大普通高等学校特殊教育资源,大力发展残疾人职业教育培训,特殊教育学校(院)办学条件明显改善,残疾人教育发展格局和体系逐步完善,教育质量逐步提高,残疾人受教育权进一步得到保障。

(一)陕西省残疾人类别及受教育程度

2019年,陕西省已办理残疾人证的人数为1 345 070人,比2018年减少了11 952人,其中,肢体残疾人数最多,占53.81%,其次是视力残疾、听力残疾、精神残疾、多重残疾、智力残疾、言语残疾,见表2-1。

从增长幅度来看,人数增长速度最快的是精神残疾的人,2019年比2017年增长了21.28%,其次是多重残疾和智力残疾的人,分别增长13.26%和8.50%。

表2-1 2017—2019年陕西省残疾人类别及办证人数

残疾类别	2019年		2018年		2017年	
	办证人数/人	占比/%	办证人数/人	占比/%	办证人数/人	占比/%
视力残疾	162 408	12.07	168 352	12.41	159 328	12.27
听力残疾	130 937	9.73	142 793	10.52	125 905	9.70
言语残疾	24 997	1.86	26 705	1.97	26 607	2.05
肢体残疾	723 750	53.81	738 536	54.42	723 044	55.68
智力残疾	85 474	6.36	81 874	6.03	78 778	6.07
精神残疾	123 441	9.18	112 209	8.27	101 780	7.84
多重残疾	94 063	6.99	86 553	6.38	83 054	9.4
总计	1 345 070	100	1 357 022	100	1 298 496	100

数据来源:中国残疾人联合会官网年度数据《全国残疾人人口基础库主要数据》。

从受教育程度来看,2019年陕西省已办理残疾人证的人中,小学受教育率为37.30%,初中阶段占比32.33%,高中及以上受教育率约为10.18%,见表2-2。由此可见,陕西省残疾人的受教育水平主要集中在义务教育阶段,高中及以上文化程度占比较低,真正接受残疾人职业教育的人群覆盖率相对较低。

表2-2 2019年陕西省残疾人受教育程度及办证人数

受教育程度	2019年		2018年		2017年	
	办证人数/人	占比/%	办证人数/人	占比/%	办证人数/人	占比/%
文盲	261 160	19.42	257 886	19.00	250 557	19.30
小学	501 728	37.30	504 165	37.15	488 356	37.61
初中	434 880	32.33	441 961	32.57	424 258	32.67
高中及中专	117 001	8.70	122 757	9.05	110 576	8.52
大学专科及以上	19 902	1.48	20 726	1.53	16 721	1.29
其他	10 399	0.77	9 527	0.70	8 028	0.62
总计	1 345 070	100	1357 022	100	1 298 496	100

数据来源:中国残疾人联合会官网年度数据《全国残疾人人口基础库主要数据》。

(二)陕西省残疾人职业教育类型

陕西省残疾人职业教育可分为学历性残疾人职业教育和非学历性残疾人职业教育两种类型。

学历性残疾人职业教育主要是指职业学校教育。职业学校教育由国家规定学制、实施较系统的教育、颁发学历证书。学历性残疾人职业教育实施主体主要由普通教育机构和残疾人教育机构共同实施。普通教育机构采取普通职业教育方式,主要针对肢体残疾、智力残疾和其他符合条件者,将他们安置在普通班级随班就读。残疾人教育机构采取特殊职业教育方式,设置特殊班级,主要针对视力残疾、听力残疾和肢体残疾者。

非学历性残疾人职业教育教育主要是指职业培训。所谓职业培训是对受教育者实施可从事某种职业或生产劳动所必需的职业知识、技能和职业道德的教育,职业培训不限学制,是以就业、转岗或在岗提高为目的的非学历职业教育,完成培训者可获得结业证书,符合条件并通过考试者可获得相应等级的职业资格证书。残疾人职业培训的实施主体主要是各级职业学校、社会培训机构、残联下属的专门残疾人职业培训中心,也可由接收残疾职工的单位实施,或采用远程教育方式。残联部门举办的中短期实用技术培训是农村残疾人职业培训的主要形式,注重与生产扶贫相结合,帮助残疾人成为"技能明星,致富能手"。城镇残疾人职业培训注重与就业相结合。职业培训机构开展以实用技能为主,以集体就业、分散就业或个体就业为目标的培训,内容包括面向视力残疾人的心理咨询师、推拿按摩、计算机基础,面向听力残疾人的网络客服、来料加工,面向肢体残疾人的话务员、电子商务等。福利企业和吸纳残疾职工的单位开展以生产安全和职业道德教育为主的岗前培训、以生产技能为主的在岗和转岗培训,促进残疾职工适应职业生活、提高职业技能。培训动用各界力量、多种形式并举,既可推荐残疾职工到职业培训中心学习,也可请专业教师来企业做专题培训。残疾人职业培训根据个体的技能水平可分为初级、中级、高级及以上三个等级,符合相关标准,并通过国家职业技能水平考试者可以获得相应等级的职业资格证书。

(三)陕西省残疾人职业教育层次

残疾人职业教育作为职业教育的一个重要分支,和普通职业教育一样,可以划分为初等职业教育、中等职业教育和高等职业教育三个层次,同时在各个教育层次上与普通教育都有不同程度的交叉、渗透和重合。由于受教育对象的特殊性,残疾儿童在进入初等职业教育前,不论特殊学校还是附设有特殊班或招收残疾儿童随班就读的普通学校,都要开展低年级的职业启蒙和高年级的职业教育内容渗透,通过日常的生活指导和专门的劳动技术课程,培养残疾儿童具备基本的劳动能力和职业意识,为他们接受初等职业教育和未来发展奠定基础。

1. 残疾人初等职业教育

残疾人初等职业教育主要对象为小学毕业或至少有小学文化程度的青少年,学制3—4年,其主要的教育形式为在特殊教育学校的初中阶段增开职业教育课程或设置专门的职教班,旨在培养学生的劳动习惯、掌握初级职业技术、形成初步的劳动能力,并利用职业教育优势将教育和康复结合起来,从而提高毕业生的就业率,或为他们进入高一级的教育和培训机构打好基础。通过走访各市县的特殊教育学校,发现相当多的特殊学校正在开展初等职业教育,专业涉及编织、烹饪、家政、美发、缝纫等数10种,部分学校还结合地方特色开有藤编、作物种植等课程,学制3年。个别培智学校为弹性学制,与传统学制相比,这种学制允许智力残疾学生根据自己的情况选择学习方式和时间。

2. 残疾人中等职业教育

残疾人中等职业教育的对象为已完成初等职业教育的残疾学生,学制3年,是目前我国残疾人职业教育体系建设的重点,其主要的教育形式为特殊学校的高中阶段、残疾人中等职业学校、普通中等职业学校的普通班或附设的特教班,其中特殊学校的高中阶段和专门的残疾人中等职业学校为主要教育形式。残疾人中等职业教育的育人目标为培养具有良好的职业道德、掌握专业知识和技术技能的专门职业人才,并为残疾学生就业和继续深造奠定必备条件。根据《2018年陕西省残疾人事业统计公报》,截至2018年底,全省共有特殊教育普通高中班(部)3个,在校生274人,其中听障学生274人。残疾人中等职业学校(班)3个,在校生1051人,毕业生474人,毕业生中414人获得职业资格证书。

3. 残疾人高等职业教育

残疾人高等职业教育建立在残疾人中等职业教育的基础上,学制3—4年,专业与中等职业教育阶段相衔接并有所扩展,毕业生可获得全国普通高等学校毕业证书。残疾人高等职业教育的育人目标为尽最大限度地发挥残疾学生的潜能,培养高级专门人才和职业人员,为社会主义现代化培养合格的建设者和接班人。目前,我国残疾人高等职业教育主要包括以下五种基本形式:一是专门设立的残疾人高等职业教育学校;二是在普通高职院校招收各类轻度残疾学生进行融合教育;三是在普通高校内设置专门招收残疾学生的学院、系、专业;四是残疾人中等职业学校与普通高职院校合作开办大专班;五是通过高等教育自学考试、远程教育等多种渠道接受高等职业教育。陕西目前还没有建立专门的残疾人高等职业教育学校,仅在西安美术学院设立了特殊教育艺术学院,招收工艺美术本科专业学生,学制四年。陕西省自强中等专业学校与陕西机电职业技术学院联合举办"三二连读高职"。陕西省城市经济学校与陕西开放大学联合举办面向肢体残疾学生的高职层次开放教育。

(四)陕西省残疾人职业教育管理体系

陕西省目前对残疾人教育的管理采取政府主导的多部门协调联动机制,涉及教育、发改、民政、财政、编制、人社、卫计、残联等部门。其中教育行政部门负责制定职业教育具体政策、发展规划和规章制度,指导、督促、检查职业教育工作,指导所辖地区的特殊学校、普通学校、职业技术学校的残疾人职业教育发展与改革;民政部门负责残疾人的保障工作,管理各级民政技术学校和民政培训机构招收残疾学生开展职业教育和培训,指导福利企业吸纳残疾职工并做好职业培训;人力资源和社会保障部门负责完善职业资格制度,建立面向城乡劳动者的职业培训制度,指导技工学校、就业训练中心、民办职业培训机构开展招收残疾人的职业教育和培训,实施职业资格鉴定工作;残疾人联合会主要负责促进残疾人教育、开展残疾人职业培训工作,各地残疾人中等职业学校、残疾人职业技能培训中心、残疾人就业服务中心等隶属于残疾人联合会管理。

(五)陕西省残疾人职业教育政策保障

陕西地处我国西部,经济发展相对滞后,贫困面大,残疾人教育一直是整个教育环境中相对薄弱的环节。为改变残疾人教育落后面貌,陕西省委、省政府高度重视,有关部门通力合作,积极贯彻落实国家出台的有关法律法规、政策,及时出台一系列适合陕西省的一些重大举措,推动了全省残疾人教育快速发展。

2000年陕西省政府颁布《陕西省实施〈残疾人教育条例〉办法》,要求"各级人民政府教育行政部门应对在校残疾儿童、少年实行小学后、初中后两级分流,进行初等职业教育或职业培训。"

2006年,陕西省人民政府发布了《陕西省残疾人事业"十一五"发展纲要(2006年—2010年)》,提出"符合条件的残疾人得到职业教育或培训;保障符合国家录取标准的残疾考生接受高级中等以上教育;加快高级中等特殊教育发展,积极发展高等特殊教育。以社会普通职业教育机构为主,充分发挥具有特殊教育手段的残疾人职业教育机构的作用,普遍开展适应劳动力市场需求的残疾人职业教育与培训;城镇与就业相结合,农村与生产和扶贫相结合,开展多层次的职业技能教育和中短期实用技术培训。发挥省残疾人职业培训中心示范带头作用。"

2011年11月14日,省政府残疾人工作委员会制定的《陕西省残疾人事业"十二五"发展纲要》提出,建立、完善从学前教育到高等教育的残疾人教育体系,保障残疾人受教育权利。发展残疾儿童学前康复教育,大力发展残疾人职业教育,加快发展残疾人高中阶段教育和高等教育。

2012年《陕西省实施〈中华人民共和国残疾人保障法〉办法》发布,指出政府有关部门、残疾职工所在单位或者有关社会组织应当对残疾人开展扫除文盲、职业教育、创业培训和成人教育。鼓励残疾人自学成才。教育、人力资源和社会保障部门应当重点发展残疾人初等和中等职业教育,开展以实用技术为主的中期、短期培训;特殊教育机构应当对残疾学生进行职业技术教育。

2015年初《陕西省特殊教育提升计划(2014—2016年)实施方案》正式颁布。要求各市、县、区政府要加强对残疾学生在普通高中和中等职业学校随班就读工作的统筹,积极招收残疾学生就读。残疾人中等职业教育学校要积极扩大招生规模,优化专业结构,为残疾学生提供更多的选择。市级特殊教育学校都要举办高中、职中部(班),条件较好的县级特殊教育学校也要积极开展残疾人高中段职业教育,为残疾学生提供更多接受职业教育的机会。大力发展以职业教育为主的残疾人高等教育。在省内选择2—3所普通高校,设置特殊教育学院或设立相关专业,为更多残疾学生接受高等教育提供机会。设置陕西特殊教育职业技术学院,扩大西安美术学院特殊教育学院的招生规模。高等院校、成人教育机构要积极招收符合录取标准的残疾考生,不得因其残疾而拒绝招收。深化课程改革,完善课程设置,增加必要的职业教育内容,强化生活技能和社会适应性能力培养,注重学生的潜能开发和缺陷补偿。开设职业教育的特殊教育学校(院),要本着对学生终身幸福负责的态度,有针对性地开好专业技能课程,为学生毕业后就业创造良好的条件,提高残疾学生的就业能力。

2017年按照《教育部等七部门关于印发〈第二期特殊教育提升计划(2017—2020年)〉的通知》精神,陕西省教育厅、发展改革委、民政厅、财政厅、人社厅、卫健委、残联等部门联合制定《陕西省第二期特殊教育提升计划(2017—2020年)实施方案》,提出到2020年陕西省特殊教育发展的目标和任务为确定"2020年前,各市(区)要依托现有特殊教育和职业教育资源,建设一所能够满足本地区残疾学生高中阶段就学需求的特殊教育学校,各区县特殊教育学校要根据实际开设高中部(班)或中职部(班)。"要求"各地要鼓励特殊教育学校根据实际开设特色鲜明的职业教育专业,支持特殊教育学校与职业教育学校合作办学,把残疾人职业教育纳入全省职业教育发展规划、职业教育集团、校企合作范畴和现代职业教育体系予以支持。"

2017年,陕西省残联、发展改革委、民政厅、人力资源社会保障厅、卫生计生委、国税局、地税局、中医药管理局联合制定了《陕西省残疾人就业促进"十三五"实施方案》,提出加大职业培训力度,提升残疾人就业能力。统筹利用职业院校、特殊教育院校、职业培训基地和企业等各类职业培训资源,科学合理分配任务,开展就业创业技能培训。

二、陕西省残疾人职业教育发展规模:日益壮大

近年来,陕西省残疾人教育事业取得较大发展,各级政府投入明显增加,残疾儿童入学"零拒绝",基本实现了30万人口以上县市区独立设置一所特殊教育学校的目标,残疾学生在国家和省级助学体系中得到优先保障。"零拒绝"是特殊教育新主张,认为残疾障碍的儿童,不论其残疾程度如何,都应得到妥善安置,接受免费的公共教育,并呼吁政府立法,所有公立的特殊教育机构,不得以任何理由拒绝任何一个这样的儿童入学。该主张得到一些法院判定,认为政府应向所有残障儿童提供免费的公共教育。

随着经济的不断发展,陕西省逐步建立了一些新的特殊教育学校,其班数、毕业生数、招生数、在校生数、教职工数也都在逐年增加。详见表2-3。

表2-3 陕西省特殊教育的基本情况(2013—2019)

年份	学校数/所	班数/个	毕业生数/人	招生数/人	在校生数/人	教职工数/人
2013	50	400	1 109	1 278	6 494	1 173
2014	52	439	883	1 376	7 852	1 287
2015	55	408	1 101	1 762	8 630	1 320
2016	56	468	1 099	1 905	10 560	1 452
2017	58	525	1 411	3 226	14 683	1 539
2018	65	610	1 976	3 071	16 399	1 727
2019	66	724	2 412	3 198	18 286	1 842

数据来源:中国教育统计年鉴(2013—2019)。

(一)学校数、班数的变化

陕西省特殊教育学校从2013年的50所,发展到2019年的66所,增加了16所,累计增长32.00%,年均增长为4.79%。增长幅度最大的年份是2018年,增幅为12.07%。增长幅度最小的年份是2019年,增幅仅为1.54%。参见图2-1。

图2-1 陕西特殊教育学校数量变化(2013—2019)

陕西省特殊教育班数从2013年的400个,发展到2019年的724个,增加了324个,累计增长81.00%,年均增长达10.74%。增长幅度最大的年份是2019年,增幅为18.69%;增长幅度最小的年份是2015年,增幅仅为-7.06%,是唯一负增长年份。参见图2-2。

图2-2 陕西省特殊教育班数变化(2013—2019)

(二)毕业生数和招生数的变化

陕西省特殊教育学校的毕业生数从2013年的1109人,发展到2019年的2412人,增加了1303人,累计增长117.49%,年均增长高达15.67%,有两个年份是负增长;增长幅度最大的年份是2018年,增幅为40.04%;增长幅度最小的年份是2014年,增幅为-20.38%。招生人数从2013年的1278人,发展到2019年的3198人,增加了1920人,累计增长了150.23%,年均增长高达18.75%,有一个年份是负增长;增长幅度最大的年份是2015

年,增幅为28.05%;增长幅度最小的年份是2018年,增幅为-4.80%。参见图2-3。

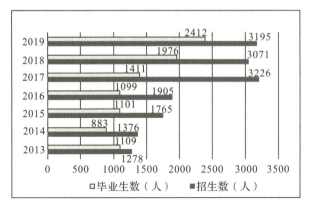

图2-3 陕西省特殊教育毕业和招生人数变化(2013—2019)

(三)在校生数的变化

陕西省特殊教育在校生数从2013年的6 494人,发展到2019年的18 286人,增加了11 792人,累计增长了181.58%,年均增长高达19.24%,所有年份都是正增长;增长幅度最大的年份是2017年,增幅为39.04%;增长幅度最小的年份是2015年,增幅仅为9.91%。参见图2-4。

图2-4 陕西省特殊教育在校生人数变化(2013—2019)

尽管特殊教育在校生人数在增长,但大多集中在义务教育阶段,接受高中教育的在校生人数一直停滞不前。详见表2-4。

表 2-4　陕西省特殊教育在校生分布与占比情况(2013—2019)

年份	合计/人	小学阶段		初中阶段		高中阶段	
		人数/人	占比/%	人数/人	占比/%	人数/人	占比/%
2013	6 494	4 603	70.88	1 809	27.86	82	1.26
2014	7 852	5 975	76.10	1 812	20.70	65	0.74
2015	8 630	6 532	75.69	2 014	23.34	84	0.97
2016	10 560	7 844	74.28	2 646	25.06	70	0.66
2017	14 683	11 370	77.44	3 246	22.11	67	0.46
2018	16 399	12 145	74.06	4 187	25.53	67	0.41
2019	18 286	13 126	71.78	5 085	27.81	75	0.41

数据来源:中国教育统计年鉴(2014—2020)。

数据显示,2013—2019年间,陕西省特殊教育在校生中,小学阶段在校生,从2013年的4603人到2019年的13126人,共增加了8523人,增加了1.85倍;中学阶段在校生,从2013年的1809人到2019年的5085人,共增加了3276人,增加了1.81倍;高中阶段在校生从2013年的82人到2019年的75人,呈负增长趋势。

从小学和初中阶段在校生人数增长情况看,陕西省特殊教育发展是稳步向前的,其增加幅度非常明显,两阶段的最终数据都比基期数据增加了1.8倍多;但是,高中阶段,陕西省特殊教育在校生人数始终徘徊在72人左右,也就是说,陕西省接受特殊教育的学生中,能读到高中阶段的少之又少。需要说明的是,表2-4数据来源于《中国教育统计年鉴》,只统计了教育系统管辖的特殊教育学校在校高中生,没有将残疾人联合会等其他部门管辖的特殊教育高中阶段的在校生统计在内。参见图2-5。

图2-5 陕西省特殊教育在校生人数的阶段变化(2013—2019)

近年来,陕西省特殊教育小学、初中阶段在校生人数虽然增长较快,但占比基本上只是上下浮动,变化幅度不大。小学阶段占比最高的年份是2017年,占比为77.44%,占比最低年份是2013年,占比为70.88%;初中阶段占比最高的年份是2013年,占比为27.86%,占比最低年份是2014年,占比为20.70%;高中阶段占比最高的年份是2013年,占比为1.26%,占比最低年份是2018年和2019年,占比都是0.41%。参见图2-6。

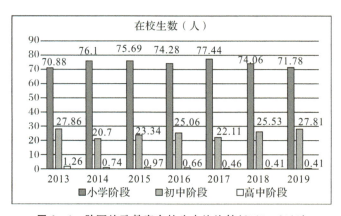

图2-6 陕西特殊教育在校生占比比较(2013—2019)

2013—2019年间,陕西特殊教育在校生平均占比情况,小学阶段在校生平均占比为74.32%,初中阶段在校生平均占比为24.97%,高中阶段在校生平均占比为0.71%。参见图2-7。

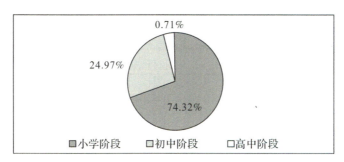

图2-7 陕西省特殊教育在校生占比年均分布(2013—2019)

一般来说,小学阶段、初中阶段、高中阶段,在校生人数递减是正常的,若递减幅度很大,必定有其特定的原因。2013—2019年期间,陕西省特殊教育在校生递减幅度很大,其中,小学、初中、高中三个阶段的平均占比分别是74.32%、24.97%和0.71%。是什么原因造成陕西省特殊教育在校生不同阶段递减幅度如此之大呢?值得深思和探究。

小学阶段,陕西省特殊职业教育在校生占比接近75%,国家针对特殊教育实施"零拒绝"政策的作用应该是主因;初中阶段,陕西省特殊教育在校生占比接近25%,只有小学阶段的三成多,表明有六成多学生离开学校进入社会,除了自身身体原因外,与家庭、社会也有一定的关系;高中阶段,陕西省特殊教育在校生占比不足1%,仅有小学阶段的一成,初中阶段的两成。

在校生阶段分布递减如此严重,他们现在的职业生涯究竟是怎样的?小学毕业为什么不读初中?他们为什么选择离开学校?诸多疑问需要进一步寻找答案。

(四)教职工数的变化

陕西省特殊教育教职工数从2013年的1173人,发展到2019年的1842人,增加了669人,累计增长了50.03%,年均增长为7.86%,所有年份都是正增长;增长幅度最大的年份是2018年,增幅为12.22%;增长幅度最小的年份是2015年,增幅为2.56%。参见图2-8。

图2-8 陕西特殊教育教职工数变化(2013—2019)

上述分析结果显示,陕西省残疾人职业教育基本情况,总体上看进步比较明显,其中,增长最快的是在校生数和招生数,年均增长分别为19.24%和18.57%;其次是毕业生数和班数,年均增长分别为15.67%和10.74%;增长比较慢的是教职工数和学校数,年均增长分别为7.86%和4.79%。结果表明,无论是学校数、班数,还是毕业生数、招生数、在校生数,所有指标都是增长的,只是不同指标由于各自情况不同增加幅度有差异而已。也就是说,基于基本情况观察陕西省残疾人职业教育发展是不断进步的,而且进步是显而易见的。

(五)残疾人中等职业教育学校(班)数、招生数、在校生数、毕业生数、毕业获得职业资格证书人数、被普高等院校录取人数的变化

中等职业教育是陕西省残疾人职业教育的主阵地,是最能够反映和代表陕西省残疾人职业教育发展的职业教育形式。与特殊普通教育不同,残疾人中等职业教育以职业教育为目标,是典型的、完全意义上的职业教育形式。在陕西省,接受中等职业教育学生的残疾类型,主要是视残、听残和肢残三类。

残疾人中等职业教育主要包括高中教育和中等职业教育两个范畴。其中高中教育的实施主体主要是残疾人高中学校、普通高开设的残疾人班,以及随班就读。中等职业教育实施主体则包括残疾人中等职业学校,以及各种职业技术学校、技工学校、职业高中(职业中学)开设的残疾人班或随班就读。对残疾人进行中等职业教育的主要目标是根据市场需求和残疾人的自身特点,为他们传授相关知识、提供相关训练、现场辅导和跟踪支持等,帮助残疾人掌握初级的职业技能,从而为就业或接受更高级的职业教育打好基础。

反映陕西省残疾人中等职业教育基本情况主要有六个指标,包括学校或班数、招生数、在校生数、毕业生数、毕业获得职业资格证书人数、被普高等院校录取人数。2013—2019年间,反映陕西省残疾人中等职业教育基本情况的六个指标,大多经历了由高到低再进入缓慢回升的过程。详见表2-5、表2-6。

表2-5 陕西省特殊教育普通高中学校(班)基本情况(2013—2018)

年份	特殊教育普通高中学校(班)			
	班数/个	招生数/人	在校生数/人	毕业生数/人
2018	3	42	274	18
2017	3	47	102	28
2016	3	34	75	35
2015	3	35	105	37
2014	3	30	106	17
2013	3	30	106	17

数据来源:中国残疾人事业统计年鉴(2013—2018)。

表2-6 陕西省残疾人中等职业学校(班)学生基本情况(2013—2019)

年份	学校(班数)/个	招生数/人	在校生数/人	毕业生数/人	毕业获职业资格证书/人
2013	8	1548	1399	1223	997
2014	6	993	1374	722	383
2015	2	250	581	284	204
2016	3	463	768	299	187
2017	3	494	1104	282	170
2018	3	437	1051	474	414
2019	5	482	1258	516	469

数据来源:中国残疾人事业统计年鉴(2013—2019)。

从表2-5中可以看到,特殊教育普通高中学校(班)在班数没有变化的情况下,招生人数和在校生人数都有不同程度的增长,尤其是在校生人数,2018年比2013年翻了一倍多。这是一个可喜的变化,说明有更多的残疾人学生在完成九年义务教育后,接受了高中阶段的教育。毕业生人数在2015年达到高峰后有所下降。

陕西省残疾人中等职业教育学校或班数从2013年的8个,下降到2015年的2个,再缓慢回升至2019年的5个,整体上呈回落再增长态势。参见图2-9。

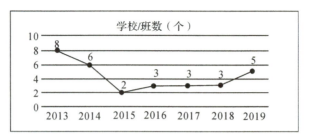

图2-9 陕西省残疾人中等职业教育学校/班数变化(2013—2019)

陕西省残疾人中等职业教育招生人数从2013年的1548人,下降到2015年的250人,再缓慢回升至2017年的494人,然后下降至2018年的437人,再上升至2019年的482人,整体上呈回落再抬头增长态势。参见图2-10。

图2-10 陕西省残疾人中等职业教育招生人数变化(2013—2019)

陕西省残疾人中等职业教育在校生人数从2013年的1399人,下降到2015年的581人,再缓慢回升至2017年的1104人,然后下降至2018年的1051人,再上升至2019年的1258人,整体上呈回落上升再回落态势。参见图2-11。

图 2-11 陕西省残疾人中等职业教育在校生人数变化(2013—2019)

陕西省残疾人中等职业教育毕业生人数从 2013 年的 1223 人,下降到 2015 年的 284 人,再缓慢回升至 2016 年的 299 人,然后下降至 2017 年的 282 人,再上升至 2019 年的 516 人,整体上呈下降再攀上态势。参见图 2-12。

图 2-12 陕西省残疾人中等职业教育毕业生人数变化(2013—2019)

陕西省残疾人中等职业教育毕业获职业资格证书人数从 2013 年的 997 人,下降到 2017 年的 170 人,再缓慢回升至 2019 年的 469 人,整体上也呈回落再攀升态势。参见图 2-13。

图 2-13 陕西省残疾人中等职业教育毕业获职业资格证书人数变化(2013—2019)

根据表2-7陕西省普通高等院校残疾人录取情况来看,2013年录取人数291人,到2015年达到了一个小高峰,录取人数320人,随后有所回落,2019年较之2018年又有所回升,录取人数增加了20人。其中,本科录取人数增幅幅度变化不大,专科(高职)录取人数增幅幅度起伏变化较大,在2015年达到峰值后,呈回落攀升态势,2019年比上一年增加了22人。研究生录取情况在2016年实现了零的突破。参见表2-7、图2-14。

表2-7 陕西普通高等院校残疾人录取情况(2013—2019)　　　单位:人

年份	录取总人数	研究生	本科				专科(高职)			
			总计	盲	聋	肢残	总计	盲	聋	肢残
2013	291	0	168	4	16	148	123	2	6	115
2014	272	0	178	11	20	138	94	5	8	76
2015	320	0	171	31	14	110	149	25	7	96
2016	260	1	157	32	14	93	102	9	10	66
2017	224	2	147	19	26	89	75	8	7	49
2018	217	0	142	14	26	84	75	3	8	49
2019	237	0	140	28	26	77	97	15	8	62

数据来源:中国残疾人事业统计年鉴(2013—2019)。

图2-14 被普通高等院校录取人数变化(2013—2019)

上述分析结果显示,陕西省残疾人中等职业教育基本情况,总体上变化比较慢,所有指标都呈回落攀升态势。无论是从学校或班数、招生数、在校生数、毕业生数来看,还是从获得职业资格证书人数、升入普高等院校就读人数来看,都表明陕西省残疾人中等职业教育的发展还处于爬坡阶段。由此看来,陕西省地方政府对残疾人中等职业教育还需政策倾斜,加大扶持力度,以帮助陕西省残疾人中等职业教育攻坚克难，取得比较理想的发展成效。

残疾人高等职业教育方面，陕西省只有一所高等残疾人职业教育学院，即西安美术学院特殊教育艺术学院。仅从西安美术学院特殊教育艺术学院招生简章看，2013—2016 年计划招生人数 30 人，2017—2019 年计划招生人数 60 人。说明虽然基数小，但陕西省残疾人高等职业教育是向前发展的。

三、陕西省残疾人职业教育办学条件持续稳步改善

近年陕西经济发展较快，2013 年以来，GDP 增速除了 2015 年较低以外，在其他年份增速均在 6% 以上。经济的快速增长，为陕西省残疾人职业教育提供了比较有力的经费支撑，在经费投入逐年增加基础上，校舍建筑面积、占地面积、图书馆藏书也都逐年增加。详见表 2-8。

表 2-8 陕西省特殊教育的办学条件(2013—2019)

年份	经费总计/万元	校舍建筑面积/平方米	占地面积/平方米	馆藏图书/册
2013	16 435.80	1 550 016	298 725	186 594
2014	15 369.90	179 595	333 691	205 001
2015	1 764.12	183 664.64	360 544.40	200 575
2016	20 858.90	204 493.50	397 818.26	231 867
2017	24 803.60	216 218.48	510 579.63	221 110
2018	30 015.0	228 011.10	498 049.36	305 616
2019	3 448.20	239 021.57	544 591.54	311 703

数据来源：中国教育经费统计年鉴(2013—2019)、中国教育统计年鉴(2013—2019)。

关于表 2-8 中"经费总计"，是"国家财政性特殊教育经费""民办学校中举办者投入""捐赠收入""事业收入""其他特殊教育经费"等五个方面的合计。国家财政性特殊教育经费包括"一般公共预算安排的特殊教育经费""政府性基金预算安排的特殊教育经费""国有及国有控股企业办学中的企业拨款""校办产业和社会服务收入中用于特殊教育的经费""其他属于国家财政性特殊教育经费"。其中，一般公共预算安排的特殊教育经费含一般公共预算特殊教育经费(教育事业费、基本建设经费、教育费附加)、科研经费及其他；政府性基金预算安

排的特殊教育经费含彩票公积金;事业收入含学费。

陕西省特殊教育经费投入从2013年的16 435.80万元,到2019年的34 482万元,增加了18 046.20万元,累计增长了109.80%,年均增长高达13.56%,有一个负增长年份;增长幅度最大的年份是2018年,增幅为21.01%;增长幅度最小的年份是2014年,增幅为－6.49%。参见图2-15。

图2-15 陕西省特殊教育经费投入变化(2013—2019)

"十二五"期间,全省累计投入4.6亿元用于改善特殊教育学校办学条件,新建、迁建、改扩建学校15所,将义务教育阶段特殊教育预算内生均公用经费标准提高至6000元,学前阶段和高中阶段三类残疾学生生均预算内公用经费标准提高至3000元,特殊教育教师的津贴提高到基本工资的50%,极大地调动了广大教职工的积极性。其中,西安市加大特殊教育投入力度,2014至2016年累计投入1.6亿元,用于特殊教育教师培训、资源教室设施配备、公用经费补助等,并设立特殊教育专项资金,2016年资金规模达到了2000万元。陕西省城市经济学校财政投入从2015年的2107.27万元到2020年的3727.54万元,年均增长15.38%。陕西省自强中等专业学校财政投入从2015年的1326.42万元到2020年的4458.41万元,年均增长47.22%,见表2-9。

表2-9 陕西省城市经济学校、陕西省自强中等专业学校财政投入情况(2015—2020) 单位:万元

年份		2015	2016	2017	2018	2019	2020
学校	陕西省城市经济学校	2 107.27	2 568.56	2 953.37	3 517.25	4 274.41	3 727.54
	陕西省自强中等专业学校	1 326.42	3 591.8	2 706.81	3 050.01	2 447.42	4 458.41

陕西省特殊教育校舍建筑面积从2013年的155 016平方米,到2019年的239 021.57平方米,增加了84 005.57平方米,累计增长了54.19%,年均

增长为7.58%,有一个负增长年份,增长幅度最大的年份是2014年,增幅为15.86%,增长幅度最小的年份是2015年,增幅仅为2.27%;陕西省特殊教育占地面积从2013年的298 725平方米,发展到2019年的544 591.54平方米,增加了245 866.54平方米,累计增长了82.31%,年均增长达10.89%,有一个负增长年份,增长幅度最大的年份是2017年,增幅为28.34%,增长幅度最小的年份是2018年,增幅仅为-2.45%。参见图2-16。

图2-16 陕西省特殊教育校舍建筑面积和占地面积变化(2013—2019)

陕西省特殊教育馆藏图书从2013年的186 594册,到2019年的311 703册,增加了125 109册,累计增长了67.05%,年均增长达9.81%,有两个负增长年份,增长幅度最大的年份是2018年,增幅高达38.22%,增长幅度最小的年份是2017年,增幅仅为-4.64%。参见图2-17。

图2-17 陕西省特殊教育馆藏图书变化(2013—2019)

上述分析结果显示,陕西省残疾人职业教育办学条件改善比较快,其中,经费投入增长最快,年均增长13.56%;其次是占地面积、馆藏图书,年均增长分别为10.89%和9.81%;增长最慢的是校舍建筑面积,年均增长7.58%。上述分析表明,仅从举办条件来看,陕西省残疾人职业教育的发展是持续、稳步增长的,无论是从经费投入、馆藏图书角度,还是校舍建筑面积、占地面积角度,都是如此。举办条件所列举的每个要素,年均增长速度处在7%—19%之间,等于或高于陕西地区经济增长速度,由此,我们可以得出一个比较明确的结论:陕西省地方政府对残疾人教育是重视的、扶持的、尽力的。

四、陕西省残疾人职业教育教师队伍质量有所提升

残疾人职业教育教师队伍,包括专任教师、行政人员、教辅人员、工勤人员、代课教师、兼任教师七类人员,他们在自己的岗位上为特殊教育发展付出努力,是残疾人职业教育能否顺利进行的非常重要的、不可或缺的因素。在调研中发现,大多数开展残疾人职业教育的学校教师类型基本配备齐全。

专任教师是残疾人职业教育发展中最重要的人才,也是教师职工占比最多的人才,其付出的多与少,对残疾人职业教育,尤其是教育对象的影响特别大。通过专任教师数量、学历、职称变化与占比情况,从人才视角观察,基本可以了解和揭示陕西省残疾人职业教育发展全貌。

统计数据显示,2013—2019年,陕西省残疾人职业教育领域专任教师数量持续增长,占教职工总数的比例基本稳定在81%左右,详见表2-10、图2-18。

表2-10　陕西省特殊教育专任教师人数及占比情况(2013—2019)

年份	教职工数合计/人	专任教师数/人	占比/%
2013	1173	956	81.50
2014	1287	1035	80.42
2015	1320	1067	80.83
2016	1452	1161	79.96
2017	1539	1255	81.55
2018	1727	1408	81.53
2019	1842	1519	82.46

数据来源:中国教育统计年鉴(2014—2020)。

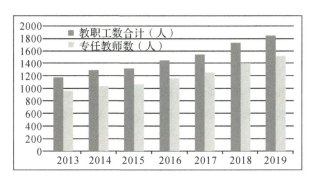

图 2-18 陕西省特殊教育教职工人数与专任教师比较(2013—2019)

从专任教师学历情况来看,2013 年到 2019 年,专任教师中研究生毕业人数持续上升,其占比从 2013 年的 1.15% 上升到 2019 年的 2.76%;专任教师中本科毕业人数也是持续上升的,其占比从 2013 年的 45.29% 上升到 2019 年的 68.07%;专任教师中专科毕业人数是持续下降的,其占比从 2013 年的 46.44% 下降到 2019 年的 28.24%;专任教师中高中及以下毕业人数更是持续下降的,其占比从 2013 年的 7.11% 下降到 2019 年的 0.92%。详见表 2-11。

表 2-11 陕西省特殊教育专任教师学历及占比情况(2013—2019)

年份	合计/人	研究生毕业		本科毕业		专科毕业		高中及以下毕业	
		人数/人	占比/%	人数/人	占比/%	人数/人	占比/%	人数/人	占比/%
2013	956	11	1.15	433	45.29	444	46.44	68	7.11
2014	1035	13	1.26	528	51.01	451	43.57	43	4.15
2015	1067	16	1.50	604	56.61	414	38.80	33	3.09
2016	1161	18	1.55	751	64.69	370	31.87	22	1.89
2017	1255	31	2.47	834	66.45	373	29.72	17	1.35
2018	1408	33	2.34	932	66.19	425	30.18	18	1.28
2019	1519	42	2.76	1034	68.07	429	28.24	14	0.92

数据来源:中国教育统计年鉴(2014—2020)。

统计结果显示,陕西省从事特殊教育的专任教师中,研究生和本科毕业人数呈上升趋势,分别从 2013 年的 11 人和 433 人,上升到 2019 年的 42 人和

1034人,在整个教师职工中的占比也呈上升趋势,分别从2013年的1.15%和45.29%,上升至2019年的2.76%和68.07%;专科毕业人数和高中及以下毕业人数则呈下降趋势,分别从2013年444人和68人,下降至2019年的429人和14人,在整个教师职工中的占比也呈下降趋势,分别从2013年的46.44%和7.11%,下降至2019年的28.24%和0.92%。详见图2-19和图2-20。

图2-19 陕西省特殊教育专任教师学历变化(2013—2019)

图2-20 陕西省特殊教育专任教师学历结构占比比较(2013—2019)

统计结果显示,2013—2019年,陕西省特殊教育专任教师中,高学历人数和占比在增加,低学历人数和占比在下降,表明基于专任教师学历结构变化的陕西省特殊教育近年来是提升的。

从专任教师专业职务分析,2013年到2019年,专任教师中高级专业技术职称人数大多年份是上升的,从2013年的48人,回落到2014年的45人,再上升到2019年的112人,其占比从2013年的5.02%,回落到2014年的4.35%,再增长到2019年的7.37%;专任教师中中级专业技术职称人数是直线上升的,从2013年的347人,上升至2019年的625人,其占比从2013年的36.30%,上升至2019年的41.15%;专任教师中初级专业技术职称人数经历了一个从上升到回落的过程,从2013年的363人,上升至2018年的623人,再回落至2019年的514人,其占比从2013年的37.97%,上升到2016年的50.73%,再回落到2019年的33.83%;专任教师中未定职称人数经历了由高到低再到高的过程,从2013年的198人,下降至2016年的105人,再上升至2019年的268人,其占比从2013年的20.71%,下降到2017年的8.92%,再回升到2019年的17.64%。详见表2-12。

表2-12 陕西省特殊教育专任教师专业技术职务及占比情况(2013—2019)

年份	合计/人	高级		中级		初级		未定职级	
		人数/人	占比/%	人数/人	占比/%	人数/人	占比/%	人数/人	占比/%
2013	956	48	5.02	347	36.30	363	37.97	198	20.71
2014	1035	45	4.35	371	35.85	425	41.06	194	18.73
2015	1067	50	4.69	387	36.27	493	46.20	137	12.84
2016	1161	58	4.99	409	35.23	589	50.73	105	9.04
2017	1255	67	5.34	458	36.49	618	49.24	112	8.92
2018	1408	79	5.61	504	35.80	623	44.25	202	14.35
2019	1519	112	7.37	625	41.15	514	33.83	268	17.64

数据来源:中国教育统计年鉴(2014—2020)。

陕西省从事特殊教育的专任教师中,高级专业技术职称和中级专业技术职称人数总体呈上升态势;初级专业技术职称人数呈上升回落态势,详见图2-21。在专任教师占比中,初级专业技术教师相对较大,其次是中级专业技术教师,占比最低的是高级专业技术教师,详见图2-22。

图 2-21　陕西省特殊教育专任教师职称变化(2013—2019)

图 2-22　陕西特殊教育专任教师职称结构占比比较(2013—2019)

综上所述,2013—2019年期间,陕西省特殊教育专任教师中,高职称人数和占比相对在增加,低职称人数和占比相对在下降,表明基于专任教师职称结构变化的陕西省特殊教育近年来是提升的。

作为陕西省残疾人中等职业教育的领头羊,陕西省城市经济学校、陕西省自强中等专业学校历来重视教师队伍的建设,积极打造师德高尚、技艺精湛、专兼结合、充满活力的教师队伍。截至2020年,陕西省城市经济学校有教职工98人,专任教师61人,师生比为1∶6。具备专业技术职称的教师有72人,其中高级职称25人,占比34.72%,中级职称33人,占比45.83%。专任教师中研究生学历(学位)占44%、"双师型"教师达49%。其中3名教师被授予省级"职教名师"、4名教师荣获"特教园丁奖"、5名教师获得省级"教学能手"称号等。近年来,学校在教学科研方面取得了丰硕成果,有20余名教师主编或参编了国家级或省级规划教材、30余名教师在国家级刊物上发表论文、10余名教师主持或参与省级规划课题并获奖、2名教师在陕西省首届残疾人文学精品展、全国职业院校学生技能作品展中获得"优秀指导教师"奖,还有多名教师在"陕西省信息化教学大赛""全省中等职业学校教学设计大赛""全国职业技能大赛"中均取得优异成绩。截至2020年,陕西省自强中等专业学校拥有教职工90人,其中专任教师72人,师生比为1∶7。学校教师具有研究生学历占比为18%、本科学历占比68%、大专学历占比为14%。专任教师中拥有高级专业技术职称教师占比为30%、中级职称占比为52%、初级职称占比为18%。学校双师型教师占比达54%。学校拥有全国优秀教师1名,省级教学能手4名。

五、陕西省残疾人职业教育专业设置门类丰富

残疾人职业教育是通过具体的专业教育形式,从而提升残疾人的职业技能。专业设置是残疾人职业教育的前提条件。残疾人职业教育对象的特殊性决定了残疾人职业教育的专业设置除了要遵循职业教育的一般规律外,还要考虑残疾学生身心发展特点,即"应当根据社会需要和残疾人的身心特性合理设置专业"。

陕西省现有的残疾人职业教育专业内容广泛,围绕第一产业、第二产业、第三产业设置了具有代表性的农业类、工科类以及服务类的特色专业。如第一产业的蔬菜种植、果树栽培、动物饲养等专业;第二产业的机械加工、针织纺织、服装加工等专业;第三产业的手工制作、美术装潢、中餐烹饪等专业。这些专业适合于残疾学生,与残疾学生学习需求相一致,与残疾学生就业需要密切相关。

从学科门类来看,陕西省现有的残疾人职业教育专业主要涉及7大门类,分布在加工制造类、信息技术类、医药卫生类、休闲保健类、旅游服务类、文化艺术类、公共管理与服务类。

为规范专业设置,残疾人中等职业学校还根据教育部《中等职业学校专业目录》的要求,开设了适合于不同残疾类型学生的优势专业、特色专业,如适合于盲人的针灸推拿专业,适合于聋人的工艺美术、陶艺制作、园艺技术等专业,这些都有力地促进了残疾人中等职业学校专业体系的完善,使残疾人职业教育由被动适应转变为主动服务于经济产业发展,并深度融入当地产业

链。以陕西省城市经济学校和陕西省自强中等专业学校为例,陕西省自强中等专业学校开设有适宜各类残疾学生学习和就业的专业共8个:中医康复保健(专业方向为针灸推拿,是省级示范专业)、服装设计与工艺(省级示范专业,以招收听力、言语残疾学生为主)、工艺美术(陕西省"职业教育基础能力提升工程"示范专业,以招收听力、言语残疾学生为主)、计算机应用、电子商务、电子电器应用与维修、电子技术应用(服务机器人应用与维护方向),以及民政类专业方向的老年服务与管理专业,见表2-13。陕西省城市经济学校开设有6个中等职业教育专业:中医康复保健专业(面向视障学生)、工艺美术专业(面向听障学生)、服装设计与工艺专业(面向听障学生)、计算机平面设计专业(面向肢残学生)、计算机应用专业(主要面向肢残学生),以及中餐烹饪专业(面向智障学生),学制一般为3年,见表2-14。本科专业目前只有西安美院特教学院开设工艺美术本科专业,学制4年。

表2-13 陕西省自强中等专业学校专业设置情况

专业	培养目标	主要课程
中医康复保健 (针灸推拿方向)	培养从事中医康复保健为主的保健按摩师、足底按摩师、中医刮痧师和康复治疗师,以及懂专业、会管理、有培训能力的管理型人才	正常人体学、按摩学基础、中医诊断学、触诊诊断学、中医基础学、诊断学基础、经络腧穴学、针灸学、伤科按摩、内科按摩、妇科按摩、儿科按摩、保健按摩学、康复医学基础、中医养生保健、心理健康、盲文等
服装设计与工艺	培养从事服装制板、服装制作及基础设计等一线工作,德智体美全面发展的高素质劳动者和技能型人才	服装结构制图、服装缝制工艺、服装材料、服装CAD、服装设备与维护、服装设计基础、刺绣、扎染、编织等
工艺美术	面向工艺美术各类产品生产企业,培养从事工艺品设计和制作、广告设计、室内装饰等工作的中级技术人才	素描、水粉、中国画、立体构成、装饰基础、摄影、平面设计、广告设计与制作、室内设计、民间工艺美术、木雕、刻瓷、编织、蜡染、陶瓷等

续表

专业	培养目标	主要课程
计算机应用	面向计算机技术应用领域培养从事计算机及相关设备的使用、维护、管理，以及相关领域的软件与硬件操作、办公应用、网络应用、多媒体应用和信息处理等操作或产品销售，德智体美全面发展的高素质劳动者和技能型人才	计算机应用基础、文字录入技术、实用美术基础、计算机网络基础、CorelDraw、平面设计综合实训、计算机专业英语、Photoshop案例教程、计算机常用工具软件、Flash动画设计、数字影音编辑与合成、网页设计、计算机组装与维护、数据库基础知识、Indesign版式设计、电子商务应用、商品拍摄与处理、网络营销、办公设备使用与维护等
电子商务	面向商业行业企业，培养通过电子商务平台从事网络营销、网站推广、客户管理等工作，德智体美全面发展的高素质劳动者和技能型人才	电子商务基础、网络营销实务、基础会计、商品拍摄与图片处理、Photoshop图像处理、消费心理学、店铺运营、电子商务法律、电子商务物流、网站内容编辑、文字录入、沟通技巧、客户关系管理、商务软文写作、活动策划与实施、网络推广、电子商务网页制作、网络广告制作、网店装修、电子商务安全等
电子电器应用与维修	培养与现代化建设要求相适应的，德智体美等全面发展的，在电子电器设备生产、销售、服务和管理等行业企业，具有一定职业能力，从事电子电器的装配、调试、销售和检修等工作的高素质劳动者和技能型人才	元器件识别检测与焊接、电工技术基础与技能、电子技术基础与技能、机械常识与钳工实训、电子产品装配工艺、电子测量仪器、电子CAD、单片机原理与应用、电热电动器具原理与维修、电机与控制技术、电子电器产品市场与经营焊接实训、电子技能实训、电工技能实训、电子产品装配工艺实训、电子CAD实训、音视频实训、单片机实训等

续表

专业	培养目标	主要课程
电子技术应用（服务机器人应用与维护方向）	面向服务机器人及相关电子产品生产及经营服务等行业企业，培养从事服务机器人生产、安装、服务和管理，以及与服务机器人相关电子设备装配、调试、维修与售后服务等工作，德智体美全面发展的高素质劳动者和技能型人才	元器件识别检测与焊接、电工技术基础与技能、电子技术基础与技能、机械常识与钳工实训、电子产品装配工艺、电子测量仪器、电子CAD、单片机技术与应用、传感器技术及应用、服务机器人应用、服务机器人安装与调试、服务机器人应用与维护等。实训课程有：焊接实训、电子技能实训、电工技能实训、电子产品装配工艺实训、电子CAD实训、传感器技术实训、单片机实训、服务机器人组装与维护实训、专业综合实训与考证等
老年人服务与管理	面向老年人服务与管理等行业企业，培养从事养老护理、养老机构事务管理工作，德智体美全面发展的高素质劳动者和技能型人才	医疗保健、基础医学、心理学（老年心理学）、营养学（老年膳食与营养）、老年社会工作、初级养老护理、中级养老护理、高级养老护理、老年人沟通技巧、老年机构公文写作、养老福利机构经营与管理、老年护理学概论、康复理疗训练（含按摩）、老年常见病预防与护理、老年闲暇活动组织与策划（音乐鉴赏、太极拳等）

表 2-14 陕西省城市经济学校专业设置情况

专业	培养目标	主要课程
中医康复保健	培养德智体美劳全面发展，具有诚信、敬业的良好职业素质，牢固掌握针灸推拿专业基本知识和基本技能，能独立诊治推拿按摩临床中常见和多发病的中等技能型人才	实用人体学、中医基础理论、触诊诊断学、中医诊断学、经络腧穴学、按摩学基础、西医学基础、医古文、儿科按摩学、针灸学（刮痧、拔罐等）、足部按摩、妇科按摩学、内科按摩学、康复医学概论、伤科按摩学

续表

专业	培养目标	主要课程
工艺美术	培养德智体美劳全面发展，具有诚信、敬业的良好职业素质，掌握本专业所必需的素描、色彩、装饰图案、国画等基础绘画技能；掌握陶瓷工艺制作流程，能独立设计与制作各类陶瓷工艺品；胜任陶瓷生产、工艺美术品设计与制作等相关工作的高素质劳动者和中等技能型人才	素描、烙画、水粉、国画、工笔、国画写意、美术鉴赏、装饰基础、陶艺基础、陶瓷成型、坯体装饰、陶瓷设计与制作、珠宝首饰设计基础、珠宝首饰加工
服装设计与工艺专业	培养德智体美劳全面发展，具有诚信、敬业的良好职业素质，面向服装设计、生产企业一线，从事服装成衣设计、制作的高素质劳动者和技能型人才	服装设计基础、服装手缝基础、服装结构制图、服装缝制工艺、服装生产、服装立体裁剪、服装CorelDRAW款式图、服装CAD、服装立体造型设计、服装款式电脑拓展设计、服装工业样板制作与推挡、高级服装定制技术
计算机平面设计	培养德智体美劳全面发展，具有诚信、敬业的良好职业素质，掌握素描、色彩、装饰图案的绘制技能技巧，掌握计算机软、硬件维护，熟练使用办公自动化软件和常用设计软件，能独立完成设计创意方案，胜任计算机平面设计领域各项工作的中等技能型人才	输入法、素描、构成基础、PhotoShop、CorelDRAW、CAD、Illustrator、排版工艺（ID）、计算机操作实训、图文快印实训、淘宝美工、UI设计、平面广告设计与制作、书籍装帧设计与制作、包装设计、摄影
计算机应用	培养德智体美劳全面发展，具有良好道德品质和法律意识，具备良好职业道德及信息技术安全意识，具有计算机应用技术的基础理论知识和专业知识，具有较强的计算机办公自动化应用、计算机软硬件维护、计算机网络维护与管理、网页设计与网站建设、网店美工、网店运营与维护等，适应当前IT岗位要求，能够从事IT企业生产、管理与技术推广和服务的中等技能型人才	输入法、计算机软硬件维护、文本处理、电子表格、PhotoShop、电商基础、演示文稿制作、电商运营及美工、照片后期处理、办公软件综合实训、图文快印实训、网络设备配置与管理、网络综合布线、多媒体技术实训、摄影

续表

专业	培养目标	主要课程
中餐烹饪	培养具有良好的思想品质和法律意识,具备良好职业道德及食品卫生安全意识,掌握现代烹饪理论知识和烹饪操作技术,具有基本的职业素养和基本职业能力,以提高个人生活质量为基本目标,进而面向生产、服务一线,满足餐饮业需求的劳动者	食品营养与卫生、中式面点制作基础、西式面点制作基础、机械设备的使用与保养、中式面点制作、西式面点制作、中餐热菜制作、中餐冷菜制作、中式面点综合实训、西式面点综合实训、饮品调制、点心装饰

六、陕西省残疾人职业教育的课程体系日益完善

课程设置作为残疾人职业教育实施的一个重要环节,通过合理的结构帮助学生形成合适的专业知识体系,培养学生的生活技能与工作技能。课程设置关系到学生能否掌握职业基础知识、专业知识及专业核心技能,关系到残疾人职业教育活动的有效开展,影响着职业教育的质量以及残障学生的就业率和就业稳定性。

20 世纪 90 年代以前,我国主要是致力于特殊教育学校的恢复与重建,先后颁布了三类特校教学计划,侧重于特校课程体系建设。20 世纪 90 年代以后,我国在致力于普及九年义务教育的同时,重点发展残疾人中等职业教育,逐步形成比较系统的残疾人职业教育课程体系,高等特殊教育课程体系也日益受到关注。《一期提升计划》颁布以后,我国全面推进"全纳教育",不仅进一步完善了特殊儿童少年义务教育与残疾人职业教育课程,而且日益重视特殊儿童学前教育、残疾人高等教育的发展与高校特殊教育专业建设,高等特殊教育课程体系日益完善,学前特殊教育课程建设受到关注。

20 世纪 90 年代以前,残疾人职业技术教育主要在高年级实施(20 世纪 50 至 60 年代)年代,盲校、听障及言语障碍学校在高年级实施职业劳动训练。20 世纪 80 年代,盲童小学、听障及言语障碍学校将职业技术纳入课程体系,智障学校不仅将劳动技能纳入课程体系,而且提出中、高年级要因地制宜地开展初步的职业技能教育。20 世纪 90 年代以后,我国先后颁布了"三类特校课程计划"(1994 年)、"三类特校义务教育课程设置实验方案"(2007 年)、"三

类特校义务教育课程标准"(2016年),特殊教育课程体系从特校教学计划中独立出来,不仅特校实施"基础文化教育＋职业技术教育"课程,而且逐步建立了残疾人初等、中等、高等职业教育体系,在特殊需要学生普通高中教育、高等教育之中融入职业技术教育。

课程目标从关注"缺陷补偿"到"个性培育"。例如,《特殊教育提升计划(2014—2016年)》倡导"使每一个残疾孩子都能接受合适的教育",加强个性化教育,增强特殊教育的针对性与有效性;《三类特校义务教育课程标准》(2016年)根据特校学生特点,提出不同课程目标,突出学科特点,关注学生个体差异性;《第二期特殊教育提升计划(2017—2020年)》要求尊重差异,多元发展,推进差异教学和个别化教学,促进残疾学生的个性化发展。

通过实地调查和分析,目前陕西省残疾人职业教育有以下两种课程模式:①随班就读的融合课程模式。该课程模式在一定情况下有利于残疾学生增强对外沟通的能力,但在教学上严重缺乏特殊教育的支持,难以针对学生特点,学生易出现跟不上教学的情况。如一些学校残疾生采取随班就读的方式学习,学生较分散,课程完全按照普通职业教育课程来设置,缺少专门的培养方案。②单独设置专业的课程模式。采取单独设置专业的课程模式的学校,主要参照中等职业教育学校的课程设置标准,但在具体实施有相应的调整。该模式下学校会根据学生特点,注重学生生活技能,轻理论重实践,调整课堂内容以及教学方式,帮助残疾学生掌握相应技能。

残疾人职业学校在课程设置方面,主要参考普通学校的课程设置,围绕学生的思想品德教育、文化基础知识教育、专业知识技能教育三个方面进行。不同类型的残疾人学校,课程设置各有侧重。特殊教育学校主要开设劳动技能课程,以培养学生简单的劳动技能为主,对学生进行职前劳动的知识和技能教育,通过劳动技能的训练,培养学生的劳动意识,形成热爱劳动的情感,掌握一定的劳动知识与技能,养成良好的劳动习惯。如西安市启智学校对职教班的智障儿童开设有家政、客服、烹饪、手工皂、串珠等职业技能课程;安康阳光学校先后开设有美容美发、木工、油漆、缝纫、盲人按摩、修车、配钥匙、插花、化妆美甲、装裱、烹饪、办公自动化、豆芽生长技术等15个职业课程;宝鸡市特殊教育学校设立康复教育(个别教育)、文化基础、职业技能三大类基本课程。其中小学段康复类课程占15％、基础课程占62％、职业技能类课程占

23%,中学段康复课程占 7%、基础课程占 56%、职业技能类课程占 37%。技能课程开设劳动(烘焙＋烹饪)、田径、舞蹈、陶艺、水墨画、手工、美术、旱地冰壶(听障)、手工、音乐、乒乓球、推拿按摩、朗诵与配音、器乐(视障)、轮滑、奥尔夫音乐(培智)。汉中市聋人学校结合地方经济的特色,开设有藤编、竹编课程,以促进残疾学生就业。针对七、八年级学生,开设工艺美术等职业课程。澄城县阳光学校于 2013 年探索开展残疾人职业教育,从听障学生的手工教学逐步发展成集美容美发、烹饪、理疗、面点制作、汽车美容等课程。这类学校一般没有完全符合要求的专业人才培养方案,课程设置、专业教学实训设备达不到专业要求,专业师资队伍薄弱,致使学生缺乏系统职业素质培养,专业技能不强。

中等职业学校课程体系的建设一般会根据职业岗位能力标准及职业素养要求,结合专业人才培养方案制定课程标准、确定课程内容、选定课程教材、实施课程方案。课程设置一般包括必修课和选修课。必修课包括公共基础课、专业基础课和专业技能课程,选修课包括限定选修和任意选修。如陕西省城市经济学校注重学生专业技能和综合素质的培养,构建"以能力为本位,以就业为导向"的专业课程体系。课程安排方面,在开足公共课的基础上,加大了实训和一体化教学比例,实训教学比例普遍达到 5:5 以上,突出了专业技能课,围绕专业技能展开教学,实现了课程内容结构与职业能力结构、综合素质结构的衔接。从专业教学计划的制定,课程设置、教材和教学内容的选择,教师的配备、教学实施过程和教学评价,实现了校企紧密合作,共同培养人才,增强了人才培养的适应性。同时,根据学生的特殊性,全面修订面向残疾学生的文化基础课的教学大纲和各专业课的课程标准。文化基础课教学大纲以人才培养目标为出发点,兼顾不同类型残疾生的特点;专业课课程标准以职业能力的培养目标,推行任务引领、行动导向的教学模式,围绕典型的工作任务开展教学活动,突出职业教育特色。近三年,在中职四个专业内建设专业课程标准共计 28 门。其中,计算机平面设计专业 8 门,中医康复保健专业 6 门,工艺美术专业 8 门,服装设计与工艺专业 6 门,建成校级精品课程省级精品课程 2 门、校级精品课程 4 门、校本教材 6 门。其中,服装设计与工艺专业公共基础课程开设有心理健康教育与职业生涯、职业道德与法治、经济政治与社会、哲学与人生、语文、数学、历史、英语、信息技术、体育与健康、劳动教育等共计 722 学时;专业基础课包括服装设计基础、服装手缝基础、服装结构制图、服装缝制工艺、服装生产、服装立体裁剪、服装 CorelDRAW 款式图、服装 CAD 等共计 1534 学时;专业技能课程包括服装立体造型设计、服装款式电脑拓展设计、服装工业样板制作与推挡、高级服装定制技术等共计 432 学时;选修课有中国书法、心理健康、中华优秀传统文化、手语、影视欣赏、摄影、棋类等。

七、陕西省残疾人职业教育培训全面开展

残疾人职业培训是残疾人职业教育不可或缺的重要组成部分。陕西省残疾人职业培训在 2013—2019 年期间,累计培训 549 957 人次,其中,培训人数最多的年份是 2016 年,共培训了 91 186 人次,培训人数最少的年份是 2018 年,共培训了 62 827 人次。培训班数累计 10 674 期,其中,最多的年份是 2013 年,合计培训 1880 期,培训班数最少的年份是 2018 年,合计培训 972 期。培训经费累计 5497.74 万元,其中,最多的年份是 2014 年,合计 969.43 万元,培训经费最少的年份是 2015 年,合计 519.69 万元。有关培训基地个数,只采集到 2013—2015 年的数据,培训基地个数最多的年份是 2015 年,共计 1018 个,培训基地个数最少的年份是 2013 年,共计 219 个。详见表 2-15。

表 2-15　陕西省残疾人职业培训情况(2013—2019)

年份	培训人数/人次	培训班/期	培训经费/万元	培训基地/个
2013	67 558	1 880	844.1	219
2014	83 878	1 675	969.43	744
2015	88 623	1 681	519.69	1 018
2016	91 186	1 586	833.28	—
2017	89 471	1 640	789.64	—
2018	62 827	972	752.2	—
2019	66 414	1 240	789.4	—

数据来源:中国残疾人事业统计年鉴(2014—2020)。

关于培训人数,是指康复管理人员培训、康复业务人员培训、盲人保健按摩培训、残疾人无障碍培训、农村贫困残疾人实用技术培训、残疾人实用技术培训、扫盲教育、省市地县乡残联干部队伍综合培训、残疾人事业信息化培训等各类培训人数的合计;关于培训班个数,包括省市地县乡残疾人干部队伍

综合培训班、残疾人事业信息化建设统计工作培训班等培训班的合计;关于培训经费,是指农村贫困残疾人实用技术培训的投入经费;关于培训基地个数,是残疾人职业培训基地和依托社会机构兴办的残疾人职业培训基地的合计。

2013—2019 年期间,陕西省残疾人职业培训人数经历了从增加到减少的过程,增加当然表明陕西省残疾人职业教育发展是正向的,但减少也未必是负向的,也许与未参与培训的残疾人人数不断减少有关。详见图 2-23。

图 2-23 陕西省残疾人职业培训人数变化(2013—2019)

2013—2019 年期间,陕西省残疾人职业培训班期数基本上是一个减少的过程,这个减少,也许与未参与培训的残疾人人数逐渐减少有关。详见图 2-24。

图 2-24 陕西省残疾人职业培训班期数变化(2013—2019)

2013—2019 年期间,陕西省残疾人职业培训经费经历了从高到低再趋于稳定的过程,其原因也许与未参与培训的残疾人人数逐渐减少有关。详见图 2-25。

图 2-25　陕西省残疾人职业培训经费变化(2013—2019)

2013—2015年期间,陕西省残疾人职业培训基地数是一个增加的过程,表明陕西省特殊职业教育发展是正向的。详见图2-26陕西省残疾人职业培训基地个数变化。

图 2-26　陕西省残疾人职业培训基地个数变化(2013—2019)

从残疾人职业培训看,陕西省残疾人职业教育发展,多个指标显示增长回落过程,说明陕西省残疾人职业培训面临的问题是共性的,可能与未参与培训的残疾人人数逐渐减少有关。具体情况还需要做更深入、更细致的调查研究。

通过对陕西省残疾人职业教育现状的梳理与分析,当前陕西省残疾人职业教育呈现以下几个特点。

(1)从基本情况、举办条件、教职工队伍、在校生分布等近年变化来看,陕西省残疾人职业教育的发展是持续且稳健增长的。

(2)举办条件所列举的每个要素,年均增长速度处在7%—19%之间,等于或高于陕西地区经济增长速度,表明陕西省地方政府对残疾人职业教育是重视的、扶持的、尽力的。

（3）陕西省残疾人教育领域教职工队伍发展与残疾人教育事业发展是配套的、协调的，能够支撑或满足目前陕西省残疾人职业教育发展对特教人才的基本需要。

（4）小学阶段、初中阶段、高中阶段，陕西省残疾人教育在校生人数递减幅度很大，尤其是高中阶段在校生人数近年来一直都停滞不前，值得进一步探讨。

（5）从基本情况看，陕西省残疾人中等职业教育的发展处于爬坡阶段，地方政府对残疾人中等职业教育应该加大扶持力度，帮助陕西省残疾人中等职业教育系统攻坚克难，以改善陕西省当下相对艰难的残疾人中等职业教育状况。

（6）陕西省残疾人高等职业教育目前还不能满足陕西省残疾人对残疾人高等职业教育的需求，地方政府应在调研分析残疾人对残疾人高等职业教育需求基础上，着重考虑建校和扩招等重大问题，以改变陕西省相对滞后的残疾人高等职业教育局面。

（7）在专业设置和课程体系建设方面，能根据社会需求和残疾人的身心特征合理设置专业，以培养高素质的劳动者和技能型人才为培养目标，全面构建校企合作、工学结合、顶岗实习的人才培养模式。

（8）从残疾人职业培训情况看，多个指标均显示增长回落态势，说明陕西省残疾人职业培训面临的问题是共性的，还需要做更深入、更细致地调查研究。

八、陕西省残疾人职业教育发展存在的问题与建议

（一）存在的问题

在各级有关部门及社会的大力支持下，陕西省残疾人职业教育体系正在逐渐地建立和完善，残疾人职业教育机构的办学规模和职业教育质量也有一定的提高。但大体来看，由于缺乏专门性的法律指引规范，地方残疾人职业教育在实践层面还处在摸索实践阶段。就陕西省而言，在残疾人职业教育的教育教学实践中，许多问题与发展困境仍然摆在残疾人职业教育面前，例如，在办学规模、办学条件、师资、专业设置等以及整体的残疾人职业教育体制安排部署上，都存在薄弱环节，与残疾人对残疾人职业教育的需求还存在很大差距。

1. 政策体系结构不完善,具体政策短缺

历经近 30 年的发展,我国初步构建了残疾人职业教育政策体系,为促进我国残疾人职业教育又好又快发展奠定了良好基础,但我国残疾人职业教育政策仍然存在着诸多不足。

首先,具体内容缺失。我国残疾人职业教育政策大多从宏观角度规定,以纲领性、原则性、方向性和指导性为主,大多为综合性政策,而具体政策较为短缺,且有关残疾人职业教育的管理政策偏多,教育教学政策偏少。没有具体政策配套跟进,基本政策有可能会沦为泛泛而谈,难以满足残疾人的实际需要,从而影响政府决策和执行的权威性。残疾人职业教育政策涵盖了办学方针、师资队伍建设、经费投入、基地建设、教材建设、管理体制等内容,但其内容仍然供给不足,一些领域没有相应的政策来规范和引导。政策内容的缺失,导致残疾人职业教育相关工作无法得到规范和引导,不能适应残疾人职业教育可持续发展的要求。

其次,没有充分体现残疾人职业教育的特殊性。尚未有专门的残疾人职业教育政策,残疾人职业教育政策都是散见于残疾人事业、特殊教育事业政策之中,残疾人职业教育属于特殊教育,具有职业教育的一般特点,也有其特殊性。我国残疾人职业教育政策基本上是模仿职业教育政策制定的,一些政策却脱离了特殊教育的实际,缺乏自身特有的原则,没有体现出残疾人职业教育的特殊性。

最后,政策的可操作性不强。我国残疾人职业教育政策宏观性、原则性的要求较多,往往通过提出方向性要求、做出倡导性规定的方式对特殊教育学校的职业教育做出规定,大多使用"应重视""应积极""应支持""应加强""切实保障"等口号性、号召性的规定。例如,要"加强残疾人中等职业学校基础能力建设",应把"多种形式、各种层次的职业教育放在重要位置"等,没有具体的强制性规定,也没有配套的执行性规定,这样的政策规定看起来表述简洁,但可操作性不强,执行起来难免出现执行不严、不到位甚至错位的情况。

2. 多头管理,资源不易整合

在我国多个地方包括陕西省,残疾人职业教育政策的执行主体主要涉及各级政府、教育行政部门、民政、人力资源和社会保障、教育机构、残疾人联合会等。一方面,这种管理体制给残疾人职业教育的发展带来诸多支持和可能性,丰富残疾人职业教育办学渠道;另一方面,在政策执行主体界定模糊的现状下,这种体制和格局也容易造成多机构、多部门的多头管理和分职能、分地域的分割管理问题,以及部门之间的分割和孤立状况。由于教育部门与社会保障、残联等相关部门之间缺乏有效地沟通协作和深入了解,导致不同系统颁布的决策方案在理论制定和实施之间存在一定偏差。另外,各部门缺乏统一协调机制,在资源共享和优化配置方面也容易受限,尤其是在经费保障方面,不同部门负责和监管,缺乏有效的统筹和规划,存在条块分割和部门分割的现象,各地资源很难进行重组和统筹。在这个过程中,政府职能存在错位和缺位现象,缺少统一的财政和评估等服务配套系统。

3.残疾人职业教育体系不完善,存在结构性失衡

经过多年的发展,陕西省残疾人职业教育发展初具规模,但残疾人职业教育体系存在的问题也较为突出。

首先,省内目前没有专门面向残疾人的高等职业院校。最近几年,陕西省残疾人中等职业教育毕业生人数约500人,西安美术学院特教学院年招生人数只有60人,而且仅招收听障学生,显然不能满足残疾人职业教育的需求。残疾人中等职业教育的规模有限,也不能满足陕西省残疾人对高层次职业教育的需求。这种情况会导致本省的残疾人在选择职业时面临较大的学历门槛、个人职业技能欠缺等方面的能力限制,使得残疾人就业受到极大阻碍,残疾人的经济状况和社会处境就会陷入比较脆弱的境地,不利于残疾人职业教育高质量发展。

其次,目前陕西省残疾人职业教育发展比较全面的是听障、视障和肢体障碍学生的职业教育,智障学生以及其他障碍学生的职业教育的发展水平明显滞后,有待加快发展。

最后,城乡之间存在差异。由于我国的城乡二元结构带来了资源配置方式的不同,导致我国城市和农村残疾人接受职业教育的机会也不尽相同。城市拥有丰富的教育资源,因而残疾人职业教育在城市开展得系统而又规范,而在农村地区因为资源的匮乏而显得相对散乱和无序。

4.教师队伍结构性短缺,"双师型"教师相对不足

目前,陕西省残疾人职业教育机构中师生比例偏低,从事残疾人中高等职业教育的教师数量不够。虽然近些年来,陕西省残疾人职业教育机构在教

师的招聘上开始注重招收高学历层次的教师,但就目前发展情况来看,高学历层次的教师在整个教师队伍中所占的比例仍较低。另外,部分学校的特殊教育专业的师资培养的重点向研究型人才倾斜,这使得特殊教育专业的师资在毕业后大部分去了研究机构,真正补充到一线教学岗位的教师数量较少。再者,在强调教师人才高学历的要求之外,对从事特殊教育的教师的职业技能和职业经验关注较少,部分学校通过聘请企业技术人员来充任教师队伍,但实际教学效果并不十分理想。具备理论教学和实践教学能力的"双师型"教师相对不足,不利于残疾人职业教育教学水平的提高。调查发现,陕西省残疾人职业教育教师存在结构性缺失,中职学校的教师有职业教育技能,缺乏特殊教育知识;而特殊教育学校的从事残疾人职业教育的教师,往往特殊教育经验丰富,却缺乏专业化职业知识和技能。

5. 残疾人职业教育质量参差不齐

陕西省残疾人职业教育起步较晚,残疾人职业教育质量相对薄弱。专业建设方面,一直以来受到各种因素的制约,残疾人职业教育在专业设置上总体没有太大变化,专业类别相对有限,大多停留在一些传统行业、产业中,课程结构较陈旧,对市场经济结构的变化没有作出适时的专业更新与课程调整。另外,对不同类型的残疾学生开展的专业培养方式较为固化。总体而言,残疾人职业教育的专业培养范围较窄,同时也没有及时适应市场经济的变化特点,造成残疾学生在毕业后面临就业竞争力不足、就业面狭窄、就业层次较低、就业稳定性差、就业结构单一等问题,直接影响了残疾人职业教育的可持续发展。

课程设置方面,首先,残疾人职业教育课程目标针对性不强。当前,国家有特殊教育的目标,也有普通学生职业技能目标,而残疾人职业教育处于这个夹缝中,前者未能关注职业标准,后者不清楚如何降低标准。现阶段特殊教育学校职业教育课程设置受到普通教育学校课程设置的影响较多,甚至存在着部分特殊教育学校简单照搬、模仿普通职业教育学校开设课程的现象。其次,未考虑特殊教育学校职业教育对象的特殊性和差异性,课程设置不符合残障学生的身心特点及发展规律。部分学校简单照搬、模仿其他学校的职业教育课程设置,也有部分学校根据教师教学的既有经验进行课程设置,由此造成职业教育的课程针对性差、与残障学生匹配度低,不能适应残障学生多样化及个性化的发展需求。再次,虽然特殊教育学校的职业教育取得了初步的发展,但是其设置的职业课程缺乏明确的市场定位及职业针对性,加之部分特殊教育学校未能够及时掌握市场需要的变化,课程调整速度明显滞后于社会需求和市场发展需求,导致残障学生学习和掌握的专业技能无法满足市场对技能人才的需求。最后,残疾学生职业教育课程实施中,没有充分调动企业的积极性,企业在残疾人学生职业教育课程中参与度较低,致使残疾人学生课程中企业参与的广泛性和深度不足。校企合作不够紧密,既导致残疾人学生所学的理论知识和实践训练结合不够紧密,又导致残疾人学生就业目标不够明确,无法培养出符合企业实际需要的合格劳动者。

此外,残疾人职业培训方面,由于是政府举办、数量有限,多数培训机构竞争意识不强,教育教学改革创新力度小,短期的培训仍延续开设裁剪、缝纫、理发及烹饪等传统专业,而对新专业项目开设不多。从教育形式上看,残疾人职业教育以技术类中短期培训为主,适应产业结构调整变化而开展的多层次教育培训较少。

(二)对策建议

开展残疾人职业教育是促进残疾学生成长成才的有效途径和重要手段。残疾学生通过接受职业教育,可以掌握相应的职业技术技能,提高就业能力,以适应就业市场的需求。同时通过以教育带动就业的形式,能够帮助残疾人更好地参与社会生活,改变社会对残疾人的偏见,提升他们服务社会的能力。近些年来,国家和政府对残疾人职业教育的重视程度逐步提升,各地在发展残疾人职业教育上也进行了许多有益的探索尝试,借鉴他们的经验,并结合陕西省实际情况,提出以下对策建议。

1. 政府层面

首先,加强整体规划,科学布局,形成有特色的残疾人职业教育网络。

政府要将残疾人职业教育纳入现代职业教育体系建设规划中,做好残疾人职业教育发展实施意见和体系规划的研制工作,为残疾人职业教育的大发展创造良好的制度环境。针对我省尚无面向残疾人的高等职业院校,视障学生和听障学生继续深造较为困难的实际情况,继续加快我省残疾人职业技术学院建设步伐,完善我省残疾人职业教育体系建设,为广大残疾学生提供更多的深造途径。依托我省现有的残疾人职业教育资源,设立陕西省残疾人职业技术学院,填补我省无残疾人高等职业院校的空白。

科学布局应以集中性、辐射性、指导性为指导,要以市为区域单位,做好以市级特殊教育中等职业学校为中心、县级特殊教育中等职业学校为节点的发展残疾人中等职业教育的统筹规划。市级特殊教育学校一般具有较好的人、财、物等方面的办学基础,能够为本市区域(包括所属县域)的残疾学生接受中等职业教育提供良好的就学条件和服务,应该成为本地区特殊教育学校中等职业教育的办学主体,在专业建设、学生培养、就业指导等方面起示范、引领作用,同时承担对县级特殊教育学校中等职业教育的指导、辐射职能。只有做到区域内各学校各展所长、错位发展、相互补充,才能形成适应社会发展、面向全体残疾人灵活多样的中等残疾人职业教育网络。

其次,强化残疾人职业教育的法治保障。

近年来,国家和陕西省都出台了多部法律法规和政策文件,较为全面地规定了残疾人应享有接受职业教育的权益。但国家层面的立法还不能完全满足残疾人职业教育发展的实际需要,且指导性政策法规多而操作性层面的内容不足。为了更好地适应现代特殊教育发展的要求,满足特殊学生接受高质量职业教育的实际需要,办好残疾人职业教育,下一步省残联和省教育主管部门要加强对本省残疾人职业教育的整体规划,出台促进我省残疾人职业教育发展的政策文件,制定残疾人职业学校设置标准,就残疾人职业教育的经费保障、教师队伍建设、企业职业培训、产教结合等方面做出具体的、可操作性的规定,使残疾人职业教育发展有章可循,办学更加规范,办学质量有保障。

再次,强化政府责任,提升管理水平。

政府是推动残疾人教育事业发展的主要责任主体,是残疾人职业教育政策的制定者和实施推动者。当前陕西省残疾人职业教育的发展与地方政府发展残疾人职业教育的重视程度休戚相关。但是,就陕西省目前残疾人职业教育发展的具体实践来看,政府责任的落实还不到位,在经费保障、管理体制等方面还有进一步完善的空间。政府部门应当设立残疾人职业教育专项经费,同时充分吸引社会资本的投入,拓宽残疾人职业教育经费的来源。就残疾人职业教育的部门管理体制而言,应当建立部门协同推进的工作机制,各部门在立足履行各自职能的基础上,加强跨部门的合作,统筹安排实施有关残疾人职业教育的各项工作。

最后,加大经费投入力度,保障残疾人职业教育加快发展。

在加快残疾人职业教育发展的过程中,经费投入是保障。虽然近年来陕西不断加大对残疾人职业教育的经费支持力度,但仍难以满足残疾人的职业教育需求。支持性、保障性是建立残疾人职业教育的财政投资制度的基本原则。政府担负起残疾人职业教育经费投入的主体责任,并全面纳入公共财政保障。其经费既要在职业教育经费中予以支持,也要在特殊教育经费中予以保障。政府要将残疾人职业教育纳入职业教育体系,按照职业教育发展规律提供经费保障。如建立残疾人职业教育发展专项资金制度,要将残疾人职业教育经费纳入到特殊教育经费管理范畴,在各级政府下发的特殊教育专项补助费中,按照一定的比例支持发展残疾人职业教育。此外,残联等部门应安排一定数量的残疾人就业保障金,支持特殊教育学校发展残疾人职业教育。

2.学校层面

学校层面要突出办学特色,加强内涵建设,提升办学质量,提高学校的吸引力。

第一,准确定位残疾人职业教育目标。

既需要从残疾人就业的行业和岗位着手,确立基于岗位胜任力的多维人才培养目标,因残疾学生的特殊性,使得其在学习能力、方式、就业路径上与普通学生有着一定的差异,因而在遵循职业教育人才培养规律的前提下,又需要根据这些差异性进行相应的调整。

第二,优化专业设置。

就残疾人职业教育整体的专业设置而言,既要立足残疾学生的个人能力、兴趣特点等,同时还应当充分结合各地产业经济发展的特点,主动适应就业市场变化,实现残疾学生个人能力和人才需求的有效契合。

虽然残疾人相比健全人存在一定的缺陷或障碍,但他们在其他方面同样拥有巨大的潜能,一样能够在社会发展中扮演重要的角色。基于残疾人的身心特点,对于他们的教育应更加精致,专业设置应更加体现规范性和创新性,才能充分发掘这一群体的潜力,从而使他们投入创新型国家的建设中去。专业设置要发挥残疾人的特长、避开他们的生理缺陷。如聋人有超强的视觉观察力、形象思维能力以及手的灵活表达能力;盲人敏锐的听力、记忆力和手的敏感程度都超过健全人。这就为我们合理设置适合残疾人生理特点的职教专业,提供了理论依据。

坚持以就业为导向,形成优势专业布局。提高残疾人的就业能力仍然是当前并将长期是残疾人职业教育的首要目标。残疾人职业教育的专业设置,应根据区域经济发展的重点,尤其是优势产业的人才需求,优先设置对口专业,大力发展与地方经济发展紧密结合的专业。加强校企合作,将企业的具体岗位和技能要求与专业设置的组织有效结合起来,利用学校和企业的资源与环境,发挥职业教育在残疾人技能培养方面的优势,形成紧贴区域经济发展,针对性强、就业率高的优势专业布局,实现学生与企业的无缝对接。残疾人职业教育学校可以和一些企业保持密切合作关系,邀请企业对残疾人职业教育的专业设置作出具体的指导,采用"工学结合"的教学方式,实现对口稳定就业。

第三,致力于建立"全纳""终身"残疾人职业教育课程体系。

进一步扩大残疾人职业教育课程的惠及对象,增强残疾人职业教育课程体系的"全纳性"。加快研制听障、视障、智障三类特殊需要学生以外的特殊教育课程标准,建立"全纳"残疾人职业教育课程体系。加快非义务教育阶段课程体系建设,强化"终身性"。进一步优化残疾人职业教育、高校特殊教育专业课程体系建设,加快学前特殊教育、残疾人高等教育课程建设与课程标准研制步伐,逐步建立"终身化"残疾人职业教育课程体系。

第四,强化师资队伍建设,优化师资队伍结构。

办好残疾人职业教育,师资是关键。为了适应残疾人职业教育需要,既具备崇高师德与深厚文化底蕴,又具有特殊教育专业理论与实践素养,还拥有丰富的职业教育实践经验和技能,是成为"双师型"特殊职业教育师资的基本要求。

一方面,要建设一支既拥有丰富的文化知识又拥有实践技能的"双师型"教师队伍。学校可以聘请相关专家或生产第一线的技术人员对教师进行短期培训,或是组织专业教师到企业挂职锻炼,也可选派教师到国内外职业技能培训机构进行培训。同时,积极引进已具有"双师型"条件的优秀教师。学校还要以产学研结合为依托,建立健全"双师型"教师队伍的评价体系和激励机制,引导教师向"双师型"方向发展。

另一方面,要加大培训投入,提升特殊教育师资的能力。由于教育对象的特殊性,从事残疾人职业教育的教师比普通教师有着更强的专业性,不仅要具备一般教师的基本条件,还需具备和特殊教育相关的专业知识、教育教学能力。因此,应该通过调整培训内容结构,增加特定专业技能在培训内容中的比重,强调实践性。目前,残疾人职业学校教师所学专业以非特殊教育为主,学校要鼓励、督促教师在提升学历层次的过程中,尽量与特殊教育专业相结合,以实现残疾人职业教育专业化水平的提升。

第五,加强实训基地建设,坚持产教融合、校企合作。

实训基地建设方面,坚持"校内基地为主、校外基地为辅、校内基地与校外基地相结合"的原则。在校内,实训基地的建设要针对残疾学生的生理特点、技能学习特点,利用"功能教室"或采取"引企入校"方式建设实训基地;在校外,实训基地建设要紧密结合当地产业发展特点,积极建设和完善职业教育实训基地。加强校企合作,建立从学校到企业的桥梁,让合作企业能够参与残疾人职业教育的人才培养体系建设,实施"学徒+学校"的职业教育人才培养,推进残疾人职业教育的产教融合。坚持产教融合、校企合作是职业教育的根本和出发点,需要进一步落实现代学徒制度,把企业的岗位需求有效地转化到人才培养课程体系中,帮助残疾学生实现课堂知识的迁移、工作场所能力的转化,从而真正提升人才培养的质量,真正实现学校人才培养与企业需求的"五个对接",促进残疾学生就业。

3.企业及社会层面

进一步营造全社会关爱残疾人的氛围,加大对残疾人就业的扶持力度,切实落实习近平总书记指出的"全面建成小康社会,残疾人一个也不能少",让更多的残疾人融入社会,共享国家改革发展成果。

引导社会力量积极参与。通过政府补贴、购买服务、助学贷款、基金奖励、捐资激励、税收优惠等政策措施,积极引导社会各类企业通过独资、合资、合作等多种形式举办或参与举办残疾人职业教育,落实为残疾学生提供实习机会、为残疾人职业学校提供优秀实操教师等社会责任,并逐步完善残疾人职业学校与企业的合作制度,包括订单培养、顶岗实习、生产实训、教师双向培养等,将企业开展残疾人职业教育的情况纳入企业社会责任报告。

实施"互联网+"职业培训,健全就业保障体系。调查显示,近年来残疾人集中式就业比例下降,按比例就业和自主灵活就业呈上升趋势,尤其是自主就业人数增长最快。为不断提高残疾人就业水平,需要利用"互联网+"职业培训方式,建立就业保障体系。政府要积极建设残疾人就业信息服务和培训服务的网络服务平台,及时了解残疾人就业情况;同时建设残疾人职业培训的网络资源库,让残疾人可以突破时空的限制,随时随地进行职业技能学习。

第三章 国外残疾人职业教育典型案例

第一节 美国残疾人职业教育

一、美国残疾人职业教育概述

美国在开展残疾人职业教育、职业培训、支持残疾人就业等方面走在了世界前列。美国残疾人职业教育发展模式经历了前期探索（一战后至20世纪60年代初）、规模扩张（20世纪60年代初至21世纪初）、质量提升（21世纪初至今）三个阶段。发展理念从排斥走向了接纳，再由接纳走向了融合。

（一）法律保障及政策支持

美国联邦政府和各州先后制定、颁布包括《美国残疾人法》《残疾人教育法》及其修正案、《残疾人教育促进法》《康复法案》《联邦无障碍法规》《不让一个孩子掉队》《建筑障碍法案》《从学校到工作机会法案》《障碍者教育促进法》和《美国教育法案》等10多部法律法规，相互补充，并配套具体实施细则，为残疾人接受职业教育提供了从受教育权利到就业的一系列保障。

1982年美国国会通过的《职业训练协作法》，要求联邦政府必须资助有就业障碍的人群开展职业训练，所需费用由联邦政府资助。

1984年颁布的《帕金斯职业教育法案》，进一步扩大联邦政府拨款补助的职业教育对象，其中增加了对残疾人接受职业教育的补助，通过立法保障了职业教育的平等性。

1990年颁布的《残疾人教育法》，该法规定各州应当向符合规定的、年龄在3—21岁的残疾学生提供相应的教育。越来越多的残疾学生得以接受中等以上教育。

1994年颁布《从学校到工作机会法案》,要求政府和学校为残疾学生提供的个性化支持服务包括开发残疾学生的职业技能和生活技能,并提供从学校到工作之间的"过渡性"服务,努力使残疾学生能够具备人才市场上所需要的相关技能。

2004年修订了《残疾人教育法》(Individuals with Disabilities Education Act,简称IDEA),其中明确表明要将提升残疾人教育质量、改善残疾人教育成果作为首要目标。

2012年,政府设立贸易调整援助社区大学和职业培训拨款,作为推动社区学院校企合作的激励性拨款,鼓励社区学院创新校企合作项目,在2012—2014年的竞标过程中,就有近千个新兴的社区学院校企合作项目获得了超过20亿美元的专项资助。

2014年重新授权了《劳动力创新与机遇法》,通过评估、个性化就业计划和生涯指导等服务,帮助残疾学生确定生涯方向、制定规划,提高个体的主观能动性,促进个体在高需求职业领域中获得高等职业教育层次的证书或文凭,将之作为在职业领域内获得持续生涯发展的重要基础。

2018年重新授权了《卡尔·帕金斯生涯与技术教育法案》,要求职业教育机构加强和地方企业的互动,接受联邦资助的社区学院必须定期对区域劳动力需求进行评估,以此作为专业设置与课程开设的重要起点和依据,并公示其与地方企业的合作,以促进学生工作本位的学习。

(二)残疾人职业教育路径

《劳动力创新与机遇法》和《卡尔·帕金斯生涯与技术教育法案》中定义了生涯路径系统,开发了可堆叠证书制度。可堆叠证书由行业及企业主导,多个部门联合开发,具有高度的劳动力市场价值和含金量,每一级可堆叠证书均可作为衔接教育系统与劳动力市场系统的出发点,获得这些证书能够有效增加残疾学生的就业机会,提高他们的就业质量。可堆叠证书增加了残疾学生在社区学院中就读的灵活性与多样性,残疾学生随时可以利用自己学习过程中已获得的低层次证书,在自己选定的生涯领域中寻找入门级工作,同时还能够以非全日制的形式继续深造。

目前,美国的残疾人通过以下三种途径接受职业教育:一是在普通高等院校接受普通的职业教育;二是在普通高等院校中专门为残疾人设立的残疾人专业中接受职业教育;三是在专为残疾人特别设立的高等院校中接受职业教育。

(三)美国残疾人职业教育的典型代表——社区学院

美国社区学院是美国教育系统中的重要组成部分,一直承担着美国高等教育和职业教育的双重责任。目前,美国共有1200多所社区学院,约每40公里范围内就有一所社区学院,注册学生1000多万,占美国在校本科生的45%。现在美国的社区学院有公立和私立之分,公立学院约占85%。美国公立的社区学院学制为两年,主要为学生提供初级高等教育,社区学院颁发的最高级学位是学士学位。除了两年制文科副学士、理科副学士和应用科学副学士学位以外,还颁发一年制的培训证书。大多数社区学院提供三种类型的课程:语言培训课程、学士转学课程、职业技术教育及社区服务。社区学院的财政支持主要来自于政府的公共税收,主要招收走读学生。

美国社区学院以服务地方经济发展为导向,面向地方企业用人需求培养对应的高素质技术技能型人才,并根据产业转型升级不断调整自身专业及课程设置,与企业共同开发课程,既保证课程对残疾学生的适用性,又保证课程设置与地方经济需求的精准对接,积极与企业密切合作,争取企业为残疾学生提供企业导师、捐赠教学实训设备、为残疾学生提供实习机会等,以此改善学生及残疾学生就业状况。

同时,美国社区学院坚持"全纳教育"思想,强调最少受环境建设限制,只要是残疾学生能够胜任和愿意学习的专业领域全部向他们开放。每一所社区学院均设有残疾学生服务中心,而且课程设置强调平等接受教育的权利,强调对残疾学生的融合教育。通过建立完善的支持与服务体系,保障残疾学生的生涯转衔,在残疾人职业教育中发挥着重要作用。

二、圣塔莫妮卡社区学院(Santa Monica Community College)

圣塔莫妮卡社区学院(Santa Monica Community College)建校于1929年,位于加利福尼亚州洛杉矶地区的圣塔莫妮卡市,是获得西部学校及大学联盟(Western Association of Schoolsand Colleges)区域认证的加利福尼亚州公立学校,是美国最好的社区学院之一,学校提供美国大学教育前两年的课程,提供180多个职业教育学位和证书,颁发两年制副学士学位和文凭、证书。学校现有学生3万余名,开设的课程涉及专业领域超过80个,其中包括许多紧随时代发展及地方经济发展需求的职业课程,如计算机科技、新媒体、早期儿童教育、商业和平面设计。

(一)圣塔莫妮卡社区学院职业培训

圣塔莫妮卡社区学院的职业教育(Career Education)为学生提供入门级的专业就业机会,一般在第一至第四学期内进行。职业教育课程为学生进入特定领域的就业市场做准备。

职业教育课程的教师具有丰富的专业知识和实践经验,其中大多数教师在校外有兼职,是行业中顶级培训师或讲师。圣塔莫妮卡社区学院提供计算机商务应用、网站创建等37个与职业教育专业相关的副学士学位,36个职业教育专业成就证书和37个职业教育专业学院证书课程(如表3-1所示)。圣塔莫妮卡社区学院每年都更新职业教育相关技术、设备和材料,以确保学生获得最好的学习经验,达到或超过目前的行业标准。

表3-1 圣塔莫妮卡社区学院职业教育相关专业(计算机科学与信息系统大类)

职业教育项目	学位	成就证书	学院证书
计算机商务应用	√	√	
数字出版		√	
网站软件	√	√	
网站创建		√	
网站开发管理			√
计算机科学	√	√	
计算机编程	√	√	
网页开发	√	√	

续表

职业教育项目	学位	成就证书	学院证书
信息系统管理		√	
移动应用程序开发		√	
云计算			√
网络安全			√
……			

(二)残疾学生中心(Center for Student swith Disabilities)

圣塔莫妮卡社区学院致力于建立一个包容和多样化的环境,通过营造多样化的大学环境,培养相互包容的意识,促进相互理解和尊重。政府的平等就业机会和不歧视政策均已经纳入了圣塔莫妮卡社区学院理事会制度中。

残疾学生中心保障残疾学生享有平等机会参与所有课程和活动,宗旨是鼓励和培养学生的独立性,致力于为残疾学生提供最高质量的课程和服务,使残疾学生能够充分发挥潜力。

在社区学院,残疾学生不仅可以接受职业培训教师的职业训练,获取相关职业技能,还可以接受残疾学生中心相关教职工提供的心理咨询等服务。根据残疾学生人数,残疾学生中心配备了30名教职工,其中包括心理咨询专家、睡眠障碍专家、替代媒体专家等,面向残疾学生提供相关心理咨询服务等,帮助残疾学生顺利完成学业,详见表3-2。

表3-2 残疾学生中心教职工情况

类型	教职工情况
联系人	协调员(1名)、管理员(1名)
睡眠期综合征	全日制专家(2名)、助理(6名)
学术及职业顾问	全日制顾问(3名)、兼职顾问(2名)

续表

类型	教职工情况
学习障碍课程	全日制专家(2名)、兼职专家(2名)、教学助理(2名)、辅导协调员(1名)
个人心理咨询	兼职顾问(1名)
高技术培训中心	全日制教师(1名)、兼职教师(2名)
聋人和听力障碍服务	管理员(1名)、手语翻译(3名)
获得性脑损伤	全日制专家(1名)、兼职专家(3名)
替代媒体	替代媒体专家(1名)
总计	35名

(三)残疾学生权利与义务

圣塔莫妮卡社区学院残疾学生中心在学生手册中明确规定了残疾学生享有的权利及需要履行的义务,为更好地服务残疾学生提供了制度保障。

1.残疾学生的权利

残疾学生自愿参加计划及服务。接受授权的支持服务或业务指导,不应妨碍个人参加学院提供的任何其他课程、计划或活动。

残疾学生信息被保密,以防止未经授权的披露。部分信息可以与加州社区学院或联邦的校长办公室共享,但对这些当事人的信息披露是严格按照《家庭教育权利和隐私法》《联邦隐私法》等保密相关法律法规进行的,是严格按照加州教育法律法规条款来进行信息收集。

2.残疾学生的责任

残疾学生有义务向残疾学生中心提供必要的信息(文件或表格),来核实个人的相关需求。

残疾学生必须遵守残疾学生中心提供服务的政策和程序,才能获得持续的服务(如手语、口译、笔记、考试辅助等)。

残疾学生必须遵守学生行为守则及与其他学生行为规范相关的法律

法规。

残疾学生必须以本人的教育计划或入学时确立的目标为努力方向,不断取得进步,以符合学院制定的学术标准。

残疾学生每学期必须及时与残疾学生中心认证的工作人员会面,寻求服务和住宿。讨论并实施个人的学术辅助计划(AAP)。在适当的时候可以对学术辅助计划进行调整,但这种调整不能改变或降低课程、学位、课程或活动的基本要求。

(四)残疾学生中心服务项目

残疾学生中心提供一系列的服务,支持残疾学生顺利完成学业,这些服务包括但不限于:学术咨询、个人心理咨询、辅助技术、学习障碍评估、后天性脑损伤评估、聋人和重听服务(如手语翻译、助听设备、实时字幕等)、可替代媒体/课堂资料(电子文本、盲文、录音带、视频和DVD的字幕)、测试辅助设施、课堂助理(抄写员、阅读者、记笔记员)、特殊设备(桌椅)等。但残疾学生中心服务事项不包含住房、往返校园的交通工具、药物治疗、个人护理服务人员、个人用途的设备或服务等。

残疾人学生中心可提供的具体服务内容如下。

1. 咨询服务

残疾服务中心顾问提供以下咨询服务。

(1)学业咨询。

(2)心理咨询。

(3)讲解残疾学生中心辅导课程。

(4)决定和批准课程的适当辅助。

(5)作为校外社区和机构的联络人。

(6)协助学生处理与残疾有关的问题。

(7)提供职业规划、个人和社会意识、求职技巧等咨询课程。

2. 可替代媒体

为保障学院所有人享有平等机会获得教育资料、计划和活动,圣塔莫妮卡社区学院尽一切努力为残疾学生提供不同形式的材料。

(1)电子文本(E-Text)。如Microsoft Word或AdobePDF文件,可在电

脑上使用。电子文本可以很容易地存储和搜索，并可以转换为大字体或盲文。电子文本不仅可以在校园通过扫描创建，而且能从出版商那里获得，法律规定出版商要为残疾学生提供电子文本。

(2)大字印刷材料。大字印刷材料具有相对便携的优点，在传达原始材料中包含的所有图形和空间信息时不需要特殊设备。

(3)盲文是一种读写系统，大约10%的盲人和视力受损的人使用盲文。盲文无须任何设备，即可以被快速引用，包括图表、表格，近似打印文件的格式。圣塔莫妮卡社区学院配备盲文翻译软件和专门的盲文打印机，为学生提供盲文资料。

(4)触觉图印在特殊的热敏纸上，产生凸起的线条和图像，盲人能进行阅读。

(5)圣塔莫妮卡社区学院为录像带和数字视频创建内部字幕。

可替代媒体可以从替代媒体交换数据库(AMX)、替代文本制作中心(ATPC)、盲人和诵读困难人士资源中心(RFB&D)获取。

3.聋人/重听服务

聋人和重听服务保障残疾学生可以充分参加圣塔莫妮卡社区学院的学业课程、课外活动等。聋人/重听服务主要包括如下方面。

(1)手语翻译。

(2)实时字幕。

(3)辅助听力设备。

(4)学业和个人心理咨询。

(5)记录人员。

(6)可视电话。

4.后天性脑损伤

圣塔莫尼卡学院开发了各种教育方法来服务患有后天脑损伤的学生。圣塔莫尼卡学院为后天性脑损伤患者提供了两种类型的教育课程。

(1)学分课程。

修读学分课程的学生，可在圣塔莫尼卡学院提供保障服务的情况下修读学位或证书，然后转学至另一所获认可的高等教育机构。

"学分"注册至少包括两门核心技能课程，如后天性脑损伤策略、体育教育、适应性计算机培训、职业规划和求职技能,以及主流学术或职业课程。

保障服务包括教育限制评估和学术调整建议,制订教育计划,以及提供笔记、测试调整、录音、替代媒体等课堂辅助。

(2)无学分课程。

提供无学分课程是为了促进后天性脑损伤残疾学生进一步发展,或者为学业做准备。无学分课程侧重于开发日常生活技能的个人活动、社会/认知刺激练习及特定的工作岗位的技能培训等。

在开始该课程之前,学生必须会见后天脑损伤专家,专家对学生当前的技能水平进行评估和审查,并提出课程建议,促进学业准备。

残疾学生必须提交后天脑损伤的医学证明及个人申请。

5.笔记服务

残疾学生可以获得笔记服务,每学期每节课由辅导员或学习障碍教员、后天性脑损伤专家提供笔记服务。如果课程是通过缩放或音频预录制的讲座,记笔记的人会直接将笔记通过电子邮件发送给残疾学生。

6.高科技培训中心

高科技培训中心是一个支持残疾学生学习专业课程的计算机实验室,主要任务是确保残疾学生获得最有效、最先进的技术,实现他们的学业和职业目标,帮助残疾学生学习使用电脑所需的辅助技术(如屏幕阅读、放大、语音识别等),培训学生如何利用技术来弥补因残疾而造成的教育限制(如在电脑上看和听课本等)。高科技培训中心拥有语音识别软件、屏幕阅读软件、低视觉软件、文本语音转换软件、计算机输入设备、听力受损学生专用设备、视障学生专用设备、高速文件扫描仪和平板扫描仪等设备,帮助残疾学生学习使用电脑相关辅助技术。

高科技培训中心开设的课程包括:文字处理技能课程、网络技能课程、应用程序课程(Word、Excel、PPT、Photoshop等),教师鼓励残疾学生在他们的课程作业中使用这些应用程序,学生将使用这些技术创建专业课程相关的简短的研究论文和PPT演示文稿。在高科技培训中心中所学到的技能对于帮助残疾学生顺利完成学业发挥着重要的作用,并且能够增加残疾学生的就业竞争力。

7. 服务性动物

根据《美国残疾人法》，狗和小型马可以作为服务性动物，服务性动物可以被训练用来帮助有特定残疾需要的人，比如，视力丧失者使用的导盲犬等，圣塔莫妮卡社区学院允许残疾学生使用服务性动物，并对在校园使用服务性动物进行了制度规定。

（五）残疾学生中心服务流程

（1）任何圣塔莫妮卡社区学院的学生，持有专业人员开具的残疾证明文件，需要辅助以减轻因残疾而受教育的限制，可以与残疾学生中心联系，以获得资格和服务。

（2）残疾学生申请服务，首先必须填写残疾学生中心申请表格；其次与残疾学生中心顾问见面，讨论与残疾有关的需要，规划学习课程，并在适当的情况下把学生介绍给学习障碍专家、高科技培训专家或后天脑损伤专家；最后签署个人学习计划和学业辅助计划。

（3）为确保残疾学生享有平等受教育机会，确保残疾学生能够参与所有的项目和活动，圣塔莫妮卡社区学院残疾学生中心面向残疾学生提供一些必要的辅助措施。这些辅助措施是根据与残疾的功能限制直接相关的教育限制来确定的。辅助措施和服务是个性化的，在学生和残疾学生中心的认证工作人员进行沟通互动的过程中，根据实际情况双方达成一致后确定。辅助措施不能改变或降低课程、作业、学位、证书或项目的基本要求。

三、美国残疾人职业教育启示

通过圣塔莫妮卡社区学院残疾人职业教育典型案例可以看出，美国社区学院在开展残疾人职业教育方面有丰富的办学经验，我国在发展残疾人职业教育过程中，可以参照美国社区学院的办学模式，探索形成中国特色融合教育机制，相关启示、建议如下。

（1）转变思想认识，加强学习、宣传《残疾人保障法》等残疾人相关法律法规，自上而下充分认识残疾学生所具备的实际能力和优势潜能，高度重视残疾人职业教育，将残疾人职业教育纳入职业教育发展总体规划，大力营造扶残助残的社会环境氛围，增加社会各界对残疾人职业教育的认识和了解，唤起社会上更多的人来关心支持残疾人职业教育，提高社会扶残助残的意识，更好地推动残疾人职业教育持续健康发展。

（2）健全法律保障，制定完善残疾人职业教育系列制度办法，并推进各级各部门配套制定操作性强、覆盖面广的具体实施细则和方案，同时加强宣传贯彻和监督工作，确保相关举措真正落地落实，充分维护残疾学生接受职业教育的权利，保障残疾学生掌握职业技能，帮助残疾学生实现成功就业。

（3）推行融合教育，鼓励高等职业院校与现有独立设置的残疾人教育机构合作办学，共同培养残疾学生。一方面，可以充分发挥残疾人教育机构在残疾学生服务方面的专业优势，配备充足的残疾学生教育师资力量，为残疾学生提供学业咨询、心理咨询等服务，保障残疾学生顺利完成学业；另一方面，可以充分借助高等职业院校校企合作、校地合作的资源优势，改善促进残疾学生就业。通过高等职业院校与现有独立设置的残疾人教育机构合作办学，可以促进残疾学生与其他健全学生的相互融合、共同管理，培养健全学生对残疾学生的接纳、尊重和包容，也促进残疾学生的全面成长，提高其社会适应能力。

（4）加强统筹协调，政府部门、企业、高职院校以及康复机构之间要建立良好的协调合作机制，明确残疾人职业教育各合作方之间的责任与义务。政府层面负责进行残疾人职业教育的整体规划与设计，促进残疾人职业教育与医疗、康复资源的有机整合与协调；康复机构负责促进残疾学生康复，提升残疾学生学习工作能力，帮助残疾学生探索建立与自身相适应的职业生涯；企业应自觉履行接纳残疾人按比例就业的义务与责任，与高职院校共同探索残疾学生培养方案、共建残疾学生实习实训基地，促进残疾学生顺利就业，提升残疾学生职业教育吸引力。

（5）加大资金投入，适当提高接受职业教育残疾学生的生均拨款水平，改善职业院校开展残疾人教育的办学条件，包括改造无障碍环境、设立残疾学生服务中心、建立残疾学生职业教育资源教室、建设残疾学生实习实训场所等。

（6）加强信息化建设，充分利用大数据和信息化技术，促进互联网＋残疾人职业教育深度融合，搭建动态更新的残疾人信息化服务平台，完善残疾人职业教育全过程的支持服务信息体系，促进残疾学生职业康复、职业教育与工作就业相互联系、密切结合，提升精准化、信息化、规范化服务能力和水平。

第二节 德国残疾人职业教育

一、德国残疾人职业教育现状

根据德国联邦统计局数据显示：2017年，德国总人口数为8265.7万人，其中残疾人1000万人，包括重度残疾人750万人。2017年，德国联邦统计局选取了总人数约1%开展了微型人口普查，共计37.9万户家庭75.8万人。

现状分析详见表3-3至3-8。

表3-3 在各个年龄段人群中的残疾人比例统计表

年龄段/岁	残疾人总数		重度残疾人总数		轻度残疾人总数	
	总计/人	残疾率/%	合计/人	残疾率/%	合计/人	残疾率/%
<15	160	1.4	139	1.3	21	0.2
15—25	185	2.2	151	1.8	33	0.4
25—45	838	4.1	550	2.7	287	1.4
45—55	1 417	10.8	854	6.5	563	4.3
55—60	1 148	18.3	698	11.1	450	7.2
60—65	1 330	25.1	870	16.4	460	8.7
65—70	1 310	28.1	957	20.5	353	7.6
70—75	989	27.6	765	21.3	225	6.3
75—80	1 131	26.7	924	21.9	206	4.9
>80	1 735	39.1	1 570	35.4	165	3.7
总计	10 239	12.5	7 478	9.1	2 763	3.4

通过表3-3可以看出：(1)随着年龄逐渐增长，残疾人比例也逐渐增大；(2)残疾人各个年龄段中重度残疾人占多数，重度残疾人数要比轻度残疾人数多。

表3-4 各个年龄段人群中的残疾人就业率统计表

年龄段/岁	劳动力总计			男性			女性		
	残疾人就业人数/人	残疾人就业率/%	健全人就业率/%	残疾人就业人数/人	残疾人就业率/%	健全人就业率/%	残疾人就业人数/人	残疾人就业率/%	健全人就业率/%
15—25	82	44.5	50.6	46	43.1	51.9	37	46.3	49.1
25—45	590	70.4	87.7	323	73.1	92.8	267	67.5	82.4
45—55	932	65.8	92.4	501	69.2	96	431	62.2	88.8
55—60	681	59.3	88.2	377	63.4	93.1	304	54.9	83.5
60—65	520	39.1	67.6	300	43.5	74.4	221	34.4	61.5
>65	205	4.0	7.9	142	5.5	11.3	63	2.5	5.4
合计	3 010	29.9	65.0	1 689	32.8	71.0	1 323	26.8	59.3

通过表3-4可以看出：(1)各个年龄段人群中，残疾人就业率均低于健全人就业率；(2)无论性别，残疾人就业率均呈抛物线形状，在25—45岁年龄段就业率达到最高，其中该年龄段残疾人总就业率为70.4%，男性残疾人就业率为73.1%，女性残疾人就业率为67.5%；(3)男性残疾人就业率普遍高于女性残疾人就业率。

表3-5 残疾人从事工作职位/从事行业统计表

工作职位/从事行业	总计			男性			女性		
	残疾人从事各行业人数/人	残疾人从事各行业占比/%	健全人从事各行业占比/%	残疾人从事各行业人数/人	残疾人从事各行业占比/%	健全人从事各行业占比/%	残疾人从事各行业人数/人	残疾人从事各行业占比/%	健全人从事各行业占比/%
个体、自由职业者	215	7.5	10.2	144	9.0	12.5	71	5.6	7.5
公务员	135	4.7	5.0	73	4.5	5.0	62	4.9	4.9
企业员工	1 798	62.4	64.2	863	53.6	55.7	935	73.6	73.7
工人	700	24.3	17.1	510	31.7	23.0	189	14.9	10.4
学徒	32	1.1	3.6	18	1.1	3.8	14	1.1	3.4
工作职位（总计）	2 879	100	100	1 609	100	100	1 271	100	100
农业、林业、渔业	34	1.2	1.3	28	1.7	1.7	7	0.5	0.9
采矿与制造业	518	18.0	19.3	394	24.5	26.3	124	9.8	11.3
能源和供水、废物处理	48	1.7	1.4	37	2.3	2.0	11	0.8	0.7
建筑业	145	5.1	6.9	125	7.8	11.2	21	1.6	2.1
贸易、汽车维修	414	14.4	17.7	221	13.8	16.0	192	15.1	19.6
运输、物流	236	8.2	7.9	176	10.9	10.6	60	4.7	4.8
金融和保险服务	80	2.8	3.2	38	2.4	3.1	42	3.3	3.4
房地产	275	9.6	11.3	154	9.6	10.7	121	9.6	11.9
公共行政管理等	274	9.5	6.8	136	8.4	6.4	138	10.9	7.2
教育与教学/卫生与社会服务	854	29.7	24.3	300	18.6	12.0	555	43.7	38.1

续表

工作职位/从事行业	总计			男性			女性		
	残疾人从事各行业人数/人	残疾人从事各行业占比/%	健全人从事各行业占比/%	残疾人从事各行业人数/人	残疾人从事各行业占比/%	健全人从事各行业占比/%	残疾人从事各行业人数/人	残疾人从事各行业占比/%	健全人从事各行业占比/%
从事行业（总计）	2 879	100	100	1 609	100	100	1 271	100	100

通过表3-5可以看出：(1)残疾人从事各行业比例与健全人从事各行业比例变化趋势大体相当，可以从侧面反映出德国残疾人社会融合度处于较高水平；(2)在工作职位方面，残疾人作为企业员工占比最高达62.4%，健全人作为企业员工占比最高达64.2%；(3)在从事行业领域方面，残疾人从事卫生与社会服务行业占比最高，达29.7%，其次是采矿与制造业，占比达18%，再次为贸易、汽车维修行业，占比达14.4%。

表3-6 残疾人失业率统计表

年龄段/岁	总计			男性			女性		
	残疾人失业人数/人	残疾人失业率/%	健全人失业率/%	残疾人失业人数/人	残疾人失业率/%	健全人失业率/%	残疾人失业人数/人	残疾人失业率/%	健全人失业率/%
15—25	7	9.0	6.6	4	8.7	7.4	3	8.1	5.7
25—45	36	6.1	3.8	22	6.9	4.2	14	5.2	3.4
45—55	36	3.8	2.6	23	4.6	2.7	13	2.9	2.4
55—60	24	3.6	2.8	13	3.6	3.0	11	3.5	2.6
60—65	26	4.9	3.8	15	4.9	4.2	11	5.0	3.4
>65	—	—	0.8	—	—	—	—	—	—
总计	129	4.3	3.6	78	4.7	3.9	51	4.0	3.2

通过表3-6可以看出：(1)无论性别，各年龄段残疾人失业率均高于健全人失业率；(2)残疾人整体失业率为4.3%，男性残疾人整体失业率为4.7%，女性残疾人整体失业率为4%，均处于正常水平范围内。

表 3-7 各个年龄段人群中的残疾人接受教育情况统计表

年龄段/岁	学历	总计			男性			女性		
		残疾人数/人	残疾人比例/%	健全人比例/%	残疾人数/人	残疾人比例/%	健全人比例/%	残疾人数/人	残疾人比例/%	健全人比例/%
15—25	未完成中学教育	600	6.0	3.2	310	6.1	3.1	288	5.9	3.3
	低等中学教育	5 074	50.7	30.7	2 659	52.0	30.8	2 415	49.2	30.7
	中等中学教育	2 543	25.4	30.3	1 131	22.1	28.0	1 412	28.8	32.6
	高中教育	567	5.7	8.4	364	7.1	9.9	203	4.1	6.8
	普通或职业高等专业教育	1 209	12.1	27.1	636	12.4	27.9	573	11.7	26.3
	其他	24	0.2	0.2	11	0.2	0.2	13	0.3	0.2
	合计	10 017	100	100	5 111	100	100	4 906	100	100
25—45	未完成中学教育	119	14.3	3.2	74	16.7	3.2	45	11.5	3.2
	低等中学教育	234	28.1	18.5	139	31.6	21.8	95	24.1	15.0
	中等中学教育	265	31.8	30.8	125	28.4	29.1	140	35.5	32.6
	高中教育	71	8.6	11.0	38	8.7	11.9	33	8.5	10.0
	普通或职业高等专业教育	141	17.0	36.4	62	14.2	33.8	79	20.1	39.0
	其他	—	—	0.3	—	—	0.3	—	—	0.2
	合计	830	100	100	438	100	100	392	100	100

续表

年龄段/岁	学历	总计			男性			女性		
		残疾人数/人	残疾人比例/%	健全人比例/%	残疾人数/人	残疾人比例/%	健全人比例/%	残疾人数/人	残疾人比例/%	健全人比例/%
45—65	未完成中学教育	230	5.9	2.8	125	6.2	2.7	105	5.6	3.0
	低等中学教育	1 591	40.9	28.9	915	45.6	31.0	676	35.8	26.8
	中等中学教育	1 339	34.4	36.2	595	29.6	31.7	744	39.4	40.6
	高中教育	231	5.9	8.0	135	6.7	9.5	96	5.1	6.5
	普通或职业高等专业教育	494	12.7	23.9	232	11.6	24.9	262	13.9	22.9
	其他	9	0.2	0.2	6	—	0.2	3	—	0.2
	合计	3 894	100	100	2 008	100	100	1 886	100	100
>65	未完成中学教育	217	4.2	3.6	92	3.5	3.1	125	4.9	3.9
	低等中学教育	3 218	62.3	57.9	1 585	61.1	52.4	1 633	63.6	62.0
	中等中学教育	907	17.6	19.6	395	15.2	16.9	512	19.9	21.7
	高中教育	257	5.0	5.0	187	7.2	8.3	70	2.7	2.6
	普通或职业高等专业教育	553	10.7	13.7	333	12.8	19.2	220	8.6	9.6
	其他	12	0.2	0.1	5	—	0.1	7	0.3	0.1
	合计	5 164	100	100	2 597	100	100	2 567	100	100

通过表3-7可以看出:(1)无论性别,各年龄段残疾人接受普通或职业高等专业教育比例均低于健全人;(2)其中在15—25岁人群中,残疾人整体接受普通或职业高等专业教育比例为12.1%,低于健全人接受普通或职业高等专业教育比例,健全人的比例为27.1%;(3)65岁以上残疾人接受普通或职业高等专业教育比例为10.7%,45—65岁之间残疾人接受普通或职业高等专业教育比例为12.7%,25—45岁之间残疾人接受普通或职业高等专业教育比例为17%,可以从侧面反映出德国残疾人接受高等教育情况正在逐步改善。

表3-8 各个年龄段人群中的残疾人学历统计表

年龄段/岁	学历	总计			男性			女性		
		残疾人数/人	残疾人比例/%	健全人比例/%	残疾人数/人	残疾人比例/%	健全人比例/%	残疾人数/人	残疾人比例/%	健全人比例/%
15—30	未毕业	2 234	22.2	23.9	853	16.6	21.3	1 381	28.0	26.3
	专业训练	122	1.2	9.9	72	1.4	10.7	51	1.0	9.2
	学徒实习	5 763	57.2	48.3	3 083	59.9	48.1	2 680	54.4	48.4
	大专学历	981	9.7	9.3	550	10.7	9.7	431	8.7	9.0
	应用科技大学学历及以上	444	4.4	6.1	302	5.9	7.8	141	2.9	4.5
	大学学历及以上	620	6.1	12.0	341	6.6	12.7	279	5.7	11.4
	其他	38	0.4	0.3	20	0.4	0.3	19	0.4	0.3
	合计	10 080	100	100	5 149	100	100	4 931	100	100
30—45	未毕业	184	26.6	14.0	106	29.3	13.7	78	23.6	14.2
	专业训练	—	—	0.9	—	—	1.1	—	—	0.8
	学徒实习	371	53.6	49.3	195	54.0	50.6	175	53.2	48.0
	大专学历	57	8.3	10.1	26	7.1	9.4	32	9.7	10.9
	应用科技大学学历及以上	32	4.6	8.3	16	4.3	9.3	16	5.0	7.1

续表

年龄段/岁	学历	总计			男性			女性		
		残疾人数/人	残疾人比例/%	健全人比例/%	残疾人数/人	残疾人比例/%	健全人比例/%	残疾人数/人	残疾人比例/%	健全人比例/%
30—45	大学学历及以上	45	6.5	18.0	18	5.0	16.6	27	8.1	19.4
	其他	—	—	0.3	—	—	0.3	—	—	0.3
	合计	691	100	100	362	100	100	329	100	100
45—65	未毕业	674	17.3	11.9	313	15.6	9.7	362	19.2	13.9
	学徒实习	2 426	62.3	56.6	1 300	64.8	55.0	1 126	59.6	58.2
	大专学历	396	10.2	11.6	190	9.5	12.2	206	10.9	11.1
	应用科技大学学历及以上	166	4.3	7.1	96	4.8	9.2	70	3.7	5.1
	大学学历及以上	219	5.6	12.4	99	5.0	13.4	119	6.3	11.5
	其他	14	0.4	0.4	8	0.4	0.4	5	0.3	0.4
	合计	3 894	100	100	2 006	100	100	1 888	100	100
>65	未毕业	1 152	22.3	22.3	304	11.7	9.8	847	33.0	31.6
	学徒实习	2 887	55.9	53.9	1 544	59.5	54.6	1 343	52.3	53.4
	大专学历	517	10.0	9.4	331	12.7	12.9	187	7.3	6.7
	应用科技大学学历及以上	239	4.6	4.8	188	7.2	8.5	51	2.0	2.0
	大学学历及以上	348	6.7	9.3	219	8.4	13.8	129	5.0	5.9
	其他	20	0.4	0.4	9	0.4	0.3	11	0.4	0.4
	合计	5 164	100	100	2 595	100	100	2 568	100	100

通过表 3-8 可以看出:(1)无论性别,各年龄段残疾人具有学徒实习学历比例均高于健全人;(2)15－30 岁群体中,残疾人具有大专学历占比为 9.7%,高于健全人的 9.3%;(3)15－30 岁群体中,残疾人具有学徒实习学历占比为 57.2%,高于健全人的 48.3%。

二、德国职业教育

德国职业教育一直处于世界领先地位,1969 年颁布了《联邦职业教育法》,1981 年颁布了《联邦职业教育促进法》,并在 2005 年对两部法律进行了合并修订,颁布了新《联邦职业教育法》。德国进入工业 4.0 时代,为适应新一轮技术革命、占领战略制高点,进一步推进职业教育现代化,加强职业教育体系建设,促进德国经济社会发展,2019 年 12 月,德国修订了《职业教育现代化及加强职业教育工作法》(以下简称《职业教育法》),进一步提升了职业教育吸引力,实现了职业教育与学术教育具有同等价值。

根据 2019 年新修订的《职业教育法》,德国现代职业教育分为职业预备教育、传授完全职业资格的职业教育、职业进修教育、职业转行教育四种。

(一)职业预备教育

本阶段针对已经接受了初等教育、尚没有职业定位的青年。通过传授相关基础知识,使学习者获得职业行动能力,进而顺利过渡到下一阶段传授完全职业资格的职业教育。

(二)传授完全职业资格的职业教育

传授更广范围的职业基础教育,在企业中参加实践性培训积累实践经验,使学习者适应不断变化的工作环境,培养学习者独立性、责任心和协作能力,获得职业资格,为职业生涯做准备。

(三)职业进修教育

职业进修教育可划分成适应性进修和晋升性进修两种。适应性进修以适应不断变化的工作条件及内容为出发点,保持和更新职业行动能力;晋升性进修的目的在于使学习者获得、调整和扩展职业行动能力,实现职业晋升。

在新修订的《职业教育法》第 53a 条,明确了进修水平等级分为三个层级:第一层级为经考试认定的职业行家;第二层级为专业学士;第三层级为专业硕士。首次引入"专业学士""专业硕士"等国家认可的毕业文凭,推进了职业教育与学术教育具有同等价值,进一步增强了德国职业进修教育透明度、增强了具有高级职业资格的技术技能人才的流动能力、增强了德国职业教育的吸引力和竞争力。

(四)职业转行教育

当某些职业由于技术进步而逐渐消失,或者一些职业技能随着时间的推移出现明显变化时,从业者不能继续从事当前职业,需要进行职业转行教育,为进入另一职业领域做准备。

在德国,普通中学毕业生人数自2006年以来持续减少,从96.7万人减少到2018年的80.8万人,预计2025—2026年将保持低于80万人的状态,但德国传授完全职业资格的职业教育(双元制职业教育和全日制学校型职业教育)逆势增长,2019年新生人数达到73.03万人,比2018年增加了6400人,增幅0.9%。特别是面向健康卫生、教育与社会工作类职业的学校型职业教育10多年来持续增长。

三、德国"双元制"职业教育

"双元制"职业教育在德国职业教育体系中占主体地位,是职业院校与企业密切配合、理论知识与实践技能并重的职业教育制度。一方面,学习者在职业院校接受非全日制理论学习;另一方面,以"学徒"的角色在企业相应岗位上接受技能实践。这样既能让学习者掌握一门核心的技术技能,又能让用人企业减少前期入职培训费用,深受用人企业和学习者的喜爱。

以《职业教育法》为基础的职业教育法规体系,包含《职业教育条例》《实训教师资格条例》等配套的条例与实施办法,对行业协会、职业院校、企业、教师、学习者的行为、权利和义务等方面都做了明确规定,以法律形式保障了"双元制"职业教育的管理与发展。

行业协会是各职业领域的职业教育的组织者,承担着监督管理责任。比如,手工业协会是《手工业条例》界定的手工类职业的职业教育主管机构;农业协会是农业包含农村家庭经济类职业的职业教育的主管机构等。行业协会主要管理职责包含:一是建立和管理职业教育关系档案;二是为实施毕业考试成立考试委员会,评价单项考试成绩、考试总成绩,决议是否通过毕业考试;三是为参与职业教育的各方提供咨询服务;四是实施监督管理,确保参与职业教育的企业、教育人员具备相应专业资质。《联邦职业学校总协定》对职业院校的办学目标、组织结构、教学内容、毕业证书等进行了规范。《企业基本法》规范了企业参与职业教育的行为,明确规定了企业管理委员会在企业职业教育中的权利和义务。《青少年劳动保护法》从法律上保障了青少年享有接受职业教育和完成法律规定的职业义务教育的权利。

2020年5月,德国发布《2020年职业教育报告》,"双元制"职业教育继续保持良好发展态势,2018年底,"双元制"职教新学习者(首次签署职业教育合同)人数为49.03万,占同龄人口54.5%,连续两年上升。同时,企业参与职教积极性保持稳定,2018年,德国实际聘用"双元制"职教学习者开展职业实践教育的企业(职教企业)42.7万家,比上年增加60家,职教企业数量连续两年增加,占企业总数19.7%。

四、德国残疾人职业教育

残疾人职业教育是提高残疾人职业技能和综合素质的重要途径,它对促进残疾人自强、自立,平等参与社会生活具有重要的作用。培养残疾人获得职业技能,提供其谋生手段是残疾人职业教育的首要目标。德国残疾人职业教育发展起步较早,在残疾人职业教育发展理念和具体教育实践上都积累了较丰富的经验。

(一)德国残疾人职业教育法律保障

(1)2019年新修订的《职业教育法》,其中第二部分"职业教育"的第四章"面向残疾人的职业教育"对残疾人职业教育作出法律规定与详细解释,共分为两节7条内容。

①在第一节"残疾人的职业教育"第64条"职业教育"里明确规定残疾人应接受国家认可的教育职业的职业教育。

②第65条"针对国家认可的教育职业的职业教育"第1款指出,主管机构在管理职业教育及毕业考试时应充分考虑残疾人的特殊情况,特别是职业教育的时间和内容安排、考试时长、辅助工具许可,以及获得第三者帮助的权利,如对听觉障碍者提供手语翻译。第2款指出与残疾人签署的职业教育合同应在第34条(职业教育建档、管理)所述的职业教育关系档案中进行登记。

即便残疾者不具备第 43 条（毕业考试准入）条件，也应该允许其参加毕业考试。

③第 66 条"主管机构的教育规章"规定：残疾人因其残疾的类型和程度无法接受针对国家认可的教育职业的职业教育时，主管机构应根据残疾者或其法定代表人的申请，在联邦职业教育研究所决策委员会的建议下，制定职业教育规定。职业教育内容应在考虑一般劳动市场的现状及发展的基础上，基于针对国家认可的教育职业的相应内容来开发。申请人提出的申请应证明确实存在相应可能性，使其接受所申请的职业教育。

④第 67 条"职业进修教育、改行职业教育"指出：如果残疾人因其残疾种类及程度确有需要，第 64 条至 66 条同样适用于残疾人的职业进修教育和改行职业教育。

⑤在第二节"职业预备教育"第 68 条"人员与要求"指出：职业预备教育针对基于发展状态而不能期待其可成功完成针对国家认可的教育职业的职业教育的学习障碍者或社会弱势群体。职业预备教育的内容、种类、目标及学制须符合这类人群的特殊要求，并予以全面的社会教育帮助和支持。

⑥第 69 条"教学模块、证明"第 1 款指出：为获得职业行动能力基础，可以且特别要通过基于针对国家认可的教育职业的教学内容开发的、从内容和时间两个方面清晰界定的学习单元进行传授（教学模块）。第 2 款指出：职业预备教育提供者要对所传授并获得的职业行动能力基础出具证明文件。

⑦在第 70 条"监督、咨询"中规定：如果职业预备教育的内容、种类、目标及学制不符合残疾人的特殊要求，或不能予以全面的社会教育帮助和支持，州法律法规确定的主管部门可不批准相关教育提供者开展职业预备教育。教育提供者须在职业准备教育措施开始前到主管机构以书面形式对准备教育措施的实施作出说明。

(2) 2019 年新修订的《职业教育法》，进一步提升了"双元制"职业教育的融通性和灵活性，明确了职业预备教育可折算计入规定教育期限，增加了非全时制接受企业实践教育以及弹性教育期限，能够有效帮助残疾人接受并完成职业教育。

①在第 7 条"职业预备教育计入规定教育期限的折算"中规定：州政府可在听取州职业教育委员会意见后，以法规形式确定，在职业教育类学校的教

育或在其他机构的职业教育可全部或部分计入教育期限。联邦职业教育研究所决策委员会可以就教育时间折算的具体办法制定相应建议。教育时间的折算需由学习者和教育提供者共同申请。

②在7a条"非全时制职业教育"中规定:职业教育可以通过非全时制形式进行。职业教育合同中应就全部教育期限内或者职业教育过程中某一特定时期内缩减每天或每周学习时间达成一致。每天或每周教育时间的缩减不得超过一半。非全时制职业教育应相应延长教育期限,但最长不超过职业教育条例针对以全时制学习形式进行的相应职业教育所规定的教育期限的1.5倍。

③在第8条"教育期限的缩短或延长"第1款规定:如果职业教育目标在更短时间内完成,职业教育主管机构应根据学习者和教育提供者共同申请缩短职业教育期限。第2款规定:如为实现教育目标确有必要延长教育期限,作为特例,主管机构可根据学习者申请延长教育期限。联邦职业教育研究所决策委员会可以就缩短或延长职业教育期限的具体办法制定相应建议。

(二)残疾人员职业教育委员会

2019年新修订的《职业教育法》,第95条规定了"残疾人员职业教育委员会"这一特定机构并给予了该委员会法律效能。

(1)残疾人员职业教育委员会主要职责:为向联邦职业教育所就其职责范围内残疾人职业教育问题提供咨询,设立隶属决策委员会的常设性下属委员会。该委员会致力于兼顾残疾人在职业教育中的特殊需要,并使残疾人的职业教育与其他促进残疾人参与劳动就业的措施协调发展。联邦职业教育所在兼顾该委员会建议的基础上,就实施涉及残疾人职业教育的研究计划作出决定。

(2)残疾人员职业教育委员会组成:由17名委员组成,委员由所长聘任,最长聘期4年。委员可以连任。委员基于《社会法典》第9卷所规定的残疾人权益保护咨询委员会的建议聘任,且1名委员代表雇员群体、1名委员代表雇主群体、3名委员代表残疾人组织、1名委员代表联邦劳动署、1名委员代表法定退休金保险机构、1名委员代表法定意外事故保险机构、1名委员代表私立的公益性社会福利与健康卫生机构、2名委员代表以恢复职业能力为目标的康复机构,其他6名委员为在残疾人教育机构或残疾人门诊服务机构工作且熟悉残疾人职业教育的专业人员。

(3)残疾人员职业教育委员会可以吸收正在接受职业教育、职业进修教育或改行职业教育的残疾人参与咨询。

五、德国残疾人职业教育启示

(1)加快构建职业教育体系,增强残疾人中、高等职业教育融通性和衔接性,推行残疾人"3+2"中、高职一体化的人才培养模式,扩大"3+2"五年制招生规模,系统设计中、高职专业定位、课程体系及实习安排。

(2)积极响应国家高职百万扩招政策,加大制度政策宣传,鼓励支持残疾人接受职业教育继续教育,优化教育教学管理,针对残疾类型实施灵活多元的教学模式,探索实行全日制(3年)或弹性学制(3—5年)人才培养模式,分类制定教学标准体系,满足残疾人多样化的学习需求。

(3)加强校企合作,开展残疾人现代学徒制培养,支持残疾人在企业接受学徒实习,掌握一项技术技能,并获取相关职业资格证书,构建校企协同育人格局。

(4)在布局本科层次职业教育过程中,综合考虑残疾人学历提升需求,增强残疾人职业教育层次提升配套政策的顶层设计,构建完善残疾人职业教育支持服务体系。

(5)完善残疾人法律保障体系,制定出台残疾人按比例就业政策,鼓励企业按比例预留残疾人工作岗位,促进残疾人就业。

第三节 日本残疾人职业教育

一、《残疾人基本法》的发展历程

日本1970年颁布的《残疾人基本法》(以下简称《基本法》),又叫《障害者基本法》(障害者即残疾人),是日本残疾人法律之一,同时也是日本福利法之一。基本法基于残疾人自立与社会参与的基本理念,明确规定了国家、地方公共团体等在残疾人法律实施中的职责,另外,还规定了身心残疾的预防措施及相关医疗、训练、保护、教育、雇佣促进、无障碍化、住宅确保等与身心残疾人福利相关的措施,以实现残疾人政策的综合推进和残疾人福利的持续增加。

(一)1970年基本法的制定

基本法制定的动力主要源于日本国民对残疾人福利政策覆盖对象缺失的不满和对完善的法律体系的呼吁。日本真正的残疾人政策制定是从二战后开始的,但是此时的"残疾人"仅限于伤残军人,其他类型残疾人则被差别对待,且残疾人保障的主要目的是恤救。20世纪60至80年代是日本社会残疾人福利立法的发展时期。在这一时期,智力残疾、精神残疾等其他残疾类型人群及家属成立了一些维权团体,并对权利保障对象的缺失提出了不满与抗议,如20世纪60年代日本智力残疾人家属掀起的全国范围的社会运动,以敦促政府通过法律形式给予残疾人必要的生活保障,这类运动使得"残疾人"对象有了进一步的拓展。随着医学的发展,人们对残疾多样化认识进一步提升,亟需一部法律明确地规定"残疾人"的对象范围,以使福利政策能够惠及所有残疾人。另一方面,基本法制定前残疾人法治建设多以特定残疾类型人群的单行立法为主,如1949年针对身体残疾人颁布的《身体残疾人福祉法》、1960年针对智力残疾人颁布的《智力残疾人福祉法》(原法案名为《精神薄弱者福祉法》)等,缺乏一个统合性的残疾人保障法律,法律专家对此也提出了质疑,指出这种法律实施模式存在着严重的弊端,即缺乏综合性和一贯性,不利于福利政策的落实。为了对法律运作过程中出现的新问题加以解决,在国民、社会团体及相关专家的呼吁下,1970年日本颁布了《身心残疾人对策基本法》,其主要目的是进一步完善残疾人法律体系,这部法律即《残疾人基本法》的前身。

(二)1993年基本法的修改

1993年基本法的修改主要是由于国际"残疾人社会参与"理念的引导。大约从20世纪中期开始,"去机构运动"开始在西方社会兴起,但日本在20世纪60至80年代却一直呈现出一种逆潮流的"机构化"趋势,残疾人被隔离于社会之外。随着社会观念的转变,国民对这种安置方式也有了更多的不满和批评。与此同时,在国际上,为将"残疾人充分参与和平等"的理念变为行动,联合国亚太经社会宣布,在第一个"亚太残疾人的十年"(1993—2002)期间,要切实加强区域合作,解决残疾人相关问题,特别是关于残疾人充分参与和平等的问题,同时敦促所有的成员和准成员政府制订各项措施促进残疾人的平等和充分参与。在此背景下,1993年日本对《身心残疾人对策基本法》进行了第一次大幅度修改,以明确政府职责、保障残疾人人权和促进其社会参与。

(三)2004年基本法的调整

此次基本法的调整主要缘于日本经济变动的影响。日本泡沫经济破灭后,经济形势紧张,社会保障支出给日本财政带来了极大的负担,国家开始考虑调整社会保障支出形式;同时,在国际上残疾人基于自己决定追求自立的生活运动开始兴起,强调对待残疾问题从慈善性质到以人权为本的方针的转变,对残疾人的支援要考虑到残疾人的个人意志和自我决策。第二个"亚太残疾人的十年"(2003—2012)就是这种思想的集中体现。在国内经济状况和国际残疾人自我决定思想的双重影响下,日本残疾人福利措施由原来的措置制度转变为契约制度,同时吸纳民间社会福利服务提供者,拓展残疾人选择范围,体现出对残疾人自主选择权的尊重,也强调了自我管理、自我负责的自立精神及自助原则。因为对福利政策作出了调整,所以必须对基本法中涉及福利措施的部分进行相应的修改,以保持残疾人政策的一致性。此次修改主要是完善了有关残疾人福利的基本措施,进一步规范与细化了残疾人的权利。

(四)2011年基本法的修订

此次基本法的修订由政府主导,主要是国家对自身法律状况的自我检视与完善。2009年,经日本内阁会议决定,建立"残疾人制度改革推进本部"以致力于残疾人政策的制定与调整,残疾人制度的根本性、综合性改革的推进。本部成立后面临的第一个问题便是基本法的修改。针对国内残疾人救济性福利需求已转变为自立支援需求的现状,结合2006年联合国颁布的《残疾人权利公约》的理念,本部对基本法进行了补充与完善,加强了对自主决定权的支持和非歧视原则的强调等,并进一步提出了社会建设的目标——建设人人相善其群的"共生社会"。同时,医学的发展也对基本法的修订产生了一定的影响,广泛性发育障碍、学习障碍、注意缺陷多动症与高次脑机能残疾群体受到了社会广泛关注,以往的残疾人概念需要重新定义。因此,本次修改最大的特征是残疾人定义的变化、相应对象的扩大、自主决定权的导入、融合教育的倡导与禁止残疾歧视的相关规定的追加。

二、日本职业教育发展阶段

日本职业教育大致经历了四个发展阶段:19世纪50年代至20世纪初是日本职业教育的萌生和兴起阶段;20世纪初至20世纪中期是日本职业教育体系完成基本架构的发展时期;20世纪中期到20世纪70年代是日本职业教育革新与完善的优化期;20世纪80年代至今则是其职业教育顺应信息化时代发展需求的扩展外延阶段。通过梳理日本职业教育的发展历程可以发现,日本的职业教育始终紧随经济发展的脚步,主动改革并完善教育制度及教学实践,逐渐形成了开放贯通、科学创新、多维立体的现代职业教育体系。

(一)日本职业教育在明治时期的发轫与兴起

日本古代农业和手工技艺是以学徒工的形式进行传承,作为日本职业教育的源头,其主要表现为家族传授技艺和拜师学艺两种方式。1853年"黑船事件"拉开了日本近代史的帷幕,导致其被迫"开国通商"的同时,也使其接触了近代西方资本主义的生产方式。

1868年明治维新初期,日本工业大部分仍是手工业作坊,商品经济极端落后,但也已出现少量初具规模的机械纺织厂。为促进本国经济发展,日本政府提出"富国强兵""殖民兴业""启迪民智"等口号,施行了"文明开化""开发工学""奖励百工"等一系列政策,大力兴办了纺织、机械、开采及制造等相关产业。随着工业生产规模的不断扩大,日本传统学徒工式的手工技艺传承渠道已经无法满足经济发展的时代需求。由此,日本政府积极倡办职业技术学校,扩大劳动力培训规模,旨在迅速补充大批能够适应社会化大机器生产的技术型人才和高素质劳动者。

1870年,日本内阁设立工部省,承担扩充国家工业生产的职能。工部省下设工学部,是专门负责技术教育的部门。参照当时日本基础教育水平普遍略低的国情,工学部在创建学校之时便设立了"工部小学"和"工部学校"等分阶段教育。为弥补基础教育的缺失,学员首先进入"工部小学"接受两年的预备教育,通过考试后方可升入"工部学校",分别进行两年的专业教育和两年的实践教育。1871年,日本工部省设置工学寮,这也是日本第一所官立职业学校,目的是培养能够在各级工部省担任官职的技术性官员。1872年,日本开始仿照西方职业学校在本国试办工业学校,颁布了近代以来第一个教育改革法令《学制》。这部法令虽涉及职业教育的规定较少,却是首次确立了职业教育在整个教育体系中的地位,强调了职业教育的导向作用,助推了日本近代职业教育的发展。此后,日本政府和一些民间教育家陆续创办了农业、工业、商业和水产等各类实业学校。至此,日本国内的职业教育已经发展至拥有徒弟学校、实业补习学校、专修学校和各类实业专科学校等多种形式,职业教育体系颇具雏形。

薄弱的基础教育、政府财政危机及部分产业发展受限等多种因素,让日本政府认识到一味地照搬西方教育模式难以适应本国经济的快速发展,推动本土化的职业教育制度业已刻不容缓。1880年,文部省发布《教育改正令》,将教育事务纳入文部省管辖,明确职业学校的分类,避免了职业教育发展散乱、速度缓滞等问题;1894年,国会颁布《实业教育国库补助法》,加强了国家对公立职业学校以及部分私立职业学校的经济支持;1899年,日本颁布了第一部系统规范职业教育的法律《实业学校令》,确定了中等职业教育和普通中等教育并存的地位,随后,日本又相继修订《水产学校规程》《商业学校规程》《商船学校规程》《农业学校规程》《工业学校规程》等多部法规,废除甲、乙等学校之分,注重加强品德教育和职业技能培训,并适当延长修业年限;1903年,日本政府颁布《专科学校令》,主张建立各类职业的高等专科学校,招收中学毕业生进行3年高等专科教育。随着中、高等职业学校的不断完善与发展,日本职业教育体系基本形成。

在这一时期,日本政府并未完全照搬西方的教育制度,而是侧重于将劳动与教育相结合,主张经济发展与职业教育相契合;结合实际国情,采取循序渐进的原则,以产业发展为导向,不断扩充各级各类职业教育,使本国的职业教育体系日渐完整。受益于职业教育的助力,日本的工业生产得以平稳增长,同时也为职业教育第二个阶段的扩充与增容打下了坚实基础。

(二)日本职业教育在两次世界大战之间的厘革与增扩

由于战争消耗,一战后西方国家国力疲惫,日本借机进行资本输出而成为金融大国,经济发展迅猛,对高素质人才的需求激增。1920年,日本依据修订的《实业学校令》,将学徒学校并入工业教育学校,增加了专门的水产类职业学校,并解除了对实业补习学校的限制。由于时任文部大臣森有礼的教育理念"普通教育能否成功,其关键在于教师"被高度认可,日本政府颁布《实业补习学校教员养成令》,制定了国家补助实业补习教育经费制度,每年拨款30万日元用于专职教师培养。这一系列举措使日本初等职业教育的教学质量和办学规模均得到大幅度提升。据文部省统计,至1925年,全国的实业补习学校数量高达1.5万所。

20世纪30年代,资本主义经济危机爆发,日本经济萎靡导致教育经费不足,波及本国职业教育的发展。为改变职业教育倒退的局面,日本政府出台了一系列应对政策,譬如缩短职业教育年限,开办速成学校等,然而收效甚微。1937年,日本发布《针对新的时局应实行怎样的实业教育政策》,扩大实业、工业学校规模,并在实业学校中增设采矿、机械、冶金等专业课。1943年颁布的《中等学校令》以培养皇家公民为目的,要求缩短学制。

日本经济的发展与职业教育的改革息息相关,在此阶段二者的紧密关系更为凸显。为了能够满足社会经济发展对高级技术人才的需求,日本政府将本国职业教育的改革重点倾注于中、高等职业学校和学生数量的扩充,学生受教育层次的提升,职业教育教学培养目标的变革三个方面,大力促进了日本职业教育快速优质的发展及其教学水平的提升,加速推动了高级技术人才的培养,有效保障并助推了经济的发展和综合国力的提升。

(三)日本职业教育在二战后的更始与增益

二战结束后,日本作为战败国,国力衰退,社会发展混乱,研究设备老化,科研经费不足等一系列矛盾日益尖锐。职业教育被严重削弱,难以适应各类产业的发展需求,企业要求改革职业教育的呼声越来越高。因此,日本政府决定彻底摆脱对欧美职业教育体制的仿效,对本国的职业教育制度进行根本性改造,使其更好地为经济服务。1947年,文部省实施《学校教育法》,对全国高中进行调整合并,建立新制高中,实行普通教育和职业教育综合化,为日本的经济恢复培养了大批初级技术人员和熟练工人。

1949年,日本政府开始对师资队伍进行规范,出台了《教育职员许可法》,规定从事教师行业必须获得职业教师资格证方可上岗;并将接受大学教育作为教师职业的基本门槛。1961年,日本政府颁布了《关于设立国立工业教员养成所的临时措施法》,计划在8年内快速培养出8640名当时急需的各类工业学科的职业教育教师,并于1963年在北海道大学、东北大学等九所大学建立了相应的工业教员养成所。虽然该法案在1969年被废除,但是却为日本培养了大批合格的职业教育教师,极大地缓解了当时工业高中职业教育教师的师资紧张。与此同时,日本政府对教师资格审定制度也逐步严格起来,并大力推行新任教师的校内外进修、在职教师的各种进修、讲习活动及考核制度等,为职业教育的后续发展提供了高水平的师资保障。

为提高大学教育质量,在发展四年制大学的基础上,日本政府积极拓展高等职业教育,1950年,日本规范了部分不符合新制大学标准的专门学校,经文部省确认后设为短期大学。作为中、高等职业教育之间过渡性的存在,短期大学学制一般为2—3年,以培养中级以上的技术人员。

随着时间的推移,新制高中的弊端日益突出,难以满足市场经济发展对高质量、多层次专科人才的需求。于是,职业学科逐渐从新制高中独立出来,单科职业高中的数量大幅度增加,并从单一制向多元化方向发展。1956年,日本民间经营团体要求政府进行教育改革,并对接产业界的劳动力需求,敦促政府增强大学理工科与产业界的联系,"产学合作"制度应运而生。1961年,文部省发布《高等专科学校设置标准》,设立高等专科学校,修业年限为五年(商船学科相关的为五年半),扩大学科范围,主要包括机械、商船、电波通信、电气、金属、建筑等学科;招收学生为初中毕业生或同等学力者,力图培养更多的中等工业技术人员以满足经济建设的需求。自此,在政府和社会各界的支持下,全国开始大力兴建高等专门学校,到1971年增至63所,在校学生人数约为1.45万人,之后几十年的时间里,高等专门学校的数量趋于稳定,在校学生数量不断增加。

值得一提的是,企业培训也是日本职业教育的重要组成部分。1958年出台的《职业训练法》明确了企业内职业培训在社会训练制度中的地位,鼓励在企业内部建立学校形态的教育机构,对员工实行有针对性的、科学系统的技术培训,完善企业内部培训体系。日本政府在1969年和1978年,对《职业训练法》进行了多次修订,使公共职业训练和企业内部职业训练的分工更加明确,大幅度提升了管理人员、技术人员的专业水平。

在适配社会经济发展的前提下,这一期间日本的职业教育制度历经了改革、重建、优化与创新四个阶段。到20世纪70年代末,独具特色的日本职业教育体系日渐成熟,学校类型更加丰富,学历层次的划分更加明晰,办学、管理、教师培训及资助机制愈加完善,为经济的快速发展提供了强大的动力支持。

(四)日本职业教育在信息化时代的革新与叠续

进入20世纪80年代后,经济全球化引发教育国际化。为适应国家飞速发展的核心诉求,日本职业教育改革的重点指向职业教育国际化、持续化及纵深化,用以提高从业人员自身的专业技能和知识水平。为促进本国职业教育与国际接轨,1983年,日本国际化推进委员会制定了"接纳10万留学生计划";此外,还出台了《留学生政策》,积极支持本国学生出国深造,大力推动国际人才交流。同时,日本政府密切关注国际职业教育发展趋势,积极拓宽职业教育的国际化道路,结合多类学科教育框架,主动建立联合办学制度,打造国际化、多元化学习平台,增加国际化教学内容与课程,讲求对教师和学生的国际化素质培养等,迅速实现了职业教育国际化的转变。1984年,日本政府成立专门负责教育改革的"临时教育审议会",倡言"采取各种措施对教育进行必要的改革,使其适应社会的变化和文化的发展"。随后,日本推行了特别推荐入学、替代考试科目等举措,放宽了职教学生获取高等职业教育的限度。1985年,在对《职业训练法》修订的基础上,日本颁布了《职业能力开发促进法》,强调"生涯训练",提倡由过去呆板的公共职业训练向现今灵活的自主职业能力开发转变,使之与职工的个人愿望和职业经验相契合,真正做到以行求知、以知促行。

当日本泡沫经济席卷而来时,短暂的经济衰退使日本国内人才供给溢出的问题逐步凸显,雇佣终身制渐趋瓦解。培养定向专科人才以满足市场的需求、提高职业人才综合素养以提升国民就业率,成为职业教育改革的两大首要任务。1991年,文部省修改了《短期大学设置基准》和《高等专门学校设置基准》两部法案,设立专攻科,修业时间为1年以上,授予毕业生"准学士"头衔并给予其研究生院入学资格。同年,在高中职业教育方面,将普通学科与职业学科综合化,并于1994年正式建立综合高中并设置综合学科,以提高学生的综合素质和实践能力。2003年,日本在《学校教育法》中增加专门职业教育研究生院的标准,重点考察毕业生实地调研及案例研究成果,藉以革除原专门研究生院制度重理论、轻实践的弊端。2007年,中小学小组委员会提出有必要建立以大学为首的通识教育体系和双轨制的职业教育体系,进一步明确了职业学校在职业教育体系中的地位及使命。这一系列法案与改革促进了日本职业人才综合素养的提升,有效扩大了职业教育的培养规模与数量。截至2018年,日本的职业教育毕业生数量多达950万,是保障日本经济疾速发展的中坚力量。

伴随着信息时代的到来,日本主动出台多项政策与法案,增扩职业教育招生范围,提高职业教育学历层次,提升职业教育教学质量,力倡职业教育培养的纵深化及生涯化,推动职业教育人才培养由终结化向终身化的转变;重视专门职业人才的实践能力,讲求专门职业人才综合素质的养成与提升;不断顺应本国科学技术进步、产业结构调整升级和经济金融国际化等方面的改革,促使职业教育体系日趋完善并逐步完成国际化转变。

三、日本残疾人职业教育

(一)立法保护残疾人平等接受职业教育的权利

日本十分重视通过完善立法保护残疾人平等接受职业教育的权利。日本作为亚洲先发展起来的国家,十分重视国民社会福利,对儿童、老年人和残疾人等弱势群体作出了较为完善的保障安排。日本在保障残疾人权利立法方面不仅走在了亚洲前列,也走在了世界前列,颁布了《残疾人基本法》《残疾人福利法》《残疾人教育法》《残疾人雇用促进法》《残疾人职业训练法》等一系列的法律规范,在20世纪末就已经建立了较为完备的残疾人权利保障法律体系。其中《残疾人基本法》规定了残疾人就业培训和就业顾问制度以及补贴政策,如第15条规定"国家和地方公共团体在尊重残疾人自由选择职业的同时,为了使残疾人根据其能力从事适当的职业,应当设置残疾人就业顾问,给予就业指导,进行就业培训和就业介绍等""国家和地方公共团体应当制定补贴政策,资助残疾人活动范围的扩充和残疾人就业培训所需的设施"。

(二)建立以融合教育为主的残疾人职业教育体系

日本受"全纳教育"理念和"正常化"运动的影响,20 世纪 90 年代开始,从政界到学界开始探讨如何从传统的"残疾人教育"到"特别支援教育"的转变,并实质性地推动了残疾人融合教育的发展。2001 年日本文部省初等中等教育局特别支援教育课颁布了《关于 21 世纪的残疾人教育的理想状态》,2003 年同一机关颁布了《关于今后的特别支援教育的理想状态的重点(最终报告)》,2005 年日本文部省中央教育审议会议公布了《关于今后的特别支援教育的理想状态的(答复)》。三次颁布和实施关于特别支援教育制度的文件,一方面确立了特别教育支援制度框架,另一方面实施融合教育取得实质性进展。当前,由于日本公共设施和各类建筑的无障碍十分完善,大量残疾学生能够在普通职业教育学校接受职业教育。

日本的视力和听力残疾学生也可以选择在特殊职业学院接受教育。当前,日本也建立了专门针对视力和听力残疾的职业教育院校,以满足视力、听力残疾者接受残疾人职业教育的需求。如创建于 1987 年的筑波技术短期大学,是日本第一所公立的专门招收视力和听力残疾学生的三年制职业教育学院,该校紧密结合视力和听力残疾学生身心发展的特点,立足于当地经济社会发展,强调能力本位的课程设置,重视实践技能的训练,培养应用型、容易就业的专业技术人才。视力残疾学生可以选择信息处理学科、理疗学科和针灸学科进行学习,听力残疾学生可以选择设计学科(美术、工业)、机械学科、建筑工程学科、电子信息学科(分为电子工学和信息工学两个专业)进行学习。

四、日本筑波技术短期大学

筑波技术短期大学创建于 1987 年,是日本第一所以招收视觉和听觉障碍者为对象的国立三年制高等教育学府。听觉部所设专业有设计学科(美术、工业)、机械学科、建筑工学科、电子信息学科(分为电子工学和信息工学两个专业);视觉部开设三个学科:信息处理学科、理疗学科和针灸学科。信息处理学科以培养系统设计师、程序员和网络技术人才为主;理疗学科以培养医疗康复理疗师为主;针灸学科以培养具有现代医学素养的针刺、灸术、按摩、推拿、指压多方面的医师为主。

加强实践教学、突出学生实际工作能力的培养是日本筑波技术短期大学残疾人高职教育的显著特点之一。在课程设置中,理论课内容的教学以"够用"为原则,内容不深,以掌握基础和入门为主,都是为了在实践中能够更好地掌握技术做准备。实践课所占比重则相当大,部分专业中实践课的学分甚至达到了专业必修课程的51.1%,其目的主要在于培养残疾学生适应现代企业发展的各种专业技能和能力。

校企合作是筑波短期技术大学残疾人高职教育的重要特色。该校充分利用毗邻筑波科学技术城的地理优势,与东芝、松下、日立、三菱等大型企业建立了广泛联系,为残疾人高职教育提供了优质的职前培训。这对于其实现与市场接轨、大力提高育人质量、有针对性地为企业培养一线实用型技术人才而言无疑是一个非常重要的举措。

以能力培养为本位是筑波短期技术大学残疾人高职教育的重心。在课程设置方面,其要求从职业岗位的需要出发,层层分解,确定从事行业所应具备的能力要求,确定必须建立的能力目标,进而体现在具体的课程设置和教育教学中。

筑波短期技术大学以专业建设为核心,以实践教学为重点,突出"校企合作、能力本位"的课程设置模式,相对而言,更注重实用性,立足于残疾学生社会生存能力的培养。

五、日本残疾人职业教育启示

(一)完善残疾人职业教育立法

法律需要明确规定专门招收残疾人接受职业教育的院校,并保证接受职业教育的残疾学生能够成功就业。为保障残疾学生能够争取到普通职业教育院校学习的机会,职业教育入学考试与录取规则方面应考虑残疾学生的身心特点,一方面可以选择放宽报考资格,另一方面采取形式多样的考试方式,并根据残疾考生的不同需求提供不同的便利。

(二)构建残疾人职业教育体系

建立与各类残疾人身心特点相符合、与残疾人事业发展新形势相融合、与残疾人教育快速发展目标相统一、与残疾人就业相促进的残疾人职业教育体系。一方面,政府和教育行政部门在今后发展职业教育事业的过程中要重点支持部分普通职业教育院校接受符合条件的残疾人入学,大力推进普通职业教育中的融合教育;另一方面,政府还需给予残疾人接受残疾人职业教育以特殊政策扶持、专项的经费保障和充足的师资保障。

(三)办好残疾人远程网络教育

形成规范化的残疾人网络教育机制是促进和扩大网络技术在残疾人教育中应用的具体措施和保障形式。各级教育行政部门严格执行国家制定《残疾人教育条例》和网络教育办学规定,实行严格的教学管理,提高办学能力。加大省、市、地区政策的支持力度,使经济发达地区的残疾人教育政策更完善,使经济欠发达地区的政策得到改进。

(四)提升残疾人职业素质能力

帮助有就业愿望和培训需求的残疾人普遍得到相应的职业素质培训、就业技能培训、岗位技能培训和创业培训,开展农村残疾人实用技术培训,支持符合条件的残疾人技能大师建立工作室,开发线上线下相结合的残疾人职业技能培训优质课程资源,完善残疾人职业技能培训保障和管理制度,研究制定残疾人职业技能培训补贴标准。开发适合残疾人就业或为残疾人服务的新职业。

(五)改进残疾人就业服务

健全残疾人就业服务体系,充分发挥残疾人就业服务机构和各类公共就业服务平台、人力资源服务机构、社会组织作用,为残疾人和用人单位提供全链条、专业化、精准化服务。建立残疾人就业辅导员制度,扩大就业辅导员队伍。为高校残疾人毕业生建立就业帮扶工作台账,按照"一人一档""一人一策"要求重点帮扶。将符合条件的就业困难残疾人纳入就业援助范围。加强各级残疾人就业服务机构规范化建设,明确保障条件、专业人员配备等要求。

第四节 新加坡残疾人职业教育

一、新加坡残疾人教育政策背景

新加坡是东南亚的一个岛国,面积为724.4平方公里,人口540多万,是世界上人口最密集、都市化程度最高的国家之一。如何最大限度地开发国内的人力资源是新加坡经济持续发展和政治繁荣的重要举措。新加坡独立以来一直不懈地发展教育,努力挖掘每一个人的潜力,力求让每个学生都成为德智体全面发展的合格公民。同时,新加坡强调多元性和谐共存,尤其在教育上,处处渗透着和谐的教育理念和政策。多元种族、多元宗教、多元信仰和多元文化的特点,决定了新加坡一切都具有"多元性"。因此,新加坡被称为"兼存东西方、汇合百家文、流传千国语、容纳万种宗教"的多元文化国家。为适应多元文化社会的发展,新加坡制定了和谐的教育政策。在残疾人教育方面,新加坡政府的支持、教育部对残疾人教育政策的不断完善,使得新加坡残疾人教育向全纳教育发展的过程中有自己独有的政策和举措。2007年2月,新加坡社会和家庭发展部出台了《2007—2011总体计划》(Enabling Masterplan 2007—2011),计划5年内改善新加坡残疾人的生活,希望他们能够被平等地对待,获得就业机会,建立自信,充分发挥其潜力。随后,针对残疾人的教育、就业和生活等问题,社会各种团体和机构也积极关注,采取各种措施,改善残疾人的生活条件,努力将新加坡建设成一个全纳的国家。

(一)新加坡残疾人教育的发展

新加坡正规残疾人教育的服务源于1947年,当时主要是志愿者团体为麻风病儿童患者进行班级授课服务。此后的50多年来,志愿者协会一直坚持为残疾儿童提供残疾人教育服务。1951年新加坡为聋童专门设置学校教育机构,1956年新加坡盲人协会(Association of the Blind)建立盲人学校,1957年新加坡成立痉挛性麻痹患者儿童协会(The Spastic Children's Association),1962年新加坡成立国家智力迟缓儿童协会(The Singapore Association for Retarded Children),为智力障碍儿童提供教育服务。1976年新加坡成立弱智教育协会(The Singapore Association for the Educationally Subnormal),为智障儿童进行服务。1985年新加坡为智力迟缓儿童开办三所特殊学校,还专门为智力障碍人员举办工厂,这个举措被称为新加坡智力障碍运动。1987年在亚洲妇女福利工作协会(The Asian Women's Welfare Association)的帮助下,新加坡进一步发展了对不同生理残疾人的教育服务。同年,新加坡成立了为不同残疾儿童开设的混合学校,特别关注婴幼儿的早期干预。20世纪

90年代,在各种协会的努力和帮助下,新加坡成立了更多的残疾人教育学校。目前,新加坡共有21所特殊学校和一个服务中心。从1988年以来,接受残疾人教育的学生数量不断增长。

1988年,新加坡残疾人咨询委员会的报告——《为残疾人提供机会》明确指出:"应该尽量给残疾儿童创造在普通学校接受教育的机会",并提出在普通教育中提供残疾人教育的目的是试图保证残疾儿童能够适应社会发展的教育环境。报告建议,全纳教育要确保残疾儿童接受最合适的教育。《为残疾人提供机会》的报告还倡导优化师生比,为残疾人教育提供优质的教师,为残疾人提供更好的教育服务。新加坡政府专门制定相关政策,给予残疾学生以按人头计算的补助费、教师贷款、房屋和公共设施等方面的特殊帮助,以保证这些学生也能获得公平的发展机会。对于那些程度较轻的特殊需要者,新加坡坚持贯彻全纳教育的宗旨,认为只要有可能,所有儿童应该在一起学习,这样做有利于为残疾儿童将来顺利融入社会做好准备,而促进全体公民的融合和参与正是新加坡社会政策一贯坚持的努力方向。

(二)新加坡残疾人教育的服务机构

在新加坡,针对残疾人的服务机构主要包括学校和服务中心,一般由志愿者福利工作组织(Voluntary Welfare Organizations,VWOs)组办。新加坡的志愿者福利工作组织对于残疾人的教育服务工作具有很强的社会使命感和责任感。志愿者福利工作组织属于自治性组织,工作具有很强的灵活性,能够及时适应社会的变化,满足残疾人的要求。1988年以前,11所特殊学校的7个志愿者协会负责新加坡残疾人的服务工作,新加坡社会服务委员会(The Singapore Council of Social Service)主要负责经费来源。1988年以后,这种格局开始发生变化,新加坡国立服务工作委员会(The National Council of Social Service,NCSS)取代了新加坡社会服务委员会对于残疾人教育的职能。自此开始,残疾人教育经费投资模式开始变化。新加坡社区福利基金(NCSS下属的一个自治性机构)和新加坡地区开发部分别向残疾人教育投资50%的经费。但是,新加坡教育部认为,残疾人教育应该是教育部门的部分事务。从1990年开始,新加坡教育部、新加坡地区开发部共同承担残疾人教育经费,各自承担50%。1988年11月,残疾人顾问委员会专门向教育部递交了一份《为残疾人提供机会》的报告。新加坡教育部采纳了这份报告书,并从行政上开始接管特殊学校。这也意味着新加坡残疾人教育机构行政领导体制的变革,从社会福利机构负责转向教育行政体制,残疾人教育成为教育系统中的一部分。之后,教育部接管特殊学校,经费投资模式维持教育部和福利部各占一半的运作模式。

(三)21世纪初新加坡残疾人教育

新加坡并未签署《萨拉曼卡宣言》,对于落实全纳教育理念也并没有正式的政策或法律,但是新加坡政府重视残疾人教育。2004年8月12日,新加坡总理就职演说中提到,要将新加坡政府建设成包容所有人的政府,不论年轻人和老年人、残疾人和健全人、穷人和富人,新加坡将是一个到处充满尊严与和谐,所有人都可以养育自己的孩子和实现他们的梦想。2004年9月18日,李显龙在关于"建立一个新的脑瘫治疗中心"的讲话中提出,"我们希望我们的社会是一个关心所有社会成员,不忽视那些天生残疾或有需要的人群""努力让残疾人融入主流社会中"。

2003年,新加坡《义务教育法》通过立法规定,1996年1月1日后出生的所有孩子必须就读国民小学。一个关键理由是要最大限度地开发儿童的全部潜力,但是该法案排除了一些群体的儿童,包括有特殊需要的儿童。一些父母和倡导者对此极为不满,他们认为有特殊需要儿童应该和非残疾同伴平等对待,不应受到排除和歧视。新加坡所有达到6岁上学年龄的有特殊需要的儿童可以根据主流或专业设置选择教育,而最后的安置由父母根据提供的学校名单来决定,但在这些学生进入主流学校之前,对学校和班级的设置没有任何形式的评估。

2007年2月,为建立全纳的新加坡,新加坡社会和家庭发展部出台《2007—2011总体计划》(*Enabling Masterplan 2007—2011*)。该计划提出要在5年内改善新加坡残疾人的生活,希望他们能够被平等地对待,获得就业机会,建立自信,充分发挥其潜力。随后,新加坡又出台了《2012—2016总体计划》(*Enabling Masterplan 2012—2016*),从各个方面进一步改善残疾人的状况。

二、新加坡职业教育特色

(一)分流考试制度奠定了职业教育的成长基础

新加坡的教育体系如图 3-1 所示:小学毕业时就实行分流考试制度,这是新加坡教育体系的显著特征。根据小学毕业考试成绩,把中学课程教育划分成三种类型,分别是快捷课程、普通课程(学术)和普通课程(工艺)。参加快捷课程(学制 4 年)学习的学生在毕业时参加剑桥"O"水准(普通水准,相当于国内的中考)考试,绝大部分能考入初级学院(相当于国内高中)。初级学院(学制 2 年)毕业时,他们又参加剑桥"A"水准(高级水准,相当于国内的高考)考试。参加普通课程(工艺,学制 4 年)的学生在毕业时则参加剑桥"N"水准(初级水准)考试,然后进入工艺教育局专修技能。而参加普通课程(学术)学习的学生在毕业时先参加"N"水准考试,考试通过后,可以选择升入中学 5 年,毕业时再参加"O"水准考试。总体来看,经过中学阶段后,进入初级学院的学生约占 25%,进入工艺教育局的学生约占 25%,40% 左右的学生进入理工学院,其余学生进入其他教育机构/劳动市场和专门培训学校。新加坡的工艺教育局和理工学院的生源学龄基本一致,都是中学毕业生。因为生源地关系,新加坡的中等职业教育和高等职业教育没有严格区分,统称职业教育。但是,在人才培养规格上,新加坡的工艺教育局相当于国内的中职院校,理工学院相当于国内的高职院校。另外,工艺教育局中约有 30% 的学生毕业后升入理工学院,增加了理工学院的生源比例。据统计,全国有 70% 左右的学生进入理工学院学习。这样高的生源比例,一方面,体现了精英治国和工业强国的理念,即绝大部分国民应该提升自身素质,提升终身受雇能力,致力于经济建设;另一方面,小学毕业就执行分流考试制度,提高了学生、家长和社会对职业教育的认知和观念。这对新加坡职业教育的快速发展发挥了至关重要的作用。

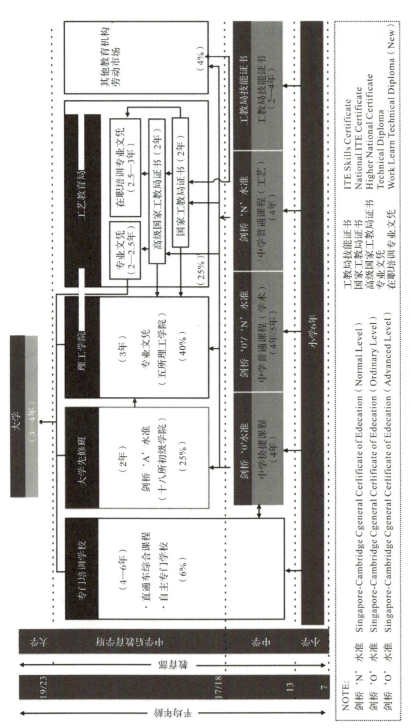

图3-1 新加坡教育体系

(二)延续教育和在职培训体系拓展了职业教育的成长空间

高等职业教育的功能在于:一方面,为国家经济建设培养知识型、技能型和创新型的高素质劳动者和技术技能人才;另一方面,担负着延续教育和在职培训的职责。这两者如同车之双轮,鸟之两翼。新加坡在建国之初就设立了经济发展局。经济发展局在新加坡工业化过程中,最大的创举当属它的人力开发与培训计划。在新加坡经济发展的不同阶段,经济发展局定期派出工程师、技师和技能大师到德国、日本等国接受新技术、新工艺培训。这些受训人员回国后带动了本国工艺技术的发展。要使更多的人学会新技能,加快经济发展,教育和培训是根本途径。可见,职业教育发展的初衷在肩负延续教育和培训的使命。近年来,新加坡政府愈加重视延续教育和培训工作,主要体现在以下几个方面:①新加坡政府在2014年9月成立了未来技能委员会("未来技能"后改称"技能创前程"),其成员包括政府、产业界、教育和培训机构的一些代表人物,并由副总理亲自担任主席。委员会的任务有四个:一是帮助个人在教育、培训和职业上做出明智选择;二是构建完整且优质的教育及培训体系;三是与雇主联合规划设计技能架构,依据员工潜能进行培训,以提升其职能;四是培养终身学习文化。为协助国人提升技能、应对未来,自2016年起,委员会规定政府为所有25岁以上的国人提供500元的未来技能培训补助金,用以报读培训课程。②新加坡劳动力发展局制定了《持续教育与培训2020总蓝图》。总蓝图提出三大目标:一是打造一个处处是机遇的社会,员工应主导本身的学习和发展;二是雇主应主导员工的技能培训,重视员工的技能和贡献;三是教育和培训机构应提供素质优良的训练,以确保学生和员工做好就业准备。为实现蓝图目标,劳动力发展局与各领域的主导机构、雇主及工会紧密合作,制定中期人力策略,协助相关机构制定能吸引并留住人才的整体配套措施。各领域主导机构的主要任务是分析并宣布各自的经济领域人力策略详情。③职业院校顺势而为。如南洋理工学院,在延续教育与在职培训工作上的投入,达到了学校总投入的30%。国家重视、部委主导、机构协同、多措并举,在体制机制上保证了延续教育与在职培训的快速成长。

(三)国家经济发展引领了职业教育的成长方向

职业教育的使命是培养适合经济社会发展需求的人才,经济发展阶段的人才需求特征直接影响着职业教育的发展方向。新加坡经济依次经历了劳动密集型工业阶段(20世纪60年代初)、技能密集型工业阶段(20世纪70年代)、科技密集型工业阶段(20世纪80年代)、创新及科研工业阶段(20世纪90年代)和知识主导经济阶段(21世纪)等阶段。不同经济发展阶段有不同的人才需求,由此各具特色的理工学院和工艺教育学院相继成立,这些学院主要有新加坡理工学院(1954年)、义安理工学院(1963年)、淡马锡理工学院(1990年)、南洋理工学院(1992年)、工艺教育学院(1992年)和共和理工学院(2007年)等。其中,新加坡理工学院以CDIO工程教育理念培养学生的工程能力,受到教育界的高度评价;共和理工学院以差异化战略——PBL教学法(问题启发式)赢得教育领域一席之地;南洋理工学院以独特的"教学工厂"理念成为新加坡高职院校中的佼佼者;义安理工学院以培养高科技管理人才著称;淡马锡理工学院是职业院校中学科最为广泛的综合性理工学院;新加坡工艺教育学院主要采用PEPP(Plan、Explore、Practice、Perform)教学模式,着重培养学生的专业技术能力、社会能力、方法能力。

(四)企业经历丰富并注重"能力开发"的教师队伍是职业院校的核心竞争力

南洋理工学院以创新教学理念——"教学工厂"模式享誉海内外。该校最核心的竞争力是拥有一支企业经历丰富,并定期接受国内外培训的与时俱进的高水平教师队伍。在科技密集型的工业时代,经济发展局技术培训中心转型为经济发展局技术学院;著名的达达、罗莱和飞利浦政府培训中心合并成立了精密工程学院,原日新培训中心转型成为日新学院。同期,还成立了德新学院、法新学院及20个应用技术中心。这些部门的工程师掌握了当时自动化、电子技术、机械化、机电一体化等领域最先进的生产技术。与此同时,政府还从工业发达的国家招聘人才或选派工程师到国外接受培训,不断提升领军人才的技能。1992年,国家整合经发局属下各学院与中心,成立了南洋理工学院,由经发局领导担任学院领导,其中有40%以上的工程师成为学院的优秀师资团队。这批工业技术领域的顶尖人才奠定了南洋理工学院的师资基础。可以看出,南洋理工学院在建设之初就诠释了"师资队伍是高校的核心"这一理念。

教师具备的企业实践能力和项目开发能力不是一劳永逸的,必须树立

"终身学习"理念。在新加坡,校方看重教师的心理年龄而不是实际年龄,认为只有具备终身学习的思想与能力,教师的职业价值才不会过期。南洋理工学院的领导具有较强的超前意识,除保障教师潜心从事各类课程建设和项目开发工作外,还定期选派教师到先进企业、国外高校培训提升,以保证师资队伍始终站在先进生产技术的最前沿。南洋理工学院实施的能力转型策略是一个富有战略性、变革性的创新,这是一个以创新为主导的知识经济时代中全体教职员工共同应对变迁挑战的重要策略。

新加坡职业院校的人员招聘条件设置和聘用程序保障了师资队伍的高水平。以南洋理工学院为例,一方面,应聘人员除了要求有本科学历外,还要求有5年以上的企业工作经验,并具备一定的项目开发能力。可见,学院更注重引进人才的企业实践能力和科技服务能力。这恰好是本科院校和职业院校对教师能力需求的差别所在。另外,职业院校教师的待遇与企业员工大体相当。这也促使更多企业工程师愿意进入教师行列。另一方面,通过面试后的人员要与学院签订为期4年的用人合同,其中前两年为试用期,合同到期后,学校有权决定其是否长期雇用,通过的人员才转为正式聘用人员。正式聘用前的合同有助于激发教职员工的工作积极性,保证了教职员工的职业认同感。

(五)科学的人事管理制度是职业院校的核心策略

人事管理的重点是科学定编、合理设岗、规范聘用、严格考核。经过30年的发展,南洋理工学院的师生比达到了1:15。充足的教师数量为学院开展教师学历提升和培训进修等提供了保障。学院将教师分为以授课和育人为主的教学岗位教师和以企业项目开发为主的项目开发岗位教师两大类。规定教学岗位教师的工作量是每周22课时,而项目开发岗位教师的工作量是每周6课时。显然,学院保障了项目开发岗位教师有更多的精力开展对接企业、项目开发以及项目经验总结与推广等工作。不仅如此,学院在薪酬分配上对项目开发岗位的教师也有倾斜。

在教职员工的绩效考核方面,新加坡的职业院校颇具特色。①全体教职员工实行坐班制。虽然一年有近4个月的假期,但教职员工仍需照常上班。当然,教职员工可以享有20—28天的年休假。②在职称晋升的评聘标准上,无学术科研和论文要求。教师的工作范围包括授课、教学行政、学生管理和辅导、校企联系、应用项目和科研及其他工作(如学生竞赛、学院宣传、课表安排、在职培训、国际交流等)。因学生不住校,职业院校不设辅导员,学生管理和辅导工作由教学岗位教师担任,由此实现了教书和育人的统一。③以工资级别和工作范围为依据进行绩效考核。对同工资级别的职员进行评比排名,先是部门内部排名,再是系部排名,最后才是学校排名。绩效评估等级分为杰出、优秀、很好、好、一般、有待改进、差等七级。各级别有固定的百分比,被评为"很好""好"以上等级的教师能获得1—3个月工资的表现花红(奖金),绩效考核的激励效用十分明显。④在做到事业留人、待遇留人的同时,还注重以情感留人。出于尊重个人隐私考虑,每位教职员工的绩效考核排名并不公布,但系部主任会与每位教职员工就等级和评语进行沟通,并给予建设性反馈。由此可见,重能力和贡献的绩效评估体系,开明和沟通的人资管理原则,尊重和公平的氛围是新加坡职业院校人事管理的明显特色优势。

三、新加坡培智学校

(一)新加坡培智学校课程架构

新加坡培智学校课程体系基本上与国际残疾人教育主流趋势相一致,并在发展中逐步形成了自己的特色。从广义上说,课程是指根据学生发展需要,学生在学校学习的学科、参加的各种活动总和以及在家庭、社区开展的各种有针对性的训练、辅导与活动。新加坡培智学校的课程涵盖了上述课程定义的主要内容,归纳起来有三大类:①功能性课程;②辅助课程活动;③以康复训练为主的专业服务。功能性课程旨在全面发展学生的基本能力,包括实用文化课、生活技能课、美育及体育;辅助课程活动的设置旨在进一步推动功能性课程的落实,促进学生各学科知识与技能的综合应用,满足学生兴趣爱好及优势发展的需要,具体包括游泳、戏剧表演、歌唱表演、工艺制作、野外活动、童子军等活动;康复训练专业服务则是开展有针对性的康复训练及家庭康复与教育指导,补偿学生的身心缺陷,服务项目包括物理治疗、作业治疗和言语治疗等。三类课程以功能性课程为核心,其他两类为辅助,三者相互联系,互相补充,形成了"一体两翼"的课程架构。

(二)新加坡培智学校课程设置特点

1. 明确的教育目标

课程设置是实现教育总目标的重要手段。新加坡残疾人教育的总目标是：充分发掘学生潜能，使其成为自食其力，为社会作贡献的社会成员。该目标清晰明了，环环相扣，逐步推进。其中，发掘潜能是实现学生自食其力，最终融入社会的基础，自食其力是残疾人教育的基本目标，融入社会是残疾人教育的最终目标。新加坡培智学校课程设置完全符合其残疾人教育的总体目标，康复训练专业服务侧重于发掘学生的潜能，辅助课程活动与功能性课程则是在进一步发掘潜能的基础上，培养学生生活自理能力，为回归主流社会打下基础。因此，新加坡明确的残疾人教育目标奠定了构建培智学校的课程体系的方向，而培智学校的课程体系又为实现其教育目标提供了可操作的平台。

2. 完整的课程体系

新加坡现有培智学校21所，由4个非政府福利组织与教育部等政府机构共同运营和管理。新加坡智力障碍运动组织在新加坡的残疾人事业和残疾人教育中占有重要地位，管理着5所特殊学校、3所庇护工场、2个训练及发展中心、2个照料机构，有2400多名中重度智障儿童以及少数孤独症儿童在其中接受教育与康复训练。

新加坡智障人士福利促进会（简称MINDS）的培智教育分为相互衔接的3个阶段：学前教育段、初级教育段和高级教育段。成年智障人士可以在该组织下设的庇护工场实现劳动就业，并进一步接受在职在岗的劳动技能训练和社会技能培养。

纵向而言，从学龄前期到成人的各个发展阶段，培智学校都开设有与其发育水平相适应的课程，比如，学龄前教育阶段开设的课程以促进儿童运动、感知及生活自理能力发展为主，而在高级教育段课程则以职业技能课程为主，使学生能够成功融入社会；横向而言，每个发展阶段又根据其能力发展需要、个体发育水平的差异、兴趣爱好以及社会化需要，开设了丰富辅助课程或训练项目。总体而言，新加坡培智学校的课程设置层次分明、衔接紧密，形成了能实现培智教育目标的完整的课程体系。

3. 行之有效的医教结合

为了有效促进智障儿童的全面发展，充分发掘潜能，更好地实现融入社会的目的，新加坡培智教育以更广阔的视野将现代多学科技术引入残疾人教育服务体系，充分践行医教结合思想，在开设文化教育类课程的同时，开展有针对性的康复训练课程,以医学康复为核心的专业服务已成为该国培智教育课程体系的重要组成部分,起着传统残疾人教育课程不可替代的作用。康复组织拥有自己 MINDS 的专业服务队伍,开展物理治疗、言语治疗、音乐治疗、社工服务以及心理辅导等专业服务和相关支持。康复训练课程在不同学段的比重有很大的不同,重心在学龄前及学龄期的两个教育段,智障儿童全面接受多种康复服务,但是在职业教育阶段,职业技能训练及社会技能训练成为主要课程,医学康复训练服务大大减少。专业服务除了直接面向学生开设外,还向学生家长、志愿者及义工开放,提高他们的服务水平,形成整体干预模型,提高干预效果。

四、新加坡残疾人职业教育启示

(一)加强残疾人教育的投入

新加坡总人口 540 多万,有 20 所残疾人教育学校,平均 27 万人有一所残疾人教育学校。我国提出"到 2020 年,基本实现地市和 30 万人口以上、残疾儿童较多的县都有一所残疾人教育学校",至少就广大农村而言,还没有明确的目标,就这一数字的城市对比而言,我国与新加坡还存在很大差距,因此对我国残疾人教育而言,缺少的不仅是师资、投入,还应包括对残疾人教育的重视程度。

(二)加强职业教育类课程

培智学校毕业学生要实现融入社会的目的,就需要接受职业教育,掌握劳动技能。与普通青少年相比,中重度智障青少年成长为一名成熟的劳动者需要更长的培养时间。新加坡学生的障碍程度与我国培智学校学生相似。在我国,智障青少年及成人的职业教育非常薄弱,义务教育阶段大多未开设相关的课程,智障人士难以稳定就业固然有多方面原因,但是职业教育不足是首当其冲的重要原因。

(三)整合资源健全机制

新加坡在残疾人教育上所依赖的政府、自愿福利组织和父母之间的三角互动模式是新加坡残疾人教育的特色和亮点。我国《国家中长期教育改革和发展规划纲要(2010—2020 年)》对残疾人教育进行了详细规划,提出了关心和支持残疾人教育、完善残疾人教育体系以及健全残疾人教育保障机制的三大目标和任务。残疾人教育在我国各地发展不平衡,各地需要以规划纲要为契机,把关注和对残疾人教育的投入列为地方考核指标,切实形成全社会关注残疾人教育的氛围。

(四)切实推进医教结合

新加坡的培智教育特别重视医教结合的有效实施。当前,我国培智学校的教育对象类型不再单一,除了智力残疾学生这一主体以外,还有数量不少的肢体残疾学生、精神残疾学生、言语残疾学生和多重残疾学生等。他们大多有多方面缺陷,且障碍程度大多比较严重。他们的基本能力发展、潜能开发和社会融合需要建立在多学科综合干预的基础上,因此,在课程体系中要加大康复训练课程。

第四章 国内残疾人职业教育发展经验研究

第一节 国内残疾人职业教育发展成就、现状与问题

一、我国残疾人教育事业发展概况

经过 70 余年的不断探索与创新,从国情出发,我国走出了一条具有中国特色的残疾人融合教育发展道路,特别是十八大以来,围绕学生"进得去、留得住、学得好",以两期"特殊教育提升计划"为部署,以《残疾人教育条例》为核心,衔接各项具体政策,涵盖全学段,政府、学校、家庭和社会共同推进残疾人职业教育发展。2015 年,教育部确定了 37 个国家特殊教育改革实验区,其中 22 个开展普通教育与残疾人"融合教育"实验。2017 年,普通教育与残疾人融合教育首次写进《残疾人教育条例》。《中国教育现代化 2035》和《第二期特殊教育提升计划(2017—2020 年)》等文件均提出全面推进普通教育与残疾人融合教育。各地不断完善随班就读支持保障体系,加强普通学校特殊教育资源教室建设,配备专兼职教师,在普通学校就读的残疾学生规模不断扩大。

"残疾人蓝皮书"对中国残疾人事业发展数据进行整理和分析,已连续三年发布中国残疾人事业发展指数,形成了对中国残疾人事业发展状况的整体判断,全面系统地展现了中国残疾人事业发展态势。中国残疾人事业取得长足发展,残疾人事业发展指数由 2008 年的 44.9 上升到 2018 年的 71.5,残疾人生存保障指数由 2008 年的 40.4 上升到 2018 年的 75.9,残疾人发展提升指数由 2008 年的 53.4 上升到 2018 年的 65.3,残疾人服务支撑指数由 2008

年的40.7上升到2018年的72.3。2015年以来,中国残疾人事业保持较快发展,平衡指数稳步上升。2018年总体平衡发展指数为51.97,比2015年上升3.68个百分点,提升幅度趋于平缓。

从"残疾人蓝皮书"统计数据来看,我国残疾人职业教育在党和政府的高度重视下,在经历初创期、形成期、发展期、成熟期的历程中,地方政府和残联根据国家教育发展方针政策,不断优化残疾人参加职业教育和实用技术培训的社会环境,提供全方位的大力支持,使残疾人职业教育事业得到了极大的发展和进步。

二、我国残疾人职业教育取得的成绩

(一)对残疾人接受融合教育观念的转变

我国职业教育对残疾学生的接纳经历了从道德到法制、从良心到权利、从体制外到体制内,从拒绝、排斥向接纳、合作的转变过程。在残疾人随班就读初期,主要在道德层面接纳残障青少年。在1987年的随班就读实验中,将"在该地区普遍进行人道主义宣传教育"作为重点内容。随着残疾人教育政策持续推进,大量"编外就读、随读生"逐渐进入职业学校体制内,学校对残障青少年入学从"凭良心接纳"逐渐转变为依据政策接纳。根据有关残疾人融合教育现状调查,人们对残疾人的观念普遍发生了转变。高中阶段职业教育普通学生对残疾学生普遍持接纳态度,并愿意提供帮助;高职高校的大学生普遍表示能够接受残疾人,以及对残疾人降低录取分数线、提供合理便利等服务政策表示支持;残疾学生的家长也希望子女能进入普通学校进行融合教育;普通学生家长对残疾人态度也发生了很大转变,尤其是受过高等教育的家长,认为残疾人接受"融合教育"是其基本权利。

(二)残疾人职业教育政策法规不断健全

自2014年以来,围绕学生"进得去、留得住、学得好",以两期"提升计划"为部署,以《残疾人教育条例》为核心,覆盖全学段,架构政府、学校、家庭和社会,共同推进支持残疾人职业教育政策法规的健全、完善和发展。

1.国家层面的政策要求

(1)入学机制上,规定不得拒绝招收、优先普校、就近入学和建立入学登记制度。

（2）以普通教育为主，兼顾其他教育方式，体现为残疾学生提供合适的教育。

（3）设立残疾人教育专家委员会，对残疾学生的身体状况、接受教育能力和适应学校学习生活能力进行评估，提出入学、转学建议，以及为职业学校提供咨询和服务。

（4）制定《普通学校特殊教育资源教室建设指南》，构建省（区、市）、学区资源中心和资源教室的四级残疾人教育资源支持网络，在全国范围内辐射所有职业学校。

（5）制定《无障碍环境建设条例》，在实施残疾人职业教育校园环境建设中，以自主安全、通用设计为核心，重点建设无障碍的物理环境和信息环境。

（6）制订个别化教育计划，实施个别教学，提高教育教学质量。

（7）对随读生课程、教材和教法的调整进行规定，明确随读生适用的课程设置方案、课程标准和教材。

（8）对教师资格、岗位设定、教师培养、津贴福利、工作量等进行明确规定。规定从事残疾人职业教育的教师（随班就读教师和资源教师），需要具备从事特殊教育专业知识和技能，为其设置专职岗位；普通师范院校要开设特殊教育课程，培养随班就读教师。

2. 地方层面的政策及实施细则

根据国家层面政策方针，地方政府锐意创新，制定并实施了一系列具体措施，取得了卓越成效。

（1）地方政府贯彻落实国家层面的政策。围绕教育部出台的两期"特殊教育提升计划"，全国31个省（自治区、直辖市）均出台了地方性两期提升计划。围绕《关于开展残疾儿童少年随班就读工作的试行办法》，超过一半的省（自治区、直辖市）出台了地方性随班就读指导意见。如北京出台《北京市中小学融合教育行动计划》《关于进一步加强随班就读工作的意见》《北京市残疾儿童少年随班就读工作管理办法》《各类残疾类别随班就读具体标准》等政策文件。

（2）地方政府政策针对性强。职业院校就读的随读学生在残疾类型上不断拓展，残疾程度不断加重。江苏、浙江、江西、海南、新疆等地将孤独症、精神障碍、智力障碍等类型残疾人纳入招收对象。在鉴定评估上,强调教育评估的重要性、评估过程的科学性和评估结果的准确性,对轻度智障学生和孤独症学生实施长期教育观察。如浙江省规定两个学期的教育观察,安徽省、宁夏回族自治区规定一个学期的教育观察。教育教学普遍强调弹性和个训。如上海等地强调每天不得少于30分钟的个训。在教师编制、职称评聘、教师待遇等方面,各地政府亮点纷呈。如在教师工作量上,湖南省规定任课教师工作量在原有系数基础上增加0.1—0.2,班主任增加0.2—0.3。在教师待遇上,全国基本实现了提高15%特殊教育津贴标准,随班就读参照执行,部分地区的标准更高。如广东、陕西、甘肃、西藏、宁夏提高到30%。此外,各地还有诸多特色,如江苏省建立了个性化教育机制和质量评估机制,以全面提升残疾人职业教育质量。

(三)残疾学生和普通学生共同进步

20世纪90年代初期实施的残疾学生随班就读实验结果表明,为职业院校随读残疾学生提供必要的个别化支持可以提升其学习能力。近十年来,随班学生除了常见的视力障碍、听力障碍、智力障碍和肢体残障外,脑瘫、孤独症、学习障碍、多重障碍等以轻度和中度为主的学生逐渐进入普通学校随班就读。随读学生在和普通学生共同学习、共同交往的过程中,学业成绩、自信心和社会交往能力都得到了良好的发展。

实施"融合教育"对普通学生也具有积极影响,"融合教育"强调共赢,不以牺牲普通学生的利益为代价。研究发现,职业院校随读学生对普通学生产生了积极影响:责任心增强,为随读生整理学习物品、照顾随读学生等;交往能力得到提高,能换位思考,以多种方式来沟通,自我为中心现象消减,包容心增强,能容忍、理解一些异常行为。

(四)残疾人教育支持保障体系建设成效显著

支持保障体系的建设,为残疾学生职业教育快速发展奠定了坚实基础。我国在两期"特殊教育提升计划"实施以来,残疾人教育支持保障体系有了很大提升。

1. 财政支持大幅提高

2014年以来,国家和地方财政的特殊教育投入大幅增长,支持学段向两头延伸。

(1)生均预算内公用经费大幅提高。根据《特殊教育提升计划(2014—2016年)》,连续三年提高残疾人职业教育生均公用经费标准,随班就读学校同标准执行,2016年全国生均达到6000元,是2013年的3倍,达到普通学生的6—8倍。广东省规定对随读生按5倍标准执行;江苏省规定对随读生按8倍以上标准执行。

(2)特殊教育专项经费大幅提高,重点支持残疾人职业教育资源教室建设,中央财政经费从2013年的5500万元提高到2014年的4.1亿元,增长了6倍。地方财政也积极投入,广东省每年投入12.5亿元、云南省每年投入5000万元等。

2. 资源教室普遍建成

作为资源支持系统最末端,也是与职业教育质量提升关系最紧密的资源教室,是实现残疾学生职业教育的桥梁通道。北京等地通过20多年的实践摸索,形成资源教室三级建设标准,对其功能、设备购买、使用面积等进行了政策性规定。在新修订的《残疾人教育条例》中,首次以法律形式规定了特殊教育资源教室的概念,在国家和地方特殊教育经费持续投入的背景下,资源教室建设成为目前的关注焦点。国家政策规定,有5人以上残疾学生的普通学校应设立资源教室,同时,资源教师的专岗设置、职责功能、职称评聘、合作教学等问题也被纳入政策范围。根据国家政策,地方政府中约一半以上的省(自治区、直辖市)出台了地方性资源教室建设方案,全部纳入第二期地方特殊教育提升计划,并作为特殊教育发展的重点和亮点进行了政策突破。如山东省规定,到2020年全部完成普通中小学、中等职业学校资源教室建设;浙江省规定,资源教室覆盖全部中小学、中等职业学校,且全省示范性资源教室达到1000个。资源教室建设从试点建设、重点区域建设到全部建设和示范性建设,已经在全国范围普遍建成。

三、国内残疾人职业教育现状与分析

据中国残联公布的《2019年中国残疾人事业发展统计公报》显示,截至2019年,我国残疾人有8 500万,残疾人中等职业学校(班)145个,在校生17 319人,毕业生4 337人,获得职业资格证书1 705人;被高职高校录取的残疾人有 12 362 人,被高等特殊职业教育学院录取的残疾人有 2 035 人。相较于我国庞大的残疾人数,残疾人职业教育发展的条件还比较薄弱,参与残疾人融合教育的职业院校数量尚不能很好地满足社会需求。

(一)残疾人中等职业教育发展现状与分析

残疾人中等职业教育是残疾人获得就业能力进而融入社会的重要平台,对提升残疾人职业技能水平、提高残疾人就业率和就业层次、促进残疾人融入社会发挥着重要的作用。

1. 残疾人中职教育形式

(1)残疾人中职教育机构类型、形式。

残疾人中等职业教育机构是按国家规定的设置标准和审批程序批准成立的,专门招收各类残疾初中毕业生实施全日制培养的中等职业学历教育机构。残疾人中等职业教育机构有教育部门所属的特殊教育学校举办的中等职业教育班(部),如北京市第三聋人学校职业教育听障部开设计算机及应用专业和工艺美术专业;有残联系统举办的独立建制的残疾人中等职业学校,如山东省特殊教育中等专业学校(现山东特殊教育职业学院);也有除教育部门和残联系统之外,其他法人举办的、在教育行政部门登记备案的残疾人中等职业教育机构。

目前,我国残疾人中等职业教育主要有两种形式:第一种是在专门招收各类残疾人的特殊中等职业教育机构接受中等职业教育;第二种是在普通中等职业学校或普通职业高中接受中等职业教育的"融合教育"。

残疾人中等职业教育机构有多种办学形式,有自主教学形式,只招收各类残疾人的特殊中等职业教育机构,职业教育教学以本校为主,实习到社会机构;有残健结合教学形式,招收健全人与残疾人共同学习的特殊中等职业教育机构;有委托教学形式,"请进来"或"走出去"办班,委托普通职业教育学校进行教学。

(2)在普通教育机构接受职业教育。

残疾学生在普通高中阶段教育机构接受职业教育,包括在普通职业高中、中等职业学校和技工学校随班就读,残疾学生在各类普通学校、普通班级与普通学生接受同等的职业教育,通过同样的考试,取得相同资质的毕业证书。各地特殊教育资源中心对随班就读的残疾学生给予必要的教学支持。

残疾学生在普通高中阶段学校接受"融合教育",增强了残疾人融入社会的能力,也为残疾学生通过普通高考提升学历水平提供了更多机会。据中国残联相关报道显示,2018年全国通过普通高考被普通高等院校录取的残疾学生有11 154人,其中肢体残疾学生6 840人、视力障碍学生1 352人、听力障碍学生1 617人。通过普通高考进入高职高校学习的视力障碍学生占进入高职高校学习的视力障碍学生总数的77.6%,通过普通高考进入高职高校学习的听力障碍学生占进入高职高校学习听力障碍学生总数的65.4%,通过融合教育考进普通高职高校成为残疾人实现大学梦想的主要渠道。

目前,从残疾人需求看,残疾人高中教育学校、残疾人职业教育机构,满足了没有条件进入普通学校学习的残疾学生求学需求,虽然需求群体所占比例不高,但这种需求将长期存在。另外,目前职业教育学校在残疾人的接纳度、教学质量、无障碍环境、残疾人适应度上还存在许多问题,有待解决和改进提高。

2. 残疾人中职教育办学模式、专业设置及培养目标

(1)残疾人职业教育的办学模式主要有三种。

①传统的高中阶段职业教育办学模式(残疾人职业高中、残疾人职业中专、残疾人技工学校)。如广州聋人学校、北京第三聋人学校等,主要侧重职业技术教育和技能传授,一般学制三年。

②高中阶段职业教育与普通高中双轨制办学模式。随着残疾人高等职业教育的发展,为了顺应残疾人要求进入高等院校深造的愿望和教育发展规律,部分中等残疾人职业学校开始创办普通高中教学班。如北京第四聋人学校、青岛聋人学校、合肥特教中心等。

③中等职业教育向高等职业教育延伸的办学模式。随着高等教育大众化以及社会对高层次人才的需求,残疾人高等职业教育创立并日渐发展,部分残疾人中等职业学校通过"3+2""3+3"连读方式(如长春特殊教育学校),以及"联合办学"方式(如甘肃省兰州市特殊教育中专、山西省特殊教育中专等)向高等职业教育延伸。

(2)开设适合残疾人生理要求和就业需要的专业。

残疾人中等职业教育机构通过对残疾人生理的分析和对社会需求的调研,逐步形成了适合残疾人生理要求和就业需要的专业设置。面向听力障碍人开设倾向于注重视觉效果和手工操作的专业,如注重视觉效果的专业有工艺美术、服装设计、美术设计、电脑绘画、雕刻等专业,注重手工操作的专业有计算机应用、美容美发、烹饪、糕点制作、刺绣、编织、印刷、机械、金工等专业;超越生理障碍限制,尝试健全人从事的专业有社会福利事业管理等;视力障碍人倾向于非视觉专业,如针灸推拿、按摩、钢琴调律等专业。

(3)残疾人职业学校的办学条件。

在硬件设施方面,由于政策支持力度较大,独立设置的残疾人中等职业教育起步较早,所以在硬件设施上相对比较完善,在校园建设、教学设施设备,以及职业教育必需的实验室、设备相对比较完备。在师资队伍方面,随着残疾人中等职业教育的发展,师资队伍建设得到加强,结构趋于合理,硕士研究生比例也逐年提高。但普通高中阶段职业融合教育学校,在校园无障碍建设、适合残疾人学习的资源教室建设、具有特教资质的专业师资队伍建设等方面相对比较薄弱。

(4)残疾人职业教育培养目标三种定位。

①高中阶段职业教育办学模式(残疾人职业高中、残疾人职业中专、残疾人技工学校)的培养目标:为社会培养身心健康,技术技能合格、能自食其力的劳动者,突出职业技术的实用性、应用性和技能性。②高中阶段职业教育与普通高中双轨制模式的培养目标:为社会培养合格的自食其力的劳动者及为高职高校培养合格生源。③中等职业教育向高等职业教育延伸的办学模式的培养目标:为社会培养高层次的技术技能应用型人才。

3.残疾人中等职业教育政策支持

党和政府在支持残疾人职业教育方面,出台了大量政策、法规、文件。这些政策包括国家层面宏观政策(如《国家中长期教育改革和发展规划纲要(2010—2020年)》)、国家层面中观政策(如"十三五"加快残疾人小康进程规划纲要》)、地方层面微观政策(如《北京市各类残障类别随班就读具体标准》)等三个部分。这些残疾人职业教育相关的政策法规包括:组织建设、经费投入、安置方式、入学保障、资助保障、质量保障、学习和生活支持、师资建设以及基础设施建设等九个方面。

(1)组织建设。即从制度政策以及组织机制层面为残疾人职业教育的发展提供根本保障。

(2)经费投入。为促进残疾学生接受职业教育制定的经费投入方式。

(3)安置方式。指残疾学生接受残疾人职业教育办学形式与就读方式。

(4)入学保障。满足残疾学生进入高中阶段职业学校接受职业"融合教育"的权利与机会。

(5)资助保障。指为残疾学生提供直接或间接的经济支持,也包括实物供给。

(6)质量保障。指关注残疾学生学习参与过程的有效性,尽可能实现教育过程公平。

(7)学习和生活支持。指为残疾学生接受职业教育提供学习和生活方面的服务。

(8)师资建设。指通过外在制度建设和内在教学改革,增加有特教资质教师数量、提升教师专业化水平。

(9)基础设施建设。指为残疾学生接受残疾人职业教育提供无障碍物理环境和教育环境。

政策支持体系体现了残疾人高中阶段职业教育渗透的"全纳教育"理念、"融合教育"思想,以及关于"融合教育"的尝试和探索,同时,也为从事残疾人职业教育院校提出要求:要根据市场需求不断完善职业教育专业设置,有针对性地开设适合残疾人学习的专业,扩大残疾人就读专业的选择机会,为残疾人提供适合的职业教育,同步促进残疾人的康复与职业技能提升。

(二)残疾人高等职业教育发展现状与分析

1. 残疾人高等职业教育院校数量

我国残疾人高等职业教育始于20世纪80年代。1982年,南京特殊职业技术学院率先招收残疾学生。1985年,教育部、国家计委、劳动人事部、民政部下发了《关于做好高等学校招收残疾青年和毕业分配工作的通知》(〔85〕教学字004号),文件要求"各地教委、高招办在招生工作中对生活能够自理、不影响所报专业学习及毕业后所从事工作的肢残考生,在德、智条件相同的情况下,不应仅因残疾而不予录取"。1987年,长春大学面向全国招收听力残障、视力残疾学生,并实施单考单招政策。2000年,北京联合大学开始招收听力残障和视力残疾学生。

据各地残联网站显示,截至2019年底,经教育部批准实施单考、单招政策专门招收残疾人的高职院校15个。从表4-1可见,1982年至2019年,我国残疾人高等职业学校从无到有,残疾人高等职业学校得到长足发展。另外,残健结合的融合教育高职高校由于没有相关数据统计,未能列入本表。

表4-1 我国残疾人高等职业院校数量及分布

序号	院校名称	成立年份	所在省域
1	南京特殊教育师范学院	1982	江苏省
2	长春大学特殊教育学院	1987	吉林省
3	天津理工大学聋人工学院	1991	天津市
4	北京联合大学特殊教育学院	2000	北京市
5	中州大学特殊教育学院	2001	河南省
6	中央广播电视大学残疾人教育学院	2002	北京市
7	长沙职业技术学院特殊教育学院	2003	湖南省
8	重庆师范大学特殊教育学院	2003	重庆市
9	西安美术学院特殊教育艺术学院	2004	陕西省
10	绥化学院	2004	黑龙江省
11	福建特殊教育职业学院	2004	福建省
12	辽宁特殊教育师范高等专科学校	2013	辽宁省
13	浙江特殊教育职业学院	2014	浙江省
14	山东特殊教育职业学院	2015	山东省
15	云南特殊教育职业学院	2017	云南省

注:以上数据来源于各省区市残联网站。

2.残疾人高等职业院校区域结构

残疾人高等职业院校区域结构是指残疾人高等职业院校的区域分布情况。残疾人高等职业院校分布结构受两个方面的影响较大:一是地方经济文化发展水平、历史传统和文化环境;二是地方落实国家相关政策程度。从各地残联网站的数据来看:15所残疾人高职院校分布在不同的地区,其中,华东地区4所、华北地区3所、东北地区3所、华中地区2所、西南地区2所、西北地区1所(见表4-2)。华东地区最多,有4所残疾人高职院校,占26.67%;

华北地区和东北地区各有3所,各占20%;华中地区和西南地区各有2所,各占13.33%;西北地区有1所,占6.67%;华南地区目前还没有专门招收残疾人的高职院校(其实,像广州、香港、澳门等地由于经济发达,残疾人职业教育开展得都比较早,可能只是实施了残疾人"融合教育",没有专门设置的残疾人高等职业教育院校)。根据以上数据可以看出,我国残疾人高等职业院校大部分分布在华东、华北、东北地区。教育是经济、社会、文化发展到一定程度的必然产物,残疾人高等职业教育也是社会文明和教育发展的缩影。不难看出,当前我国残疾人高等职业教育的区域分布状况,呈发达地区、较发达地区、边远欠发达地区的梯层结构。需要指出的是,残疾人高等职业教育的发展不仅需要物质条件和经济条件,更需要一定的社会文化和高等教育发展基础。从人文社会的角度来看,经济发达城市,人们整体素质相对较高、社会发展进程较快,人文意识强,使得社会和个人都易接受残疾人高等职业教育。从办学效益来看,大城市有着雄厚的经济基础、资源环境条件好、教育基础设施好,能够确保办学质量,便于发展残疾人高等职业教育。

表4-2 我国残疾人高等职业院校地区分布

地区	华北地区	华中地区	华南地区	华东地区	西北地区	东北地区	西南地区	总数
数量/所	3	2	0	4	1	3	2	15
占比/%	20	13.33	0	26.67	6.67	20	13.33	100

注:以上数据来源于各省市区残联网站。

3.残疾人高等职业教育形式结构

残疾人高等职业教育的形式结构主要有残疾人高等成人教育、残疾人高等职业教育和残疾人普通高等教育。具体而言,我国残疾人高等职业教育主要有以下五种形式结构。

(1)独立设置的专科院校,以招收残疾大学生为主。

(2)在全日制公立高等院校设立二级学院,或在普通高校中设立特殊教育系和专业,主要面向特教学校毕业的听力障碍和视力障碍学生,采取单考单招的形式。

(3)残疾人进入普通高职高校随班就读,开展"融合教育"。

(4)残疾人中等职业学校与有条件的高等院校合作开办残疾人大专班。

(5)参加自学考试和成人教育。

这些办学形式都是在社会发展过程中适应国情、满足残疾人接受高等职业教育需求而逐渐形成的。据分析,目前 15 所残疾人高等教育院校全部是全日制的学历教育,并且多为地方政府举办的公立高等教育院校。其中,8 所为高等职业技术教育,另外 7 所既有普通高等教育又有高等职业技术教育。目前,我国残疾人高职高校在进行高等职业技术教育的同时,多数学校也开办了残疾人的成人职业教育。

4. 残疾人高等职业院校招生规模

目前,残疾人高等职业院校招生主要采取五种形式:

(1)独立设置的残疾人高等职业院校以单考单招的方式,招收相应的残疾青年学习所选专业。

(2)在普通高职高校中建立特殊教育学院或开设特殊教育系,以单独考试单独录取的方式,招收视力残障、听力残障和肢体残障的青年学习所选专业。

(3)在普通高职高校通过普通高考招收轻度的视力残障、听力残障和肢体残疾青年,与健全学生以随班就读的形式实施融合教育,共同学习专业课程。

(4)一些独立设置的残疾人职业学校采取与成人高职高校合作办学的方式,开设特长专业的大专班,专门招收残疾青年学习职业技能。

(5)通过自学考试、广播电视大学(或网络学院)等渠道对残疾人实施高等职业教育。

目前,15 所残疾人高等职业教育院校又分为三种不同的管理体制:一是残疾人高等职业教育学院,一般隶属于高校的二级学院,如长春大学特殊教育学院;二是独立设置的残疾人高等职业教育学院,如福建特殊教育职业学院;三是高职高校中的"残疾人高等职业教育"系(或专业),如山东特殊教育职业学院。

在办学规模上:15 所高等职业院校中,有 8 所院校的学生人数在百人以上(见表 4-3)。目前,办学规模较大的院校有:山东特殊教育职业学院和长春大学特殊教育学院。

表 4-3 我国残疾人高等职业院校办学规模

序号	院校名称	招生人数/人
1	南京特殊教育师范学院	338
2	长春大学特殊教育学院	804
3	天津理工大学聋人工学院	560
4	北京联合大学特殊教育学院	740
5	中州大学特殊教育学院	730
6	中央广播电视大学残疾人教育学院	8 612
7	长沙职业技术学院特殊教育学院	306
8	重庆师范大学特殊教育学院	46
9	西安美术学院特殊教育艺术学院	325
10	绥化学院	408
11	福建特殊教育职业学院	269
12	辽宁特殊教育师范高等专科学校	759
13	浙江特殊教育职业学院	855
14	山东特殊教育职业学院	1 500
15	云南特殊教育职业学院	520

注：以上数据来源于各省区市残联网站。

在办学条件上：残疾人高等职业院校所占有的教学面积以及办学的师资队伍等资源较为紧缺，教学设备、教育教学方法乃至教育技术也都比较落后。

5.残疾人高等职业教育专业结构

残疾人高等职业院校通过对社会需求调研，根据所录取的残疾人生理特点，在专业设置上适应了残疾人生理要求和就业需要。

综合 15 所残疾人高等职业教育院校开设专业的实际情况（见表 4-4），目前，残疾人高等职业教育针对视力残障和听力残疾学生设置的专业主要有：特殊教育、教育康复学、装潢艺术设计、艺术设计（古建筑绘画方向）、摄影摄像技术、计算机应用技术（多媒体方向）、计算机科学与技术、动漫设计与制作、电子商务、视觉传达设计、网络工程、服装与服饰设计、产品设计、机电一体化技术、食品加工技术、音乐表演、绘画、动画、英语、汉语言文学、手语翻译、社会管理与服务、园艺技术、康复治疗技术、口腔医学技术、环境设计、中医推拿按摩、会计电算化、工艺美术、社会工作与管理、工艺美术品设计、数字媒体艺术设计、康复治疗技术（推拿方向）、中西面点烹饪、特殊教育（儿童康复方向）、特殊教育（手语翻译方向）、老年康复治疗技术、视觉传播设计与制作、计算机网络技术、汽车运用与维修技术、服装设计与工艺、社区康复、家政服务、会计、移动应用开发、网络舆情监控、艺术设计、美容美体、民族传统技艺、音乐学、针灸推拿等专业。

表4-4 我国残疾人高等职业院校专业设置

序号	院校名称	专业开设情况
1	南京特殊教育师范学院	本科专业：特殊教育（师范）、小学教育（师范）、手语翻译 专科专业：特殊教育、手语翻译
2	长春大学特殊教育学院	本科专业：针灸推拿学、音乐表演、绘画、视觉传达设计、动画 专科专业：特殊教育、英语、汉语言文学
3	天津理工大学聋人工学院	计算机科学与技术专业、网络工程专业、服装与服饰设计专业、产品设计专业
4	北京联合大学特殊教育学院	硕士专业：教育（特殊教育，专业硕士）、中医（针灸推拿，专业硕士，视力残障大学生） 本科专业：特殊教育、教育康复学、视觉传达设计（听力残障大学生）、计算机科学与技术（听力残障大学生）、针灸推拿学（视力残障大学生）、音乐学（视力残障大学生）
5	中州大学特殊教育学院	装潢艺术设计、艺术设计（古建筑绘画方向）、摄影摄像技术、计算机应用技术（多媒体方向）、动漫设计与制作、电子商务、机电一体化技术、食品加工技术、特殊教育。为健听学生开设的专业有：手语翻译、特殊教育（手语翻译方向）
6	中央广播电视大学残疾人教育学院	数字媒体设计与制作专业、社会工作专业

续表

序号	院校名称	专业开设情况
7	长沙职业技术学院特殊教育学院	特殊教育、视觉传播设计与制作、计算机网络技术、汽车运用与维修技术
8	重庆师范大学特殊教育学院	硕士专业:特殊教育课程与教学论、发展性障碍儿童心理与教育、特殊教育信息与技术资源 本科专业:特殊教育信息与资源、特殊儿童心理与教育
9	西安美术学院特殊教育艺术学院	本科专业:工艺美术
10	绥化学院	计算机科学与技术、环境设计、电子商务
11	福建特殊教育职业学院	中医推拿按摩、会计电算化、工艺美术、社会工作与管理
12	辽宁特殊教育师范高等专科学校	社会管理与服务、电子商务、园艺技术、特殊教育、康复治疗技术、口腔医学技术
13	浙江特殊教育职业学院	工艺美术品设计、数字媒体艺术设计、康复治疗技术(推拿方向)、中西面点烹饪、电子商务、特殊教育(儿童康复方向)、特殊教育(手语翻译方向)、老年康复治疗技术
14	山东特殊教育职业学院	工艺美术品设计、服装设计与工艺、康复治疗技术、特殊教育、计算机应用技术
15	云南特殊教育职业学院	特殊教育、社区康复、家政服务、会计、电子商务、移动应用开发、网络舆情监控、艺术设计、美容美体、工艺美术品设计、民族传统技艺

注:以上数据来源于各省市残联网站。

四、国内残疾人技能培训现状与分析

残疾人实用技术及职业技能培训是提升残疾人职业技能水平,增强残疾人"造血"功能和促进残疾人参与社会活动的有效途径,也是残疾人两个体系(社会保障体系和服务体系)建设的重点。伴随残疾人服务事业的不断发展,残疾人实用技术及职业技能培训工作日渐完善,仅2019年,全国培训城乡残疾人40.7万人次,取得了良好的效果。如北京市坚持以残疾人就业需求为导向,按照"市级统管、区级抓总、街道(乡镇)抓点、社区(村)抓散"的思路统筹残疾人实用技术及职业技能培训工作,基本实现了"培训对象广覆盖、培训类型多样化、培训内容精细化、培训载体多元化、培训管理规范化"的格局,并通过职业技能竞赛提升残疾人参加培训的积极性,增强培训效果。

(一)党和政府对残疾人培训工作的重视

党和政府高度重视残疾人技能培训与教育工作,相继出台了一系列促进残疾人技能教育培训的法律法规和政策措施,各地政府及残联也采取多种措施,不断完善残疾人职业技能培训。

2019年10月27—29日,中国残联和人社部共同举办第六届全国残疾人职业技能大赛,来自全国33个代表队的892名残疾人选手,经过为期两天的竞赛,有50位残疾人在大赛中脱颖而出,被授予"全国技术能手"称号。本届大赛共设置信息通信、美术、手工业、工业和服务等五大类26个竞赛项目。全国残疾人职业技能大赛对加强残疾人职业技能培训,提高残疾人就业技能具有十分重要的推动作用,也向全社会展现了残疾人职业技能、特殊潜能和自强不息、顽强拼搏的精神风貌。李克强总理就提升残疾人职业技能、促进残疾人就业创业工作作出重要批示:"广大残疾人自强不息,依靠自身努力创造幸福生活和社会财富,令人尊敬。"

(二)培训对象、需求及教师目标任务

1. 接受培训的对象

由于培训机构主要以传授实用技术、就业技能、创业技能、或技能提升为主要任务,难以顾及学员的其他需求,难以为其提供其他方面的支持与服务,因而在选择受训者时,一般会以三级、四级残障程度的听力残障、视力残障和肢体残疾等轻度残障者为主要培训对象,组织其参加所选项目的实用技术培训或职业技能培训。以网络宣传的大连市残疾人接受实用技术及职业技能培训为例,参加培训的学员中,三级、四级残障程度的轻度残障者所占比例最大,约占参加培训残疾人总数的90%,是残疾人接受实用技术及职业技能培训的主要群体。

残疾人大多数家庭比较贫困,有的家庭子女较多、有的因残致贫,家庭的贫困造成残疾人文化程度普遍偏低,生活困难明显高于健全人。从网络显示的残疾人接受实用技术或职业技能培训的群体来看,初中文化程度约占参加培训残疾人总数的50%、文盲及小学文化程度约占20%。文化程度偏低直接影响到实用技术及职业技能的培训效果,导致少数残疾人在接受实用技术或职业技能培训后仍在求职过程中受挫,这既影响到残障者个人参加培训的积极性和生存能力提升,又影响了培训机构的声誉和培训工作的普及。

2. 残疾人及家人对参加培训的需求

残疾人作为社会的弱势群体,他们及家人都渴望能通过参加合适的培训项目实现生活自立、减轻家庭负担。所以他们和家人对参加实用技术或职业技能培训,实现就业创业及技能提升有一定的期待,对参加符合自己愿望的培训项目比较迫切。以大连市做的一份调查报告为例,残疾人对培训的期望情况如表4-5所示。

表4-5 大连市残疾人接受职业技能培训期望及实现统计　　　　单位:%

培训期望	就业	掌握技能	创业	提升技能	合计
培训者参加培训的期望	72	6	18	4	100
家人对参加培训的期望	59.6	27.5	3.3	9.6	100

统计数据表明,72%的残疾人期待通过实用技术学习或职业技能培训实现"就业",这与其家人对于残障者参加培训的期望基本一致,都有通过培训实现就业、实现生活自立的愿望。当然,也表现出他们对参加培训实现就业的急躁心理;从"掌握技能"的统计数据来看,家人比残障者更理智,期望通过"掌握技能"实现有尊严的就业;从"提升技能"的统计数据来看,残疾人和家人的需求都偏低,表现出大多数残疾人及其家人有份工作就满足的心理;从"创业"的统计数据来看,家人对残障者创业表现出明显的信心不足。总体来说,残疾人及其家人对其通过参加实用技术或职业技能培训实现生活自立有一定的期待,目标十分明确。

3. 培训机构教师目标任务与就业服务机构要求

职业培训机构从事实用技术传授及职业技能培训的教师,首要任务是"教会残疾人实用技术或职业技能",还有一项任务是要通过实用技术传授及职业技能培训"增强残疾人的'造血'功能,丰富残疾人自身能力素质结构,提高其参与社会生活的能力,促进残疾人就业创业"。基于这样的目标任务,培训机构努力构建结构合理、专业能力较强的师资队伍。而公共就业服务机构更关心"提高社会整体就业率,降低登记失业率",认为残疾人参加实用技术学习或职业技能培训,解决了公共就业服务的普及性问题,能让残疾人共享普惠制的就业培训政策,对于残疾人参加实用技术学习及职业技能培训的质量要求不高,动机比较单纯,就是要解决残疾人的"就业创业"问题,提高残疾人的就业率。

(三)残疾人参加培训的项目与方式

1. 残疾人参加培训的项目

培训机构在对残疾人生理分析和对社会需求调研基础上,选择适合残疾人生理要求和就业需要的项目。逐步形成了根据残疾人的特点和就业、创业、技能提升需求,综合考虑培训项目的就业前景,开发了适合残疾人的实用技术及职业技能培训项目,如摄影、国画、美甲、刺绣等与就业紧密相关的项目。除此之外,地方政府相关部门与残联合作,根据地方经济发展需要,组织残疾人学习"一村一品"工艺品、生活用品制作等实用技术,或组织学习、传承"非物质文化遗产""绝技绝活"等。

2. 残疾人参加培训的方式

残疾人参加实用技术或职业技能培训方式的困难在于培训项目设置的分散性与学员人数和师资力量的局限性之间的矛盾,以及残疾人在选择培训项目类别过程中,对培训机构专业化水平和培训质量的顾虑。培训机构受师资力量的约束和影响,一般会整合具有一定相似性的培训项目,制订培训班授课计划,选择定期集中授课的培训方式。除此之外,还有地方政府相关部门与残联组织的专项培训、由其牵线或残疾人自发参加的"非物质文化遗产传承人""绝技绝活传承人"师傅带徒弟的培训方式。如 2017 年起,湖北省荆州市残联与当地残疾人职业培训机构合作,开设残疾人"非物质文化遗产"项目实用技术及技能培训和创业培训,先后共有 59 名残疾人通过培训成为非物质文化遗产传承人的学徒,以"师傅带徒弟"的方式继续学习;再如,由中国残联举办的首批全国盲人医疗按摩机构知名老中医学术经验继承工作拜师会,

9名传承人、11名学术继承人向我国盲人医疗按摩领域首位国家级师承指导老师王友人主任医师、北京市师承指导老师师瑞华主任医师等拜师,结成师徒关系继续学习。另外,还有残疾人通过"亲戚故旧"以"手口相传"方式对一些简单技艺技能进行学习等。

(四)残疾人职业技能提升和就业创业工作状况

党的十八大以来,残疾人就业被纳入国家就业工作整体布局规划,也是作为实现残疾人脱贫致富奔小康的重要目标予以推进,各级政府部门积极采取有力措施,帮助残疾人提高职业技能和综合素质。通过举办残疾人职业技能竞赛和展能节,展现残疾人职业技能、特殊潜能及自强不息、顽强拼搏的精神风貌,检验残疾人职业教育与职业培训工作的成效,推进残疾人技能人才队伍建设,积极营造促进残疾人就业的社会环境。

五、残疾人就业现状与分析

党和政府十分重视残疾人就业创业工作,国务院印发的《"十三五"加快残疾人小康进程规划纲要》,得到社会各方力量的积极响应,推动残疾人事业在各方面都取得了很大的突破。由于我国残疾人人口数量庞大,各区域经济发展不平衡等问题,欠发达地区残疾人就业情况仍不容乐观。

(一)党和政府对残疾人就业创业工作的重视

1990年,我国颁布了《残疾人保障法》,从法律层面对残疾人的就业权利进行保障;2007年颁布的《残疾人就业条例》,围绕残疾人就业涉及到的方方面面陆续出台了一系列的法律法规;2016年,国务院《关于印发"十三五"加快残疾人小康进程规划纲要的通知》释放了促进残疾人就业的政策信号,全社会"闻风而动",积极推动残疾人就业创业政策的落实;2019年,全面推进小康社会建设,残疾人事业再次受到政府和社会的重视,极大地促进了残疾人的就业创业工作。据2019年残疾人事业发展统计公报显示,仅2019年,全国新增就业残疾人39.1万人,其中,新增城镇就业残疾人12.2万人、新增农村就业残疾人26.9万人,具体见表4-6。

表 4-6 2016—2019 年我国残疾人就业整体情况统计 （单位：万人）

项目	2016 年	2017 年	2018 年	2019 年
全国城乡持证残疾人就业人数	896.1	942.1	948.4	855.2
城乡持证残疾人新增就业	31.2	35.5	36.7	39.1
城镇残疾人新增就业	9.3	13.1	11.8	12.2
农村残疾人新增就业	21.9	22.4	24.9	26.9

注：数据来源《2016—2019 年中国残疾人事业发展统计公报》。

(二)残疾人多种就业形态并存

中国残联就残疾人就业创业发布了《关于贯彻落实职业技能提升行动方案(2019—2021 年)的通知》，文件明确要求 2019—2021 年持续开展残疾人职业技能提升行动，开展各类职业技能培训 180 万人次以上，开展新增培训 105 万人次以上，开展建档立卡贫困残疾人培训 45 万人次以上。残疾人职业教育和实用技术培训的深入开展，提升了残疾人的职业技能和就业能力。在国家政策支持下，政府相关部门依法大力推进残疾人按比例就业、稳定发展残疾人集中就业、发展残疾人辅助性就业，人社部和中国残联在全国联合组织开展就业援助月专项活动，援助对象包括残障登记失业人员，就业困难人员和零就业家庭成员等。极大地促进了残疾人的就业创业工作，逐渐形成了多种就业形态并存的格局。但不同就业形态所覆盖的残疾人数量差别较大。其中，城市残疾人就业形态比较灵活，农村残疾人的主要就业形态还是以从事农业种植、养殖为主。详见表 4-7。

表 4-7 2016—2019 年我国残疾人不同就业形态情况统计 （单位：万人）

项目	2016 年	2017 年	2018 年	2019 年
城乡新增培训残疾人数	60.5	62.5	19.4	40.7
残疾人实用技术培训	72.7	75.6	70.6	59.0
按比例就业	66.9	72.7	81.3	74.9
集中就业	29.3	30.2	33.1	29.1

续表

项目	2016年	2017年	2018年	2019年
个体就业	63.9	70.6	71.4	64.2
公益性岗位就业	7.9	9.0	13.1	14.4
辅助性就业	13.9	14.4	14.8	14.3
灵活就业	262.9	272.7	254.6	228.2
从事农业种植养殖就业	451.3	472.5	480.1	430.1

注：数据来源《2016—2019年中国残疾人事业发展统计公报》。

(三)残疾人就业渠道相对单一

残疾人找工作的主要途径大多是熟人介绍或残疾人就业服务机构帮助，较少利用网络信息等现代常用的就业方式，就业渠道较为单一。此外，城乡残疾人找工作时使用的途径也不尽相同(见表4-8)，农村残疾人以熟人介绍为主，2013年这一组数据占比高达75.7%，城镇残疾人则以残疾人就业服务机构和熟人介绍为主，2013年占比分别达61.1%和66.4%。这从另一侧面也反映出农村残疾人就业服务相对滞后。

表4-8 我国残疾人就业路径统计　　　　　　　(单位:%)

项目	全国			城镇			农村		
年份	2011	2012	2013	2011	2012	2013	2011	2012	2013
网络就业信息	4.8	6.9	9.1	6.4	8.5	16.0	3.3	5.4	4.2
公共就业服务机构	12.4	12.4	14.1	17.7	16.4	23.7	7.5	8.6	7.4
残疾人就业服务机构	35.7	40.8	45.6	40.4	48.6	61.1	31.7	33.3	34.9
招聘会	11.5	17.1	16.3	17.7	25.4	30.5	5.8	9.3	6.3
熟人介绍	59.1	64.2	71.9	65.9	61.6	66.4	52.9	66.7	75.7
自主创业或灵活就业	26.3	25.3	19.4	20.1	23.7	17.6	32.1	26.9	20.6
其他	29.4	24.2	31.9	25.9	22.6	21.4	32.5	25.8	39.2

注：数据来源：《2011—2013年中国残疾人状况及小康进程监测报告》。

六、残疾人在职业教育、技能培训及就业创业方面存在的问题

(一)残疾人在职业教育方面存在的问题

1. 残疾人职业教育生态环境较差

残疾人受教育水平整体偏低,接受职业教育后在社会认同、政策支持、教育融通、生活负担等方面的生态环境还不够良好,具有职业教育经历的残疾人人数比例远低于健全人。

由于残疾人和其家人对职业学校了解不多,家庭经济困难,迫于生活压力,很少让残障孩子进入职业学校继续学习,另外,普通职业教育机构还没有形成接纳残疾人入校接受职业教育的广泛共识,残疾学生在入学、学习、生活等方面仍然存在较高门槛和受歧视现象,还没有形成残疾人职业"融合教育"的良好生态。

2. 职业教育政策针对性不强

职业教育政策的制定及实施反映出时下社会变革和教育发展的诉求。整体而言,我国现阶段的职业教育政策虽然较多,但在保障残疾学生入学、学习经历及就业等方面权利和义务的针对性不强,解决其所遇实际问题的方案和条款不够刚性。有些政策的制定缺乏职业融合教育理念指导,而且,与职业教育相关的政策在数量和权威性方面都显得不足。实施职业融合教育政策的资源较为缺乏,没有专门的组织机构提供保障与服务,普通高中、普通中等职业学校、职业高中及特殊职业教育机构的数量和办学质量尚无法满足残疾人接受职业教育的需求。职业融合教育政策更多地关注了宏观社会层面、办学硬件和设施,对残疾学生需求关注不够。

3. 残疾人职业教育支持体系不健全

现阶段我国对残疾人职业教育的有效支持,无论是数量还是质量,都难以满足残疾学生的学习需求。残疾人障碍类别不同,障碍程度不同,他们的学习需求就会呈现多样性和多元化。如视力残疾学生的需求与智力障碍学生的需求不同,轻度肢体残疾人与重度肢体残疾人的需求不同,他们所面临的学习障碍也不相同,在求学过程中,需要消除特殊障碍、获得个性化的教育支持。一方面,目前残疾人职业院校和残疾人职业教育机构提供的教育具有

一定的针对性,但融合教育程度不足,普通学校既缺少发展残疾人职业融合教育的动力,又存在个性化的教育资源匮乏,难以提供有效的教育支持等问题;另一方面,职业融合教育有效支持还存在地区差异、城乡差异,经济基础较弱地区为残疾学生提供职业教育有效支持的能力较弱,农村残疾学生获得职业教育的机会相对较少。我国残疾人职业融合教育仍处于起步阶段,远没有形成满足残疾学生教育需求的有针对性的、个性化的教育支持能力。

4.职业教育教学质量不高

在普通学校开展残疾人职业融合教育的主要形式为"随班就读",然而,一些开展职业融合教育的普通学校,没有充分考虑残疾学生的身心特点和学习需求,没有为残疾学生提供必要的教育支持和服务,致使残疾学生难以像普通学生一样接受职业教育,有些残疾学生跟不上学习进度,出现"随班混读"甚至中途退学的现象,影响了职业融合教育的教学质量。加之接受职业融合教育的残疾学生总体比例较小,教育主管部门尚未形成对职业学校开展融合教育教学质量的监督和考评机制,院校对残疾学生的融合教育教学质量重视不够,也是职业融合教育质量不高的原因之一。

5.区域分布不均衡、发展规模较小

在党和政府的高度重视下,我国残疾人职业院校数量和接受职业教育的人数仍在不断增加,残疾人职业教育发展体系也在不断健全、完善。但从《2016—2019年中国残疾人事业发展统计公报》的数据来看,存在如下问题:首先,我国残疾人职业教育院校分布不均衡,主要集中在经济发达、人口分布较密集的大中城市,存在着残疾人职业院校数量不足且分布地区不均衡的问题;其次,受传统观念影响,社会上扶残助残意识还比较淡薄,大多数人甚至包括残疾人的家人都认为残疾人是社会负担。很多家长在孩子接受完九年义务教育后(甚至未完成义务教育),就放弃让残疾孩子继续接受学习知识与技能的权利;再次,部分残疾人因屡屡受挫的经历,存在一定的心理障碍,不愿继续接受教育学习,导致参加职业教育的积极性不高;最后,由于残疾人职业教育宣传力度不够,许多家长对残疾人职业教育知之甚少,一方面,残疾人失去了继续深造的机会,致使残障青少年在九年义务教育之后流向社会,另一方面,残疾人职业教育机构招生困难,生源少,发展规模小。

6. 教学内容实用性、针对性较弱

残疾人职业教育的课程学习是残疾学生获取知识和技能的直接途径。受传统观念影响，残疾人职业院校课程设置传统而且单一，表现在残疾人职业教育专业设置比较滞后。另外，在课程设置上，沿用普教模式，过分强调教育教学的系统性、完整性，没有突出职业教育"能力本位"的特点。教学目标不明确、教学内容不实用，教学方式"满堂灌"，教学内容实用性、针对性较差，学生"所学非所用""所用非所学"，导致残疾人职业教育教学内容与社会需求脱节，不能很好地服务社会发展需要，直接影响了残疾毕业生的顺利就业。

7. 师资力量薄弱，专业化程度不高

一方面，我国残疾人职业院校专业教师不仅在数量上严重不足，而且现有教师的专业化程度较低、专业素质相对较弱，特别是缺乏能够胜任职业教育的专业教师，现有的职业教育教师缺少系统的融合教育专业知识培训，对融合教育的教学内容、方法及残疾学生的学习特点研究不够深入，制约着职业融合教育教学质量的提高。

另一方面，由于残疾人职业教育缺乏规范的准入制度，使得残疾人职业教育院校教师来源渠道较为广泛，师资队伍专业化水平难以保证，特别是从事专业技能教育教学的"双师型"教师更是十分匮乏。加之残疾人职业院校用于技能训练的专业设备不足，进一步制约了教师的专业化进步和发展，致使面向残疾人的职业技能教育难以满足残疾人的就业创业需求。

8. 衔接不够，支持不力

残疾人职业教育是个系统工程，需要有综合、完善、合理的支持体系。目前，受经费等因素影响，为残疾人提供系统支持服务的部门相对较少，且缺乏相互衔接。例如，应该为视力残障者提供的盲道、形声转换系统、盲人电子阅览室，为肢体残障者提供的无障碍通道，为听力残疾学生配备的手语翻译等，支持服务不到位、不齐全。用于残疾人职业能力训练、治疗康复方面的设施、设备等硬件支持更是捉襟见肘。

独立设置的残疾人职业教育院校，在成立之初就考虑到不同类型残疾人的特殊需求，在服务和支持残疾人学习生活方面做得比较到位。在"融合教育"背景下，普通职业院校出于多种原因，为残疾人提供专职辅导教师、手语

翻译、无障碍设施、各类特殊教育资源中心、辅助器具设备、康复中心等方面考虑不足或做得不到位,造成"全纳教育"理念难以落地、"融合教育"工作无法有效推进。

综上所述,虽然我国残疾人职业教育事业发展迅猛,在"全纳教育"理念、"融合教育"思想推动下,参与残疾人职业教育的院校数量不断增加,接受职业教育的残疾学生类型和规模不断扩大,教育教学也越来越规范,但在残疾人职业教育生态环境、教育有效支持、教育教学质量、职业教育政策针对性、职业院校布局和发展规模、教学内容实用性、师资力量和教师专业化水平、工作衔接和支持体系等方面,仍亟待持续改进和提高。

(二)残疾人在技能培训方面存在的问题

在党和政府的关心指导下,残疾人职业技能培训工作得到社会各方面的大力支持,通过加强残疾人实用技术培训,增强残疾人"造血"功能,为残疾人融入社会打下基础,让改革发展成果更多、更公平地惠及残疾人,已成为越来越多的人的共识,并得到来自各界的大力支持,残疾人的实用技术、职业技能培训工作也取得了巨大成效。但在残疾人实用技术和职业技能培训工作中,也存在一些问题,影响着残疾人培训工作的有效开展,影响着残疾人培训效果。

1.培训主体积极性不高

通过对残疾人访谈了解到,由于就业的残疾人收入较之未就业前每月领到的社会保障金增加不多,使残疾人宁愿依靠社会保障金生活也不愿为略多一点的收入去付出艰辛劳动,因而,通过培训实现就业的意愿不强。另外,残疾人因生理原因,对社会或企业需求的依赖性较强,造成已就业或已有谋生手段的残疾人,不愿承担风险和压力,继续参加实用技术或职业技能提升培训,对通过培训实现再就业或改善生活信心不足,积极性不高。

2.培训项目针对性不强

在各级政府和残联大力扶持残疾人就业事业发展的过程中,残疾人职业技能培训形成了一些特色项目,如盲人按摩、烹饪、插花、绳编、刺绣、工艺品制作等。但总体来说,残疾人的培训项目多以传统行业为主,随着时代变迁,很多培训项目针对的就业岗位已经不再具备求职空间,培训项目开发严重滞后,未能与时俱进地适应社会发展和残疾人的兴趣需求,导致培训项目实用性、针对性不强。此外,就培训项目本身而言,培训方往往过多地考虑了残疾人对培训内容的接受程度和能力,降低了培训的标准和要求,导致能力较强的残疾人在参加培训后没有得到理想的提升,从而对参加培训感到失望。

3. 培训形式单一,成效不高

残疾人实用技术及职业技能培训大多由当地政府与残联组织,培训方式也以地区残疾人集中培训为主,残疾人想学习实用技术或职业技能,只能参加当地政府或残联组织的统一集中培训。受条件限制,一般一次培训只能开设一个项目,残疾人无法选择。由于培训项目不可能满足所有残疾人的需求,只能是有需求的残疾人参加培训,且培训结束后,又只能求职于政府或残联联系的用人单位,就业面较窄,就业率不高,培训效果难以彰显。此外,绝大多数培训组织方,只关注讲授内容,对培训结束之后的效果、残疾人能否成功就业,以及就业后的收入情况等跟踪回访不到位,未能开展对培训成效的评价及考核,使组织方及培训机构失去了改进提高的动机和需求。

(三)残疾人在就业创业方面存在的问题

残疾人就业是残疾人事业的重要组成部分,是残疾人走出家庭、参与社会的主要方式,是残疾人及其家庭最关心和重视的一个社会问题,更是实现残疾人脱贫致富奔小康的重要方式。近年来,地方政府和残联将残疾人就业脱贫攻坚作为最大的政治任务和重要的民生工程,通过依法推进残疾人按比例就业、建立残疾人创业就业示范点、推进残疾人就业服务机构规范化建设,鼓励和扶持残疾人个体就业创业,残疾人就业率逐步提高,生活状况得到一定改善。但深度分析,残疾人就业仍存在以下问题。

1. 残疾人就业创业积极性不高

由于残疾人受自身生理因素限制,无法从事一些劳动强度较高的行业企业生产工作,又普遍存在文化程度不高、专业技术能力不强,对于一些技术性、专业性要求较高的岗位工作难以胜任等现实问题,使得残疾人一般就业层次偏低、薪资不高、待遇较差,就业收入比社会保障金高出不多,挫伤了残疾人就业的积极性。

2. 残疾人就业质量不高

我国对于残疾人就业的支持力度和资源投入随着社会经济的发展有了

显著提高。但由于我国残疾人就业仍主要集中于次级劳动力市场,多从事技术要求弱、工作条件差、薪资水平低的工作;另外,受到自身教育程度和就业能力水平的限制,残疾人在寻求就业机会时往往处于劣势,就业选择面有限,且大多被限定在特定范围内,就业同质性较高,就业质量不高。

3. 残疾人城乡就业区域发展不均衡

我国的残疾人在城镇及农村就业状况完全不一样。在农村,残疾人所受教育程度越高,就业机会越多,越容易就业,家庭经济条件越好、生活越便捷,残疾人就业意愿越低,越不愿意就业;在城镇,由于残疾人所受教育程度普遍高于农村,所以文化程度对于提高其就业机会没有农村明显,城镇生活压力较大,加之对自身价值的追求比农村高,家庭经济条件越好、生活越便捷,残疾人创业就业意愿会越高。此外,我国城乡之间经济发展水平存在差异,对残疾人的各项扶持和社会保障水平也有不同,导致残疾人就业区域发展不平衡。

4. 残疾人就业扶持政策、法律法规操作性不强

为维护残疾人的合法就业权益,我国出台了《残疾人就业条例》和《残疾人就业保障金征收使用管理办法》,但由于执法主体不明确,致使法规执行困难。例如,政策上为鼓励企业雇佣残疾人,出台了企业税务减免或优惠政策,但很多企业迫于相关手续烦琐,宁肯选择缴纳残疾人保障金,也不愿雇佣残疾人入企就业。此外,不同就业形态下的残疾人享有的扶持政策不同,也制约了残疾人的就业创业。如个体就业的残疾人选择创业,不能享受灵活就业的扶持政策等。

5. 残疾人就业保障体系不完善

目前,我国残疾人就业保障机构对相关部门的职责内容和管辖范围没有明确界定,相关机构的问责机制未得到确认及落实;以社会保险、生活救助、补贴等为主要内容的残疾人就业保障体系还不完善;残疾人就业创业评估监测机制还不健全;用人单位、雇员、服务机构之间缺少三方联动机制;应有的雇主责任险、残疾人意外伤害险等保障政策不到位,如此等等,无法为用人单位和残疾人提供较好的法律保障,也制约了残疾人的就业创业。

第二节 国内残疾人职业教育发展成功做法与经验

党的十九大报告提出"办好特殊教育",这对我国残疾人教育事业提出了新时代的发展要求。在国家相关政策的大力推进下,各省(直辖市、自治区)统筹协调资源、创新工作机制、增强服务支持力度、加强质量控制、积极推进残疾人教育服务均等化,保障其在良好的职教生态环境中,平等地接受优质教育,促进社会和谐建设与发展。承担残疾人职业教育的机构以就业为导向开展专业实训教学和技能训练,在提高残疾学生文化素养、求生素质和职业能力的同时,增强他们参与社会活动的勇气,帮助残疾学生逐渐成长为能自立于或半自立于社会、自食其力的劳动者;县市基层地方政府"以培训为载体、以就业为导向",积极探索、拓展残疾人就业渠道,组织多种形式的培训活动,帮助残疾人脱贫致富。

通过梳理残疾人职业教育发展较好的省(直辖市、自治区)、地市(县)政府及残疾人职业教育机构在残疾人职业教育、实用技术及职业技能培训方面的成功经验、做法,为我省、地市政府及各职业院校提供经验借鉴,以更好地促进我省残疾人职业教育高质量发展。

一、省(直辖市、自治区)残疾人职业教育发展经验

(一)江苏省残疾人职业教育发展经验

江苏省残疾人职业教育起步较早,在长期的发展过程中,在全纳教育思想、融合教育理念指导下,结合当地残疾人职业教育工作实际,逐步形成了江苏省残疾人职业教育发展的创新与特色。

1. 突出政府责任,创新行政机制

(1)政府主导,统筹协调。

江苏省委、省政府以及各市(县)党委、政府高度重视残疾人职业教育,把残疾人职业教育摆在教育事业发展的重要位置予以规划、部署和推进。2017年,江苏省教育厅、编办、残联等8部门联合颁布了《江苏省第二期特殊教育提

升计划(2017—2020年)》,计划提出要"坚持政府主导,特教特办",落实各级政府及相关部门发展残疾人教育的责任,实现跨领域协作制度创新;同时,专门制定特殊政策措施,给予残疾学生特别扶助和优先保障。在江苏省出台的残疾人教育文件中,除了专业方面的跨领域合作外,还实现了人员的跨领域调度、经费跨领域统筹,突出政府在残疾人职业教育发展中的主导作用,利用政府的行政力量调动各方资源为民谋福祉,这也成为推进残疾人职业教育发展的原动力。

(2)机制创新,落实责任。

为了把"政府主导,统筹协调"落到实处,江苏省开展机制创新,落实各部门工作责任。2017年,江苏省教育厅、发改委等8部门联合颁布了《关于建立特殊教育联席会议制度的通知》,根据通知精神,在省、市、县(县级市、区)建立了相应的残疾人教育联席会议制度,通过联席会议使各相关责任方有责任、有担当。2017年,江苏省教育厅、民政厅等4部门联合颁布《关于建立特殊教育指导中心制度的通知》,成立了省特殊教育指导中心,负责统筹协调、整合资源,研究制订切实可行的跨部门协同政策创新,承担各区域特殊教育融合发展的管理、指导,提供专业、资源支持。2017年,江苏省编办、教育厅联合颁布了《关于进一步做好特殊教育机构编制保障工作的通知》,提出为残疾人融合教育学校"配备专职特教教师、康复医生、康复治疗师、康复训练人员及其他专业技术人员,做好残疾人教育机构编制保障服务工作"。实践证明,这些制度很好地统筹解决了全省残疾人职业教育发展中的重点、难点问题,协调整合了各方力量,极大地推进了残疾人职业教育的发展。

2.落实教育公平,创新制度建设

(1)依法办学,明确目标。

《残疾人教育条例》第三条指出:"保障义务教育,着重发展职业教育。"江苏省在贯彻落实文件精神中,制定了基本普及残障青少年15年教育,发展残疾人高等职业教育;全面实施融合教育,基本形成以随班就读为主体的残疾人职业教育发展格局;推进特教师资建设,各地各校按需配齐配足专职专业特教师资;提升残疾人职业教育质量,贯彻落实国家残疾人职业教育学校课程标准,开发校本课程,全面实施个性化教育,以实现残疾人职业教育按需服务的目标。

(2)制度创新,确保公平。

党的十九大提出:努力让每个孩子都能享有公平而有质量的教育。江苏省通过实施残疾人职业教育学校合格工程和残疾人职业教育现代化示范学校创建工作,使全省残疾人职业教育学校的办学质量有了总体提升。

为了确保江苏省残疾人融合教育公平优质发展,省教育厅、民政厅等4部门于2018年联合发布了《关于加强普通学校融合教育资源中心建设的指导意见》,提出在普通学校建设残疾人融合教育资源中心。资源中心具有"实施残疾人教育及残疾人职业教育的专业能力、为残疾人及其家人提供个性化教育与康复服务"的能力。资源中心与特殊教育专业委员会专家结合实际,先后研究制定了《教育诊断评估安置制度》《特殊教育服务清单制度》《课程与教学调整制度》《个别化教育计划实施制度》《教育方案集体审议制度》《特殊教育专用设备的动态周转使用制度》等各项制度,从制度层面整合协同相关方力量,责任共担,用制度指导和规范残疾人职业教育资源中心工作,为残疾人在学习中真正享有公平而有质量的教育提供制度保障。

3. 扩大服务对象,造福特需少年

(1)关注每个残疾学生,办适合的教育。

扩展普通学校融合教育对象范围是江苏省融合教育制度、政策创新与实践探索极其重要的方面。通过政策创新,江苏省将残疾人融合教育对象由传统的六类"残障"青少年扩展到九类"障碍"青少年,并明确将"学习障碍、情绪行为障碍、发育迟缓等有特殊教育需要的青少年"作为融合教育对象,不仅扩展了融合教育对象的范围,政府按需配备人、财、物,提供个性化教育服务的思想,进一步促进了教育工作者对特需学生的理解。

(2)按需提供特殊教育服务。

为了落实学生"特需"的内容和责任方,江苏省要求各地残疾人教育指导中心制定并落实《特殊教育服务清单制度》,要求"学校向有关学生家长或监护人提供残疾人教育服务清单,告知评估认定后可以享有的特殊教育服务。"特殊教育服务清单包括:"政府和学校及有关部门联合承诺提供的安排方式、专业师资、专有场所、专业设备、专项经费(含康复经费)、个性化教育方案列举等,以及家长或监护人应当配合实施的教育。"为了提高融合教育的质量,江苏省还制定并实施了《课程与教学调整制度》《个性化教育计划实施制度》

《特教班制度》《特殊教育专用设备的动态周转使用制度》《教育方案集体审议制度》等制度。基于融合教育对象的特殊性、多样性、复杂性和需要提供服务的专业性与艰巨性,江苏省在《关于加强普通学校融合教育资源中心建设的指导意见》中明确规定:建立由分管院(校)长、教务主任、德育主任、总务主任、特教教师、康复治疗师、心理健康教师、班主任、任课教师、家长、残疾人工作者、社工、志愿者等组成的融合教育教学与管理团队。从制度建设到综合性团队建设,使规定的事情有人管、有人做,使有特殊教育需要的学生真正得到专业化的支持服务。

4.加强督导评估,着眼质量提升

(1)科学发展的职业教育质量观。

江苏省在推进残疾人职业教育融合发展过程中,始终坚持质量与数量统一。在《江苏省第二期特殊教育提升计划(2017—2020年)》"总体目标"中,明确规定了职业教育的入学率和融合教育实现率,同时在江苏省《关于加强普通学校融合教育资源中心建设的指导意见》中规定了:"2020年各市区基本实现所有乡镇(街道)初中和县域中等职业学校融合教育资源中心全覆盖;再用5—10年时间使江苏省残疾人融合教育质量接近发达国家水平。"在江苏省残疾人融合教育发展过程中,从体制架构、机制运行、制度建设和目标实践中,充分体现了质与量的统一。

(2)建立健全残疾人教育融合发展督导制度。

教育督导是政府把控教育发展方向和教育质量的重要环节。江苏省制定残疾人教育发展和融合教育推进的督导制度,除开展日常工作调研、检查外,教育厅或特殊教育发展指导中心每年会组织由各专业门类拔尖技术骨干组成的督导或调研团队,到残疾人教育学校、职业融合教育学校进行具体检查和指导。并且,各市(区)建立了融合教育督导检查和问责机制,将残疾人职业教育的目标任务和政策措施落实情况纳入各有关部门工作实绩考核体系,建立年度通报制度,用以落实市(区)政府在残疾人教育和职业融合教育发展中的责任。

5.注重专业引领,发挥高校作用

(1)运用高校资源支持江苏职业教育发展。

南京特殊教育师范学院是我国唯一一所独立设置的本科特殊教育师范

学院。该院特殊教育专业门类齐全,师资力量雄厚,在我国特殊教育师资培养以及培训等方面发挥着十分重要的作用。江苏省教育厅非常重视发挥南京特殊教育师范学院在残疾人职业教育发展中的专业支持作用。2001年,在该校设立"江苏省特殊教育师资培训中心";2016年,在该校成立"江苏省特殊教育发展指导中心";2017年,在该校成立"江苏省高等教育融合教育研究所"。南京特殊教育师范学院长期为江苏省残疾人教育发展和职业融合教育推进培养师资、研究政策、指导实践,极大地提升了江苏省残疾人职业教育的整体水平。

(2)全国高校教育专家聚力帮助江苏职业教育融合发展。

为汇聚全国残疾人教育、职业融合教育方面的教授、专家力量,支持江苏省残疾人职业教育融合发展,省教育厅在原有专家资源库基础上,广纳贤士,聘请北京师范大学等知名高校的教授、博士生导师,三甲医院的科室教授、主任医师,一线特殊教育学校的教学名师,康复机构的知名康复师等充实到残疾人教育、职业融合教育专家资源库,参加江苏省相关政策研讨、论证,开展职业融合教育培训与指导,对提高当地残疾人职业教育融合发展起到了极大的促进作用。

(3)苏台融合教育合作项目助力江苏职业融合教育发展。

我国台湾地区开展职业融合教育较早,有13所高校开展职业融合教育理论研究与教师培养工作,有一支理论水平与实践能力兼备的教师队伍。江苏省教育厅港澳台办公室搭建平台,与台湾国际青少年交流协会共同签署了《苏台融合教育项目合作备忘录》,加强台湾专家与江苏专家的合作,通过创造性地开发"苏台职业融合教育线上呼叫响应机制平台",助力江苏省职业融合教育师资培训和职业教育融合实践。

6.重视舆论宣导,促进社会融合

(1)全员培训,普及融合教育理念。

融合教育是一种理念,也是实践。鉴于我国在普通教育与职业教育院校普及融合教育的理念和知识相对不足,江苏省各级教育部门和特殊教育指导中心在全面推进融合教育的过程中,把普通教育和职业教育院校的融合教育通识培训放在极其重要的位置上。从省教育厅、各市教育局到各级特殊教育指导中心都相继开展了面向普通教育和职业教育院校师生的融合教育专题

培训。据不完全统计,2019年全省举办各级融合教育专场培训589场,参加培训人数近3万人,尤其是兼有融合教育资源中心的普通教育和职业教育院校都把融合教育培训列入学校全员培训。全员培训对普及融合教育理念、培养融合教育情怀、宣传融合教育知识、推动融合教育实践起到了积极的作用。

(2)学校通过融合教育文化建设培育新人。

融合教育的本质特征强调包容、接纳、参与、合作、共享。对待弱势群体的态度和行为,是衡量一个社会文明程度的标志之一,也是和谐社会建设的重要指标。江苏省在推进残疾人融合教育的实践中,要求残疾人融合教育资源中心把融合教育相关的理念作为学校文化建设新内涵,培养学生"健全人格、珍爱生命、勇于担当"的核心素养,通过校园文化建设,培育具有融合教育情怀的一代新人。

(3)通过社会融合文化宣传提高文明素质。

江苏省在全面推进融合教育过程中,始终把社会融合文化的宣传与建设作为必须工作,通过政府相关部门联合调研,了解残疾人的特点和需求,了解他们的生存与发展现状;通过公益广告让社会大众知晓残疾学生的客观存在和发展权利,用广泛的宣传,营造职业教育融合发展环境、丰富社会主义文明建设内容,使残疾人融合教育生态得到良性发展。

(二)其他地区残疾人职业教育发展经验

1. 北京市职业教育发展特色

(1)制度先行,优先保障残障青少年。

通过制度建设,为残疾人"入园、入学、升学"提供保障。以"就近、优先"原则,保障残疾学生接受义务教育;对有意愿的残疾学生以"就近、就便"原则,可申请进入普通高中或中职学校随班就读;多措并举推进残疾青少年学前教育"全覆盖",全面开展学前基本教育康复服务;对符合国家录取标准的残疾考生"零拒绝",并为残疾大学生的学习和生活提供支持与服务;探索残疾大学生人才培养模式,促进残疾大学毕业生高质量就业。

(2)优化职业教育发展路径。

①统筹构建职业融合教育专业支持体系。在市级层面建立特殊教育研究指导中心,充实建设市级听障、视障资源中心和市级孤独症教育康复训练基地;在全市15区基本建成区级特殊教育中心,并依托区特殊教育中心成立

区域特殊教育专家委员会,履行残疾青少年入学审核、评估、备案及指导工作;此外,为各区增建学区融合教育资源中心,并与资源教室对接,为职业融合教育学校的发展提供切实服务与支持;积极推进残疾人职业教育发展联盟有效运转,完善市区级融合教育教研网络体系,推进多层级的职业融合教育专业服务实体建设。

②加强专业支持服务实体质量保障。对区县连续开展特殊教育、融合教育专项督导,落实业务督导与追踪指导机制;制定《北京市特殊教育专业支持服务实体的管理指导手册》,规范各部门的职责、管理细则及评估标准;对市级示范性残疾人职业教育项目进行项目审计,挖掘和总结优秀经验,梳理问题解决策略,提供针对性支持,推进实施系统、科学、持续、长效的评估机制。

③落实残疾人教育学生"双学籍"制度。《北京市中小学融合教育行动计划》首次提出了残疾人教育学生"双学籍"制度,即残疾学生同时具有残疾人教育学校学籍和户籍所在地就近入学的普通学校学籍,确保每一个残疾人教育学校学生每月至少有半天参加普通学校活动,以促进教育融合。

④建立普通学校融合教育推行制度。《北京市特殊教育提升计划(2017—2020年)》要求区教育行政部门和普通学校设立由教委分管领导或各院校校长担任负责人、由院校教育教学管理干部、班主任教师、特殊教育资源教师、家长代表为组员的融合教育推行委员会。在顶层设计上,从资金投入、学校布局、师资配备、设施装备分配等方面做到普特兼顾、倾斜残疾人职业教育;在教育教学上,重在制订融合教育推行计划、协调行政支持、整合专业资源等工作,强化普通学校保障残疾学生优质教育权益的主体责任。

(3)推动残疾人职业教育师资队伍发展。

①完善残疾人职业教育教研网络。以北京市残疾人职业教育专业服务支持体系为平台,北京市完善了四级残疾人职业教育教研网络,形成超百人的专兼职残疾人职业教育教研队伍,推动区级融合教育教研的常态化、持续化开展,初步形成了较完善的专业教研体系。

②优化残疾人职业教育专业人才队伍。北京市各区县根据《北京市融合教育行动计划》设立"特殊教育教师队伍建设工程",全市分类、分层推进残疾人职业教育学校教师、残疾人职业教育巡回指导教师、残疾人职业教育资源教师等专业化队伍培训培养,持续加强专业化团队建设。

③建立职业融合教育专业师资团队。在融合教育学校基本形成"1＋N＋1"专业教师团队(即1名班主任＋多名专业(学科)教师＋1名巡回指导教师或资源教师),提高了北京职业融合教育专业师资综合水平。

④开展资源教师体验式培训。坚持以强带弱、共同进步,每年由市教委统一组织边远郊区和山区残疾人职业教育欠发达地区部分教师,以全脱产方式进入市区优质残疾人职业教育学校进行跟班学习培训,通过培训既提高其专业水平,又提高其实践教学能力,从而提升了欠发达地区师资教育教学水平。

⑤建立区域残疾人职业教育发展联盟。通过目标导向式培训、学习和联合教研,建立相互帮扶、相互带动的联盟发展机制,提升整体办学水平,促进残疾人职业教育优质均衡发展,扩大优质残疾人职业教育资源覆盖面和受益群体,让残障青少年在家门口就能享有优质特殊教育。

2. 上海市职业教育融合发展经验

(1)注重顶层设计,强化职业融合教育管理。上海市始终将融合教育作为残疾人职业教育发展的核心工作,纳入教育发展的整体规划,通过持续完善制度,落实各方主体责任,规范融合教育服务,加强随班就读管理、提高教育教学质量、强化特教指导中心作用、加强师资队伍建设和资源教室建设,完善评估、监测体系,强化管理。

(2)两头延伸,构建融合教育体系。

①稳步推进残疾人幼儿融合教育。落实"在每个街镇选取一所普通幼儿园设置残疾人教育点,举办残疾人教育班或开展定点定时服务"。

②积极发展高中阶段残疾人职业教育。在全市每个区设置一个残疾人中等职业教育办学点,以普通高中和普通中职校随班就读、普通中职校特殊教育班、特殊中等职业学校等多种安置方式,拓宽各类残疾学生接受中等职业教育渠道,为特殊需要学生提供高中阶段教育服务。

(3)专业支持,推进职业教育融合服务。

①建立融合教育专业服务体系。采取跨部门合作、分类指导、分级管理的方式,建立"市—区—校"三级专业服务网络。依托特殊教育学校建立残疾人教育指导中心,负责全市残疾学生随班就读业务管理、指导、服务及协调工作;此外,市、区残疾人教育指导中心与相关医疗、康复机构结成对口合作关

系,为学校提供相关专业服务。

②建设残疾人职业教育公共服务平台。由教育、卫健、残联等部门共建上海市残疾人职业教育信息通报系统,整合多方信息搭建网络平台,实现残障青少年从发现、随访、诊断、安置、就读直至毕业的全程跟踪服务,并提供丰富的文献资源、教学与康复干预资源,为教师、家长提供专业支持。

③加强残疾学生评估。成立上海市残疾学生教育评估中心,市教委、市卫健委联合制订残疾青少年评估制度,市残疾人职业教育资源中心研制残疾青少年发展评估工具和随班就读学生学业水平评估工具。成立专家团队,对残疾学生的发展情况进行全面、精准的医学诊断、健康评估、教育评估,为实施个别化教育提供针对性和有效性的依据。

(4)多措并举,打造职业教育队伍。

①落实《上海市关于加强特殊教育师资和经费配备意见的通知》精神,完善残疾人职业教育学校师资配备。

②上海市委托华东师范大学学前教育与特殊教育师资培训中心,就"理论与实践结合、多学科结合"等内容,采用模块化方式,邀请相关专家教学团队,开展普通学校残疾人职业教育专职教师岗位培训。此外,通过专题培训、出国(境)研修、项目研究等方式为残疾人职业教育教师提供丰富多样的专业化发展平台,有效提升教师实施残疾人职业教育的能力。

③落实政府支持特教政策,提高残疾人职业教育特教教师待遇,保障特教师资队伍稳定。

3. 四川省残疾人职业教育发展经验

(1)出台专项政策,推进职业教育发展。

以全面推进残疾人职业教育为导向,将残疾人职业教育发展纳入全省教育事业发展规划和脱贫攻坚专项工作进行整体部署,先后出台《四川省农村残疾人扶贫开发纲要(2011—2020年)》等8个政策制度,针对教育最薄弱领域和最贫困群体,聚焦核心任务,狠抓残疾人职业教育发展和脱贫攻坚关键环节,切实保障适龄残疾青少年"人人有学上"。

(2)改革体制机制,提升残疾人职业教育质量。

通过实施省教育体制机制改革试点,以教科院为龙头,以市(州)教科所(院)为纽带,以县(县级市、区)教研室、特殊教育学校和普通学校为主体,聚焦教师、教学和教研三个方面工作的现实问题,尝试建立"三位一体"、协同推进职业教育随班就读教研支持保障体系建设,支撑随班就读质量提升。

(3)突出职业教育发展地区特色。

近年来,各市委、市政府十分重视残疾人职业教育的发展,在残疾人职业教育教师培训上形成了"三级五步"的独特经验。即建立市、区、校三级联动培训体系,共建培训机制、共用培训课程、共享培训讲师,通过组建跨专业研修团队、打造残疾人职业教育培训讲师团队、科学设计培训课程体系、开展个性化培训、实施督导行动方案五个步骤,形成独有的残疾人职业教育教师培训体系。

4.新疆维吾尔自治区职业教育发展经验

(1)加强顶层设计,突出制度建设。

新疆维吾尔自治区十分重视对残疾人职业教育的顶层设计和整体规划,加强残疾人教育政策制度建设,先后印发了11个关于残疾人教育的文件和规划。这一系列文件和规划有力地维护了残疾人职业教育办学秩序,促进了残疾人教育的良序运行,规避了非理性与随意性行为,增强了残疾人职业教育支持保障能力。

(2)加强组织建设,提升管理效能。

①加强残疾人职业教育资源中心建设。新疆维吾尔自治区依托新疆师范大学、乌鲁木齐市聋人学校和盲人学校,利用划拨的中央特殊教育专项资金支持,在全区范围内建立起了自治区、地(州、市)和区县三级残疾人职业教育资源中心体系。

②加大普通学校资源教室建设。自2019年,新疆维吾尔自治区结合各地(州、市)融合教育学生人数、入学情况等,统筹规划,安排中央残疾人教育补助资金建设资源教室。截至2020年,全区97个县市中,除5个县市因人数偏少未建资源教室外,其余92个县市均规划建设了资源教室。

③建设残疾人教育专家委员会。2019年,新疆维吾尔自治区印发了《特殊教育专家委员会工作管理办法(试行)》。截至2019年底,新疆维吾尔自治区已基本构建起地(州、市)、区县两级残疾人教育专家委员会。

(3)加强师资队伍建设,推进人力资源开发。

①加快师资培养培训基地建设。为适应残疾人职业教育发展对专业师

资的迫切需求,区政府不断加大对区内高等特殊教育师范院校的支持力度,促进残疾人教育师资培养体系逐步完善,师资培养培训基地教师的教学能力也不断提升。

②加大残疾人职业教育教师培养培训力度。为尽快提升现有教师及管理干部的融合教育专业化水平,区政府通过举办长期培训班、短期专题培训班,开展融入式教师培训等多种形式,加大教师和管理人员培训力度。另外,将融合教育内容作为必修课程纳入区内高职高校特殊教育专业人才培养方案,并付诸实施。

(4)推进本土化研究,提升残疾人职业教育质量。

①举办残疾人职业教育优秀教研成果评选活动。通过陆续举办残疾人教育论文比赛、残疾人教育优秀教学成果评选等活动,鼓励全区残疾人教育工作者,针对新疆残疾人职业教育发展中的重点、难点和热点问题开展专题研究,为新疆维吾尔自治区融合教育实践的本地化奠定坚实的基础。

②推进残疾人教育学术交流与合作。新疆维吾尔自治区充分发挥新疆教育学会特殊教育专业委员会的作用,不断创新学术交流形式和载体,推动残疾人教育管理水平和办学水平不断提升。

二、残疾人职业教育院校发展经验

在各级政府、中国残联和社会各界的关心支持下,我国残疾人职业教育院校和职业融合院校认真贯彻落实《国家中长期教育改革和发展规划纲要(2010—2020年)》,积极推进第一期、第二期《特殊教育提升计划》工作开展。各院校总体办学思路清晰、办学条件完善、教学持续改革、专业不断拓宽、质量稳步提升、师资队伍得到充实、服务功能充分拓展、发展环境得到优化。他们为残疾学生搭建起终身接受教育和融入社会的平台,提高了残疾学生的文化素养、求生素质和职业能力,帮助残疾学生逐渐成长为能自立于或半自立于社会、自食其力的劳动者。在残疾人职业教育方面取得了丰硕成果,为残疾人职业教育事业发展作出了突出贡献。下面,我们从中职学校和高职高校两个层次分别介绍其办学经验。

(一)中等职业学校残疾人职业教育发展经验

残疾人中等职业教育在党和政府的关心支持下,各学校坚持育人为本,以服务发展为宗旨、以促进残疾学生就业为导向,根据社会需求,结合残疾学生特点,改革人才培养模式,积极推行工学结合、校企合作的人才培养模式改革,创新教学内容、优化教学方法,突出"做中学、做中教"的职业教育教学特色,注重就业意识和就业实践能力培养,不断提高育人质量,推动教育教学改革向纵深发展。在促进残疾人中等职业教育中,涌现出一批优秀的残疾人中等职业教育学校或职业融合教育学校。

1. 上海市黄浦区特殊教育职业学校发展经验

上海市黄浦区特殊教育职业学校是招收黄浦区智力残障、脑瘫和孤独症等残疾学生的全日制残疾人中等职业学校,学校坚持以"生存教育"为主线,秉承"让每一位学生都能充分、和谐、多元、个性地发展"的办学宗旨,以"会生存、乐合作、爱生活"为培养目标,组织实施教育教学。

(1)聚焦育人设置课程。

根据《上海市特殊中等职业学校(班)课程方案(试行稿)》,以残疾人融入社会为导向,学校在课程设置上充分体现"育人为本、尊重差异、促进融合、支持就业"的指导思想。根据社会需求和残疾学生的身心特点,合理设置专业,坚持"本土与因地制宜"原则,符合城市中心的地域性特点;坚持"促进与补偿"原则,充分发挥学生潜能,补偿学生缺陷。构建了"公共基础课程、专业课程、康复训练课程+社会实践活动特色课程"的"3+1生存教育"课程结构,详见图4-1。

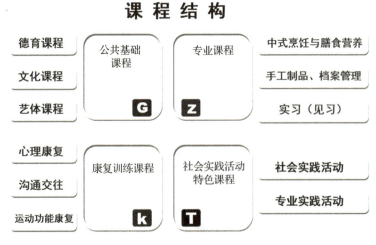

图4-1 "3+1生存教育"课程结构

在课程建设上强调多元融合,除了专业课程内容以外,开展了单元主题教学。课程内容紧密结合社会需要与学生生活经验,积极开展提高公民意识的社会实践活动,引导学生以实践、参与、体验的方式进行学习。课程实施上实行分层教学,充分考虑残疾学生的学习基础、能力特点,将知识技能学习与自我服务能力提升、职业技能训练紧密结合。

(2)推进支持式就业实习。

①开发实习基地资源。学校除了建立完整的教育资源共享机制与有效的家校合作之外,还特别注重跨部门合作,与残联、社区、医疗康复机构以及相关企事业单位合作共建,充分利用相关资源为残疾学生教育教学、康复训练、见习实习、融入社会等提供学习体验的机会。近两年,学校陆续为职业四年级的学生开拓了4个实习基地,分别是阳光家园、益空间、社区图书馆、85℃面包店。实习的工作内容主要有:阳光家园的电子档案管理、益空间的花艺制作、社区图书馆的书籍整理、85℃面包店的接待礼仪与卫生打扫。

②采用支持式实习指导。学校尝试采用支持方式帮助学生达到就业的能力。第一阶段:校内模拟实习。在校设立工作岗位(图书室整理、专用教室清洁等),模拟上班模式开展培训,初步形成职业意识与就业规范。第二阶段:单位实岗实习(对接区残联和社区资源)。在企事业单位实习体验,单位派代教师傅负责指导,学校派陪护老师协同跟进,双管齐下给予支持式培训,培养学生形成初步的职业技能与职业意识,有较规范的言行、良好的人际交往体验以及简单事务处理能力等。

③分层安置实习方式。针对学生不同的学习基础和能力程度,分层特设了三种实习方式,即校外实习、校内实习和居家实习。校外实习由学校教师陪同前往实习单位完成相应的实习学时;校内实习则是教师带领学生在学校体验实习工作,主要内容是保洁、种植;针对因各种原因导致无法来校学习的同学,与家长联系,为其布置合适的居家实习内容,如完成简单的家务劳动等。私人定制实习方案,确保每一位学生都能有实习体验的经历,并在此过程中学习、成长,激发他们更多潜在的可能性。

④建立多元支持体系。针对影响残疾学生就业持久性和稳定性的综合能力(应变能力、接受批评、忍受挫折的能力)比较低下的现实,学校根据残疾学生的不同能力和需求给予辅助、资源、策略、环境整合等方面的支持,建立

起家庭、学校、社会等多元的支持体系,对学生开展职业教育以及职业转衔教育,从而帮助于学生更好地融入社会,实现支持性就业。

2.成都市特殊教育学校发展经验

成都市特殊教育学校是四川省历史最悠久、规模最大、师资力量最雄厚的一所综合性残疾人教育学校。学校主要从事对视力残障、听力残障和智力障碍三类残疾学生的教育培养工作。

成都市特殊教育学校在党和政府的重视及大力支持下,在社会各界的关心和帮助下,全校教职工众志成城、锐意创新,建成了"一个基地、四个中心"("一个基地"是指学校以"立德树人"为根本任务,建设了成都市中小学德育基地;"四个中心"即四川省"特殊教育师资培训中心、四川省盲人教育资源中心、成都市残疾学生家长培训中心、成都市残障青少年随班就读指导中心"),形成了"两个特色"(重点抓好"中等职业教育和心理健康教育")。通过实施一流的规范管理、建设一流的师资队伍、营造一流的育人环境、达到一流的教育质量,争创全国一流的特教名校,在残疾人职业教育方面创出了特色。

学校秉承"铸造健全人格、练就生存技能、融入主流社会"的办学思想;坚持"依法治校、质量立校、特色兴校"的工作思路,努力把残疾学生培养成为"身心健康、兴趣广泛、自食其力、残而有为"的合格劳动者;学校以"建阳光校园、做阳光教师、育阳光学生"为愿景,逐步形成阳光教育特色;以量体裁衣、校企联合办学、订单式培训为举措,不断突出职业教育特色。同时,竭力打造德育主题教育活动特色和艺体活动特色。

学校重视体育和艺术教育活动开展,学生的运动竞技水平在省内具有绝对优势,每年都会为省、市输送一批优秀运动员,并在每届省、市"残运会"上取得优异成绩,在2018年的四川省残运会上,该校学生为成都市赢得21枚金牌。学生文艺节目也多次获得全国、省、市一、二等奖,在省内享有盛誉。

学校积极推行工学结合、校企合作,创新教学内容、改革教学方法,重视实践和实训教学环节,突出"做中学、做中教"的职业教育教学特色,学校毕业学生素质较高,盲人按摩专业学生就业率一直高达100%,听力残障工艺美术和平面设计专业学生就业率也高达95%以上。在此基础上,学校尊重残疾学生想接受高等教育的需求,精心辅导,先后有60多名学生考上了北京联合大学、长春大学和天津理工大学等多所高校。学校办学业绩突出,先后荣获全国体育先进单位、成都市特殊教育先进单位、成都市扶残助残先进集体、成都市中小学德育工作先进单位等40多项荣誉称号。

3. 杭州市湖墅学校发展经验

杭州市湖墅学校自开办以来，就得到了市、区教育局和残联等部门的大力支持和社会热心团体的资助。学校残疾人融合教育工作基本形成了政府主导、部门协同、社会参与的格局，政府加强人、财、物等方面的政策引导，通过成立残疾人教育协调小组、建立残疾人教育联席工作会议制度等，不断提升部门间的协调合作水平，极大地促进了学校残疾人融合教育的发展。学校办学30多年来，始终追求"生活化、个别化、精细化"的发展目标，精心打造"洁美、温馨、精细、有序"的无障碍校园环境，逐步建成了学习、训练、生活、康复等功能齐全、基础设施良好（以启康楼、启艺楼、启智楼、启远路、启业楼为主体）的校园建筑群。学校主要承担拱墅区"智障儿童康复教育、智障青年职业培训、资源教师培训、特殊教育研究、随班就读指导"等任务，基本实现了残疾人融合教育多学段、全覆盖。

学校着力探索以"生活适应"为核心的单元主题教学模式，开发"生活适应"教材，改革教学方式，重视生活实践和职业技能训练等教学环节，突出"做中学、做中教"的职业教育教学特色，注重对学生就业精神、就业意识和就业实践能力的培养，学校既强调残疾学生身心康复、潜能开发、生活能力增强的教育教学，又注重残疾学生毕业后的妥善安置，帮助学生实现自我照顾、自食其力、适应社会发展并拥有品质生活的理想。

学校还根据学生发展的实际需要，为每个残疾学生建立个别化教育计划、成长档案和个别化教学课表。建立四级就业目标：一级残障，目标是"好照顾"，主要采取居家安养方式；二级残障，目标是"好家人"，安置形式为重度庇护就业；三级残障，目标是"好帮手"，实行轻度庇护就业；四级残障，目标是"好公民"，努力实现独立就业。

学校以学生的需要为出发点和终极目标，尊重、理解、赏识、激励每个残疾学生，让每一个孩子毕业后都能得到妥善安置。办学以来，已有90多名毕业学生在福利工厂、公疗站以及居家等三级安置形式中得到妥善安置，获得了良好的社会效益。

(二)高职高校职业教育发展经验

从教育起点视角看,南京特殊教育师范学院在招收残疾人职业教育学生上做了大胆尝试,并在招生专业上有所突破,为更多的残障类型学生接受高等教育提供了可能,充分体现了教育起点的公平;从教育过程视角看,四川大学努力营造融合教育文化氛围,及时了解学生所需,为学生建档立卡,给予残疾学生心理帮扶、生活辅助等支持,为残疾学生的在校学习、生活创造了良好的环境和条件;从教育结果视角看,北京联合大学通过残疾学生专场招聘会、"才艺"展示、发动学校教职工为残疾学生寻求工作途径,引进社会资源,搭建就业平台,争取社会理解与支持,促进残疾大学生精准就业,实现教育结果公平。

1. 南京特殊教育师范学院招生经验

南京特殊教育师范学院作为全国首批残疾人高等融合教育试点高校,于2014年开始试点进行听力残障大学生的融合教育。2019年招生62人,其中融合教育7人,分别在应用心理学和音乐学两个专业招收视力残障考生进行融合教育;在手语翻译和公共事业管理两个专业招收听力残障考生进行融合教育;在计算机科学与技术专业招收轻度精神残障(孤独症)考生进行融合教育。为保障学校高等融合教育工作的顺利进行,该校专门成立了由残疾人融合教育资源中心、教务处、学工处等多部门联合的高等融合教育工作领导小组。同时,还建立了保障残疾学生从入学到就业的一条龙支持服务体系:如为残疾学生提供心理咨询、就业指导等方面服务的残疾学生管理支持系统;为残疾学生提供专业选择、学习评估等方面支持的学习支持系统;为残疾学生提供职业测评、就业指导支持的残疾学生就业支持体系。在创新机制方面,学校设立了残疾学生招生专业动态调整机制,根据学生兴趣、职业需求、人才培养情况和办学条件,合理调整招生专业设置,并且采取"普班配置"模式(即普通学校与职业学校携手合作,实现资源共享,着力提高学生学习能力、实践能力和创新能力,促进学生主动适应社会培养创新型、实用型、复合型人才的一种办学模式),在班级中较为均衡地配置普通学生和残疾学生比例,实现普职融合教育。

2. 四川大学支持体系建设经验

四川大学通过营造融合教育文化氛围,根据职业需求对残障大学生进行针对性培养和关爱,促进残疾大学生在校期间综合素养的发展。首先,学校在新生录取环节,通过电话沟通或面对面交流等形式,全面摸清和排查学生的基本情况,评估学生在校学习、生活可能遇到的问题和困难,为残疾学生的入学提前做好各种准备,并通过问卷调查,了解残疾学生的学习需求,为学生建立档案卡片。其次,完善工作机制。通过组建融合教育资源支持中心,形成残疾学生融合教育支持团队,从身体评估、心理帮扶、生活辅助等方面对学生开展支持;成立社团组织"翼梦协会",开展各种活动,增强普通学生和残疾学生之间的相互了解;建立家庭、学校与地方联动的工作机制,整合各方资源和力量,营造融合教育文化氛围。最后,精准帮扶,如加大经济资助力度,解决残疾学生学习和生活需求;制订个性化的培养计划,如课程替代、单独开课等方式,确保残疾学生能够顺利毕业;创建无障碍环境,如改造卫生间和寝室、设立无障碍专用自习座位等。

此外,四川大学从职业能力提升、残健融合等角度出发,开展了丰富、深入的融合活动。以职业能力提升为例,为落实国家精准资助和资助育人的工作要求,为家庭经济困难学生兴趣培养、能力提升、视野开阔创造更多的机会和条件,四川大学开展了"明远·启航"能力提升计划,开设28类能力提升和兴趣培养课程,1600名家庭经济困难学生,包括残疾学生参与各类课程学习。同时,该提升计划组织有专业特长的残疾学生作为培训教师,为同学们上课;并且为家庭经济困难残疾学生提供职业训练助教岗位,让残疾学生从被照顾、被给予、被关爱的角色中反转过来,成为管理、给予的一方,残疾学生在平等尊重中,充分地感受自我价值和成就感,融合切口更自然、融合程度更深入、融合效果更明显。

3. 北京联合大学就业经验

北京联合大学以扎实推进残疾学生就业为工作重点,采取如下举措:首先,除了在专业教育上为残疾学生提供盲文教材、手语翻译、辅具支持、学习评估以及个别化辅导等教育便利外,还通过积极落实人社部残疾人就业创业专项补贴,让每一名符合条件的毕业生都能获得相应补助。其次,通过召开残疾学生专场招聘会,安排教师带领残障大学生参加中国残联举办的专场招聘会等,促进残疾毕业生就业。发动各系主任、专业负责人、辅导员、班主任一起为残疾学生寻求工作途径。再次,通过"才艺"展示,促进社会对残疾毕业生的理解与支持。在 2018 年"创青春"首都大学生创业大赛中,特殊教育学院师生团队获得金奖。这次比赛不仅是听力残障大学生交流和展示的舞台,更搭建了听力残障大学生运用其所学专业知识实现社会价值的平台,使更多的人了解并关注残疾大学生这一特殊群体,进而解决残疾大学生就业困难问题。最后,学院引进社会资源,搭建就业平台,促进残疾大学生精准就业。在社会多方的理解支持和全校师生的共同努力下,两年来,学校残疾学生的就业率达到 100%。

三、残疾人实用技术及职业技能培训经验

(一)邯郸市残疾人职业技能培训工作特色

邯郸市坚持"以培训为载体、以就业为导向"的工作目标,积极探索残疾人职业技能"成长通道",为拓展残疾人就业渠道,组织多种形式培训活动,取得了明显的成效。

1. 政府重视,协同"造血"

(1)加强组织与宣传。

市残联对残疾人职业技能培训工作高度重视,将此项工作纳入年度工作计划,经费纳入财政预算。成立残疾人职业技能培训工作领导小组,定期召开工作会议,部署相关工作,及时研究解决工作中遇到的新情况、新问题,制定《邯郸市本级残疾人职业技能培训实施方案》,加强对职业技能培训工作的组织领导。为了让更多的残疾人及残疾人亲属了解职业技能培训安排和计划,市残联充分利用报纸、网络、广播等新闻媒体,广泛宣传,让社会各界都来关注和支持残疾人职业技能培训工作,为残疾人职业技能培训营造了良好的氛围。

(2)规范政府购买服务。

依据邯郸市财政局印发的《邯郸市政府向社会力量购买服务实施办法(暂行)》的要求,政府向具备教学设施、食宿场所、稳定师资、无障碍设施等条件且培训规范、经验丰富、有资质、有爱心的职业学校和培训机构购买服务。先后确定了邯郸市太阳花职业培训学校、邯郸市五洲中等专业学校等 6 家培训机构组织开展职业技能培训工作。

2. 组织严密,规范高效

(1)全程监管,保证质量。

首先,为督促指导各培训机构高质、高效开展工作,残疾人职业技能培训领导小组对培训项目、培训组织、培训评价考核以及为学员在学习期间购买意外保险、与学员签订《安全责任书》等是否齐全规范进行审核;其次,为提高残疾人的综合素质,残疾人职业培训领导小组对培训内容进行把关,要求在强化职业技能培训的同时,将社会主义核心价值观和创业经验介绍融入培训内容,同时,在培训期间对学员上课人数、上课秩序、学员安全、培训效果、培训时间等是否符合要求,专业证书是否及时发放进行不定期督导和抽查;最后,为确保培训工作的完整性,各培训机构为每位参加培训的学员建档立卡,对培训学员进行后续关注和跟踪。通过监督管理机制,严把培训质量关,确保培训的实用、实在、实效。

(2)培训形式多元化、内容多样化。

残疾人职业技能培训从方便学员出发,多渠道、多层次、多形式地开展培训。培训机构针对残疾人的不同需求,结合市场实际和用工信息等情况制定出适合残疾人的培训项目,先后开设了保健按摩、电子商务、服装制作、手工编织、美妆、美甲等6个培训项目,通过专业知识传授及手把手、一对一的技能操作培训,不仅提升了学员的实践能力、动手能力和创新能力,树立了良好的就业观,增强了就业信心,还通过考核取得了职业资格等级证书。

(3)培训就业一条龙服务。

培训立足于残疾人就业,通过培训使残疾人学有所长、学有所用、学有所得,通过培训顺利就业。邯郸市重点推行订单式培训,培训机构根据"订单"要求,组织残疾学员到用工企业参加培训,培训结束后,将其整体输送给企业安置就业。如邯山区明星擦鞋行,经过2个月短期培训后,8名熟练掌握技能的学员全部与鞋行签订劳动合同,走上工作岗位;再如,通过"馆陶县翔杰陶艺有限公司的黑陶制作"的"订单式"培训后,残疾人走上就业岗位,不仅传承中国的传统文化,而且吸引更多的残疾人参加"订单式"培训。"订单式"培训提高了残疾人就业率,实现了残疾人稳定就业。同时,也有助于破解企业用工难题,解决企业缺乏合格的熟练技术工人的困难。通过组织"订单式"培训,实现了培训与就业的有机结合,提高了培训工作的针对性和实效性。

(4)创新机制,居家就业。

电子商务的培训,使居家就业成为一种新的时尚就业方式。电商培训不受地域、出行条件限制,残疾人通过电商培训后,可实现互联网就业,可在家开网店、做微商,从而实现创业梦想,实现个人的人生价值。其居家就业率高达90%以上。

3. 立足关爱,做好服务

在残疾人职业技能培训工作中,市残联和培训机构秉承"关爱弱势群体,扶助残疾人就业"的理念,对受训残疾人给予知识、意志和技能的帮扶。从心理上增强他们的自信心,从技能上提高他们的生存能力,全市参加职业技能培训的残疾人,就业率高达85%以上,取得极好的培训成效。

(二)晋城市残疾人职业技能培训工作经验

1. 举措有效,保障有力

(1)晋城市委、市政府高度重视残疾人职业技能培训和就业工作,通过政策扶持等方式,切实保障残疾人培训工作的顺利开展,为培训学员免费提供住宿、餐饮、水电暖气供给等服务;成立培训工作领导小组;建章立制,实行人性化管理,安排专人具体负责整个培训工作,对培训各环节进行逐一落实,一抓到底,提高残疾人实用技术和职业技能培训质量。

(2)市残联与市财政局精诚合作,残联坚持残疾人"自愿、自主参加培训"的原则,安排残疾人专职委员深入残疾人家庭,向具备劳动能力的残障青年宣传培训项目、就业政策和信息,鼓励城乡残疾青年积极参加实用技术和职业技能培训;市财政局筹措培训期间的学费、伙食费、住宿费,培训的所有费用全部从残疾人就业保障金中支付。

(3)建设和完善"残疾人职业技能培训基地",根据残疾学员特点,常年为城镇和农村贫困残疾人开展美甲、烹饪等10余个职业技能培训项目和家畜养殖、蔬菜种植等10余个实用技术培训项目;培训注重实际操作,关注学员"学有所成"和培训中的人身安全;培训见效快、学员总体满意度高,培训结束后为每个学员建档立卡。

2. 开展培训,注重就业

一方面,鼓励城乡残疾青年走出家门,积极参加实用技术和职业技能培训,学习一技之长,增添家庭收入,减轻家庭负担,改善生活质量;另一方面,注重做好学员培训后的服务延伸,引进企业举办招聘会、搭建就业平台,主动帮扶"学有所成"的学员实现就业和再就业,使残疾人家庭生活水平迅速提高,得到实惠。

3. 大赛引领,促进培训

通过残疾人职业技能培训和农村实用技术培训的扶持政策,帮助许多残疾人学习技能、走向社会。优秀学员代表晋城市参加省残疾人技能大赛,施展劳动技能,荣获优异成绩,为晋城市残疾人争了光,增强了培训机构继续办好实用技术和职业技能培训的信心。获奖选手的事迹吸引更多的残疾人关注和重视培训政策,主动联系残疾人联合会,申请参加培训活动。

(三)巴音郭楞蒙古自治州轮台县培训工作经验

1. 政府重视,组织有力

政府和残联对残疾人职业技能培训工作高度重视,为了组织好培训,专门成立了培训工作领导小组,落实工作责任。残联对每个培训项目逐一审核,培训前进行专题研究,落实各项保障措施,加强培训工作考核,保证培训实效。自治区人社厅先后批准建立了巴州轮台县职业高中融合教育学校等14个职业技能培训与鉴定机构,对服装缝纫工、家畜饲养工等23个工种进行培训及鉴定,促进残疾人实现就业和再就业。

2. 突出实用,创效增收

一是邀请法律顾问组织残疾人学习权益方面的法律、法规,增强残疾人依法维权的法律观念和法律意识;二是根据当地实际,专门组织对科学养鸡方法、防病、治病实用技术的培训,传授残疾学员养殖技术,增强他们通过养殖业脱贫致富的信心;另外,还邀请纺织专业技术人员给残疾人进行纺织细纱技术培训,帮助残疾学员在当地宏泰棉业有限公司就业,减轻残疾人的家庭经济负担。

3. 保障有力,效果显著

为了保证培训工作取得实效,充分体现对弱势群体的关心、关爱,县残联对培训工作预算专项经费,除了包揽培训经费外,对参加培训的残疾人,每天补助20元生活费;对离家较远、出行不便的残疾人还提供免费住宿。由于服务工作周到,解决了参训残疾学员的后顾之忧,每期培训无一缺席,学员学习认真,成效显著。

第三节 促进残疾人职业教育融合发展的建议

实施残疾人职业教育和实用技术培训,关系到残疾人的升学、就业、生存与发展,是他们脱贫致富、同步实现小康的重要路径。为了有效推进残疾人职业教育和实用技术培训工作发展质量,建议政府各职能部门、残联、各职业院校(或培训机构)同向同行,集众智、聚合力,在残疾人职业教育和实用技术培训过程中,进一步加大支持体系保障、增强政策可操作性、优化专业设置和课程结构、提高教育质量,提升残疾人职业技能和整体素质,为其融入社会、实现自身价值提供支持,切实促进残疾人职业教育和实用技术培训良性发展。

一、促进残疾人职业教育的建议

(一)优化残疾人职业教育发展的生态环境

1. 加强顶层设计和考核评价

政府应深化促进残疾人职业教育发展的政策,加强对残疾人职业教育的顶层设计。首先,通过实施职业融合教育发展提升计划,逐步降低、消除残疾学生入学学习、生活、技能训练、升学或就业等门槛和歧视,形成没有歧视残疾学生的教育环境;其次,以残疾学生就业需求为导向,以教育供给侧改革为抓手,大力发展中、高等职业教育,促进教育资源合理流动;最后,建立与职业教育发展支持体系相配套的评价考核体系,并将评价结果与财政资金分配、教育资源调整、政绩排位相关联,督促政府和学校形成促进残疾人职业教育向好发展的协同机制。

2. 开展融合教育培训

开展针对政府残疾人事业发展相关职能部门的干部和实施融合教育职业院校的全员的融合教育理念培训,普及融合教育理念、培养融合教育情怀、宣传融合教育知识,形成接纳残疾人接受职业教育的广泛共识。

3. 加强职业教育宣传

加强对残疾人职业教育宣传力度,除面向社会广泛宣传,争取社会对残疾人接受职业教育的社会认同、政策支持、教育融通、生活保障等支持外,政府应安排残疾人专职委员深入残疾人家庭,向具备职业学习能力的残疾青少年及家人宣传职业教育和就业政策,鼓励城乡残疾青少年积极参加职业技能学习,在全社会营造职业教育融合发展的良好生态。

(二)强化法律政策可操作性,提高政策执行力

1. 加大政策支持力度

通过操作性、针对性较强的政策制度,落实对参与融合教育的普通中、高等职业学校、职业高中及残疾人职业教育机构的支持和办学质量的控制,切实促进职业教育融合发展。

2. 提高政策执行力

在国家支持残疾人职业教育融合发展等文件基础上,地方政府应在职业教育融合发展理念指导下,制定保障残疾学生入学、学习及就业等解决实际困难问题的刚性条款政策,增强政策的权威性;细化关注残疾学生学习、训练、生活需求等规章条款,设立专门机构,为残疾学生接受职业教育提供相关保障与服务,提高政策执行力。

3. 整合各方资源

从制度层面整合协同相关方力量,落实政府及相关部门发展残疾人职业教育的责任,实现跨领域协作制度创新,突出政府在残疾人职业教育发展中的主导作用,利用政府的行政力量调动各方资源,推进残疾人职业教育融合发展。

(三)建立完善残疾人职业教育发展支持体系

1. 建立完善支持体系

在政府主导下,深化、细化国家现有的残疾人支持政策,建立完善诸如环境、学业、心理、训练、就业等方面的职业教育发展支持体系,并在完善政策法规、加大资金投入、建设师资队伍、创新教学方法、资助学生就学、引进科技手段等方面,形成推进职业教育发展合力。加强对残疾学生学段转换与衔接服

务,为残疾学生消除就学就业顾虑。

2. 加强残疾人职业院校基础建设

加强参与残疾人职业教育融合发展院校的基础能力建设,针对不同类别、不同程度的残疾人,实施必要的无障碍环境改造,为残疾学生就学、生活提供便利;建立残疾人教育资源教室,配备相应专业人员;以就业为导向,改造校内外实习实训场所,满足残疾学生课程学习和实习实训需要;以创业为导向,与现有独立设置的残疾人职业教育学校或合作企业,共建共享实训实习和创业孵化基地;加大职业技能培训培养力度,提高残疾毕业生获得职业资格证书比例。

3. 优化残疾人职业教育资源

合理布局,集中力量创办一至两所高质量的残疾人职业教育精品学校,并以此为依托,建设区域性融合教育指导中心、培训中心,使其发挥在区域内的辐射引领作用,为其他接受职业教育的残疾学生所在的学校提供必要的业务指导和帮助。

4. 激发融合教育动力

通过政策引导,激发普通职业学校接纳残疾人开展融合教育的动力和开发个性化教育资源的活力,在政府支持下,逐步消除城乡差异,使城乡残疾学生获得均等的职业教育机会。

(四)提高职业院校教育质量

1. 量身定制教学方案

通过对残疾学生进行学习障碍个性化评估,根据残疾学生身心特点和学习需求,有针对性地为残疾学生提供必要的教育支持和服务,消除残疾学生接受职业教育的障碍,为残疾学生量身定制教学方案,选择合适的专业课程,创造适宜的学习环境。

2. 配备专业化师资队伍

为残疾学生提供高水平职业教育专业化师资队伍,配备职业教育专业教学能力较强、对残疾学生有爱心和责任心的教师。同时,落实特殊教育津贴,调动教师从事残疾人职业教育的积极性。

3. 加强对教学质量监督与考核

教育主管部门应加强对开展融合教育职业院校教学质量的监督、评价与考核,注重学校对残疾学生融合教育的教学质量。

4. 加强现代技术应用

注重以现代科学技术的发展成果创新教学手段,包括引进适合残疾学生的教学设备、翻译软件。探索新型信息技术在残疾人职业融合教育领域的应用,重视线上教学、5G＋职业教育、人工智能等在消除残疾学生学习障碍方面的特殊作用,借助科技力量助推职业教育高质量发展。

(五)扩大残疾人职业教育招生规模

1. 扩大招生规模

在严格遵守招收残疾学生相关规定的基础上,不断扩大招收残疾学生类别,逐渐将传统残疾类型外的其他残疾类型纳入招生范围,让更多有教育需求的残疾人能够以多种形式进入各学段职业院校接受教育。充分发挥不同办学模式的优势,促进残疾人职业教育融合发展;加强舆论宣传,提升扶残助残意识,加强心理辅导,增强残疾人参加职业教育的自信心。

2. 合理设置专业,服务残疾人就业

在充分尊重残疾人意愿和身体条件的基础上,通过市场和社会需求调研,开发适合残疾人学习、训练且对接新兴产业的新专业,服务残疾人就业和职业生涯发展。

(六)优化课程结构,创新教学内容

1. 优化课程结构

以残疾人生理特点与社会需求为依据,以实现就业创业为目标,以学校的教育教学资源为基础,以职业工作的发展空间和残疾学生职业生涯发展为前提,兼顾新产业新需求以及残疾学生兴趣,根据专业培养目标,从残疾人将来所从事工作岗位实际需要出发,设置"宽基础、活模块"的课程结构。

2. 创新教学内容

把培养学生全方位职业综合素质作为教学核心内容,重点训练岗位技能,强调相关职业和知识的互补相通性,突出职业教育"能力本位"特点,明确

教学目标、创新教学内容,增强教学内容的实用性、针对性,提升残疾人职业技能,为残疾人后续升学、就业奠定良好的基础。

(七)加强职业教育师资队伍建设

1. 提升职业教育教师能力水平

首先,政府协同编办、财政局等增加参与残疾人职业教育的职业院校教师编制、落实残疾人教育教师特教津贴、引进专业化特教师资、激发教师参与残疾人职业教育的积极性;其次,残联牵头,搭建残疾人职业教育教学教研网络平台,开展常态化、持续化的教研教改;最后,通过目标导向培训,建立相互帮扶、互相带动的联盟发展机制,提升职业教育院校整体办学水平,促进残疾人职业教育优质资源均衡发展。

2. 加强职业教育专业师资团队建设

一是在职业融合教育院校推行"1+N+1"专业教师团队(即1名班主任+多名专业/学科教师+1名巡回指导教师或资源教师)建设,提高职业教育专业师资综合水平;二是设立"残疾人职业教育教师队伍建设工程",推进残疾人职业教育学校教师、残疾人职业教育巡回指导教师、残疾人职业教育资源教师等专业化师资队伍培训培养,加强专业化团队建设。

(八)建立相互衔接的支持服务体系

政府牵头,建立多部门相互协作、相互衔接的残疾人职业教育综合支持服务体系。为残疾人职业学习、生活、技能训练进行无障碍环境改造;加大残疾人职业技能训练、康复治疗的设施、设备等硬件投入;为残疾人学习提供专职辅导教师、手语翻译、无障碍设施、各类职业教育资源中心、辅助器具设备、康复中心等方面的支持,秉承"全纳教育"理念,推进职业教育融合发展。

二、促进残疾人技能培训的建议

(一)加大政策支持和宣传动员

1. 加大政策支持

政府及残联应根据残疾人的潜能和就业需求,首先,开展具有针对性的实用技术或职业技能培训,引导这一就业困难群体积极参加就业培训;其次,给予残疾人一定的培训补助,调动残疾人参加实用技术或职业技能培训的积极性;最后,政府及残联协调,使残疾人就业收入远高于领到的社会保障金,激发残疾人通过培训实现就业或再就业的主动性。

2.加大宣传引导

正确理解残疾人逃避培训的心理和畏难情绪,安排专人深入残疾人中,做好耐心、细致地劝解说服工作,帮助残疾人消除顾虑,增强其通过培训实现就业、改善生活的信心。同时,做好培训宣传、引导、服务工作,及时将招聘信息与培训信息通知残疾人,调动残疾人参加实用技术和职业技能培训的积极性。

(二)适时调整培训项目

建议政府和残联深入行业企业调研,根据残疾人的身心特点,选择市场求职发展前景较好、职场实际需求较大的职业技能类型,开展有针对性、实用性的多种形式实用技术或职业技能培训。同时,关注残疾人的就业愿望,根据所需及时调整培训项目,充分考虑残疾人的个人发展需求,选择开设适合残疾人、且与时俱进的培训项目,提升培训效率及水平,吸引更多的残疾人参加培训。

(三)组织多种形式培训

政府及残联应充分利用社会公共资源,丰富残疾人职业技能培训内容及方式。一是可以与企业联合组织"订单式"培训,以企业实际岗位需求为依据,运用"订单培训、定向就业、集中管理"的模式,为残疾人提供实习场所,边学习、边参加岗位实训,提升培训效率及效果;二是与民营培训机构联合开展培训,利用其培训内容契合社会与市场需求的灵活性、开展小班培训辅导的主动性,增强培训效果,促进残疾人掌握劳动技能,提升其求职成功率。

三、促进残疾人就业的建议

(一)落实残疾人保障金的征收与使用

政府应落实发改委、财政部等 6 部门联合印发的《关于完善残疾人就业保障金制度更好促进残疾人就业的总体方案》文件精神,加大从制度层面激发企业招聘残疾人的积极性,鼓励企业多招工、少交钱,真正落实残疾人入厂就业;加强对"残保金"的使用管理,确保"残保金"优先用于保障残疾人职业技能培训,提升其职业技能,提高其就业和自主创业质量,激发残疾人就业创业积极性。

(二)加大技能培训与福利性企业的扶持力度

1. 加强就业能力开发

加强政府、家庭和社会团体协同合作,加大残疾人就业能力开发力度,增加残疾人职业教育与技能培训投入,落实残疾人就业保障机构的责任和义务,出台相关政策制度,为社会团体介入残疾人就业能力开发提供支持,调动企业、公益组织的积极性;探索服务残疾人就业能力开发的模式和途径,通过多种形式培训,提高残疾人就业能力。

2. 加大福利性企业的扶持力度

政府在产业结构调整和深化企业改革中,应促进福利性企业在改革中得到更好发展,鼓励社会各界人士大力兴办福利性企业;在就业政策调控中,加大对残疾人就业的关注,为其就业开发更多渠道。

(三)完善残疾人就业政策体系

加强残疾人就业市场建设,完善以社会保险、生活救助、补贴等为主要内容的残疾人就业保障体系,完善就业登记、信息服务、中介服务、再就业培训服务、就业后跟踪服务,健全残疾人就业创业评估监测机制;建立用人单位、残疾人、服务机构三方联动机制,制定雇主责任险、残疾人意外伤害险等优惠保障政策,为用人单位和残疾人提供较好的法律保障,全面改善残疾人就业服务质量;打破部门之间、地区之间、城乡之间的隔阂,将残疾人就业市场纳入社会劳动力市场体系建设,实现资源互通共享。

(四)运用"互联网+技术"创新残疾人就业模式

运用互联网具有的同时协作、可移动特性为残疾人灵活就业创造条件,充分把握互联网经济时代的发展机遇,利用大数据、人工智能技术,不断创新残疾人就业模式,拓宽残疾人就业路径,提升残疾人就业质量。同时,打造一站式就业创业信息化网络服务平台,建立供给方与需求方的服务信息档案,推动用人单位、有就业需求的残疾人以及就业基地、培训基地等线下线上业务互动,通过互联网平台实现需求信息共享,提升残疾人就业空间。

(五)强化宣传引导

加大促进残疾人就业的相关法律法规宣传力度,为福利性企业发展创造良好的社会环境,为全社会关心支持残疾人就业营造良好的氛围。

第五章 陕西省残疾人职业教育实践研究

陕西省下辖11个地级市和1个示范区。课题组先后对西安、咸阳、宝鸡、延安、榆林、渭南、商洛等地(市)县(区)残疾人职业教育学校现状进行了调研。调研获悉：全省共有40所残疾人学校和培训机构，其中西安市5所，占比12.5%；咸阳市3所，占比7.5%；宝鸡市7所，占比17.5%；渭南市7所，占比17.5%；榆林市5所，占比12.5%；商洛市3所，占比7.5%。如表5-1、图5-1所示。

表5-1 调研组调研地区和学校分布

序号	地市名称	调研学校数/所	占调研学校总数比/%
1	宝鸡	7	17.5
2	渭南	7	17.5
3	西安	5	12.5
4	延安	5	12.5
5	榆林	5	12.5
6	安康	4	10.0
7	咸阳	3	7.5
8	商洛	3	7.5
9	铜川	1	2.5
总计		40	100

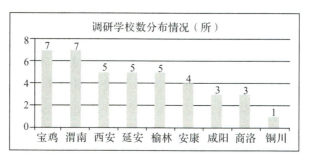

图 5-1 调研学校分布情况

调研组在 9 个地市,34 个区县,40 所学校开展调研工作。其中,关中地区 23 所学校,占比 57.5%;陕北地区 10 所学校,占比 25%;陕南地区 7 所学校,占比 17.5%,如图 5-2 所示。

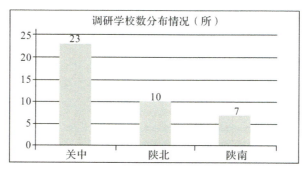

图 5-2 调研学校分布情况

第一节 陕西省残疾人职业教育专业设置的对策与建议

一、专业设置基本情况

现阶段,我省残疾人初等、中等职业教育已具有一定的数量与规模,也形成了较为成熟和健全的专业设置体系。但随着社会经济的发展和科学技术的不断革新,职业教育层次也不断向上延展,需扩大残疾人职业教育规模、提高办学层次,应推进残疾人职业教育逐渐进入高等职业教育领域。

从 40 所学校的办学层次来看,高等学校 1 所,中等学校 5 所,初等学校 34 所。从办学类型来看,中高衔接的高等职业教育阶段明显缺失。

从40所学校梳理出17所学校的专业设置基本情况。17所学校共开设专业数总计20个。其中,开设烹饪专业的学校有8所,占比47.1%;开设电子商务专业的学校有6所,占比35.3%;开设美容、美发、保健按摩、服装设计与工艺专业的学校各有5所,占比29.4%,开设平面设计、家政、计算机应用、工艺美术专业的学校各有4所,占比23.5%;开设理疗、面点制作、汽车美容、数据标注、服装制作、烘焙、老年人服务与管理、电子技术应用、电子电器应用与维护、中医康复保健专业的学校各有1所,占比5.9%。其中,工艺美术专业在初等、中等和高等学校都有开设,其他专业只有个别中等学校开设,如图5-3所示。我省残疾人的中高职衔接明显存在衔接不畅、培养目标模糊、专业定位不明、课程设置缺乏连贯等较多问题。

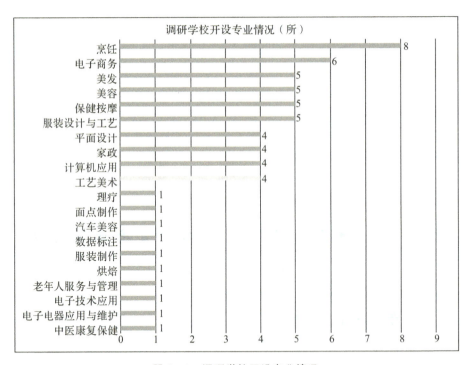

图5-3 调研学校开设专业情况

二、专业设置的对策与建议

各级各类残疾人教育学校在专业建设中,应严格执行《教育部关于职业院校专业人才培养方案制订与实施工作的指导意见》(教职成〔2019〕13号),

对照《职业教育专业目录(2021年)》和《中等职业学校专业目录及专业简介(2010年修订)》等有关要求,规范专业名称及专业(技能)方向,执行教育部颁布的专业教学标准。专业建设(含专业方向调整)的实施计划、方案由专业教学管理部门负责拟订,内容包括:专业教学文件建设、人才培养方案的确定、专业教师队伍建设、实践教学条件(含校外实习基地)建设、专业信息化教学、教材及课程资源建设、教学模式改革等。针对我省残疾人教育学校开设专业的现状,提出以下对策和建议。

(一)积极促进残疾人高等职业教育专业设置

残疾人教育事业的发展是衡量一个国家现代化水平与文明程度的重要指标。残疾人高等职业教育作为"普九"后残疾人教育的重要形式与主要方向,现已成为残疾人职业教育领域的热点。2017年,国务院修订通过《残疾人教育条例》,教育部等七部门印发《第二期残疾人教育提升计划(2017—2020年)》,均为我国未来残疾人高等职业教育的发展指明了方向与目标。新的"条例"健全了残疾人教育体系,并提出在保障义务教育的基础上,向学前教育、职业教育、高等教育、终身教育延伸,实现对残疾人受教育全过程的支持。"二期计划"中指出要"加快发展以职业教育为主的残疾人高中阶段教育,稳步发展残疾人高等教育""支持各种职业教育培训机构加强残疾人职业技能培训"。2018年7月,教育部等四部门联合印发《关于加快发展残疾人职业教育的若干意见》中明确指出:"加快发展残疾人高等职业教育"。《中华人民共和国残疾人保障法》中也指出:"逐步发展高级中等以上教育"。这充分说明发展残疾人高等职业教育已成为我国教育发展与改革中不可或缺的重要组成部分,也必将对我国残疾人教育领域的改革与发展产生重大而深远的影响。从我省调研的残疾人教育学校数据来看,中高衔接的高等职业教育阶段明显缺失,需进一步扩大残疾人职业教育规模,提升特殊职业办学层次,积极推进残疾人职业教育,开办高等职业教育工作。

(二)合理科学地规划专业设置和课程内容

残疾人高等职业教育的专业设置和课程内容,不仅是残疾人高等职业教育的基本构成与重要内容,更是实现残疾人人才培养目标的重要途径。其课程设置既要符合高等职业教育的培养目标,又要兼顾残疾人身心发展的特殊性。然而我省的残疾人初等、中等职业教育课程除了开设两三门生活适应类、劳动技能类、手工制作类课程外,专业课程开设很少,或不具备开设专业条件。这不仅使教学效果不理想,人才培养目标难以实现,还说明残疾人职业教育的专业设置不合理。残疾人职业教育的专业设置和课程内容需要科学规划、合理设置,应以保障残疾人职业教育专业课程可以在不同类型的残疾人中顺利有效地开展实施为根本。适合的教学模式可以更加有效地促进残疾人培养目标的达成,专业设置应为学生搭建能力培养的平台,做到理论与实践相结合,能很好地调动学生的学习积极性,能实现专业与产业对接的培养目标,更能为残疾人未来的职业生涯奠定坚实基础。

(三)积极促进残疾人职业教育专业设置的针对性与多元化

我省残疾人职业教育的专业设置,多年来受到国情省情尤其是社会、经济、文化等因素的影响,以注重残疾人的生理特点和代偿原理来设置专业。如视力残疾的学生,因为眼睛看不见,而以手代目,手感和手部动作比较占优势,因而设置以触摸为主的、实践性较强的、能够回避视觉障碍的推拿、音乐等专业;听力残疾的学生,因为耳朵听不见,而视觉相对比较发达,因而设置美术美发、服装制作、计算机应用等专业;肢体残疾的学生,由于活动受限,为考虑其工作便利,因而设置以案头工作为主的电子商务、办公自动化等专业。注重残疾人的生理特点来设置专业,在我省残疾人职业教育开办之初是符合我省省情的。但经过20多年的发展,我省的社会、经济、政治、文化各方面都发生了很大的变化,它的局限与不足也日益明显。一是造成专业面相对较窄,把人数众多的残疾人局限在有限的专业领域,对残疾人的现实生活难免没有负面影响;二是由于注重残疾人生理特点,普通高等院校接受残疾学生随班就读,采取限制专业招生的政策,实际上是剥夺了身体残疾学生自主选择专业的权利;三是不顾学生的学习兴趣和专业爱好,对他们将来的发展也会产生不良影响。因此,今后设置专业,一要考虑专业教育对残疾人现实生活产生的影响和发挥的作用;二要考虑专业教育对残疾人一生的影响,特别是人生不同时期的发展要求;三要考虑社会现实需求和未来发展对人才的预期要求。

(四)积极促进残疾人教育领域师资队伍建设的专业化发展

师资力量是学校办学的关键因素之一,一流的教学质量来源于一流的师资队伍,普通高等教育如此,残疾人职业教育更是如此。一支数量充足、素质精良、结构合理、教学水平高、科研能力强的教师队伍是残疾人教育事业发展的保障。需要明确的是残疾人职业教育是针对残疾人的教育,从事残疾人职业教育的教师不仅应具备宽广、深厚的专业知识,还须具备残疾人教育的知识和技能。目前,我省几所专门招收残疾人的院校系中,师资队伍的状况并不乐观。一是从事残疾人专业教育的教师数量明显偏紧。由于专业师资不足,许多课程只好请外聘教师上课。其人员流动性大,临时性外聘人员缺乏同残疾学生沟通的能力,自然会影响到教学质量。二是教师的业务素质有待加强。残疾人职业教育应该是"专业教育＋残疾人教育"。这几年,随着办学规模的扩大,新进教师增多。新进教师虽都有较高的学历,但由于残疾人职业教育的特殊性,这些教师必须补上残疾人教育这一课,只有掌握残疾人教育的理论,熟练运用手语、盲文等沟通手段,才能胜任残疾学生专业教育的工作。在这方面我们需要采取一定的有效措施和借鉴成功经验。例如,实行特殊教师资格认证;把残疾人教育知识的学习作为业务进修的一部分,鼓励教师利用假期、休息日在职进修学习,提高教师从事残疾人专业教育的能力。

三、专业建设的实施流程

(一)加强对残疾人中、高职教育一体化的顶层设计

我国出台的一系列高等教育政策的价值取向主要是面向普通大学生,残疾人教育并没有得到足够的特殊政策关注和支持,这对于残疾人教育发展和权益保障十分不利。我国残疾人教育的发展速度明显落后于高等教育大众化的整体进程,这与我们今天学习实践科学发展观、建设和谐社会的要求是不相适应的。国家应从维护教育公平的角度,尽早调整高等教育的价值取向,充分关注残疾人接受高等教育的正当权益诉求,出台支持残疾人接受高等教育的政策法规,促进残疾人高等教育的发展。省级教育主管部门也可在政策允许范围内,率先发展、先行先试、创新实践,探索并制定符合我省省情的残疾人高等教育的规章制度和实施细则。

省级部门应尽快出台相关的政策,鼓励有条件的高校招收优秀残疾学生随班就读。各级政府应针对残疾人职业教育发展的特殊需要,加大对残疾人职业教育机构的经费投入,确保残疾人教育投入逐年递增。国家应制定政

策,明确规定残疾大学生和普通大学生的拨款比例,以政策激励各类高校招收残疾人入学,便于残疾学生多样化和个性化的专业选择。

(二)开展高等职业教育专业试点

根据我省残疾人教育事业的发展,省级部门应作统一规划。建议由省教育厅、省残联共建若干所面向全省招生的残疾人高等职业院校或专业,作为全省残疾人高等职业教育的示范。支持办学综合实力较强,有条件的中等残疾人教育学校开展五年一贯制高等职业教育,或升格为高等残疾人教育职业学院。

(三)加强师资队伍建设,推动中高职衔接研究实施

当前,我省的残疾人职业教育主要以中职和本科的职业教育为主,高等职业教育环节严重缺失。而培养高素质技能型应用型人才,要求教师既有较宽广的理论知识功底,又掌握本专业领域较丰富的实践知识和技能,还要具备残疾人教育的基本原理,掌握与残疾学生沟通的能力。目前,我省残疾人教育教师的职前培养还难以达到这样的要求。省级部门可以制定相关的政策,通过"4+1+1"的形式,即本科后学一年残疾人教育,再到企业实践一年,培养残疾人高等职业教育师资。还要鼓励在职教师通过各种形式到企业、机关、学校等学习进修,提高学历层次和技能水平,逐步达到"双师"标准。

(四)成立专门研究机构,加强残疾人职教事业研究

要不断重视和加强残疾人高等职业教育、教学、科研、思政、学科、专业、课程、教材、教风、学风、管理制度等方面的建设,积极开展残疾人高等职业教育的研究和中外对比研究,开展学术交流和教育合作,逐步完善适合我省省情特点的残疾人高等职业教育体系。

第二节　陕西省残疾人职业教育课程建设研究

调研组统计并梳理了19所学校开设的课程,其中,开设劳动技能课程的有14所,开设手工课程的有6所,开设生活适应课程的有4所,开设美工美术课程的有3所,开设音乐、体育课程的有2所,开设布堆画、剪纸、写字、绘画、生活数学、生活语文课程的各1所,如图5-4所示。

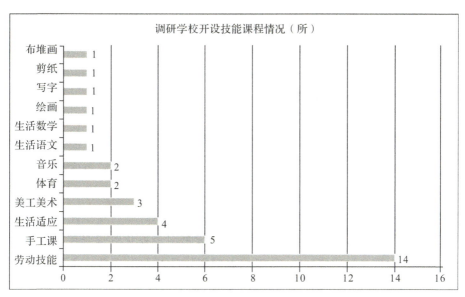

图 5-4　调研学校开设技能课程情况

残疾人高等职业教育的课程建设是实现残疾人人才培养目标的重要途径。课程设置及建设既要符合高等职业教育的培养目标，又要兼顾残疾人身心发展的特殊性。

一、课程建设的原则和思路

按照"遵循一般性和普遍性，做到基础性和灵活性，兼顾整合性和协同性"的原则，以保证残疾人高等职业教育课程在不同类型的残疾人中顺利有效地开展实施为目标。可采用成熟的普通高等职业教育办学经验，采用"教、学、做"一体化、理实一体化、现场教学等教学模式。既能搭建出能力培养的平台，又可做到理论与实践紧密结合。不仅降低成本和风险，也可调动残疾人学习的积极性。

二、课程标准制定的主要内容

课题组经多次反复研究，并参照成熟的课程标准，几易其稿。归纳出课程标准制定应包括：课程概述、课程结构、课程目标、课程实施建议四个部分。其中，课程目标分为"总目标、学段目标、专业目标、层级目标和训练标准"五个层次。层级目标是将总目标及专业目标按照学生的能力水平分解为三个层次，三层目标呈递进关系，适应不同学生的需求；教学实施建议中对教学方法提出明确要求,即突出生态性和支持性,采取必要的特殊手段分解教学内容,尽可能在模拟或真实的环境下进行,通过模拟或真实的环境让学生掌握就业岗位的专业基本知识和技能。

三、课程建设的实施流程

(一)继续深化教育教学改革,坚持新发展理念推进改革创新

专业课程体系建设和课程内容设置对残疾人教育职业院校实现应用型人才培养目标、提高学生专业综合素质和创新能力至关重要。要不断完善专业人才培养方案,提升专业建设内涵、提高人才培养质量。专业课程体系建设指导思想为:必须坚持以适应残疾人事业发展对专业化管理服务人才培养需求,结合学校办学优势和特点,以培养学生管理与服务于残疾人事业职业能力以及创新素质为目标,坚持新发展理念,将现代教育技术、残疾人教育教学理论运用到教学内容、教学方法、教学过程和教学手段中,积极探索复合型、立体网络状的教育教学新模式,构建并逐步完善课程体系和课程建设。

(二)开展新课程改革试点,探索新专业开设的必要性和可行性

《教育部关于深化职业教育教学改革全面提高人才培养质量的若干意见》(教职成〔2015〕6号)明确提出,全面贯彻党的教育方针,按照党中央、国务院决策部署,以立德树人为根本,以服务发展为宗旨,以促进就业为导向,坚持走内涵式发展道路,适应经济发展新常态和技术技能人才成长成才需要,完善产教融合、协同育人机制,创新人才培养模式,构建教学标准体系,健全教学质量管理和保障制度,以增强学生就业创业能力为核心,加强思想道德、人文素养教育和技术技能培养,全面提高人才培养质量。意见还指出,职业院校要结合自身优势,科学准确定位,紧贴市场、紧贴产业、紧贴职业设置专业。优化服务产业发展的专业布局。要建立专业设置动态调整机制。所以应在符合条件的学校开展课程改革试点和开设新专业试点工作,结合我省经济社会发展实际和市场对新人才的新要求,积极探索新专业开设的必要性和可行性。

(三)加强课程建设和改革研究,形成可借鉴的经验和方案

鼓励学校和教师要高度重视和加强残疾人职业教育教学与科研,加大支持学校和教师加强课程建设和课程改革研究力度。努力在残疾人教育理论、

思政、学科、专业、课程、教材、教风、学风、管理制度、服务能力等方面开展理论研究和实践探索，开展省内外学术交流，开展专项调研和合作，逐步健全和完善适合我省特色的残疾人职业教育体系，形成可借鉴、可推广的经验成果。

四、省级精品课程建设经验

图形图像处理 Photoshop 是职业学校计算机平面设计、计算机应用、电子商务等专业的核心课程，也是从事信息技术类相关工作必须掌握的一门基础课程。Photoshop 是一款重要的图形图像处理软件，广泛应用于广告设计、包装设计、招贴海报、网页设计、照片处理、网店美工等工作领域。课程开发前，组织开发团队深入企业调研，了解企业与社会需求，"以服务为宗旨，以就业为导向，走工学结合之路"，引导课程设置、教学内容和教学方法的改革，突出实践能力培养的实践性、开放性和职业性，加强实验、实训、实习三个环节。

（一）省级精品课程建设成果

精品课程建设团队充分利用现代教育技术，编制了授课计划、课程标准、教案、教学 PPT、习题集等课程资源，编制 19 个实验指导案例和 9 个分领域实践案例，录制教学视频，其中课堂活动 46 个，实验操作 19 个，实训操作 9 个等课程资源。制作微课，帮助学生进行课前预习、课中学习、课后复习，便于学生随时随地学习而不受时间地点的限制，有助于学生理解掌握知识重难点，提高学习兴趣和效率。

建设精品课程网站。开发图形图像处理 Photoshop 精品课程资源，只是完成了"图形图像处理 Photoshop"精品课程第一步。开发出生动、优美，能够吸引学生（如页面中导航清楚，学生在较短时间内获得更多学习内容）的网站也显得尤为重要。网站中有教学指南、教学资源、学生作品等模块，每个模块在网页中有清晰的导航。教学指南中包含课程标准、授课计划、实验指导书、实训指导书，供教师备课共享。教学资源包含电子课件、电子教案、素材资源、软件操作演示录屏，以及案例操作录屏等内容，供教师、学生学习。学生作品模块展示学生作品，提高学生学习 Photoshop 软件的自信心。网站中还建设有在线留言模块，学生可以在线提问 Photoshop 方面的问题，后台安排相关老师及时回复，师生在课堂之外也可以有很好的互动。

课程标准和授课计划规范化，课程内容编排以基础内容学习＋分领域综合模拟实践相结合的模式进行教学。教学活动的设计思路是课程的内容设置,必须具有较强的针对性,课程进度要安排合理。按照行动导向原则,突出应用性、实践性的原则,设计项目内容多采用真实案例,强化岗位实用知识和技能。

(二)省级精品课程成果推广应用

倡导"目标驱动型"的教学途径,培养学生 Photoshop 图形图像处理综合应用能力。以学生"能做某事"的描述方式设定各级目标要求。避免单纯传授 Photoshop 图形图像处理知识的教学方法,尽量采用"目标驱动型"的教学途径,采用"教学做一体化"教学模式。要求教师依据课程的总体目标并结合教学内容、企业实践,创造性地设计贴近学生实际的教学活动,吸引和组织他们积极参与。在具体实施过程中对于每单元活动和实验,可根据授课具体情况在所提供的活动中选取部分或全部,也可适当抽取部分活动作为课后自主练习。

教学内容递进,以特殊学生的特殊情况与教学要求,合理安排教学顺序。允许老师以人才培养方案和教学课程标准为依据,根据学生实际、市场需求变化,灵活确定教学内容和选择运用恰当的教学方法手段,使用分层教学,尊重每一位残疾学生,做到不放弃,注重每一位残疾学生的个性发展,做到最大化辅助每一位特殊学生的学习成长需求。

精品课程资源深入应用于教学环节,学生的 Photoshop 软件应用能力得到很大提高,学生在 2019 年和 2020 年陕西省中等职业学校学生技能大赛计算机平面设计赛项中分别获得二等奖和三等奖的优异成绩。

课程建设团队成员认真总结精品课程资源库建设以及教学经验,撰写教学研究论文,先后公开发表《浅析 Photoshop 精品课程开发及网站建设》《分组教学法在中职学校计算机教学中的应用》《为梦想插上翅膀——浅谈残疾学生的 Photoshop 教学》等教学研究论文。

课程资源不仅应用于学生课堂教学,还在陕西省残疾人就业培训基地培训项目中得到广泛应用,根据图形图像处理 Photoshop 精品课程资源开发成果,并结合 Photoshop 软件在行业的应用,先后为残障学员开设了多期"计算机平面设计""摄影及照片后期处理""UI 设计""淘宝美工""排版印刷及后期处理"等培训项目,得到培训学员一致好评,有力促进残疾人就业创业。

教师的教育教学水平得到提升。精品课程建设,不单指课程资源的开发,一流教师队伍也是精品课程的主要特点之一。创新的教学理念需要教师去实践,新的教学技术要使老师会用。学校积极组织骨干教师参加全省教育系统和残联系统各种培训,更新教育教学观念,全面贯彻党的教育方针,发扬人道主义精神。课程资源开发小组多次组织"图形图像处理Photoshop"课程授课教师外出培训,提高Photoshop软件应用水平。鼓励教师与企业深度合作,组织专业课程老师参与企业设计生产,将老师的教学和研究成果转化为企业经营成果,通过市场检验提高教师的教育教学水平。聘请企业设计师参加专业教研活动,与校内教师交流人才培养模式、行业发展等问题,带动本专业产教融合师资队伍成长。每年邀请企业界人士和专业骨干教师召开计算机平面设计专业建设研讨会,就专业建设进行探讨,拓宽教师视野,使老师的设计理念与行业同步。近年来,专业骨干教师在全省教育系统和残联系统组织的活动中获得荣誉,在教学设计大赛、微课大赛等比赛中获奖。

结合专业和课程开设情况,学校积极开展"1+X"试点工作。网店运营推广职业技能等级考试中需要学生掌握Photoshop软件操作技能,选拔Photoshop软件操作技能水平高的学生,组织骨干教师开展第二课堂,积极将等级考试内容通过多种形式融入教学环节,在保证正常教学的情况下,创新课、证融通教学模式,利用课后、晚自习时间,对学生进行考前培训。组织学生参加网店运营推广职业技能证书考核,通过率达70%以上。通过试点工作的开展,学校将结合生源变化和市场需求,探索新专业设置,如申请电子商务专业,培养网店美工、淘宝美工等工作领域技能人才。

第三节 陕西省残疾人职业教育实践教学体系

在残疾人职业教育领域,校企合作通过对就业市场与残疾人特点的分析匹配、工学结合应用实践体系的构建,不仅可提高残疾人的职业能力与学校的教学质量,而且有助于残疾人接受高等职业教育,及时适应社会发展需求。

一、实训基地建设的原则和思路

实训基地建设按照"有效整合、深入发掘"相结合原则,充分利用现有实训资源,积极开拓新的实训资源。可借鉴高职教育的校企合作模式,该模式通过对就业市场与残疾人特点的分析匹配、工学结合应用实践体系进行构建。积极吸纳社会投资办学,可有效缓解开展残疾人职业教育经费不足的现实问题。

二、实践教学的建设情况

经调研,我省残疾人教育学校中有 17 所学校共开设 20 个专业,其相应的实训基地建设如下:保健按摩实训室 21 个、工艺美术实训室 14 个、计算机应用实训室 10 个、烹饪实训室 8 个、电子电气应用与维护 7 个、电子技术实训室 7 个、家政实训室 6 个、电子商务实训室 4 个、服装设计与工艺实训室 3 个、美容美发实训室 3 个、老年人服务与管理实训室 2 个、模拟超市实训室 2 个、情景医院实训室 1 个,如图 5-5 所示。大部分学校没有开设专业课,只有部分中等层次学校开设专业课并建设了实训室。

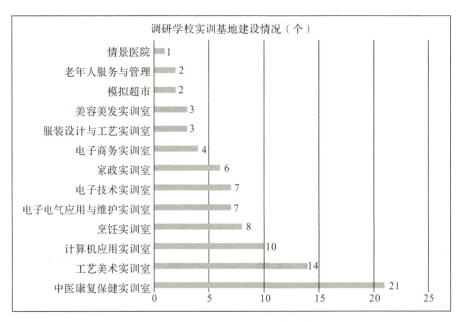

图 5-5 调研学校实训基地建设情况

三、实训基地建设评价指标主要内容

(一)坚持科学的指导原则,确保评价内容全面

为更加详细和全面了解实训基地实际,在实训基地建设的评价指标体系构建中,以全面性、科学性、可操作性、定性与定量评价相结合为指导原则,并

制作评价量表,合理设置评价指标,从而方便评价主体使用,让评价过程简单、容易操作,最终以分值形式直观展示评价结果,有利于前期有计划、过程可追踪、结果可量化、效果可视化,明显提升评价过程效率。

(二)合理设计评价指标,将定性与定量评价结合

实训基地建设的评价体系设置三个等级的评价指标,一级指标包括实训基地规划、建设、影响力等三大类,再分别设计二级和三级指标,共 13 个二级指标和 27 个三级指标。具体的评价指标详见表 5-2。

表 5-2 实训基地建设的评价体系

一级指标	二级指标	三级指标
实训基地的规划	指导思想	校企合作共商共建 学生顶岗实习
	实训基地建设规划	实训基地与院校发展的契合度 实训基地建设论证
	实训基地合作企业的选择	实训基地的规模 实训基地的地理位置 实训基地的生活条件
实训基地建设	实训基地的建立	校企合作的时间年限 校企合作的稳定性
	实训基地的重视程度	校企合作的方式 实训基地实习条件及办公环境 管理职能部门 指导教师态度
	师资队伍	院校任课教 实训基地指导教师
实训基地的影响力	实践教学与改革	实践指导任务 实践教学改革
	顶岗实习与合作企业的服务	学生岗位安排 顶岗实习程度 合作企业的服务
	教学研究和技术推广	教学研究 技术推广

续表

一级指标	二级指标	三级指标
实训基地的影响力	同类院校评价	同类院校评价
	社会评价	社会行业专家评价
	政府评价	政府教育行政部门评价

(三)注重年度考核与评价,推动实训基地不断完善

实训基地建设需长期积累,基地设施也需不断完善。因此,要注重年度考核与评价,每年组织评价主体开展评价并得出结论。同时将今年的评价结果与上一年度进行比对,看是否有进步。每次评价之后还要指出实训基地的不足,提出改进建议,以此不断完善与发展实训基地。

四、实践教学的实施流程

(一)加强政府引导与企业参与

残疾人教育领域需要政府加强顶层设计,关心残疾人教育战线。行业企业通过校企合作、工学结合支持残疾人教育,加强支持和宣传力度,使社会对残疾人教育的认可度不断提升。积极争取行业企业加入,吸引社会资金支持残疾人教育各方面建设,出台吸引行业企业加大残疾人教育战线建设资金投入的各项政策制度。

(二)积极开发符合残疾人特点的实训课程体系

积极开发新专业,部分专业课程仍然可以使用已有的专门教材,部分特色课程可以共享学院教材资源,如手语、盲文、残疾人辅助器具等教材,但是缺乏部分主干课程、特色课程、实训课程的教材。因此,需要组织相关专业教师、残联专家编写满足人才培养需求的实用的教材或讲义。学校与社会机构合作,由业界精英和高校实践教学指导教师共同担任专业实践教学校本教材的开发工作,既有利于理论联系实际,能很好地针对本地区、本学校特点,提高教材效度,又有利于实践教学指导教师进行自我提高,在编撰实践教学教材过程中,丰富实践知识,接受新信息。

(三)重视加强校企协同育人新模式的研究

我省对残疾人教育理论的研究规模不大,校企合作模式缺乏多样性,成效不

显著。在校企深度融合办学、校企协同育人方面还没有形成有效的体系。急需搭建"政、残、企、校"多方参与的产教融合平台,保障校企协同育人实施。依托政校主导、残联牵头、企业参与的行业联盟,校企共同组建产教融合联盟,校企办学主体单位作为联盟理事会会长单位,保障校企合作办学,确定校企参与方式、责任和利益分配方式,制定校企参与管理的方式,形成有效促进校企深度融合的机制,参与校企协同育人工作的具体实施。校企借助联盟深化产教合作,开展学校教学改革与人才培养模式创新,促进学校专业及课程建设和课程改革,实现学校教师与企业工程技术人员双兼互聘,实现学生就业和企业用人的直接对接,实现校企资源共享,联合开展课题研究、技术研发,共同提高人才培养质量。

第四节　陕西省残疾人职业教育师资队伍建设

40所学校中,教职工数80—100人区间的有5所,占比12.5%;60—80人区间的有1所,占比2.5%;40—60人区间的有8所,占比20%;20—40人区间的有17所,占比42.5%;10—20人区间的有8所,占比20%;小于10人区间的有1所,占比2.5%。如图5-6所示。教职工人数在20—40人的学校最多,小于10人和在60—80人区间的学校最少。

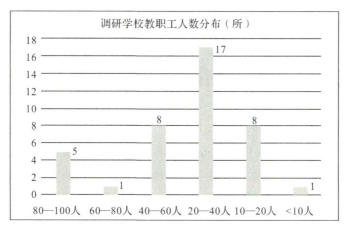

图5-6　调研学校教职工人数分布

40所学校中,专任教师数60—80人区间的有4所,占比10%;40—60人区间的有5所,占比12.5%;20—40人区间的有14所,占比35%;10—20人区间的有 6 所,占比 15%;小于 10 人区间的有 3 所,占比 7.5%。如图 5-7 所示。专任教师 20—40 人的学校最多,小于 10 人的学校最少。

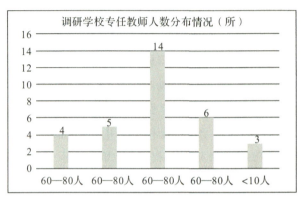

图 5-7 调研学校专任教师人数分布情况

作为残疾人职业教育,教师不仅需要掌握专业知识和残疾人教育知识,还需要有丰富的实践操作经验,而这类多元化教师的数量远远不能满足实际需求。教师当中有相当一部分来自普通师范和普通高校,本科院校人才培养目标和残疾人教育对教师岗位能力需求错位失衡,知识结构不合理,缺乏工作经验和专业技能,多元化教师培养的"瓶颈"未能取得突破。

一、陕西省残疾人职业教育师资队伍培养培训体系

所谓新型的职教师资,就是具有丰富内涵的"双师型"职教师资,可以概括为"一全""二师""三能""四证"。"一全"是指具有全面的职业素质;"二师"是指职教教师既具备较高的政治素质,又能从事文化课或专业理论课教学,也能从事实践技能的教学和指导,也就是说"双师型"教师既要做"人类灵魂的工程师",又要成为专业领域的工程师;"三能"是指"双师型"教师具有全面的能力素质,能进行专业理论课或文化课的教育教学、能进行专业技能训练指导、能进行改革创新、能开展科学研究和课程开发建设;"四证"是指职教教师必须具备的学历证书、技术(技能)等级证书、教师资格证书和继续教育证书。延长职教师资培养年限,实行"专业教育+师范教育"模式,教师教育年限延长是教师教育发展趋势之一,尤其是残疾人教育职业学校教师,不仅要学习专业基础课、专业课、专业实践课、师范类课程,更要加强专业课教学法课程。针对现行职教师资培养模式的弊端,我们提出残疾人教育职业学校师

资培养应采取大学、职业学校、企业三元合作的培养模式。三元的合作,不是传统的教育见习、实习方式,而是大学、职业学校、企业共同培养合格职教师资、互相利用优势资源共同发展的新型职教师资培养模式。

(一)职业教育师资队伍培养培训体系经验介绍

2021年3月30日,广州市教育局印发《广州市建设高素质专业化残疾人教育教师队伍的指导意见》的通知,通知要求如下。

1.加大残疾人教育教师职前培养力度

加大残疾人教育专业人才培养力度,支持市属高校扩大残疾人教育专业招生规模,高校应将《残疾人教育教师专业标准(试行)》作为残疾人教育教师培养的主要依据。重视残疾人教育教师职业特点,加强残疾人教育学科和专业建设;完善残疾人教育教师培养方案,科学设置教育课程,改革教育教学方式;重视职业道德教育,重视社会实践和教育实习;注意残疾人教育与学科教育、残疾人教育与康复训练的结合,培养既能承担文化课授课任务,又懂基本康复知识、能上好康复课的复合型特教教师人才。高校应进一步加强残疾人教育师资队伍建设,建立科学的质量评价和激励制度。

2.建立残疾人教育教师协同培养体系

积极推进广州大学等区域内高等院校残疾人教育及相关专业建设,加大残疾人教育专业硕士研究生、博士研究生培养力度。落实市属高校师范类专业普遍开设残疾人教育课程、师范生必修残疾人教育学分的要求,优化随班就读工作必备的知识和内容,提升师范毕业生胜任随班就读工作的能力。建立完善"政府—高校—学校"的协同培养体系,发挥政府主导、高校主体作用打造协同育人平台。各区教育行政部门要协同广州大学,确定培养目标、设计课程体系、组织教学团队、建设"残疾人教育教师培训基地",开展教学研究,鼓励一线优秀残疾人教育教师到大学担任兼职教授。

3.落实残疾人教育教师编制标准

按照《广东省残疾人教育学校教职员编制标准暂行办法》(粤机编办〔2008〕109号),为残疾人教育学校配齐配足教职工,加大随班就读教师配备力度,并保持教师队伍相对稳定,满足随班就读教育教学工作基本需要。加强康复医生、康复治疗师、康复训练人员及其他专业技术人员的配备,并对招收重度、多重残疾学生较多的学校,适当增加教职工配备。为招收残疾学生的普通学校(含幼儿园)加强师资配备,各区教育行政部门在核定的学校编制总数内统筹解决资源教师配备问题,每个资源教室(特教班)配备1—2名专兼职资源教师。鼓励通过购买服务的方式,探索引入社工、康复师等机制,承担随班就读残疾学生照护以及康复训练、辅助教学等工作。

4.合理规划残疾人教育教师岗位

统筹规划残疾人教育学校教师岗位和任务,设立专职或兼职的巡回指导教师岗位;合理调配特教班、资源室或普通教室的残疾人教育教师岗位和任务。各校要选派具有一定残疾人教育素养、更加富有仁爱之心和责任心的优秀教师,担任残疾学生随班就读班级的班主任和任课教师;选派残疾人教育专业毕业或经省级教育行政部门组织的残疾人教育专业培训并考核合格、具有较丰富残疾人教育教学和康复训练经验的优秀教师,担任残疾人教育资源教师和巡回指导教师。

5.完善残疾人教育教师准入机制

将残疾人教育教师招聘纳入广州市事业单位校园招聘"优才计划"范畴,在现行事业单位人员公开招聘制度的框架内,简化招聘程序、缩短招聘时间,吸引更多优秀毕业生进入残疾人教育领域工作。在残疾人教育教师岗位招聘考试中要含有一定比例的残疾人教育相关内容。所有从事残疾人教育的专任教师均应取得教师资格证,非残疾人教育专业毕业的教师还应经过省或市教育行政部门组织的残疾人教育专业培训并考核合格。

6.完善残疾人教育教师培养体系

落实残疾人教育全员培训工作,组织残疾人教育教师参加培训,每年按要求完成继续教育任务;建设残疾人教育通识课程,提升普通学校教师的残疾人教育专业素养,继续开展名校长、名师、种子教师培育,发挥专家示范引领作用。健全分级分类培训体系,市级承担残疾人教育学校教师培训,区级承担普通学校随班就读教师、资源教师和送教上门教师培训,市、区分级负责对儿童福利机构、残疾儿童康复教育机构从事残疾人教育的教师实行全员培训。普通学校应多层次、多形式地开展随班就读任课教师和资源教师的校本研修工作,提升教师残疾人教育专业素养。

7. 加强残疾人教育教研工作

充分发挥教育科研促进教师专业发展作用，推动"市—区—校"三级教研体系建设。加强市、区两级教研机构专职残疾人教育教研员配备，建立残疾人教育科研服务机制，提升各级各类残疾人教育科研水平，促进科研成果转化。学校要鼓励从事残疾人教育的教师围绕残疾人教育热点、难点、问题，积极开展教育教学研究，积极探索其发展规律，改进教学方式和方法，提高教学质量和水平。鼓励高等学校、教科研机构以多种形式为残疾人教育提供专业服务。定期组织开展残疾人教育工作研讨会，积极组织残疾人教育专项比赛，加强残疾人教育学校与普通学校残疾人教育教师之间的交流学习。

8. 完善落实残疾人教育教师保障制度

落实残疾人教育学校新入职高校应届毕业生"上岗退费"政策。落实残疾人教育学校及普通学校（含幼儿园）特教班主任教师残疾人教育津贴，核定绩效工资总量时适当倾斜。对普通学校（含幼儿园）承担残疾人教育任务的教师，在绩效工资分配上给予倾斜。在绩效工资总量内对承担随班就读任务的班主任、主科（语文、数学、英语）教师和其他科任教师分别按照不低于200元/月、150元/月和100元/月标准发放补贴。为送教上门教师、承担"医教结合"实验相关人员提供必要的工作和交通补助。承担残疾学生随班就读任务的学校要建立健全随班就读教师考核机制，科学全面评价随班就读教育教学能力和实绩，在教师资格定期注册、职称评审、岗位聘用、评优评先和绩效奖励等工作中，对直接承担残疾学生教育教学工作的教师给予适当倾斜。各区教育行政部门要结合"区管校聘"管理改革，在职称评聘工作中，探索统筹使用承担随班就读任务教师的岗位。关心特教教师身心健康，改善特教教师工作及生活环境，各级各类表彰奖励向残疾人教育教师倾斜，加大对残疾人教育优秀教师的宣传力度。

（二）陕西省残疾人教育教师队伍建设的建议

根据以上经验介绍，陕西省残疾人教育教师队伍建设应借鉴成熟经验，建议在以下方面开展工作。

1. 制订残疾人教育学校职教师资的专业标准

由于残疾人教育对象的特殊性，决定了从事残疾人教育教师比普通教师具备更强的专业性,他们不仅要具备一般教师所具备的基本条件,还要具备从事残疾人教育职业教育工作所必备的专业知识、教育教学能力和职业道德。开展名师、种子教师培育,发挥师范引领作用,要求残疾人职业教育师资持证上岗。

2.完善残疾人教育学校职教师资的评聘制度

我国职业教育教师职称评审工作虽已开展多年,但是还存在许多问题,职业教育教师的职称评审总是与普通学校放在一起,没有将其单列出来。当前急需研究开发职教教师的职称评审以及晋升制度,特别是制订残疾人教育学校职教教师具有残疾人教育特色的职称评审和晋升标准,并与相应的工资待遇挂钩,引领残疾人教育学校职教教师朝着专业化发展方向持续前进。

3.提升残疾人教育职教教师的专业地位

教师专业化不仅是教育自身的问题,也是社会职业发展的问题。国家应对残疾人教育教师在培养、使用、职称评定等方面给予一定的政策倾斜,并且以一定的经济待遇和工作条件作为残疾人教育教师专业化发展的物质保证。社会的肯定和鼓励是残疾人教育学校职业教育教师的专业化发展的精神动力。由于残疾人教育的教育对象的特殊性,决定了他们很难从世俗意义下的学生成功中获得职业的成就感,因此,他们更关注残疾人教育教师专业地位的提升和自己劳动成果获得他人的认可。

4.完善残疾人职业教育教师的引进渠道

应有效解决残疾人职业教育教师引进渠道单一的现实问题,目前只有事业单位公开招考一条途径。学校要有真正意义上的用人自主权,不仅采取公开招考方式,学校还要面向社会公开招聘,两者要相互结合、互为补充。建议省级教育行政管理部门出台学校具有真正意义上用人自主权的政策制度,解决专业课教师急缺的现实问题。教育教学质量的高低关键在于师资,建议为残疾人职业教育学校配齐配足教师、提供良好的条件,保持教师队伍相对稳定,满足教育教学工作基本需要。尤其对康复类老师、专业课程教师、专业技能指导类教师须配齐配足。

二、陕西省残疾人职业教育师资队伍建设取得成效

目前,我省在残疾人职业教育师资队伍建设目标上,比较重视学历达标

问题,几乎在所有的文件中关于学历达标的描述都是最清楚、易操作、有计划。经过多年建设和发展,我省残疾人职业教育的师资队伍建设在教职工和专任教师数量上已初具规模,学历提升较快,但职称晋升较慢,大部分处于中级和助理级阶段。

(一)教职工数和专任教师数

40所学校中,教职工数80—100人区间的有5所,占比12.5%;60—80人区间的有1所,占比2.5%;40—60人区间的有8所,占比20%;20—40人区间的有17所,占比42.5%;10—20人区间的有8所,占比20%;小于10人区间的有1所,占比2.5%。

40所学校中,专任教师数60—80人区间的有4所,占比10%;40—60人区间的有5所,占比12.5%;20—40人区间的有14所,占比35%;10—20人区间的有6所,占比15%;小于10人区间的有3所,占比7.5%。

(二)教师学历和职称结构

40所学校中,专任教师中具有硕士研究生学历94人、本科学历808人、专科学历266人、高中及以下学历12人,如图5-8所示。40所学校中,专任教师中具有正高级职称1人、副高级职称159人、中级职称409人、助理级职称318人、员级33人、未定职级78人,如图5-9所示。

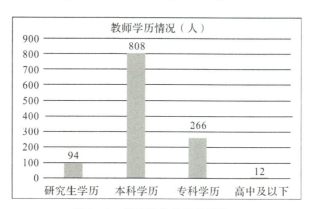

图5-8 调研学校教师学历情况

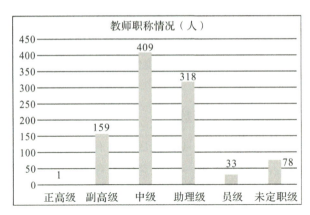

图 5-9　调研学校教师职称情况

第五节　陕西省残疾人职业教育校企合作

一、陕西省残疾人职业教育校企合作的模式

我省残疾人教育学校大部分以初等教育为主,中等职业教育资源不足,高等职业教育阶段资源匮乏。大多数学校和当地企业没有开展合作,只有少数学校有过合作经历且都是短期培训,没有形成一定规模、长期固定的校企合作机制,只有极少数中等职业学校开展订单班和现代学徒制培养模式。据统计数据显示,开展校企合作学校有 10 所。其中,与 5 家企业合作的学校 1 所,与 4 家企业合作的学校 2 所,与 3 家企业合作的学校 1 所,与 2 家企业合作的学校 4 所,与 1 家企业合作的学校 2 所。开展订单班人才培养的 1 所,开展现代学徒制人才培养的 1 所,开展"2.5+0.5"人才培养模式的 1 所。大多数初等职业学校基本上都是与当地企业合作,实施就地学习、当地就业模式。有些学校只初步与合作企业达成合作意向,很多学校在校企合作方面并没有取得实质性进展。

陕西省城市经济学校服装设计与工艺专业"东渡纺织班"校企合作模式,采用企业冠名,订单培养模式,学制采取"2.5+0.5",即学生在校学习两年半,进企业顶岗实习半年。毕业生班采取冠名班的形式整班进入企业顶岗实习。该学校的做法和经验值得借鉴。

陕西省自强中等专业学校的中医康复保健专业与武汉康之道健康管理股份有限公司联合建立现代学徒制人才培养新模式,电子技术应用专业与西安牛人科技有限公司建立订单班人才培养模式。该学校的做法和经验也值得借鉴。

现就如何将"2.5+0.5"学制模式、订单班培养模式和现代学徒制模式等好的做法和办学经验进行推广,如何将成熟的经验及时进行总结和提升,提出以下建议和意见。

(一)需要加强残疾人学校领导培训工作

借助当地教育部门的资源优势,对残疾人教育学校的校级领导进行有针对性的培训。学习新的理念、接受新的知识,开拓思路、集思广益,用职业教育先进的理念、新的知识武装头脑。结合本校实际,探索适合当地经济发展和本校实际的特殊职教改革方式。建立交流互动平台,教育行政部门和省残联牵头要组织开展残疾人教育专项研讨会,有针对性地开展工作。

(二)积极开展残疾人学生就业指导工作

学生就业关系到学校的生存和发展,就业质量的高低反映了该校办学水平和教学质量。各残疾人教育学校应积极对接当地企业和区域范围内对口企业,加强交流与合作、结合本校学生实际,积极为学生跑市场,寻找就业岗位。当地政府应积极提供就业岗位信息,学校应加强对学生的就业指导,学校应建立市场调研机制,对已就业的学生长期跟踪,及时反馈信息。形成修正学校人才培养方向、促进学生就业、对学生充满人文关怀的良性长效机制。

(三)及时总结凝练,努力形成研究成果

积极组织力量将我省在校企合作方面做得好的方式、模式进行梳理总结,形成教学研究成果;组织有条件的学校进行学术交流或专项研讨会进行学习。努力对以上好的做法进行宣传,以期对我省其他残疾人教育学校有所启发,并有可借鉴的成功案例。由此可将普通高等职业教育、中等职业教育领域好的做法进行拓展和延伸,形成我省在残疾人教育领域新的增长点,开创残疾人教育领域新局面。

二、陕西省残疾人职业教育订单班实施研究

陕西省城市经济学校是陕西省残联直属的残疾人职业技术学校。它是

一所以残疾人职业技术人才培养为中心,集大中专教育及多种技能认证培训为一体的全日制公办省级重点中等专业学校。学校贯彻"以人为本,质量立校"的原则,深化教育、教学改革,注重学生的品质培养及能力和知识结构的合理开发,以"提高残疾人职业教育质量,促进残疾人高质量就业"为宗旨,在"高素质、强能力、重实践、宽基础"为核心的教学方针指导下,通过不懈努力与探索,建立了符合残疾人特点的人才培养体系,为社会输送了一大批优秀毕业生。其中,学校服装设计与工艺专业毕业生就业率最高,可以说每年培养的学生对于市场来说供不应求。以该校服装专业为例,将学校帮助学生顺利就业的一些具体做法分享如下。

(一)在校打好坚实基础,立德树人要抓紧

要想促进残疾人高质量就业,提高残疾人职业教育的质量是必要前提。只有残疾人自身具备优秀的职业素养,才可能实现高质量就业。优秀的职业素养,包含了良好的职业道德,正面积极的职业心态和正确的职业价值观意识,以及扎实的职业知识能力和良好的职业行为习惯。

陕西省城市经济学校对内始终狠抓教育质量,通过一系列措施促进学生职业素养提高。学校通过举办各类竞赛、活动,提高学生职业知识能力,激发学生对专业的热爱。例如,服装设计与工艺专业每年通过"红五月"技能艺术节举办服装专业技能竞赛;定期组织学生参加职业技能鉴定,考取职业资格证书;在每年的文艺汇演上编排服装作品走秀节目,让学生穿着自己的作品在舞台上展示。同时,在校期间学生的德育课、核心专业课要开足开实,真正做到立德树人。职业教育不单指教师教授残疾学生基本的职业技能,同时包含职业道德等方面知识的传授。职业道德是学生参加就业所必须遵循的道德规范,这是一个行业应有的规则,是不容被忽视的,也是不容被侵犯的。所以,通过特校职教培养残疾学生,使其获得职业道德和职业技能,才能成为适应社会要求的社会主义建设者和接班人。以服装设计与工艺专业为例,学生在校的每个学期都有一门德育课,周课时量不少于 2 节,由于服装专业为听障类学生,为确保学生的学习效果,要求德育课老师必须掌握熟练的手语;学生的专业类核心课程,如服装缝制工艺,要求周课时量不得少于 8 节;为了使学生更好适应企业流水化、计件化的工作模式,专业还开设了服装生产课,模拟实际工作环境,在课堂上编排流水线,组织学生进行生产实习,考试成绩按学生个人的工作量进行打分。

通过这些举措,能使学生从入校就逐渐树立良好的职业素养,为其今后顺利走向工作岗位打好坚实基础。

(二)加大毕业前顶岗实习管理力度,做好转衔服务工作

学生具备了优秀的职业素养,并不代表就业就会一帆风顺,来自各方面的阻碍还需进一步处理妥当,才能实现真正的高质量就业。因此,学生顶岗实习期间的转衔服务工作必须系统、周密。学校应作为主体,联合学生家庭和企业用人单位两方面力量,加强各方联系。

陕西省城市经济学校服装设计与工艺专业采取"2.5+0.5"学制,即学生在校学习两年半,进企业顶岗实习半年。在校第五个学期,由学校招生就业办公室牵头,举办残疾人招聘会,吸引大量企业来校招聘,为残疾学生找工作提供便利。服装设计与工艺专业由于与合作企业关系良好,毕业生班采取冠名班的形式整班进入企业顶岗实习。因为省内服装企业普遍劳动报酬低,食宿环境差,而东南沿海地区为服装行业集中地区,相对而言劳动报酬高,食宿环境好,所以学校为服装专业的学生联系了省外工作岗位。为了使残疾学生家长放心,支持学生赴外省就业,学校招生就业办公室利用招聘会期间,邀请学生家长来校参加企业的见面会。会上用人单位会详细为残疾学生家长介绍企业的工作环境、薪资待遇等问题,招生就业办公室会对学生外出实习的安全防范措施、实习管理工作流程做详细介绍,打消家长的顾虑。取得残疾学生家长的认可和支持,是落实学生高质量就业的第一步。

此外,学校还需要与用人单位加强沟通联系,学生进用人单位顶岗实习的一年是促进其从学生逐渐平稳过渡为职业人的关键一年。该时期工作思路分为两步走,第一步是学生进入用人单位开展岗前集训,第二步是学生开始在学校的管理下进行顶岗实习。

学生进入用人单位开展岗前集训,该阶段时长一般为半个月左右,岗前集训阶段,学校拿出专项资金交给用人单位,让用人单位对学生进行必要的入职前培训,培训内容包括熟悉企业工作生活环境、了解企业各项规章制度、掌握工作岗位上的各种机器操作使用方法、熟悉企业各类服装的工艺流程和技术指标等,让学生快速熟悉并融入新环境,同时明白自己的工作任务。该阶段学校会指派一名班主任与一名专业教师带队,全程负责翻译、讲解,以及专业技能辅导,做好学生与用人单位之间的沟通工作,并帮助学生解决在此期间遇到的各种困难,安抚学生情绪。除此之外,为了使用人单位与学生实现更好地沟通,教师还会专门为企业管理层人员培训手语。当学生看到周围人都能使用手语沟通时,对陌生环境的恐惧感能够得到很好地消除。

学生在学校的管理下进行顶岗实习,该阶段时长为一年,顶岗实习阶段将由企业拿出专项资金,用于对刚入职学生的工资进行补贴,以及生活条件的提升。工资补贴、生活环境的提升是稳定残疾学生就业情绪,降低离职率的关键手段。由于服装生产企业普遍采用计件制,员工的个人工作效率直接与其工资水平挂钩。刚刚进入工作岗位的残疾学生工作效率当然不能与老员工相比,为防止工资差距对学生心理造成打击,企业在学生顶岗实习的前三个月采取工资补贴制。即根据学生的工作表现给予每人每月700元到1500元不等的补贴,使学生工资不低于3000元。待学生熟能生巧后,再取消工资补贴。由于学生在校期间本身就具备扎实的专业基本功,再经过用人单位在薪资待遇上表现出的肯定,残疾学生很快能够安心工作,融入工作环境,成长为企业的合格员工,从而实现高质量就业。生活环境的提升,包含免费为学生提供床上用品、生活用品、在节假日组织学生外出游玩等,这有助于学生对企业产生良好印象,激发学生的工作热情。此外,顶岗实习阶段企业有专人负责管理残疾学生,对于学生出现的异常情况及时与学校沟通,共同妥善处理。该阶段班主任还将继续负责对学生的管理,包括每周通过各种通信手段询问学生,了解学生近况,督促学生写好实习报告,引导学生建立正确的职业观等。

实践证明,学校、家长、用人单位紧密合作,加大毕业前顶岗实习管理力度,做好转衔服务工作,是促进残疾学生就业稳定性的关键。

(三)与企业逐步加强合作,共同优化人才培养模式

当然,陕西省城市经济学校服装专业与用人单位的紧密合作不是一蹴而就的,起初学校与用人单位的合作仅仅限于向企业输送一小部分毕业生。由于毕业生体现出的优秀职业素养,吸引企业愿意与学校继续加深合作。之后,服装专业有了以用人单位名称命名的冠名班,用人单位愿意接收全部服装专业的学生。

校企双方就学校如何深化职教改革、促进产教融合、培养企业需要的技

能人才等问题,进行了深入交流与探讨。此后,服装专业将优化人才培养模式,根据合作企业的工艺流程及技术要求,在校内开设相关内容的生产课程,编写实习指导用书,邀请企业技术人员来校给学生上课,加强学生专项技能的锻炼,提高学生操作的熟练程度,促使学生更快地融入企业工作环境,并在此过程中探索产教融合的可能性,以及选用优秀残疾人管理残疾人员工的可能性,为残疾学生职业发展提供更多的晋升机会,真正实现残疾人的高质量就业。

三、陕西省残疾人职业教育现代学徒制实施研究

现代学徒制是通过学校、企业的深度合作与教师、师傅的联合传授,对学生以技能培养为主的现代人才培养模式,是由企业和学校共同推进的一项职业教育的新型育人模式。现代学徒制是产教融合的基本制度载体和有效实现形式,也是国际上职业教育发展的基本趋势和主导模式。与普通大专班和以往的所谓的订单班人才培养模式不同,现代学徒制更加注重技能的传承,由校企共同主导人才培养,设立规范化的企业课程标准、考核方案等,体现了校企合作的深度融合。现代学徒制有利于促进行业、企业参与职业教育人才培养全过程,实现专业设置与产业需求对接、课程内容与职业标准对接、教学过程与生产过程对接、毕业证书与职业资格证书对接、职业教育与终身学习对接,提高人才培养质量和针对性,是推进现代职业教育体系建设的战略选择,是深化产教融合、校企合作,推进工学结合、知行合一的有效途径,也是培养学生社会责任感、创新精神、实践能力的重要举措。

陕西省自强中等专业学校已经开展现代学徒制工作。该校是一所对视力、听力语言、肢体障碍学生进行职业教育的残疾人教育学校,承担着适龄残疾人中等职业技术教育培训的重要职责。

湖北康之道健康管理有限公司,位于名城武汉市,成立于2005年,技术团队多达200余人,且都毕业于全国各地的知名按摩院校中医推拿专业,技术手法精湛,临床经验丰富,能充分满足各类客户的需求。公司经营推拿按摩、足疗保健、健康咨询等项目,是湖北省兼顾保健养生与推拿理疗的知名品牌。康之道盲人按摩以人才为核心竞争力作为企业发展驱动力,目前大学以上学历员工已占员工总数的66%以上。

根据《教育部关于开展现代学徒制试点工作的意见》(教职成〔2014〕9号)、《国务院关于印发国家职业教育改革实施方案的通知》(国发〔2019〕4号)、《教育部办公厅关于全面推进现代学徒制工作的通知》(教职成厅函〔2019〕12号)、《陕西省高水平示范性中等职业学校建设三年行动计划(2018—2020年)》(陕教职办〔2018〕7号)等文件相关要求,从2019年8月开始,陕西省自强中等专业学校的中医康复保健专业与合作企业湖北武汉"康之道健康管理有限公司"合作,试点"现代学徒制"人才培养模式。校企共建了该专业"现代学徒制"人才培养方案,既落实了《教育部关于职业院校专业人才培养方案制订与实施工作的指导意见》(教职成〔2019〕13号)文件要求,又明确了现代学徒制岗位培养的目标和标准,明确了工学交替、交互训教的教学组织方法,明确了企业师傅和学校老师共同承担的教学任务,引入合作企业的企业文化、职业道德、制度规范等通识课程。校企双方合作共建校企联合招生招工一体化方案,明确学徒的企业员工和职业学校学生双重身份,保障学徒的合法权益;共建标准体系建设,促进课程内容与职业标准对接,教学过程与生产过程对接;共建学徒培养的管理制度和相关标准。经过前期近一年的市场调研、实地考察,2020年10月,现代学徒制的校企合作正式启动运行,组建了15人的现代学徒制班级,校企双方本着合作共赢、职责共担的原则,充分发挥各自优势和潜能,创新合作机制,积极开展现代学徒制试点工作。目前,校企双方的各项授课教学、实践指导工作正在有序进行当中。

第六节 陕西省残疾人职业教育职业培训体系研究

一、陕西省残疾人职业教育职业培训体系

从残疾人教育学校的办学实践来看,在实际办学过程中,残疾人教育学校不仅承担着学历教育的任务,还承担了大量的在职职工培训、农村富余劳动力转移和新农民培训、下岗职工和复转军人再就业培训等,说明学历教育和非学历教育是一体化的。职业教育和培训是互为补充的两个方面,职业教育和培训各具特点,教育的特点是学历性、系统性、全面性、专业性,培训的特

点是资格性、专项性、更新性、强化性。它们两者之间具有互补性,一是学习目标上互为补充,二是职业生涯上互为支撑,三是职业教育功能特征上互为延展。我省残疾人教育属于职业教育的范畴,应当承担起在残疾人教育领域职业教育和职业培训的历史重任。

在学校工作层面,完善职业教育和职业培训:一是"标准化"。残疾人教育要有适应最新职业岗位要求的培养目标的细化,以及标准等级之间的规范区分。二是"课程包"。残疾人教育要按照培育标准制定系列课程包,以便能作为相对独立的教学模块,分专业、分层次进行教育与培训。三是"学分制"。残疾人教育必须大力实施教务、学籍、就业等方面的改革,以便能够通过学分累积、学分互认等制度创新,使职业教育和职业培训有机地结合起来。四是"开放性"。残疾人教育必须切实打破教育资源在学校之间、专业之间、教研部门之间、校企合作之间的封闭性,着眼于以人为本、人人出彩、学生全面终身发展的要求,去为职业教育和培训真正有机整合服务。五是"激励性"。残疾人教育和培训各自的运行方式、计量方式和教育付出方式各不相同,残疾人学校必须在顾及教育规范管理的同时,充分重视培训的特点,通过大力机制体制改革创新,制定规范制度,形成激励机制,调动各方积极性,从根本上改变职业培训在学校教育过程中的边缘化地位。

(一)加强市场调研,开辟新的职业培训项目

由于经济社会发展速度提速,科技发展水平提高,社会对新形势下人的能力要求越来越高,残疾人职业教育学校要积极开展市场调研,寻找适合残疾人教育类型的增长点,整合教育资源,开辟新的职业培训项目,为我省经济社会发展贡献力量。

(二)针对残疾人自身特点,开发新的职业培训内容

由于科技的迅猛发展,很多需要人工或需要体力劳动的工作逐渐消失,或被现代科技替代。我们需要与时俱进,针对残疾人自身特点,积极探索,改革创新,开发新的职业培训内容,形成错位发展、梯队建设、分层管理的新局面。

(三)积极对接市场,争取更多的社会资源

积极开拓市场,争取获得政府、行业和企业的认可和支持。将社会各方

资源灵活运用,加强与政府、行业和企业的交流和沟通,充分利用社会资源,开拓能适应当前社会发展的新项目,抢占发展高地,为学校和我省残疾人教育事业作出新的更大贡献。

二、陕西省残疾人职业教育职业培训取得成效

我省在残疾人职业教育的职业培训方面的成绩十分突出。近年来,实现了培训人数、培训项目的新突破,为残障人士充分就业作出了贡献,涌现出了一批创新创业先进典型。

(一)培训人数

2020年,13所学校和培训单位共培训4 571人。其中视力残疾193人、听力残疾372人、言语残疾655人、肢体残疾2 307人、智力残疾142人、精神残疾117人、多重残疾72人,有675人培训人员残疾类型不明确。培训人员中,肢体残疾人员最多,占比培训总人数的50.47%;多重残疾最少,占比1.58%,如图5-10所示。

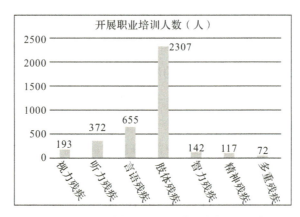

图5-10 调研学校开展职业培训人数(2020年)

(二)培训专业

接受专业培训的总人数为1497人。按培训专业主要分为:美甲28人、数据标识29人、针织29人、中医按摩49人、办公自动化72人、种植养殖90人、计算机应用110人、手工制作130人、手语130人、保健按摩163人、电子商务252人、家政服务415人。其中,家政服务培训人数最多,占比27.72%;美甲

培训人数最少,占比1.87%。如图5-11所示。

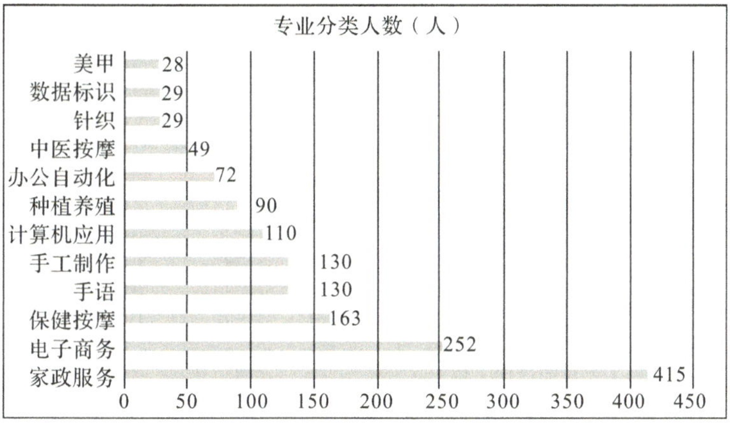

专业分类人数(人)

- 美甲 28
- 数据标识 29
- 针织 29
- 中医按摩 49
- 办公自动化 72
- 种植养殖 90
- 计算机应用 110
- 手工制作 130
- 手语 130
- 保健按摩 163
- 电子商务 252
- 家政服务 415

图5-11 调研学校开展职业培训按专业分类的人数(2020年)

(三)培训效果

2020年,10所学校和培训单位开展职业培训层次主要以初级为主,有少量中等培训。其中,初等培训8次,中等培训2次。培训合格率都在90%以上,其中,培训合格率93%的有2所、合格率95%的有4所、合格率96%的有1所、合格率98%的有2所、合格率100%的有1所。有3家单位没有填报数据,如图5-12所示。

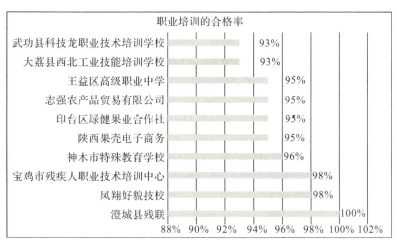

图5-12 调研学校开展职业培训的合格率

2020年,10所学校和培训单位开展职业培训。培训就业率95%的有1

所,培训就业率92%的有1所,培训就业率90%的有1所,培训就业率85%的有2所,培训就业率81%的有1所,培训就业率80%的有1所,培训就业率61%的有1所,培训就业率34%的有1所,培训就业率0.5%的有1所。有3家单位没有填报数据,如图5-13所示。

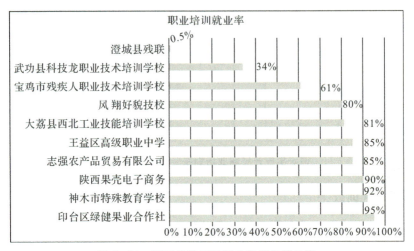

图5-13 调研学校开展职业培训的就业率

2020年,10所学校和培训单位开展职业培训,专业培训合格后的学员(1497人)采取不同方式就业。其中,集中就业1人,占比0.066%;个体就业370人,占比24.72%;自主创业119人,占比7.95%;灵活就业443人,占比29.59%;居家就业459人,占比30.66%;其他方式就业105人,占比7.01%,如图5-14所示。

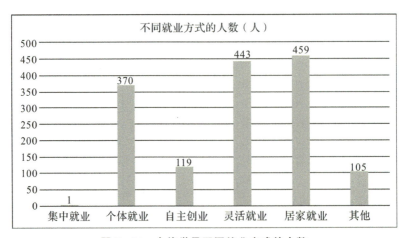

图5-14 合格学员不同就业方式的人数

三、陕西省残疾人职业教育创新创业就业取得成效

(一)用自强奋发奏响创业之歌

颜学谦,男,汉族,1991年9月出生,2008—2011年就读于陕西省自强中等专业学校针灸推拿专业。毕业后,创办康之道盲人按摩有限责任公司。曾获陕西省第六届残疾人运动会三等奖。

在湖北武汉市,拥有15家门店的康之道盲人按摩有限公司,近几年在业界做得风生水起,一举跻身"武汉市按摩优秀单位"行列,而公司的掌门人颜学谦却只有25岁,是一个双眼全盲的重度残疾人。"身残志坚、勤劳肯干、幽默自信、能说会道",这是大多数人对颜学谦的第一印象。由内而外散发出的自信气质,在举手投足间丝毫看不出一个盲人走向成功所潜藏的自卑痕迹。他从贫乡僻壤来到陕西省自强中等专业学校深造,不仅学会了一技之长,而且看到了大世界,用自强自信开启了自己的创业之路,谱写了一曲励志之歌。

1991年,颜学谦出生在湖北洪湖市,在这个富庶的鱼米之乡,他在曹市镇学堤村的家却非常贫困,茅草破舍,家无积蓄,钱都用在给他和比他大三岁的哥哥治眼睛上。哥哥的视力保住了,而他却错过了最佳的治疗期,双目失明,那时他才7岁,可父母还是不甘心,便留下他与爷爷奶奶一起生活,南下温州打工挣钱,继续为他治病。失学在家的颜学谦常常会感受到孤寂,小伙伴渐渐地不和他往来了。

2005年夏天,颜学谦在收音机里的聊天交友栏目,认识了按摩的盲人老师李威,年底,他就跟随爷爷到武汉向李威拜师学艺。一年后,在父母的大力支持下,颜学谦自己开了一家按摩小店,一边挣钱,一边自学盲文和电脑。虽能勉强糊口,可颜学谦还是很困惑,只会简单地动动手,但说不上来颈椎腰椎病的病因,长久下去咋办?于是他便萌生了想去上学的念头。多方打听,他选定了陕西省自强中等专业学校,因为这里不但学习按摩技术,还有文化课,他期待能全面提升自己,和正常人一样工作生活。

2008年秋季,在转让了自己的小店后,颜学谦在父亲的陪同下坐火车来到宝鸡,踏进了陕西省自强中等专业学校的大门。一下火车,学校的两名老师专程到站来接。他的内心深深地被学校领导与老师打动了,感受到了人与人之间浓厚的关爱之情。

在学校里,颜学谦勤奋好学,现实生活中的坎坷,成了他学习的动力,他如饥似渴地系统学习着按摩技术。然而思乡情和陌生感让他无所适从,经济的拮据也使他备感苦恼,他一度想要放弃学业。学校领导在了解他的情况后,鼓励他安心学习,并安慰他这里就是他的家,不论是在生活上还是学习上,遇到困难学校会帮助他。在享受国家减免学费政策的基础上,他还领到每年1500元的国家助学金,学校还考虑到他家的特殊困难,很快又为他减免了两年的学杂费、住宿费、书费等,累计1万多元。有了温馨的关爱,他的学习劲头更足了,学习成绩在班上名列前茅,多次获得奖学金,他经常积极参加学校组织的各项文体活动,唱歌跳绳样样在行,还获得陕西省第六届残疾人运动会三等奖等,他认为这都是在磨炼自己。生活上,班主任和同学们悉心帮助他,经常嘘寒问暖,带他一起上街,为他过生日、代买学习和生活用品。两年时光飞快流逝,颜学谦不仅学会中医按摩技术,还学到了如何去思考问题,如何乐观面对人生。

2010年7月,颜学谦在上海一家大规模的按摩公司实习,边干边学,在这里他知道了什么是科学规范化的管理,什么是连锁店经营,他"看"到了盲人按摩在国际大都市里的发展!于是2011年7月,他又一次"回炉",来到陕西省自强中等专业学校附属医院跟着老师再学习再提升。

2011年底,颜学谦勇敢回家,再次尝试自己的创业之路。他四处奔走,联合朋友成立了由5个人发起的康之道公司。公司创立之初没有会议室,他们便在深夜拄着盲杖,肩搭肩一起到江边开会,一聊就是一夜。夏日热炎,热不过他们内心的激情,严冬寒雪,冻不住他们火热的内心。

几年来,"康之道"以每年净增3家分店的速度跨越发展,如今已经拥有15个连锁店,为盲人提供就业岗位170多个,总营业面积达到2500多平米,按摩床位达到220多个,日平均客流量800多人,并积极推动优秀店长在公司参股经营,成为武汉市按摩行业较有影响的佼佼者。他还搭上网络的快车,自主研发了湖北首家盲人按摩推拿平台服务"推推无忧",实现了线上线下的一体化管理和经营。

从创业之初的一家小店到拥有自己的连锁企业,颜学谦有过战战兢兢,也有过初尝创业成功的兴奋之感;面对不理解,他也曾孤独无助地躲起来哭泣;面对质疑,他也曾一遍又一遍地质问自己,我真的可以成功吗?回想走过的坎坷之路,颜学谦最感激的是母校和国家,是国家助学政策和学校的关心让他度过了最煎熬的岁月、是国家助学政策照亮了他眼前的路、是国家助学政策让他重拾勇气和动力、是党和政府的资助铺就了他的成才之路、是老师的关爱和同学们的帮助让他树立起了对生活的信心,感受到了人间真情。对此,他时刻铭记在心,怀揣感恩之情,在创业中追求着自己的人生价值,并带领残疾朋友一起自强发展,用诚实劳动和进取精神努力回报社会。

(二)跃动在手掌上的梦想

在整洁、温馨的100多平方米的按摩店里,一个专业的盲人按摩师正用娴熟的手法给客人按摩,他是陕西省城市经学校中医康复保健专业13级的学生——贾英峰,他曾是陕西省残疾人技能大赛推拿按摩三等奖的获得者,曾在全国残疾人技能大赛中取得了优良的成绩,如今的他是拥有自己按摩店开始创业的按摩师。

今年26岁的贾英峰,给人的第一印象是爽朗、乐观、精力充沛。17年前,因为突如其来的一场眼病,让当时年幼的他无法和其他孩子一样在教室里读书,在艰苦的求学中,贾英峰并没有灰心,他上过培训班、开过店。他当时最大的梦想是重返校园,圆上学梦。2011年,在当地残联的推荐下,贾英峰暂时放下了当时的工作,来到位于西安未央区朱宏路的陕西省城市经济学校,贾英峰说,我终于可以重返校园了,当时来到这里,我感受到了贴心便利的校园环境和标准专业的教学设施,无障碍环境遍布在我出行的每个角落,先进的教学设备让我更加容易掌握所学的专业技能。

暑往寒来,重返校园的贾英峰格外珍惜在校学习的机会和时间,无论是在晚自习的教室里还是实训室里,都有贾英峰如饥似渴学习知识的身影。在学校安排的三级值班制度的晚自习中,晚自习井然有序,每当值班老师们看到贾英峰专注而挥汗如雨地在实训室里练习手法,无不纷纷称赞。在老师们精心系统的培育下,贾英峰靠着自己的拼搏,取得了优异的成果。2014年在第五届陕西省残疾人技能大赛盲人保健按摩项目获得第三名,作为2015年唯一一位代表陕西省参赛的在校学生,获得了优异的成绩。如今他回忆说,在赛场上的历练,是他最难忘和宝贵的财富。

当问到他在学校最大的收获是什么时,贾英峰嘴角露出喜悦的笑容,他说,他最大的收获是在老师们手把手地教授下,专业技能得到了很大的提升。

贾英峰还说前两天他的按摩店来了一个3岁小患者,当时这个孩子手臂脱臼,他用了两分钟就将小孩子的脱臼处复位了,现在他已经成了小区的名人。如今贾英峰的"新希望盲人按摩店"已经开张了,员工都是和他一样的盲人按摩师,对于将来的梦想,他希望自己的按摩店运营得越来越好,帮助和他一样的学弟学妹们自主创业。

(三)用自己顽强的精神和不屈的意志感染和鼓舞周边每一个人

李倩倩,女,31岁,西安美术学院残疾人教育艺术学院优秀毕业生,现任山西省晋城市残疾人教育中心教师。李倩倩于2014年5月荣获"全国自强模范"称号,在人民大会堂受到了习近平总书记的亲自表彰。

李倩倩5岁时因医药事故导致中度听力残疾,她没有自暴自弃,凭着对人生梦想的追求和无比坚强的信念,随班就读完成了小学、初中、高中的课程。特别是在西安美术学院残疾人教育艺术学院求学过程中,受到了教师团队的悉心照顾与培养,在工艺美术、艺术设计、陶艺、剪纸等方面取得了优异的成绩。因此,毕业后顺利进入山西省晋城市残疾人教育中心从事残疾人教育工作。

作为青年教师,李倩倩关心聋人学生的学习、生活和健康,耐心倾听聋人学生的求助和询问,并用娴熟的手语跟聋人学生进行交流,用各种方式与聋人学生建立起密切联系。在做好本职的美术教学工作的同时,为解决聋人学生看病难的问题,主动担任手语翻译和爱心志愿者为聋人学生解决困难,还向社会上的慈善团体寻求合作。由于经常陪同聋人学生就医并承担翻译角色,与医护人员成了朋友,并主动组织聋人学生参加健康公益免费体验活动,热衷公益志愿服务。在聋人学生的生活中,李倩倩无微不至地给予他们关怀和帮助,与他们一起讲故事、聊生活、做游戏,还将亲手缝制的近200条背带式助听器口袋送给了他们,和他们建立了深厚的师生情谊。

2017年12月,西安美术学院残疾人教育艺术学院承担国家艺术基金"陕西省残疾人麦秆画工艺创新人才培养"项目,李倩倩作为项目成员进行了艺术设计与工艺美术的创新性学习,有力地强化了自身的业务素质。此外,她通过市区残联、文化馆、图书馆提供的学习机会,持续地深化计算机艺术设计能力,参与研发盲用软件,同时参与了微信、QQ、小米手机系统等无障碍改造工作。

李倩倩在战胜自身困难的同时,用自己顽强的精神和不屈的意志感染和鼓舞着周边的每一个人。在她的身上,充满了正能量,她自强、自尊、自立,她用自己的经历证明,残疾人也可以活出精彩人生。

第六章 陕西省残疾人职业教育形势与任务

第一节 陕西省残疾人职业教育战略部署

1990年颁布《中华人民共和国残疾人保障法》以来,我国不断完善促进残疾人平等参与社会生活的相关条例,内容涵盖残疾人的人身权利、平等接受教育的权利、财产权利、政治权利、社会经济权利等相关方面。其中国家对残疾人接受职业教育给予了高度重视,并要求实行普及与提高相结合、以普及为重点的方针着重发展残疾人职业教育。2018年4月23日,教育部、国家发展改革委、财政部、中国残联等四部门联合印发了《关于加快发展残疾人职业教育的若干意见》,该文件为首个专门针对推动残疾人职业教育发展的政策性、指导性文件,对残疾人职业教育作出了重要部署,在大力发展中等职业教育的同时,加快发展高等职业教育。党和政府对残疾人职业教育的高度重视和一系列的政策文件部署,不仅能够更好地保障残疾人受教育的权利,更能切实有效地推进我国残疾人职业教育体系的完善与发展。

我国残疾人人口基数庞大,残疾人受教育程度亟待提高,尤其是残疾人的中、高等职业教育在我国起步较晚,发展较为迟缓。目前,我国较为完善的残疾人教育主要集中在义务教育阶段,残疾人职业教育在政策制定、制度体系等方面,与其他阶段的残疾人教育和普通职业教育的发展都存在较大差距。残疾人职业教育虽获得一定发展,但仍存在诸多不足,中高等职业教育衔接不畅、师资等办学基础条件的欠缺和专业设置的不合理等问题较为突出。

各地在着力发展本地区残疾人职业教育方面不断尝试,陕西省作为教育大省,在残疾人职业教育方面也积累了一定的发展经验。陕西省紧跟国家战略部署,针对残疾人职业教育先后出台了《陕西省实施〈中华人民共和国残疾人保障法〉办法》《陕西省贯彻〈教育部等八部门关于进一步加快特殊教育事业发展的意见〉的实施意见》《陕西省第二期特殊教育提升计划(2017—2020年)实施方案》等一系列政策措施,促进残疾人接受职业教育的机会不断扩大,残疾人职业教育学校和机构的办学条件与保障能力显著改善,有力地推动了残疾人职业教育事业的发展。然而,陕西省的残疾人职业教育服务供给和教育需求相比仍存在较大差距,要切实满足残疾学生的不同层次职业教育需求,形成较为系统全面的残疾人职业教育体制,残疾人职业教育在制度保障、管理体制等方面都还有很大的完善空间。

一、国家残疾人职业教育的战略部署

习近平总书记指出,"全面建成小康社会,残疾人一个也不能少"。关心残疾人,是社会文明进步的重要标志,残疾人事业是中国特色社会主义事业的重要组成部分,残疾人职业教育是国家教育事业的重要组成部分。党的十八大以来,以习近平同志为核心的党中央格外关心残疾人、高度重视发展残疾人事业,中国政府加快推进残疾人教育事业发展,助力残疾人奔小康,对残疾人教育事业发展作了一系列重要部署。《残疾人教育条例》(中华人民共和国国务院令第674号)中明确指出,发展残疾人教育事业,实行普及与提高相结合、以普及为重点的方针,保障义务教育,着重发展职业教育。

(一)我国残疾人职业教育政策梳理

1994年8月,国家颁布了《残疾人教育条例》,这是我国首部有关残疾人教育的专项法规,通过法律切实保护残疾人平等接受教育的权利,并于2011年、2017年先后进行了两次修订,该条例在第三章就残疾人的职业教育作出四项具体规定,明确应当大力发展中等职业教育,加快发展高等职业教育,由普通教育机构和特殊教育机构实施等。1996年由第八届全国人大颁布的《职业教育法》中就教育实施机构作出规定说明,除残疾人职业教育机构外,各级各类职业学校、职业培训机构等应当按照国家相关规定接收残疾学生入学。2007年,中国残疾人联合会和教育部联合印发了《残疾人中等职业学校设置标准(试行)》,明确了残疾人中等职业学校的招生对象,并就学校的办学规模、教师队伍、生均经费、实训基地等方面提出了具体的设置标准。2008年,中共中央、国务院印发《中共中央、国务院关于促进残疾人事业发展的意见》,

指出要加快发展以职业教育为主的残疾人高中阶段教育,为残疾学生就业和继续深造创造条件,大力开展面向成年残疾人的职业教育培训。以就业为导向,开展多种形式的残疾人技能培训,提高残疾人的就业和创业能力,各地要从残疾人就业保障金中安排一定比例的资金,用于特殊教育学校(院)开展包括社会成年残疾人在内的各种职业教育与培训,加强学生的生产实习和社会实践,促进职业教育实训基地共建共享,并且要高度重视残疾人职业教育专业课教师培训。2016年,国务院印发《"十三五"加快残疾人小康进程规划纲要》,其中指出要提高残疾人受教育水平,加快发展以职业教育为主的残疾人高中阶段教育,中等职业学校应当加强对残疾学生的支持保障服务。2017年,教育部等七部门联合印发《第二期特殊教育提升计划(2017—2020年)》,将加快发展以职业教育为主的残疾人高中阶段教育作为重要任务之一,中等职业学校扩大招收残疾学生的规模,并明确规定各省(区、市)至少办好一所残疾人中等职业学校,推进校企合作,使有受教育意愿的残疾学生都能接受适宜的中等职业教育。2018年,教育部联合发改委等四部门联合发布《关于加快发展残疾人职业教育的若干意见》(以下简称《意见》),敦促各地采取积极举措,加快发展残疾人职业教育,以中等职业教育为重点不断扩大残疾人接受职业教育的机会,同时就残疾人职业教育在办学条件、教育质量、就业指导、援助以及组织领导等方面提出详细的指导意见。我国残疾人职业教育政策文件梳理,详见表6-1。

表6-1 我国残疾人职业教育政策文件梳理

文件名称	颁布单位	颁布时间
《残疾人教育条例》	国务院	1994年8月 (2011、2017年两次修订)
《职业教育法》	第八届全国人大	1996年9月
《残疾人中等职业学校设置标准(试行)》	教育部、中国残疾人联合会	2007年4月
《中共中央、国务院关于促进残疾人事业发展的意见》	中共中央、国务院	2008年3月

续表

文件名称	颁布单位	颁布时间
《关于进一步加快特殊教育事业发展的实施意见》	教育部等八部门	2009年5月
《特殊教育提升计划（2014—2016年）》	教育部等七部门	2014年1月
《"十三五"加快残疾人小康进程规划纲要》	国务院	2016年8月
《第二期特殊教育提升计划（2017—2020年）》	教育部等七部门	2017年7月
《关于加快发展残疾人职业教育的若干意见》	教育部等四部门	2018年4月

(二)我国残疾人职业教育战略部署

我国政府对残疾人职业教育的重要性认识在显著提高，尤其是出台了首个专门的指导性政策文件。在国家层面，一以贯之大力发展残疾人职业教育是主要任务，在不同层次的残疾人职业教育上，大力推进中等职业教育的同时，也提高了对高等职业教育的关注度。再者，对残疾人职业教育的具体实施举措上也作了更多的详细规定，制定残疾人职业学校的办学标准，提出校企合作，就职业教育学校的办学条件、办学质量作出系统性设计。需要特别指出的是，《关于加快发展残疾人职业教育的若干意见》(后简称《意见》)中提到了康复在职业教育发展中的作用，要求"同步促进残疾人的康复与职业技能提升"，彰显了残疾人职业教育的理念进步。

《意见》统揽残疾人职业教育发展全局，对残疾人职业教育的办学形式与规模、办学质量与内涵、办学条件与保障、办学特色与指导等予以系统性设计。除提出了"鼓励职业院校和现有独立设置的特殊教育机构办学，联合招生、学分互认、课程互选""高等职业院校免试录取""共享实训实习和创业孵化基地""开展就业'一对一'服务，做到不就业不脱钩""政府购买残疾人职业技能培训服务"等创新举措外，尤为重要的是《意见》关注到了残疾人康复与教育在残疾人职业教育发展中的作用，强调了"同步促进残疾人康复和职业技能提升",这充分体现了现代残疾人职业教育的新理念。残疾人职业教育发展,既关乎目标能力层级的设计,又关乎个别化职业教育的诉求,还彰显着现代教育技术的魅力。发展残疾人职业教育,必须既立足于残疾人教育的现实,又基于新形势下不断地超越与创造。其中,必须处理好以下三个方面的问题。

1. 精确把握残疾人职业教育的培养目标

随着残疾人职业教育的发展,残疾人职业教育的培养目标必须打破一维的职业技能的单纯培养,从而发展为基于岗位胜任力的职业核心能力与全面素养的多维目标的全面塑造。这既反映了残疾人职业教育的专业化发展,又体现了残疾人专业教育的职业化拓展,还在一定程度上实现了专业与职业的协同与并进。

2. 精准把握残疾人教育对象的特征与多样化需求,扬长补短

残疾人职业教育,从个体职业意向到个人的职业路径选择,从职业教育支持体系、课程体系、培养体系构建,到个体职业成长的阶段性评价,都要为残疾人个体"量身定制",充分挖掘其心理的积极能量,化压力为动力、化经历为资源、转劣势为优势,保障残疾人个体获得自身最大化的职业成长和职业幸福感。

3. 运用现代教育技术,把技术嵌入教育,提升教育的附加值

信息技术的发展,带来教育系统的深度变革,这对于残疾人教育尤为明显。日益强大的互联网、多媒体为残疾人提供了相对超越生理局限的自由,这为实现按需学习、因材施教提供了可能。

二、陕西省残疾人职业教育的战略部署

根据陕西省残疾人联合会的数据显示,目前陕西省残疾人中处在就业年龄段的(15—54周岁)有90多万,而他们中接受过职业教育或在培训机构接受过技能培训的仅占11.4%,全省249万残疾人中具有大专以上文化程度的仅占2%。陕西省现有的高等教育学校和职业技术学校的教学设备和无障碍环境远不能适应残疾人,特别是盲人、听障、言语残疾人求学的特殊要求。

(一)陕西省残疾人职业教育政策概况

1995年7月13日陕西省人民政府发布《陕西省按比例安排残疾人就业

办法》,2002年10月15日陕西省人民政府再次发布《陕西省人民政府关于修改〈陕西省按比例安排残疾人就业办法〉的决定》(陕西省人民政府令第85号),之后经过2011年和2018年两次修订,明确了陕西省残疾人就业的相关规定,为陕西省残疾人就业提供基础保障。2009年,陕西省教育厅、省发改委、省民政厅、省财政厅、省人力资源和社会保障厅、省卫生厅、省编办、省残联等八部门正式下发《陕西省贯彻〈教育部等八部门关于进一步加快特殊教育事业发展的意见〉的实施意见》,其中就残疾人教育方面提出的措施主要包括:要大力发展以职业教育为主的高中阶段特殊教育,同时还提出要加大特殊教育经费投入,各地要将一定比例的残疾人就业保障金用于特殊教育学校的职业教育与培训。2012年,陕西省印发《陕西省实施〈中华人民共和国残疾人保障法〉办法》,该法案于1994年6月27日陕西省第八届人民代表大会常务委员会第七次会议通过,2012年3月29日陕西省第十一届人民代表大会常务委员会第二十八次会议修订,其要求对残疾人职业教育的政府有关部门、残疾职工所在单位或者有关社会组织,应当对残疾人开展扫除文盲、职业教育、创业培训和成人教育等要求,并鼓励残疾人自学成才,要求教育、人力资源和社会保障部门应当重点发展残疾人初等和中等职业教育,开展以实用技术为主的中期、短期培训;特殊教育机构应当对残疾学生进行职业技术教育。2017年12月,陕西省教育厅等七部门联合印发《陕西省第二期特殊教育提升计划(2017—2020年)》,其中明确2020年前,各市(区)要依托现有特殊教育和职业教育资源,建设一所能够满足本地区残疾学生高中阶段就学需求的特殊教育学校,各区县特殊教育学校要根据实际开设高中部(班)或中职部(班)。各地要鼓励特殊教育学校根据实际开设特色鲜明的职业教育专业,支持特殊教育学校与职业教育学校合作办学,把残疾人职业教育纳入全省职业教育发展规划、职业教育集团、校企合作范畴和现代职业教育体系并对其予以支持。陕西省有关残疾人职业教育的政策在贯彻落实中央政策文件精神的同时,更多地侧重发展本省残疾人职业教育的领先优势。陕西省作为教育大省,在残疾人职业教育方面的发展也给予了更多的政策关注,在政策实施措施的具体设计上,步伐也走在全国残疾人职业教育发展的前列,如提出要将就业保障金的一定比例用于发展特殊教育学校的职业教育与培训,以及职业教育部、职业教育融合资源中心等的设置,都是陕西省在发展本省残疾人职业教育上的有力政策部署。陕西省近年来残疾人职业教育政策文件见表6-2。

表6-2 陕西省近年来残疾人职业教育政策文件概况

文件名称	颁布单位	颁布时间
《陕西省按比例安排残疾人就业办法》	陕西省人民政府	1995年7月13日（后经过2011年和2018年两次修订）
《陕西省贯彻〈教育部等八部门关于进一步加快特殊教育事业发展的意见〉的实施意见》	陕西省教育厅等八部门	2009年7月
《陕西省实施〈中华人民共和国残疾人保障法〉办法》	陕西省第十一届人民代表大会常务委员会	2012年3月
《陕西省第二期特殊教育提升计划(2017—2020年)》	陕西省教育厅等七部门	2017年12月

(二)陕西省残疾人职业教育战略部署

陕西省大力发展特殊教育,在全国产生较大影响,《陕西省特殊教育提升计划(2014—2017年)实施方案》执行成果显著,基本实现30万人口以上的县独立设置一所特殊教育学校的目标,全省共有特殊教育学校56所,市级特殊教育指导中心、县(市、区)特殊教育资源中心和乡镇特殊教育资源教室逐步建立,非义务段特殊教育规模不断扩大。"十二五"期间,全省累计投入4.6亿元用于改善特殊教育学校办学条件,新建、迁建、改扩建学校15所,特殊教育教师的津贴提高到基本工资的50%,极大地调动了广大教职工的积极性。西安市加大特殊教育投入力度,2014至2016年累计投入1.6亿元,用于特殊教育教师培训、资源教室设施配备、公用经费补助等,并设立特殊教育专项资金,2016年资金规模达到了2000万元。

《陕西省第二期特殊教育提升计划(2017—2020年)》发布后,2018年1月,陕西省对特殊教育提升计划作了专题会议部署,明确了陕西省残疾人职业教育现阶段存在的问题,如高中阶段特殊教育发展较为滞后、残疾人中等职业学校规模较小、特殊教育高中部较少、残疾人继续接受教育的通道和机会还需增加等。对于陕西省残疾人职业教育的发展,有三个需要重点解决的问题。

1. 特殊教育发展呈现新趋势

目前,特殊教育的基本发展趋势是融合、强调尊重残疾学生的个体差异和促进个性化发展。培养残疾学生适应社会、融入社会的能力成为发展特殊教育的共识。在特殊教育普及水平大幅提升的基础上,如何进一步提高特殊教育质量,如何更好地提供符合残疾学生学习特点和发展需求的教育,是一项重要而艰巨的任务。

2. 特殊教育发展面临新挑战

在视力、听力、智力三类残疾儿童少年入学率90%的基础上,将范围扩大到所有残疾类型,每提高1个百分点都需要做大量艰苦细致的工作。目前,尚未接受教育的残疾儿童少年主要分布在农村,特别是边远地区,受交通不便、家庭经济困难、残疾程度较重等因素制约,实现全覆盖的难度很大。陕西省还有人口30万以上的个别县尚未建立特殊教育学校,仅有县级特殊教育资源中心24个,资源教室69个,按照国家要求和陕西省规划,还需要建设县级特殊教育资源中心80多个,资源教室550多个。普通学校普遍缺乏无障碍环境,开展随班就读教育教学的实际能力不足。特殊教育学校缺乏适应"医教结合"所需的特殊教育教具、辅具和学具。同时,各地残疾人教育专家委员会、送教上门、普特融合等特殊教育保障机制还需健全完善,条件改善和运转水平还需继续加强。

3. 特殊教育发展肩负新任务

第二期提升计划更加突出问题导向,提出新的重点任务。到2020年,全省残疾儿童少年义务教育入学率要达到95%以上。加大力度发展残疾人非义务阶段的教育,重点是大力加强学前教育和高中及以上教育,让各级各类特殊教育纵向衔接、横向沟通,构建残疾人终身学习体系。同时,进一步强化评估鉴定、入学安置、教育教学、康复训练等方面的工作,深化特殊教育课程改革,加强课程教材和教学资源建设,推进优质资源共享,加强教师专业化发展,让残疾学生接受公平、有质量的特殊教育。

第二节　陕西省残疾人职业教育面临的形势

残疾人是特殊的社会弱势群体,如何有效保障残疾人的权益一直是国家和社会重点关注的议题。从国家层面来看,残疾人有效融入社会并平等参与社会生活,是社会文明进步的重要表现,其中,实现残疾人的充分就业就是最好的体现。为促进残疾人的充分就业,发挥并运用好这一特殊人力资本,大力发展残疾人职业教育就显得尤为必要。在国家针对残疾人就业服务支持政策不断出台的背景下,残疾人就业服务事业快速发展,残疾人就业服务机构和设施基本完善,就业培训制度基本建立。截至2017年,在全国所有市辖区基本都建立了残疾人服务机构,近10年来,我国残疾人就业在规模上逐渐增长,在结构上保持稳定。同时,我国每年新增的残疾人就业人数基本保持在30万人以上。到2018年,城乡持证残疾人新增就业36.7万人,其中,城镇新增就业11.8万人,农村新增就业24.9万人。截至2018年,城乡持证残疾人就业人数达到948.4万人。

在党和国家的带领下,我国残疾人事业已经取得了重大的成就,但我们从职业教育需求视角和社会工作视角出发,可以看到我国残疾人职业教育和就业服务体系仍然面临若干的问题:①就业岗位的开发与残疾人实际需求不一致。尽管与2017年相比,2018年全国持证残疾人就业总数增加了6.3万人,增长了0.67%,但是与新增就业岗位(36.7万人)相比,实际持证上岗的残疾人并不多,仍有30.4万的就业岗位空缺,这体现了残疾人就业岗位的供需之间出现了较大的错位。②残疾人就业服务需求复杂、多样。随着残疾人数量的增长和社会发展水平的提升,残疾人在伤残等级、文化程度及婚姻、子女状况等方面,复杂程度较高,也更加多样化,所以残疾人对就业服务的内容、质量和层次的需求也表现出复杂性和多样性。③残疾人就业服务的社会化程度较低。有研究显示,即便是在社会组织和社会工作机构的发展上走在全省前沿的西安市,依然仅能提供较少的残疾人就业服务。因而,分析残疾人职业教育发展面临的形势、发展残疾人职业教育、完善残疾人就业服务体系刻不容缓,本节从残疾人职业教育面临时代背景的变化、残疾人社会融入与社会关注发展形势的变化、残疾人就业服务体系与就业岗位形势的变化以及残疾人职业教育体制发展形势四个方面进行分析,从而更好地为促进残疾人复杂多样的就业发展事业提供决策支持。

一、残疾人职业教育面临时代背景的变化

在新时代背景下,2017年新修订的《残疾人教育条例》中,第三章就残疾人职业教育作出四条具体规定,通过扩大招生规模来帮助更多残疾学生接受职业教育。同年10月,党的十九大报告中明确提出要完善职业教育。2018年,教育部等四部门联合印发《关于加快发展残疾人职业教育的若干意见》,通过国家级部门文件形式就推动残疾人职业教育作出重要部署,在大力发展中等职业教育的同时加快发展高等职业教育。党和政府对残疾人职业教育的高度重视和一系列的政策文件部署,不仅能够更好地满足残疾人受教育的权利,更能切实有效推进我国残疾人职业教育体系的完善与发展。至此,需要分析国家政策对残疾人职业教育提出的新要求、新时期残疾人高等职业教育实践亟待新思路,以及我国残疾人高等职业教育尚需构建的新理论体系。

(一)国家政策对残疾人职业教育提出的新要求

新中国成立以来,特别是改革开放以来,党和国家颁布了一系列有关残疾人高等职业教育的政策。例如,1994年,国务院颁布的《残疾人教育条例》,规定:"发展残疾人教育事业,实行普及与提高相结合、以普及为重点的方针,保障义务教育,着重发展职业教育,积极开展学前教育,逐步发展高级中等以上教育。"1996年,《职业教育法》明确提出:"残疾人职业教育除由残疾人教育机构实施外,各级各类职业学校和职业培训机构及其他教育机构应当按照国家有关规定接纳残疾学生。"2010年,国务院颁发并实施的《国家中长期教育改革和发展规划纲要(2010—2020年)》第六章要求"……职业教育要面向人人、面向社会,着力培养学生的职业道德、职业技能和就业创业能力……"另外,《纲要》第十章明确指出:"提高残疾学生的综合素质。注重潜能开发和缺陷补偿,培养残疾学生积极面对人生,全面融入社会的意识和自尊、自信、自立、自强的精神。加强残疾学生职业技能和就业能力培养。""全面提高残疾儿童少年义务教育普及水平,加快发展残疾人高中阶段教育,大力推进残疾人职业教育,重视发展残疾人高等教育。因地制宜发展残疾儿童学前教育。"2011年,国务院颁发的《中共中央国务院关于促进残疾人事业发展的意见》强

调"发展残疾人职业教育"。同年,国务院批转了《中国残疾人事业"十二五"发展纲要》,要求大力发展残疾人职业教育,加快发展残疾人高中阶段教育和高等教育。2012年,教育部颁发了《国家教育事业发展第十二个五年规划》,指出开展多种形式残疾人职业教育,使残疾学生最终都能掌握一项生存技能。从以上党和国家的政策可以看出,我国残疾人职业教育需要进一步的理论创新和实践探索以更快更好地实现既定的发展目标和履行相应的行业职责。

在"十三五"顺利完成、"十四五"起步初期的时代背景之下,国务院印发了《"十四五"残疾人保障和发展规划》(国发〔2021〕10号),在残疾人职业教育方面提出要着力发展以职业教育为重点的残疾人高中阶段教育,使完成义务教育且有意愿的残疾青少年都能接受适宜的中等职业教育。

(二)新时期的残疾人高等职业教育实践亟待新思路

2006年,全国第二次残疾人抽样调查显示,我国各类残疾人总数为8296万,比1987年第一次残疾人抽样调查数据的5164万人多出3132万人。然而,由于社会发展以及各种天灾人祸的发生,这数据还在不断增长。面对如此巨大的特殊困难群体,政府能够给予的经济扶持和社会的救助相当有限。因此,想要从根本上解决残疾人问题,发展残疾人教育事业是一条行之有效的途径,通过教育,使残疾人实现自强自立,更好地融入主流社会,甚至贡献社会、造福社会。对于残疾人的教育关键在于职业教育。毫无疑问,发展残疾人高等职业教育,要针对残疾人的生理和心理特点,在教授他们基础知识的同时,还要让他们掌握生存和就业的基本技术和技能,使他们成为应用型、技能型、复合型技术人才。

在新的历史时期,我国残疾人职业教育正面临新的问题,且迎来了新的挑战。诸如"残疾人求学意识不强""残疾儿童和青少年入学难""专业设置传统""课程单一,难以满足社会的需求"等,都是不容回避又刻不容缓的问题。因此,我们必须立足现实国情,寻求一条符合国际残疾人职业教育潮流,又具有中国特色的残疾人高等职业教育的新出路。

(三)我国残疾人高等职业教育尚需新的理论体系

残疾人高等职业教育除了具有高等职业教育一般的特征之外,还具有其自身的特点。就当前而言,我国残疾人高等职业教育理论,一部分是从普通职业教育理论中演绎而来,另一部分则是从特殊教育理论中借鉴而来。长期以来,受传统思想的影响,至今还没有形成被专家以及学者普遍认同的具有中国特色的残疾人高等职业教育的理论架构和体系。这一状况与我国多年来残疾人职业教育的伟大实践很不相称。我国残疾人高等职业教育理论体系构建尚需对那些不仅涉及全局、而且是长期起作用的理论与实践问题进行梳理。从残疾人高等职业教育现实问题中揭示出理论问题,并以残疾人高等职业教育理论创新来把握和回答现实问题,从而推进我国残疾人高等职业教育理论体系的构建。

国务院在《"十四五"残疾人保障和发展规划》(国发〔2021〕10号)中提到,党中央、国务院高度重视残疾人事业发展,对残疾人格外关心、格外关注。"十三五"时期,残疾人事业取得重大成就,"全面建成小康社会,残疾人一个也不能少"的目标如期实现。710万农村建档立卡贫困残疾人脱贫,城乡新增180.8万残疾人就业,1076.8万困难残疾人被纳入最低生活保障范围,1212.6万困难残疾人得到生活补贴,1473.8万重度残疾人得到护理补贴。残疾人基本康复服务覆盖率达到80%,辅助器具适配率达到80%,残疾少年儿童接受义务教育的比例达到95%,5万多残疾学生进入高等院校学习。城乡无障碍环境明显改善,关爱帮助残疾人的社会氛围日益浓厚。越来越多的残疾人更加勇敢地面对生活的挑战,更加坚强地为梦想而奋斗,为社会经济发展作出了重要贡献。我国在国际残疾人事务中的影响力显著提升。这些重大成就,有效改善了残疾人民生,有力推动了社会文明进步,成为全面建成小康社会的重要方面,彰显了中国共产党领导和中国特色社会主义制度的显著优势。

二、残疾人社会融入与社会关注发展形势的变化

(一)残疾人的社会融入形势

对于残疾人职业教育而言,社会融入既是目的,也是方法,更是责任。其源于社会学的理论,并在各类群体中多有实践。社会融入作为理念、方法和社会学工具,在学界已有较多讨论,但未形成共识。目前学术界有三种比较有代表性的观点,其中"社会排斥论"强调将全体成员视为平等分子,认为不

应当形成阻隔限制其他个体、群体加入;"社会融合论"强调将社会全体成员视为整体,在成员交流互动和接触中实现行为和观念的深度融合;"移民融入论"关注的是外部化、异质化的群体与主流群体的同化过程。实际上,上述看法将视角转换到残疾人中,都有各自的不足之处。

陕西省为了保障残疾人的劳动权利,根据《中华人民共和国残疾人保障法》《残疾人就业条例》等法律法规发布了《陕西省按比例安排残疾人就业办法》,拓展了残疾人就业劳动的主渠道,然而目前陕西省残疾人融入社会工作的形势依然不容乐观,残疾人就业困难是社会融入教育不够导致的结果,反过来也强化了其社会孤立感。这种就业困难体现为:一是寻找用工单位较为困难,往往对残疾人能够胜任的岗位,用人单位出于各种担心不愿聘用,尽管已有税收优惠、指标分配等倾斜政策,但实际上用工单位宁愿缴纳残疾人就业基金也不愿聘用;二是尽管有部分残疾人实现了有效就业,但它是低质量的、被动的、边缘化的工作,比如,按摩店、福利厂、街道集体企业等,这种工作不具备社会再生产的能力和效果,也使残疾人就业成了特殊就业,而非普遍性、普通式就业;三是残疾人就业后的质量和效果较差,从培训学校、政府安置就业等渠道获得劳动岗位的残疾人,往往由于对社会生活的陌生,以及与同事、他人沟通交流缺乏经验,再加上自卑心理,导致残疾人就业后存在着心理抑郁、无法融入群体等困境。

从针对陕西省自强中等专业学校历年毕业的学生进行回访调查的173个样本中发现,尽管残疾学生的初次就业率较高,但在工作1—3年的时段内往往出现离职、待业等情形,比例高达37%,表明残疾人尤其是残疾学生参与就业、实现高质量就业存在着显著困难,其背后成因在于缺乏有助于实现残疾人自我成长的足够充分的社会融入教育。

虽然残疾人融入社会存在多重困难,但是随着政策的倾斜,社会关心和帮助残疾人的倡议高涨,近年来陕西省对残疾人职业教育与就业在社会融入方面有了更加明确的指导方向,倡导"教育"和"康复"相融合,成为"全面康复"理念与人的全面发展教育相结合的倡导者和实践者,为广大残疾人回归社会、全面发展拓宽了道路。

(二)对残疾人的社会关注形势

1.对残疾人的社会态度和就业关注形势

社会歧视是导致残疾人就业困难的重要原因。目前,社会上对残疾人关注高的群体一般是工作、生活在残疾人比较集中的地方、与残疾人接触机会较多的人员。用大量精力投入残疾人事业(如政府有关部门、残联)、具有人道主义情怀并同情残疾人(如医院、福利企业)、接触残疾人频次多(如新闻媒体、社区)、深入了解残疾人内心想法(如残疾人家庭、亲友、特教教师)的群体对残疾人的关注度高,反之则低。这些对残疾人关注高的群体毕竟是少数,社会大众对残疾人的认识较多停留在表面印象。调查显示,大部分人是通过电视、网络、新闻媒体、生活周围、亲友聊天来了解残疾人的,并没有对残疾人事业及残疾人所面临的困难进行过专门了解与分析思考,一些人认为残疾人问题与自己生活基本无关。残疾人由于其自身的特殊性,平时很难受到社会关注,一旦得到媒体关注,往往会放大其正面或负面的社会效果,易产生强烈的反差。

对于残疾人本身而言,由于特殊的成长经历,很多个体无法在健康、良好的环境中长大,加之生活条件普遍很差,缺乏社会保障,致使相当一部分残疾人容易产生自卑、孤独、暴躁等心理问题,思想情绪波动很大,学习热情低,对激烈的社会竞争存有畏难情绪。因此,与人交往和融入社会能力较低,影响了残疾人自身素质的全面发展,也影响了社会对残疾人的看法和态度。

社会对残疾人的整体评价不容乐观,公众对残疾人了解不够,是产生社会对残疾人同情、怜悯甚至歧视的重要原因,也是阻碍残疾人就业的最大困难。另外,公众对于残疾人的就业理解还停留在按摩店、福利厂、街道集体企业等低质量的、被动的、边缘化的工作,这主要是由于公众对残疾人工作能力的认识不足,以及对残疾人生活的关注度不高而引起的思维定式。政府尤其残联应整合各方资源,促进社会各界关注残疾人,对残疾人在社会保障、医疗康复、教育就业、托养服务等项目中给予大力支持,鼓励社会力量发展残疾人服务业,并针对残疾人目前存在的困难与问题,从宏观上、战略上进行调整和完善,将残疾人事业纳入发展规划,引导全社会关注与支持残疾人。

近年来,陕西省在加大对职业教育政策倾斜和经费投入的同时,也在树立既授之以"鱼",又授之以"渔"的理念。2020年6月24日,陕西省中华职教社和陕西省残疾人联合会联合发起的陕西省"百千千"助残扶贫公益项目,旨在促进残疾人就业,帮助残疾人增收脱贫,这体现了社会对残疾人的帮助更多地向拥有"渔"的精神的方向发展,这种帮助不是以简单的资金或物质进行救助,而是通过工作、学习和经验交流,提供爱的给予以及帮助他们走出因残障所造成的心理障碍的力量支持,这些恰恰是职业教育需要提供的。

2.对残疾人职业教育研究的社会关注

从某知名网站的文献总量上来看,残疾人职业教育研究的文献数量呈上升趋势。2007年之后,文献刊发数量呈现稳步增长趋势,尤其在2013至2015年,文献刊发数量出现巨大增幅,到达顶峰。由此可见,该领域越来越受到广大学者和专家的关注,具有良好的发展前景。在这些研究文件中,残疾人职业教育的课程和专业设置、听力障碍和智力障碍学生职业教育,已经成为残疾人职业教育的主要热点领域,同时,视力障碍群体的职业教育也越来越受到研究者的关注。刊发的大多数文献,将残疾人与职业教育结合在一起进行研究,残疾人教育已经成为职业教育的重要组成部分。在残疾人职业教育研究中,既要关注视力障碍学生、听力障碍学生及智力障碍学生的研究,又要加强对职业教育中课程、专业设置等要素的研究。残疾人中高等职业教育研究一直重视现状问题、校企合作和校本课程开发研究,在这些领域刊发了大量的研究文献,取得了较多的研究成果。

从研究内容上看,残疾人职业教育研究逐渐从基于现状、宏观问题的描述分析,向残疾人职业教育中存在的具体问题,如课程、专业设置、教育模式、职业意识等中观层面转变。随着时代的要求,残疾人职业教育办学规模发展迅速,但是在发展的过程中仍面临着层次不高、专业课程单一、师资力量不足、就业范围狭窄等问题。研究者针对残疾人职业教育发展中的问题在不同的中观层面进行了探索和研究:首先,在课程方面,要求完善义务教育阶段职业教育的课程设置,选择适性化课程。在尊重学生个体差异性和市场选择性的基础上,设计出课程开发的流程图,提倡通过职业分析和测评,为学生选择恰当的课程模式和课程文件。结合地方本土特色,开发适于本校的职业教育课程体系,打造特色学校。其次,在专业设置方面,提倡尊重学生差异性和市场选择性,比如,陕西省城市经济学校开设的服装设计与工艺专业、计算机平面设计专业、中餐烹饪与营养膳食专业、工艺美术专业等;陕西省自强中等专业学院开设的医学药理专业、护理专业、计算机网络专业等;天津理工大学聋人学院设置了计算机科学与技术和艺术设计专业;北京联合大学特殊教育学院设置了艺术设计、园林、针灸推拿、计算机科学与技术、音乐表演等专业;长春大学特殊教育学院设置了艺术设计、绘画、会计、动画、针灸推拿等专业;长沙特殊教育职业学院设置了广告艺术设计和园林专业。再次,在教育模式方面,基于残疾人职业教育对象的差异性、教学内容的实践性和教学评价的发展性,以"从学校到工作"理念指导下的校企合作模式得到广泛推广与应用;在社会主义市场经济的背景下,提出了建设符合我国国情的准备式与支持式职业教育模式。最后,残疾人职业意识在不断加强,职业道德建设也受到了更多的重视,这既有助于提升残疾人职业素养,又能够帮助残疾人适应当今市场经济形势和拓宽就业渠道。

从残疾人中等职业教育和高等职业教育的对比来看,残疾人高等职业教育研究相对中等职业教育研究而言,更受到广大研究者的关注。残疾人中等职业教育研究所处的地位比较边缘化,其原因主要在于残疾人中高等职业教育的衔接体系尚未完善,今后的研究应该更多关注残疾人中高等职业教育的贯通与协同发展。目前,残疾人中等职业教育是基于初中教育,而实施的高中阶段的义务教育,招收对象多为特殊教育学校的毕业生,目标为培养生产管理等一线技术人员。而残疾人高等职业教育以具有高中文化水平的残疾人为招生对象,培养目标为生产、管理、经营等工作岗位的高级技能型和应用型人才。残疾人中等和高等职业教育在培养本质上虽然具有相同之处,即都是对学生职业技术能力的训练和培养,但是它们对于培养的社会人才结构的层次化,以及培养目标的定位存在较大的差异。在中等职业教育和高等职业教育快速发展的背景下,为了促进二者协调共进,2011年教育部印发了《关于推进中等和高等职业教育协调发展的指导意见》,从制度上加强了对中高等职业教育衔接的重视。由于残疾人的特殊性,残疾人中高等职业教育衔接,不仅是适应职业教育发展和社会发展的必然选择,更是发展残疾人自身,实现人生价值的现实需求。当前,残疾人中高等职业教育衔接的研究主要集中于制度层面、内容层面和人文层面。在制度层面上,研究围绕残疾人职业教育的学制和招生考试改革,致力于探索出灵活有效的学制衔接方式和招生考试制度;在内容层面上,研究主张设置建立统一的课程标准,实施模块化教学,开设特色专业目录,加强校企联合等;在人文层面上,提倡消除对残疾人的社会认知偏差,残疾人要自尊、自立、自爱,健全人也要关爱和接纳残疾人,政府和社会要多给予残疾人以庇护性就业的机会。

目前,残疾人职业教育更多地关注听觉障碍学生,主要原因在于听觉障碍的学生,虽然听觉受损,但是他们的视觉代偿性较好,生活自理能力较强、专业局限性小,适合学习美术手工、服装设计、园林等专业。首先,现有研究抓住听觉障碍者的优点,探索适于听觉障碍学生的职业教育的教材教法、课程和专业设置;其次,针对听觉障碍学生身心发展的特点,提出了项目教学法,并设计了项目教学法的流程,建构了具体操作的模式;最后,在分析现有聋校教材的基础上,以夯实基础、挖掘潜能和促进听觉障碍学生和健全学生同步发展为主要要素,将教材与学生生活相结合,开发聋校语文校本课程。

在听觉障碍学生职业教育研究得到广泛关注的同时,智力障碍学生和视觉障碍学生的职业教育也不断引起研究者的重视。陕西绝大多数的智力残疾人、精神残疾人的生活现状令人担忧,很难就业,他们的生活来源目前只能依靠父母。在陕西省除了贫困家庭外,绝大多数智力、精神残疾人还没有享受到最低生活补贴,他们要想生存下来必须依赖家庭。家庭在子女的医疗、康复、教育等方面投入大量费用,致使生活陷入困顿。多年来,这些家庭就享受九年义务教育和生活补贴等问题通过各种渠道不断呼吁,效果甚微。2014年1月,陕西省第十二届人民代表大会提出的《关于加快解决智力残疾人生活困境的建议》受到了陕西省教育厅的高度重视,并在《陕西省特殊教育提升计划(2014—2016年)实施方案》中进行了安排部署。对残疾人职业教育大多以就业为导向,以实现就业为目标。对于处于特殊群体的残疾人,尤其是中重度残疾人而言,职业教育力图打破"职业教育即就业教育"的传统观念,使职业教育更具人文精神,将发展残疾学生基本生活能力、实现全面康复、提高生活质量作为残疾人职业教育的重要内容。

随着残疾人职业教育内涵的不断丰富,残疾人职业教育研究更关注于残疾人自身,不仅仅单纯着眼于以市场为导向,而是更强调尊重学生能力,开发、探索既符合残疾学生能力,又有丰富价值的教学项目。研究指出,首先,残疾人职业教育不仅服务于学生就业,更重要的是改善残疾学生的机体功能、满足个体的康复需要,提高生活自理能力和社会适应能力,带动其职业能力的潜在发展;其次,残疾人多元职业教育课程研究,既要注重课程模式与市场和职业岗位相对接,又要注重课程模式与学生生存发展和终身学习对接,多元课程着眼于发挥智力障碍学生的潜能,促进多元智能的开发;最后,素质教育体系是残疾人职业人才培养中的重要一环,在提高职业能力的同时,还要加强社会适应能力和思想道德水平,全面提高残疾人的综合素质。因此,残疾人职业教育目标不应该仅局限于提高残疾人的就业机会,实现就业,更应该注重促进残疾学生的机能康复,提高生活自理能力,发展综合素质。

三、残疾人就业服务体系与就业岗位形势的变化

我国残疾人就业服务体系总体向好,但是仍然面临就业岗位的开发与残疾人实际需求不一致,残疾人就业服务需求复杂多样,残疾人就业服务的社会化程度较低等若干问题,因而须全面分析残疾人就业服务体系与就业岗位形势,准确把握其变化规律,切实解决现实困境。

(一)残疾人就业服务体系的发展

随着我国经济的不断发展以及社会对残疾人关注度的不断提升,政府和社会对残疾人就业服务的数量和质量也在不断上升。从残疾人就业数据来看,残疾人的就业需求呈现出数量更大、范围更广、质量更高的趋势。

从就业服务政策来看,我国残疾人就业服务相关法律法规不断出台,使残疾人就业服务事业发展有据可依。1990年,我国颁布了《中华人民共和国残疾人保障法》,该部法律在推进我国残疾人事业发展、保障残疾人就业合法权益上具有划时代的意义。随后,为了进一步健全残疾人就业服务的法律法规体系,国务院陆续出台了《残疾人教育条例》《残疾人劳动就业条例》等一系列法规、条例。陕西省紧跟国家政策,对关于残疾人就业与职业教育的法规和条例都进行了安排部署。进入新时代以来,陕西省在残疾人就业服务政策上不断完善,同时也存在部分问题,主要体现在就业服务政策缺乏精细化就业服务导向,更多停留在较为宏观的层面。另外,由于我国各省市在制定相关政策条例上有一定的自主性,各地区之间残疾人就业服务政策不一,导致残疾人就业服务呈现碎片化问题,使得流动残疾人在就业咨询和寻求帮助过程中遇挫。

在残疾人就业服务形式方面,陕西省残疾人就业服务形式正在由行政化的、原来单一的就业服务逐渐向多渠道的、多元的就业服务方式转变。政府

在完善残疾人就业服务方式层面已经有不少的具体举措,然而,其对残疾人就业服务观念方面有待更新,目前的残疾人公共就业政策是建立在残疾人劳动能力受限和身心缺陷为基本假设的基础之上,主要从提供各种扶持和补贴政策的角度考虑如何为残疾人提供就业服务,在残疾人自身的巨大潜能、特殊人力资源和优势的认识上仍然存在着不足。另外,残疾人就业服务方式有限,残疾人的求职能力较健全人弱,导致对政府的服务需求更加强烈。经过多年发展,虽然残疾人就业服务体系逐渐在完善,但仍存在许多方面需要改善和提高,包括人员专业性不强、服务主体较为单一、就业保障执行力度不够、就业信息不对称、对就业新形势重视不足、就业能力评估与开发工作薄弱、服务方式不够灵活等。目前,对残疾人在就业和创业上的支持,更多是依靠于自身亲缘和地缘等人际关系,这些社会资本同时也是残疾人权益受到侵害时寻求保护和帮助的力量,然而,这些力量相对来说是非正式力量,在对面残疾人就业权益问题和更加复杂的需求时,往往显得非常薄弱和弱小。

在残疾人就业服务组织和管理方面,目前残疾人就业服务组织和管理主要是以政府为主导,专业性社会公益机构数量少、规模小,提供的服务也非常有限。专业性的社会公益机构,所能够提供的服务基本在信息和政策咨询等内容上,在更深层次的服务上,如专业的心理咨询、就业能力开发、社区环境营造等方面,往往涉及得比较少,也不够专业。总体而言,大量残疾人是被排斥在公共就业体系之外的,他们对市场规则和信息了解程度有待深化,这些都是需要政府和社会共同完成的任务。

(二)残疾人就业岗位形势

目前,陕西省对残疾毕业生就业有相当大的扶持力度,陕西省残疾人联合会、陕西省财政厅《关于印发〈省级残疾人就业保障金支持集中就业企业(基地)项目申报指南〉的通知》(陕财办综〔2012〕117号)中对集中安置残疾人在50人以上(陕南等地区30人以上)的企业(基地),给予每人1万元资助。重点支持开发残疾人工作岗位、安置残疾人;开展残疾人技能培训;无障碍环境改造;康复训练、文化活动设施建设;也可适当弥补流动资金不足、研发新产品、开发市场、扩大生产规模等。陕西省残疾人联合会等15部门联合印发的《关于扶持残疾人自主就业创业工作的实施意见》(陕残联〔2018〕25号)对残疾人自主创业者或从事个体经营者、符合省级扶持条件的由省财政给予一次性创业补贴,按照每人5000元标准给予扶持;符合市级扶持条件的由各市根据实际情况从残疾人就业保障金中安排适当扶持资金(或设备)。陕西省残疾人联合会、陕西省财政厅《关于实施残疾人创业孵化示范基地补贴项目的通知》(陕残联〔2016〕82号)对符合条件的残疾人创业孵化基地、残疾人电商联盟就业创业服务平台给予项目资金补贴,残疾人创业孵化基地每个补贴20万元、残疾人电商联盟就业创业服务平台每个补贴40万元。陕西省残疾人联合会、陕西省财政厅《省级残疾人就业保障金扶持盲人保健按摩行业项目指南》(陕残联〔2017〕53号)对盲人按摩行业也有一定的扶持补贴。

在残疾人就业层面,调查研究显示,社会接纳残疾人用工最多的是私营和民营企业,原因在于民营企业和私营企业所提供的就业岗位种类较多,能够满足残疾人的就业需求,同时私营和民营企业接纳残疾人就业,能够在政策上享受相关的优惠税收政策,这也是刺激私营和民营企业接纳残疾人就业的重要原因。

残疾人就业岗位分布虽然比较广泛,但是主要集中在生产和后勤岗位,绝大多数都是从事体力劳动,从事智力劳动的残疾人较少,而且多数为不要求技术含量和学历水平的岗位。大多数用人单位对残疾人的能力认识不足,对残疾人还存在一定的偏见,并且对残疾人缺乏了解,用人单位只是凭借主观印象评判残疾人。用人单位对残疾人的主观偏见,会形成相对负面的外在评价环境,可能会加剧残疾人自我认同感的缺乏,当然,很多用人单位所形成的偏见是由于自身并不了解残疾人。因此,在为残疾人提供就业服务的过程中,消除企业对残疾人的偏见是实现残疾人自我价值的重要一环,服务人员和社会工作者,可以对企业进行一些残疾人基本知识的培训,加强企业对残疾人的了解和沟通,为企业与残疾人之间营造良好的沟通环境。

用人单位在选择残疾人时,会考虑残疾人的文化水平。一般来说,用人单位往往会选择那些文化水平较高的劳动力,文化水平较高的残疾人,也越容易找到合适的工作岗位。但一项调查得出的实际结果却与我们所设想的不一样,用人单位更加倾向于那些文化水平较低的残疾人,初中和高中占了很大部分,而大专和本科及以上的则相对来说不那么受用人单位青睐。究其原因,很多用人单位其实还是以劳动密集型的企业和工厂居多,他们所能够提供的一些工作岗位,相对来说技术含量不高,只是一些简单重复的内容,所以不需要多高的文化水平。而那些文化水平较高的残疾人,由于低层次的工作岗位无法带来较高的工作报酬,所以也往往会选择不就业。这就会导致文化水平较高的残疾人,其就业率远远不如文化水平较低的。这就要求残疾人就业服务政策和提供者,对一些职业地位较高的岗位进行开发,以协助高文化水平的残疾人就业,还要对一些高文化水平残疾人进行职业认知上的干预,协助他们树立正确的就业观念。

在提供就业服务过程中,需要了解用人单位对残疾人的要求和需求倾向,这样可以对残疾人和用人单位进行更加准确地介入和干预,为残疾人提供相关的社会诊断,协助残疾人融入用人单位的环境中。

四、残疾人职业教育体制发展形势

(一)残疾人职业教育管理机制运行形势

在陕西省出台一系列政策文件后,残疾人职业教育管理机制有了长足的发展,然而,由于缺乏自上而下的残疾人培训整体规划,导致管理体制相对混乱,这方面还有较大的提升空间。残疾人的中等职业教育按照相应规定属于高中阶段或职业教育,但实际上又是在特殊教育体系内运转,形成了事实上的冲突。从义务教育的要求来说,需要按照教育规律对其给予基本的文化知识灌输,也就是文化课程的比例需要达标;但按照特殊教育的现实情况,需要对其加入很多适应社会、融入社会的内容,包括职业技能养成、社会实习实训、心理疏导课程,等等。在教育开展过程中对此类冲突比较难以处理,目前,陕西省各残疾人中等职业学校都有类似的困惑。

此外,从全国层面来看,我国117所残疾人中等职业教育学校中,57.2%的学校是由实施义务教育的特殊教育学校"升级"而来的,并非由专业化的特殊教育自身发展而来。这种"先天不足"往往容易造成"后天失调",体现为课程标准存在偏差、核心师资队伍并不理解特殊教育等问题,而且在很多教育管理机制中参照普通学校的管理办法,包括绩效工资、护理课时、课外实践、班主任津贴等内容都不太符合特殊教育学校的管理特点和现实需求。

(二)残疾人职业教育经费保障机制完善形势

在陕西省实施《中华人民共和国残疾人保障法》《关于完善残疾人就业保障金制度更好促进残疾人就业的总体方案》《关于加快发展残疾人职业教育

的若干意见》等政策法规的几年来,残疾人职业教育经费保障机制有了较为全面的政策指导。然而,由于现行规定中对特殊教育经费解决渠道的保障还不到位,导致财务机制不够健全。尽管在《残疾人中等职业学校设置标准(试行)》中提出了基本标准,包括对人均经费、拨款渠道、拨款比例和时限等给出了明确规定,但相对于其他财政投入领域而言属于软性的,并不能给地方带来立竿见影的效果,而且与其他职业教育相比,也缺乏投入产出比。因此,在特殊教育这部分经费由地方负担的情况下,生均经费标准很难落到实处,这就要求对经费保障机制做出详尽细致的要求,并加以落实。

(三)残疾人职业教育衔接机制匹配形势

长期以来,尽管不同种类的教育同处于一个大的教育系统,但实际上职业教育、残疾人教育与传统的高等教育,以及新兴的网络教育、成人教育、远程教育之间是相互隔离的,并没有形成"大教育观"。我国77.5%的残疾学生都无法进入高等教育阶段(包括成人教育、继续教育等)进行学习,高校招生时不仅没有对残疾学生比照贫困地区学生给予专项招生计划和相应指标,反而在体检、审查过程中以各种理由、借口将残疾学生拒之门外,类似情形每年高考结束后经常有所报道,这也是我们教育体制中的深层次问题,缺少对于普通教育和特殊教育的一体化融入,在教育教学方面往往将他们机械地割裂开。尤其是对残疾学生"标签化"分类,使残疾人中等职业教育成为"教学孤岛",只能在特殊教育的小圈子里实现学生的升学就业,不能与其他多种教学形式相配合,进而使残疾学生总有一种被歧视、被抛弃的自卑心理。目前,就残疾人职业教育衔接机制的探索方向,可以尝试将多种教育形式,尤其是高等教育资源与残疾人中等职业教育进行良性对接,这样就能够打通学生的"转换门",使其学习成为一个自发自主的有机整体。

第三节 陕西省残疾人职业教育发展机遇

一、政策机遇

国家在普及高中阶段教育的基础上,也提出了发展职业教育的口号,同时基于我国职业教育发展的现状,明确了发展和改革的基本目标。该要求指出,职业教育应以服务发展为前提,推动残疾人就业,借助分级管理和地方为主,采用政府统筹以及社会参与相结合的方式,推动职业教育的发展。可以说,国家对职业教育发展的整体规划是我国职业教育发展的基本蓝图,而且其也是我国残疾人教育学校职业教育发展的基本方向,可有效提高残疾人的综合素质及技能,将我国残疾人的社会压力转化为人力资源的优势。

党和政府高度重视残疾人教育工作,同时也提出了支持残疾人教育的方针。且在重要文件当中,将发展残疾人教育作为一项重要的工作内容,使更多的残疾学生能够接受不同层次的特殊教育,保证残疾人的个人发展。特别是近年来,党中央、国务院高度重视残疾人职业教育发展。党的"十七大"报告中明确提出了"重视特殊教育",《中国残疾人事业"十一五"发展纲要(2006年—2010年)》提出了"加快高级中等特殊教育发展,积极发展高等特殊教育",党和国家对残疾人高等教育的重视,特别是具体规划和措施的出台,为残疾人高等教育的发展提供了前所未有的机遇。教育公平理念的提出,使残疾人接受高等教育的人数比例极低的现象受到社会高度关注,弱势群体高教权益的保障也受到政府及相关部门的日益重视。我国高等教育大众化进程为残疾人提供了更多接受高等教育的机会和更加便利的条件,使更多的高等院校向优秀残疾青年敞开了大门。2015年国务院发布《关于加快推进残疾人小康进程的意见》中指出:"提高残疾人受教育水平。落实好《特殊教育提升计划(2014—2016年)》及后续行动。"2017年陕西省通过对《残疾人职业技能提升计划(2016—2020年)》的研读,制定并实施了《陕西省"十三五"残疾人职业技能提升计划》,该计划的实施明确了残疾人职业教育内容与培训内容,并制定了相应的保障措施;2017年陕西省根据对我国《第二期特殊教育提升计划(2017—2020年)》的解读,制定了《陕西省第二期特殊教育提升计划(2017—2020年)实施方案》;再到2018年陕西省对《关于加快发展残疾人职业教育的若干意见》进行解读,指出残疾人职业教育要遵循自身的内在规律和特殊需求,立足残疾人的生存发展,坚持立德树人的根本任务,着眼于残疾人的成长成才,促进残疾人的全面发展和全面融入。从这一系列政策文件的密集发布可以看出,国家逐步将残疾人职业教育纳入教育总体发展框架之中,并提出了明确、具体的要求。这不仅有利于更好地满足残疾人受教育的需求和权利,提升特殊人力资源转化的能力,而且有利于促进残疾人就业创业和脱贫增收,实现个体价值和社会融入,共享改革发展成果。因而,在当前残疾人小康进程加速、现代职业教育体系建构和特殊教育整体提升的背景下,对残疾人职业教育的发展将会十分有利。

在特殊教育与义务教育同步全面普及的基础上,党和国家把发展特殊教育高中阶段教育作为新时期办好特殊职业教育的新的突破口。《中共中央、国务院关于促进残疾人事业发展的意见》强调,在特殊职业教育基本普及义务教育的基础上,要加快发展高中阶段特殊教育。《国务院关于印发"十三五"加快残疾人小康进程规划纲要的通知》要求"加快发展以职业教育为主的残疾人高中阶段教育"。

特殊教育体制是由特殊教育的机构体系与规范体系所组成的统一体,其中机构体系包括实施机构体系与管理机构体系。

实施机构体系方面,从改革开放初期的"特殊教育学校"教育形式,逐渐过渡到 20 世纪 80 年代末的"以特殊教育学校为骨干,以在普通学校举办特教班和大面积开展随班就读为主体"的办学形式,直至目前在《第二期特殊教育提升计划(2017—2020 年)》规划下的"以普通学校随班就读为主体、以特殊教育学校为骨干、以送教上门和远程教育为补充,全面推进融合教育"的新格局。管理机构体系包括教育行政机构与学校管理机构。改革开放以后,我国在各级教育行政机构下设了特殊教育的管理机构,目前特殊教育的宏观管理工作是由教育部基础教育司对其进行管理与指导,各省(直辖市、自治区)则由基础教育处等相关部门负责管理。特殊教育行政机构通过立"体"兴"制"步入了一个相对连续、比较稳定的发展时期。特殊教育学校管理机构主要包括党建部门和行政部门。

特殊教育规范体系指调控特殊教育行为的规章制度等,其中最为核心的是发挥着引领作用的特殊教育政策法规体系,体现在党的政策报告和国家重要的法律文件中。党的十七大以来,特殊教育逐渐被纳入党的政策文件。党的十七大报告提出要"关心特殊教育",十八大报告提出要"支持特殊教育",再到十九大报告提出要"办好特殊教育",体现了党中央高度重视残疾人的教育问题。

二、残疾人职业教育体系建设机遇

(一)法律体系建设

在特殊教育发展的过程中,依法治教是一项基本的原则。现如今,我国已经有很多的法律涉及了特殊教育学校职业教育。这些法律法规中明确了特殊教育学校职业教育在教育发展中所处的位置,并且也指出特殊教育学校职业教育发展中的重点内容,这也极大地推动了特殊教育学校职业教育的建设和发展。

1978年以来,我国特殊教育在推进"教育公平"过程中体现出了"中国特色的现代社会的残疾人观、特殊教育观",实现了普通教育机构与特殊教育机构两大系统从"隔离"逐渐走向"融合",针对听障、视障、智障等特殊学生进行学前教育、初等教育、中等教育、高等教育等四个阶段的整体规划。

1982年颁布的《中华人民共和国宪法》就将残疾人受教育权纳入法律保障体系,随后颁发的《中华人民共和国义务教育法》《中华人民共和国教育法》《中华人民共和国职业教育法》《中华人民共和国高等教育法》等一系列法律也从不同角度保障了残疾人享受公平教育的权利。此外,国家还颁发了有关特殊教育的专门法律法规,如《中华人民共和国残疾人保障法》(1990年颁布,2008年修订)、《中华人民共和国残疾人教育条例》(1994年颁布,2017年修订)、《中华人民共和国残疾人就业条例》(2007年颁布)等。

2014年与2017年发布的两期特殊教育提升计划,直接体现了国家通过三年一个周期来推动特殊教育发展的具体举措。2014年第一期特殊教育提升计划发布之初,李克强总理在全国特殊教育工作电视电话会议中作出指示:"办好特殊教育,对于保障残疾人平等参与社会的权利、增加残疾人家庭福祉和促进社会公平正义具有十分重要的意义,也是教育现代化的重要内容。各级政府要高度重视,带着深厚的感情,履职尽责,特教特办,认真实施好特殊教育提升计划,让残疾孩子与其他所有人一样,同在蓝天下,共同接受良好的教育。"陕西省发布地方性的政策法规文件:《陕西省实施〈中华人民共和国残疾人保障法〉办法》《陕西省第二期特殊教育提升计划(2017—2020年)实施方案》《陕西省按比例安排残疾人就业办法》等,以切实保障党和国家的政策法律在地方的实施。这些均为特殊职业教育的发展创造了良好的机遇。

(二)教育体系建设

《国务院关于印发"十四五"残疾人保障和发展规划的通知》要求完善特殊教育保障机制。发挥高校等机构特殊教育专业优势,建设国家和省级特殊教育资源中心(基地)。各省(自治区、直辖市)根据残疾学生规模、类型、分布等情况,因地制宜,合理配置特殊教育资源。支持符合条件的儿童福利机构单独设立特教班、特教幼儿园、特教学校开展特殊教育。继续改善特殊教育学校办学条件,加强特殊教育学校规范化建设,推行新课标新教材,改革教学教研,建立学校、家庭、社会协同育人机制。加强特殊教育师资队伍建设,创新培养方式,按国家有关规定开展表彰奖励,提升教书育人能力素质。加强特殊教育督导和质量监测评估。

陕西省在残疾人职业教育体系建设过程中紧跟政策脚步,建立了义务学段和非义务学段相衔接、普职融通、教育与康复并重、医教结合的特殊教育体系和服务保障机制。截至2020年,全省视力、听力、智力等残疾儿童少年义务教育入学率达到95%以上,基本普及残疾儿童少年义务教育,其他残疾人能接受到合适的教育。30万人口以上的县(市、区)将独立设置一所特殊教育学校。支持有条件的特殊教育学校开办附属幼儿园(学前教育部),鼓励并扶持康复机构、儿童福利机构设立特殊教育中心或特殊教育部(班)。积极扩大残疾人中等职业教育学校招生规模,支持中等职业学校积极招收残疾学生。设置陕西特殊教育职业技术学院,扩大西安美术学院特殊教育学院的招生规模。高等院校、成人教育机构要积极招收符合录取标准的残疾考生,不得因其残疾而拒绝招收。

而且,陕西省各地按要求补足配齐特殊教育学校、特教班、特殊教育资源中心和资源教室的教职工,落实特教津贴政策。中小学新任教师统一公开招聘时要优先满足对特殊教育教师的需要。将特殊教育教师培训纳入"国培""省培"计划和市级教师培训计划,采取多种方式提高特殊教师师资质量。并且,严格落实义务教育阶段接受特殊教育学生的预算内公用经费标准和残疾学生交通补助。实施覆盖学前一年教育阶段和义务教育阶段视力、听力、智力等残疾少年儿童的免费教育,积极推进学前两年、学前三年和高中阶段残疾学生免费教育。各级财政支持的残疾人康复项目要优先安排特殊教育,每年将残疾人就业保障金的10%用于支持特殊教育学校开展职业技能培训。

三、"互联网+"残疾人职业教育平台

在最近的几十年中,就重要性而言,互联网和计算机技术已经广泛取代了早期的ICT技术,互联网访问在社会参与中扮演着越来越重要的角色,并且可以成为残疾人特别强大的工具,为其工作学习和休闲提供更多的机会。

基于互联网建立残疾人学习、管理、就业一体化的系统平台,通过该平台可以推动互联网与残疾人职业教育的深度融合,对残疾学生的素质提升、职业能力培养、经济社会发展都有着重要意义。依托"互联网+",进一步发挥残疾人职业院校培养多样化人才,传承技能技术,促进就业创新的作用。推动残疾人职业院校教学模式的改变,充分结合互联网技术,将传统的线下教学转至线上,打破以往残疾人学生学习的时间和空间限制,教学资源得以高效配置。"互联网+"残疾人职业教育必将引领残疾人职业教育的发展,打破传统的局限性,使残疾人职业教育顺应社会的发展要求,与企业联系更加紧密,培养出更多的高质量人才。

(一)"互联网+"平台带来全新管理模式

现实生活中,残障学生在普通学校获得的教育质量并不乐观,这些学生在校园的融入和学习发展仍然因为支持不足,面临很多挑战。全国政协委员、中国残疾人艺术团团长邰丽华接受《华夏时报》记者采访时称,大部分普通学校在工作机制建设、师资专业水平等方面,在有效满足特殊需要学生的随班就读需求方面仍有较大的欠缺,特别是因为"一人一案"落实不足,"随班就读""随班混读"的状况一直尚未获得有效改善。通过利用"互联网+"的管理模式可以为每位学生建立档案,进行教学与就业的实时跟踪,进而落实"一人一案"的政策。

通过系统平台的管理,可以根据残疾人的基本情况进行准确分类。在教学开始前根据学生基本情况进行分析,制定专项培养方案;在教学过程中对残疾人学习情况进行登记并根据数据分析学生的学习情况;在残疾人学业结束时可以根据残疾人专业能力为其找到最合适的就业单位。

(二)残疾人混合教学模式设计

"混合"教学模式原指传统学习方式的优势和网络教学(即数字化或网络化学习)的优势相互结合,其核心思想是根据不同的问题、要求,在教学上要采用不同的媒体与信息传递方式解决问题。本文中"混合"主要包含两个方面:一方面是指学习者的混合,即视障学生、听障学生、言语残疾学生、肢体残疾学生和健全学生混合编班,一起实施教学,这种招生编班方式既不同于学校班级中只有残疾学生,也不同于残疾学生随班就读学习,使全纳教育理念在成人教育及残疾人远程教育中得到贯彻和发展,力图解决残疾人对于教育资源的利用和教学模式的适应等问题;另一方面是指个性化自主学习中教与学手段相互补充、取长补短和综合应用的混合教学模式。视障人群(包括全盲和低视力)由于视觉的缺失,他们获得的外界信息减少了许多,根据器官互补特性,他们的其他感知器官,如听觉和触觉比一般人发达。因此,利用缺陷补偿原则开发适合视障学生学习与考试的"视障学习者数字化学习系统"。该系统将所有文本文字转换为语音,通过语音给予的实时引导、反馈和简单的键盘快捷键操作,并辅以简单的界面操作以满足低视力学习者的需求,视障学生可以轻松自如地在网上进行学习互动和考试。对于听障、言语残疾人群而言,视觉在他们的感知活动中处于强势地位,他们以形象与手语记忆为主,对于基于文字的交流也更加娴熟。因此,在教学环节设计中广泛使用手语翻译和文字字幕,包括面授辅导、网上答疑等教学活动,同时引入利用FLASH+XML开发的虚拟实验以引导学生进行Office软件模拟操作。对于肢体残疾人而言,则通过基于网络的现代远程教育的方式帮助他们克服自身障碍。对于书写障碍的残疾人,我们通过用具补偿、人工帮助等形式帮助解决。对于健全人群,可以采取一般的网上教学方式,无须作出特殊的处理。针对上述各种学习群体,我们设计了基于网络的适应视障学生、听障学生、言语残疾学生、肢体残疾学生和健全学生的一种"混合"教学模式:个别化自主学习+多媒体远程面授辅导+一对一远程指导+网上辅导+协作学习。

(三)"互联网+"平台交流便捷促进残疾人发展

在残疾人职业教育平台中开放学生与教师交流平台。学生可以通过平台进行交流、相互鼓励。这样的方式既可以提高学生学习的动力,也可以培养学生互帮互助、团结友爱的良好品德。

教师可以将从事残疾人职业教育的经验和成果上传至平台,并通过平台与同行进行经验交流与案例分享。教师通过平台上的交流学习,不断改进教学方法。

平台可以将优秀的残疾人就业、创业案例进行展示,让学生能学习别人的成功经验,并且相信自己有实现人生价值的能力。

同时,平台可以设置一些职业技能比赛,教师带领学生相互竞争、相互鼓励。竞赛的方式可以很好地激发学生学习的热情,从而提高学生的职业能力,进而能培养出具备优秀职业能力的残疾人学员。

(四)"互联网+"平台为残疾人学生创业就业带来的新机遇

互联网平台可以构建残疾人毕业生与就业单位双向选择的模式。将残疾人毕业生的基本情况、学习专业、获奖情况、履历等信息上传至平台,同时平台也将企业的基本信息、招聘简章进行上传。企业可以通过平台对有招聘意向的学生发送面试邀请,学生也可以在平台上向意向企业投递简历,这样就可以快速、高效地完成学生与企业之间的双向选择,更好地帮助学生就业。

而且,在创新2.0的推动下,以"互联网+"为代表的数字经济创造出了大量的就业岗位,包括淘宝、微商、电商快递、城市配送、分享经济等在内的创业就业平台,为社会创造了更为丰富的创业机会和更为灵活的就业方式。尤其是"互联网+"平台经济,构建了与传统就业生态完全不同的创业就业新生态,为残疾人学生就业创业带来了崭新的机遇。

1.就业平台化为残疾人学生提供了广阔的创业就业舞台

从以淘宝、京东、美团等为代表的电商平台,到众包、众筹、众创等互联网平台,再到具有完整产业生态系统的平台经济,平台化的就业给不同专业特长和兴趣爱好的残疾人学生提供了前所未有的可能和选择。特别是随着数字创意领域的数字文化资源公共服务平台、创意设计公共服务平台、影视动漫制作公共服务平台、网络游戏开发公共服务平台、数字内容创新公共服务平台等双创服务平台建设的持续推进,以及"互联网+"在文创、设计、教育、养老、社区等领域的加快应用,适合残疾人学生的就业形态将更加丰富。

2.就业灵活化大大增强了残疾人学生创业就业的自主选择能力

由于虚拟现实购物、社交电商、"粉丝经济"等新零售模式和品牌设计、线上个性化定制、数字教育文化健康旅游等新服务模式的不断发展,平台型的创业就业打破了传统的稳定捆绑式雇佣关系,使得劳动力的供求关系更加富有弹性。据相关研究预测,未来二十年八小时工作制将被打破,约50%的劳动力将通过网络自我雇佣和自由就业。毫无疑问,这将赋予残疾人学生更大的创业就业选择权和自主性。

3.就业无界化极大地消除了残疾人学生因生理缺陷造成的创业就业制约

"互联网+"在相当程度上减少了地域、文化和语言障碍,大数据和云计算释放的巨量信息促进了信息的传播和共享,减少了信息不对称现象,大大弥补了残疾人学生在信息获取上的劣势。更加重要的是,平台化使得创业就业边界被逐渐消弭,残疾人创业者可以跨越时空限制,远距离获得工作机会,生理上的障碍不再是不可逾越的鸿沟。

在平台建设时需要政府发挥其主导作用,联合各省建立关于残疾人就业的网络信息平台,并委托相关组织或设立一个部门对其进行专门管理,实时更新培训信息、网络就业或创业信息等,对基础网络就业的惠民政策和法律保障实时讲解,让残疾人在需要就业帮助时得到最新消息,知晓自己被法律赋予的权益。在平台基础建设完成时,号召企业入驻网络就业信息平台,通过政策吸引与其达成合作,鼓励社会给予残疾人更多的就业帮助。

第四节　陕西省残疾人职业教育面临的任务

陕西省残疾人职业教育面临新的发展机遇,但因为基础相对薄弱,发展面临诸多问题,需要从残疾人职业教育发展规划、残疾人职业教育招生、残疾人职业教育课程教学、残疾人职业教育体系、残疾人职业教育理论研究等多个方面加以改进,使陕西省残疾人职业教育稳步健康发展。

一、明确残疾人职业教育发展规划,严控教育质量

陕西省教育厅需要根据实际情况科学制订高中阶段教育招生计划,并在严格落实招生指标的基础上,进一步提高中等职业教育专业吸引力,科学引导学生合理分流,接受职业教育,重点扩大以职业教育为主的高中阶段教育。各级在申报安排高中阶段教育项目时,要将特殊教育学校、特殊教育指导中心和资源中心等纳入实施范围,优先安排支持。要努力扩大以职业教育为主的残疾人高中阶段教育规模,大幅度提升残疾学生高中阶段教育入学率。

质量是教育的生命,努力办好人民满意的教育是党和人民的要求,更是教育工作者的初心和使命。陕西省教育厅要求各地切实担负起主体责任,加大资源整合力度,落实好"四个挂钩"要求。要大力实施现代职业教育建设项目,提升中等职业教育能力水平和学生培养质量,突出抓好学生就业工作,进一步增强中职教育吸引力。要深化教育教学改革,普通高中要积极适应高考

综合改革的新形势,推进选课走班,尽快建立新的管理模式、评价体系,探索现代化高中发展路径;中职学校要通过强化产教融合,推动专业设置、课程内容、教学方式与生产实践对接,办好特色优势专业;特教学校要认真贯彻"一人一案"要求,落实好盲、聋和培智三类特殊教育学校课程标准,加强特殊教育信息化建设和应用,不断提升教育质量。

二、加强残疾人招生工作

以往陕西省的残疾人获知信息渠道不畅,大部分残疾人获得技能培训信息是通过残联机构之间逐级通知获取,各级间信息传达不顺畅,导致残疾人无法及时获得培训信息,致使他们错失接受培训的机会。目前,陕西省多数残疾人仍靠亲戚介绍、朋友介绍的传统且低效率的途径获取职业技能培训的相关信息,而通过培训机构、相关部门途径获取信息的残疾人相对较少。同时,残疾人就业服务机构不能及时将用工信息第一时间传达给有就业需求的残疾人。近些年,随着残疾人职业教育学校与机构的不断发展,残疾人培训学校与机构通过实地走访宣传、微信公众号宣传、网站宣传、公益活动等方式进行残疾人职业能力培训宣传,在宣传方式上有了很大的改善,残疾人能更加便捷地找到适合自己的培训学校与机构。

在招生宣传的同时,以往陕西省的残疾人职业教育学校与机构由于教育资源、教育经费、师资力量的缺乏等多方原因,未能对陕西省残疾人做到应收尽收,使得许多残疾人未能得到该有的学习机会。因此,陕西省应进一步对本省残疾人情况进行调查,根据调查情况配备相应的教学资源,保证陕西省残疾人职业教育能做到应收尽收。

三、完善残疾人职业教育课程教学

(一)加强教学培训力度

高速发展的社会与经济,给残疾人也带来了两方面的要求:一是给残疾人提供了良好的物质生活基础条件;二是给他们带来了更大的生存与发展的挑战和危机。对于那些具有劳动能力和就业条件的残疾人,希望通过就业来实现其社会价值,参与到社会生活中去,不断应对生活中的挑战。这种强烈的就业意识使得他们迫切希望得到来自政府和社会的指导与帮助,获得职业技术、职业技巧和职业技能上的学习与提升。然而,以往陕西省的残疾人职业教育培训工作的强度总体不足,残疾人接受职业培训次数少,培训时间短,难以满足残疾人对于职业培训和就业的需求。在实际中,大多数参与培训的残疾人只进行过1次培训,参与培训的受访残疾人中,有的人培训时间不足1个月。培训时间和培训次数是培训质量和效果最基本的保证,培训时间和次数较少是整体培训工作强度不足和培训质量较弱的主要原因。因此,目前残疾人职业培训应注重培训的连续性,做到岗前培训、轮转培训和在岗培训等全周期职业培训,使残疾人更好地适应各种工作环境。

(二)转变教学模式

残疾人职业培训在模式以及授课方式、组织管理和后续服务等方面一直存在固化僵化问题。在授课方式上,部分存在偏重理论性教学问题,教学内容无趣,讲课方式枯燥,不关注残疾人的真实需求,盲目授课;在组织管理上,一些农村地区的残疾人职业培训大多流于形式,为了完成上级安排的任务指标,不顾实际情况,行政性地劳师动众组织残疾人统一培训,而上级组织疏于监督管理,没有对培训进行严格的考核评估,既没有达到培训的目的,也造成了培训经费和培训资源的浪费;在后续服务上,缺少职业培训后期的服务提供,往往在对残疾人进行一轮职业技术培训后就不了了之,没有实现培训与就业的双向互动。残疾人在生理条件、经济状况和社会环境的影响下,很难实现个人意志及选择自由。而现场培训需要残疾人走出家门参加培训,无形中给其增加了困难。网络技术迅速发展给人们带来了巨大的生活便利,残疾人职业培训也可以顺应潮流发展网络培训,使其在家中就可以接受来自各地的专业职业培训课程。但是,残疾人在参加完职业培训后没有收到机构提供的后续相关服务。残疾人参加培训的目的在于找到适合自己的工作岗位,因此,对于就业相关信息的获取意愿尤为强烈。目前,很多残疾人培训组织除了注重课程进行中的培训服务,还对培训后相关就业信息、其他培训信息,以及相关职业技能辅导等服务提供到位,使得残疾人参加职业培训后的就业率有了明显的提升。

此外,相对以往的培训模式,在培训过程中对残疾人学员心理关注与教育较多,改变了相当一部分残疾人总是指望政府格外关注和扶持的心理。同时,提升残疾人的自信心,引导残疾人积极就业,以真实案例为残疾人学员讲述,通过一技之长,能够使他们改善自身生活水平,实现人生价值。相对以往的注重短期培训效果、注重残疾人技能水平的提升的培训模式,新模式一定程度上加强了对残疾人的心理关注。

(三)加强教学内容针对性

以往残疾人培训内容上的主要问题是针对性较弱,存在对培训的内容不调查、不更新和低层次等现象。有的培训机构在培训开始前没有针对市场需求进行深入的调查研究,造成培训内容与企业需求不对口。残疾人在接受完职业培训后发现自己空有一身专业技术,但在市场上却无用武之地。还有大多数培训机构的培训内容没有做到及时更新,连续很长时间都是使用相同的培训课程内容,甚至在给残疾人进行第二次培训时还是使用与之前大致相同的内容。这种盲目性和不负责任的培训对残疾人就业来说并没有取得很好效果的。培训内容的低层次体现在内容简单,没有技术性和科学性,对残疾人没有实际的帮助。另外,培训内容涉及的就业岗位层次低,多为耗费体力的脏活、累活。尽管当前残疾人培训已经拥有种类繁多的培训项目,但在实际的培训工作中,主要还是以一些传统的基础性岗位的培训为主。随着残疾人职业教育不断完善发展,残疾人职业学校在职业培训内容上有了较大的改观,能针对残疾人的真实状况与知识水平,为其安排合适的培训内容与对口的就业岗位。

(四)优化专业设置

多年来受到国情特别是社会、经济、文化等因素的影响,残疾人职业教育的专业设置主要从残疾人的生理特点和代偿原理来进行设置。如视障学生,因为眼睛看不见,而以手代目,手感和手部动作比较占优势,因而设置以触摸为主、实践性较强、可回避视觉障碍的推拿、声乐、器乐等专业;听障学生因为耳朵听不见,而视觉相对比较发达,因而设置美术、服装、计算机应用等专业;肢残学生由于活动受到限制,为考虑其工作便利,因而设置以案头工作为主的财会、企业管理等专业。注重残疾人的生理特点来设置专业,在我国残疾人高等教育开办之初是符合我国高等教育的国情的,但经过多年的发展,我国的社会、经济、政治、文化各方面都发生了很大的变化,它的局限与不足也日益明显。一是有可能造成专业面相对较窄,把人数众多的残疾人局限在有限的专业领域,对残疾人的现实生活难免会有负面影响;二是由于注重残疾人生理特点,普通高等院校接受残疾学生随班就读,采取限制专业招生的政策,实际上是剥夺了身体残疾学生自主地选择专业的权利,不顾学生的学习兴趣和专业爱好,对他们将来的发展也会产生不良影响。因此,有的研究者指出,今后发展专业,一要考虑专业教育对残疾人现实生活产生的影响和发挥的作用;二要考虑专业教育对残疾人一生的影响,特别是人生不同时期的发展要求;三要考虑社会需求和未来社会发展对人才的预期要求。

四、加强残疾人教育支撑体系建设

要加大特殊教育指导中心、资源中心和资源教室建设力度,做到人员、场地、经费、装备、工作五到位。要发挥陕西省高校众多、实力雄厚的资源优势,推进专、兼职特教研究队伍建设,努力推出一批高质量的研究成果,推动陕西省特殊教育内涵发展。要完善制度机制,积极做好特殊教育学校教职工编制标准研制工作,建立送教上门工作制度、特教学校社会公开日制度和志愿服务制度,形成特殊教育学校和普通学校交流、交融的长效机制,为特殊教育发展提供良好的制度保证。

同时,教师作为传道授业解惑的引路人,在教育和培训的过程中具有启蒙的重要作用,尤其在缺乏教育的残疾人中,特别需要有具备丰富经验和知识的教师对他们进行专业的培训和指导。近年来,陕西省政府在残疾人职业培训师资的发展方面投入了很大的人力物力,目的在于培养符合残疾人教育培训标准的专业人才。然而,在实际生活中还有着很多潜在的问题。一方面,教师整体专业背景不足。针对残疾人的培训,培训教师仅有专业知识是不够的,还需要有与残疾人保持良好沟通的技巧,以及了解残疾人心理活动等要求。因此,要求教师既需要具备职业教育经验,也需要具备残疾人教育经验。然而,现实中的情况是具备两种或一种教育经历的教师严重不足。在调查中,仅有少部分的受访残疾人表示参加职业培训的教师同时具有职业教育和残疾人教育的经历。另一方面,教师学历水平较低。教师的学历水平决定了其课程的深度和专业度。在调查中,受访残疾人参加职业培训的教师学历水平在本科及以上的不足一半,大专及以下的居多,由此看来,以往的教师队伍中高学历师资还是比较短缺。近年来,陕西省残疾人职业培训工作不断发展,也收得了一些阶段性的成就。而且,残疾人职业教育教师的准入门槛也在不断提高,高水平教师的加入,使得残疾人职业教育更具有科学性、系统性。

五、建立残疾人高等职业院校

(一)调整高等教育政策的价值取向

充分考虑残疾人接受高等教育的正当权益和诉求。我国出台的一系列高等教育政策的价值取向主要是面向普通大学生,残疾人高等教育并没有足够的特殊政策关注和支持,这对于残疾人高等教育发展和残疾人高等教育权益保障十分不利。我国残疾人高等教育的发展速度明显落后于高等教育大众化的整体进程,这与我们践行科学发展观、建设和谐社会的要求不相适应。建议国家从维护教育公平的角度,尽早调整高等教育的价值取向,充分关注残疾人接受高等教育的正当权益诉求,出台支持残疾人接受高等教育的政策法规,促进残疾人高等教育的发展。

(二)建立残疾人高等职业院校

陕西省政府教育部门应加大对残疾人高等教育的规划、管理,加大教育投入。根据我国残疾人教育事业的发展,国家应作统一规划。建议由教育部、中国残联与相关省、市共建若干所面向全国招生的残疾人高等院校,作为全国残疾人高等教育的示范基地。陕西省也可根据本省实际,由省教育厅、省残联合办一所面向当地招生的残疾人高等教育机构。国家应尽快制定相关的政策,鼓励有条件的高校吸收优秀残疾学生随班就读。陕西省政府应针对残疾人高等教育发展的特殊需要,加大对残疾人高等教育机构的经费投入,确保残疾人高等教育投入的增长速度逐年递增。国家应制定政策,明确规定残疾大学生和健全大学生的拨款比例,以政策激励各类高校吸收残疾人入学,便于残疾学生多样化和个性化的专业选择。

(三)加强残疾人高等教育师资队伍建设

培养"双师型"教学团队,提高教育教学质量。当前,陕西省的残疾人高等教育主要以专科和本科的职业教育为主,培养高素质、技能型应用型人才。这类人才的培养,要求教师既有较宽广的理论知识功底,又掌握本专业领域较丰富的实践知识和技能,还要具备特殊教育的基本原理,掌握与残疾学生沟通的能力。目前,陕西省教师的职前培养还难以达到这样的要求。国家可以制定相关的政策,通过"4+1+1"的形式,即本科毕业后学一年特殊教育再到企业实践一年,培养残疾人高等教育师资。还要鼓励在职教师通过各种形式到企业、机关、学校等学习进修,提高学历层次和技能水平,逐步达到"双师"标准。

(四)推进残疾人高等教育的理论研究

为残疾人高等教育发展提供理论支持,要不断重视和加强残疾人高等教育教学与科研,加强学科、专业、课程、教材、教风学风、管理制度等方面的建设,积极开展中外残疾人高等教育的比较研究,开展学术交流和教育合作,逐步完善适合陕西省特点的残疾人高等教育体系。

第七章 陕西省残疾人职业教育改革策略与发展规划

第一节 陕西省残疾人职业教育的改革策略

一、陕西省残疾人职业教育改革原则

(一)始终坚持党对残疾人职业教育事业的领导

"教育是国之大计、党之大计"。培养什么人,是教育的首要问题。党的十九大报告将"坚持党对一切工作的领导"作为新时代坚持和发展中国特色社会主义基本方略的第一条,残疾人职业教育事业作为其中的一个局部,自然应当服从大局,服从于党的全面领导和主导方向。党的十九大报告对残疾人事业作了明确安排和部署,要求"发展残疾人事业、加强残疾康复服务""办好特殊教育",充分体现了党中央对残疾人的格外关心、关注和关爱。要用习近平新时代中国特色社会主义思想统领残疾人教育工作,对新时代残疾人职业教育事业的发展目标、发展路径、发展方略做出系统深入的研究,进一步明确重点任务,深入研究具体方法措施。坚持党对残疾人职业教育事业的领导,坚持全面从严治党,坚持把以人民为中心的发展思想落实到残疾人工作中,坚持以残疾人为中心,坚持以改革创新精神发展残疾人职业教育事业,坚持以新发展理念指导残疾人职业教育事业,坚持依法发展残疾人职业教育事业,坚持践行社会主义核心价值体系。不忘初心,坚定理想信念,建设优秀的残疾人工作者队伍,增强适应习近平新时代中国特色社会主义发展要求的能力,承担起新时代发展残疾人职业教育事业的新使命。我们共产党人是以人

类解放为最高宗旨,我们的社会主义国家是以实现全体人民共同富裕为根本目的,更应尊重残疾人的公民权利和人格尊严,保护其不受侵害。同时,我们对这个特殊而困难的群体还应给予特别扶助,通过发展残疾人职业教育事业,使他们的权利得到更好的实现,使他们以平等的地位和均等的机会,参与社会生活和国家建设,共享社会物质文化的成果。

(二)始终坚持全面深化残疾人职业教育改革

坚持教育公平,是社会主义教育的本质体现和价值取向,是残疾人实现平等受教育权利与全面发展的要求和保障,也是联合国《2030年可持续发展议程》(以下简称《议程》)的重要目标。《议程》明确提出:"到2030年,消除教育中的性别差距,确保残疾人、土著人民和处境脆弱儿童等弱势群体平等获得各级教育和职业培训。"逐渐实施教育公平,保证每一个残疾孩子不掉队,是我国残疾人职业教育和世界教育共同的目标追求。促进残疾人职业教育事业发展,必须着眼于解决残疾人最关心、最直接、最现实的利益问题,完善促进残疾人职业教育事业发展的政策和法律,健全残疾人社会保障制度,加强残疾人服务体系建设,营造残疾人平等参与的社会环境。残疾人职业教育要落实党的宗旨,要推进社会主义事业发展,要促进广大残疾人安居乐业、衣食无忧,过上幸福美好的生活。解决好"残疾人职业教育是为了谁,培养谁,怎么做"等重大问题,要坚持全面深化残疾人职业教育改革,全心全意、真心实意为残疾人服务。

(三)始终坚持问题导向破解影响发展的瓶颈

关心残疾人是社会文明进步的重要标志,残疾人事业是中国特色社会主义事业的重要组成部分。残疾人是一个数量众多、特性突出、特别需要帮助的社会群体。新中国成立特别是改革开放以来,我国残疾人事业不断发展,残疾人状况明显改善,残疾人生活水平和质量不断提高。同时,我国残疾人职业教育发展还不够完善,残疾人职业教育的基础还较薄弱,残疾人总体受教育状况存在较大差距。习近平总书记强调:"残疾人是社会大家庭的平等成员,是人类文明发展的一支重要力量,是坚持和发展中国特色社会主义的一支重要力量,残疾人完全有志向、有能力为人类社会作出重大贡献。"这一重要论述,进一步强调了残疾人的价值,阐释了在社会主义大家庭内残疾人应有的社会地位,揭示了残疾人对推动社会文明进步的重要作用。要推动不断健全残疾人职业教育保障制度、推动全社会公平正义和共同富裕,同时做好解放和发展蕴含在广大残疾人中的社会生产力、增强和提升残疾人及残疾人组织的工作,更充分地展示残疾人在坚持和发展中国特色社会主义中的重要作用。在促进残疾人职业教育发展过程中,除了要加强社会主义核心价值观教育和素质教育外,还要突出时代特征的要求和残疾儿童发展的特殊需要,增加创造、创新、环境保护、生态文明、可持续发展、全球合作、互助与多样性发展等意识的培养内容,还要加强残疾学生权利意识、社会责任感、法治观念、自强精神、潜能开发、缺陷补偿、生存能力、审美能力、创新能力、实践能力、创业能力和就业能力的培养,全面提高他们的核心素养。

(四)始终坚持以人为本的优先发展理念

始终坚持以人为本,促进残疾人职业教育事业发展,改善残疾人学习和教育状况,已成为一项重要而紧迫的任务。要充分认识发展残疾人职业教育事业的重要意义,进一步增强责任感和使命感,切实采取有力措施,促进残疾人职业教育事业在新的起点上加快发展。努力把残疾人职业教育事业纳入到国家政治、经济、社会、文化、生态文明等各项建设之中。强化残疾人职业教育事业的发展是中国特色社会主义事业重要组成部分的认识,完善残疾人教育权益保障的法律法规。要按照中国特色社会主义要求探索、创造、总结和坚持中国特色残疾人职业教育事业的观念,结合现实国情国力,坚守政治上的清醒。在课程和教学改革上,注重残疾学生品德教育、功能补偿、潜能开发和综合素质的全面提高。加强残疾学生德育工作,立德树人。残疾学生德育要立足于育"人",不仅要重视残疾学生做"人"的基本伦理(如孝敬老人、遵纪守法、文明礼貌、热爱祖国、热爱人民、热爱劳动、诚信友爱、责任心等)和民族精神的培养,还要注重残疾学生自尊、自信、自立、自强精神以及正确的人生观、价值观的培养,要始终对残疾学生抱有积极的教育期望,尊重、爱护和平等对待他们,使他们始终保持发展的尊严、信念和动力。教师是提高教育质量之根本。一方面,要以《特殊教育教师专业标准(试行)》为依据,创新教师培养和培训方式,加强特殊教育教师准入、资格证书和考核等管理制度建设,形成教师发展机制,不断提高特殊教育教师整体专业化水平;另一方面,要加强特殊教育教师师德建设,采取有效措施,切实提高教师待遇和社会地位。

二、陕西省残疾人职业教育的改革经验及启示

(一)陕西省残疾人职业教育改革的改革经验

在以习近平同志为核心的党中央坚强领导下,我国残疾人事业取得了显著成就,残疾人民生和权益保障持续改善,社会参与能力不断增强,残疾人事业国际影响力明显提升。当前和今后一个时期,残疾人职业教育事业发展面临新形势、新任务、新要求,要全面贯彻党的十九大精神,认真落实党中央、国务院决策部署,加快推进残疾人小康进程,确保农村贫困残疾人如期脱贫,加强残疾人教育、就业和残疾预防、康复、无障碍环境建设等公共服务,拓展深化国际交流合作。

陕西省残疾人职业教育改革主要采取以下几方面措施:①继续落实"三教改革",注重教师潜能开发和功能改善,注重学生社会适应、职业能力、就业能力和核心素养的全面提高;②积极推进省级高水平示范校项目建设,办学条件和教学工作达标;③省政府教育督导"316工程"以评促建、教学工作诊断与改进;④坚持推进"残健融合"的特色人才培养模式;⑤坚持推进扶贫同扶智扶志相结合的特色育人模式;⑥创设更为方便、适宜、全纳和无障碍的环境,充分发挥信息技术和科技辅具在特殊教育教学中的作用,为残疾学生的有效学习提供更加有力的专业技术支持;⑦加强特殊教育教师队伍建设,提高教师队伍整体专业化水平;⑧要坚持现代学徒制试点与实践、专业建设服务区域经济发展、"1+X"证书制度试点、产教一体化,积极推进产教融合、校企合作。以此让更多的残疾人通过系统学习和技能训练,从家庭的累赘、社会的弱者成为自食其力的劳动者。

(二)陕西省残疾人职业教育的启示

残疾人职业教育是带领残疾人把实现自身的梦想自觉地融入实现中国梦的奋斗途径。中国梦,是民族梦、国家梦,是每一个中国人的梦,也是每一

个残疾人朋友的梦。我们都要凝心聚力,在实现人生梦想的同时,共同推动中华民族的美好梦想早日实现。中国梦是包括残疾人在内的每一个中国人的梦,没有残疾人这个群体的梦想成真,中国梦就不完整。同时,只有把实现残疾人个人的梦想自觉融入实现国家的梦想、民族的梦想之中,人生的价值才能真正展现出来,实现残疾人的梦想才有可靠保证。实现中国梦的伟大实践,为残疾人提供了更加广阔的发展空间和追求进步的不竭动力。残疾人只有把自己的人生梦想与国家发展、社会进步紧紧结合起来,才能更好地融入社会,真正成为时代和生活的强者。大力发展特殊职业教育事业,残疾人教育工作者要努力做好价值引导、思想引导、行为引导的工作,大力弘扬人道主义、爱国主义思想,带领广大残疾人乐观进取、奋发向上,在实现中国梦的伟大实践中谱写残疾人更加精彩的人生华章。

第二节 陕西省残疾人职业教育发展中长期规划(2021—2035)意见稿

党的十九届五中全会提出,全面建成小康社会、实现第一个百年奋斗目标之后,开启全面建设社会主义现代化国家新征程、向第二个百年奋斗目标进军,这标志着我国进入了一个新发展阶段。在这两个"一百年"历史交汇的关键时期,陕西省残疾人职业教育迎来了前所未有的良好发展机遇,我们要乘势而上、奋发有为、追赶超越,实现高质量发展。

教育是党之大计、国之大计。特殊教育是国家教育事业的重要组成部分,党中央、国务院高度重视特殊教育。党的十九大要求办好特殊教育,党的十九届四中全会要求健全特殊教育保障机制。

认真贯彻落实习近平总书记两次来陕考察并发表重要讲话和重要指示,根据党的十九届五中全会和省委十三届八次全会精神,按照《中共陕西省委关于制定国民经济和社会发展第十四个五年规划和二〇三五年远景目标的建议》以及《中共陕西省委关于凝心聚力埋头苦干奋力谱写陕西新时代追赶超越新篇章的意见》,按照陕西省教育事业发展"十四五"规划要求,借鉴兄弟省份的成功经验,全面规划陕西省残疾人职业教育,为进一步消除歧视,促进

第七章 陕西省残疾人职业教育改革策略与发展规划

教育公平和社会和谐发展,保障残疾人受教育权利和人格尊严,保障残疾人通过参加生产劳动过上更好更有尊严的生活;为提升残疾人的受教育水平,满足残疾人对美好生活的新期望和新追求;为帮助贫困残疾人脱贫增收,阻断贫困代际传递,提高就业创业能力,加快残疾人小康进程,确保全面小康路上不让任何一个人掉队;为促进残疾人把自己的人生梦想与国家发展、社会进步紧紧结合起来,更好地融入社会,真正成为时代和生活的强者,综合施策,久久为功,建设高质量、人民满意的陕西省残疾人职业教育。

一、发展基础

"十三五"时期是陕西省残疾人职业教育综合实力持续提升、教育质量不断优化的五年,是全面深化改革不断推进内涵发展的五年,是服务能力提升、增进残疾人福祉的五年。陕西省残疾人职业教育在省级高水平示范校项目建设、办学条件达标、教学工作要求达标、省政府教育督导"316工程"评估以评促建、"残健融合"的特色人才培养模式、扶贫同扶智扶志相结合的特色育人模式、现代学徒制试点与实践、校企合作产教融合、"1+X"证书制度试点、"三教改革"(教师、教材、教法)、教师参加国家级和省级教学能力大赛取得优秀成绩、残疾学生参加省级以上技能大赛取得优秀成绩、教学工作诊断与改进、残疾人职业技能培训、促进残疾人就业等方面取得的典型经验,已经惠及广大残疾学生,让更多的残疾人通过系统学习和技能训练,从家庭的累赘、社会的弱者成为自食其力的劳动者。这些有效的办学模式和育人经验值得继续深化、传承和推广。

回顾过去的发展历程,我们取得的主要经验:始终坚持党对残疾人职业教育事业的领导、始终坚持全面深化残疾人职业教育改革、始终坚持问题导向破解影响发展的瓶颈、始终坚持以人为本优先发展的理念。我们得到的重要启示:实现中华民族伟大复兴的中国梦需要进一步大力发展残疾人职业教育,陕西省残疾人职业教育改革取得积极成效,其经验做法值得继续传承。

回顾过去,我们也清醒地意识到,对标教育部、中国残联等有关部门对我国发展残疾人职业教育提出的新要求,分析国内有关省份残疾人职业教育发展新形势,客观审视陕西省残疾人事业发展,我们认为陕西省残疾人职业教育仍存在一些突出问题:残疾人职业教育发展目标不清晰、任务不明确;残疾人职业教育体系不健全,残疾人高等职业教育仍然是空白和短板,体制机制不畅,不能很好地促进发展;残疾人职业教育改革起步晚、内涵发展、高质量发展尚停留在理念认识阶段;办学水平和内部质量保证水平有待进一步提升,教育评价尚未完全建立;部门间缺乏合力,经费投入不足,师资力量薄弱,保障措施不够得力等,不能很好地服务和促进陕西省残疾人职业教育事业发展。

二、陕西省残疾人职业教育发展规划目标和任务建议

(一)陕西省残疾人职业教育中长期发展规划总体目标建议

按照中共中央、国务院《中国教育现代化2035》和《国务院关于印发"十四五"残疾人保障和发展规划的通知》(国发〔2021〕10号)的总体要求,在现有基础上,经过15年发展建设,到2035年,实现陕西省残疾人职业教育现代化。滚动实施残疾人职业教育质量提质培优计划,3年为1期,15年共5期,稳步推动残疾人职业教育内涵建设。2021—2025期间陕西省残疾人职业教育的总目标是实现更高水平的残疾人职业教育;2026—2030期间的总目标是残疾人职业教育在全国具有较强影响力;2031—2035期间的总目标是实现残疾人职业教育现代化。

(二)工作方针

1.坚持党的领导

办好中国特色社会主义残疾人职业教育事业关键在党,必须牢牢掌握党对残疾人职业教育工作的领导权,坚持正确的政治方向,掌握残疾人职业教育领域意识形态工作的主导权,着力加强残疾人职业教育系统中党的思想建设、组织建设、作风建设、反腐倡廉建设、制度建设,增强政治意识、大局意识、核心意识、看齐意识,强化基层党组织的创造力、凝聚力、战斗力,为教育改革发展提供坚强的政治保证和组织保障。

2.坚持服务人民

深入落实以人民为中心的发展思想。把满足残疾人对接受良好职业教

育的需求作为教育改革发展的出发点和落脚点,着力解决残疾人对职业教育最关心、最直接、最现实的教育问题,努力办好让陕西省残疾人满意的职业教育。

3. 坚持立德树人

立德树人作为残疾人职业教育的根本任务,培育和践行社会主义核心价值观,遵循教书育人规律、遵循残疾学生成长规律,以残疾学生为主体,以教师为主导,充分发挥残疾学生的主动性,把促进残疾学生健康成长作为学校一切工作的出发点和落脚点。关心每个残疾学生,促进每个残疾学生主动地、生动活泼地发展,尊重教育规律和残疾学生身心发展规律,为每个残疾学生提供适合的教育。

4. 坚持促进公平

教育公平是社会公平的重要基础,关键是机会公平,基本要求是保障公民依法享有受教育的权利,重点是消除歧视,消除障碍,促进陕西省残疾人公平享受教育机会和优质教育资源,教育资源配置向残疾人倾斜,加快缩小教育差距。教育公平的主要责任在政府,全社会要共同促进教育公平。

5. 坚持改革创新

教育要发展,根本靠改革。要以体制机制改革为重点,鼓励陕西省残疾人职业院校大胆探索和试验,加快改革步伐。创新残疾人人才培养体制、办学体制、教育管理体制,改革质量评价和考试招生制度,改革残疾人教学内容、方法、手段,建设现代学校制度,促进产教深度融合,为残疾人职业教育事业持续健康发展提供强大动力。

6. 坚持依法治教

法治是实现教育现代化的可靠保障。要坚持依法行政、依法办学、依法执教,更加注重运用法治思维和法治方式推动陕西省残疾人职业教育改革发展,更加注重残疾人职业教育法律法规体系和执法体制机制建设,更加注重保障残疾人受教育权利和广大师生权益,更加注重保障残疾人对教育改革发展的知情权、参与权和监督权,依法推进残疾人职业教育治理能力现代化,为残疾人职业教育发展创造良好的法治环境。

(三)基本原则

推进陕西省残疾人职业教育改革发展,实现更高质量、更加公平、更有效率、更可持续的发展,必须遵循以下基本原则。

1. 优先发展原则

教育优先发展是党和国家提出并长期坚持的一项重大方针,陕西要把优先发展残疾人职业教育作为贯彻落实科学发展观的一项基本要求,切实保证陕西经济社会发展规划优先安排残疾人职业教育发展,财政资金优先保障残疾人职业教育投入,公共资源优先满足残疾人职业教育和人力资源开发需要。充分调动陕西全社会关心支持残疾人职业教育的积极性,共同担负起培育残疾人掌握技能的责任,为残疾人健康成长创造良好环境。完善体制和政策,鼓励陕西社会力量兴办残疾人职业教育机构,不断扩大社会资源对残疾人职业教育的投入。

2. 人权保障原则

每个人的生命都有唯一性,残疾人也是如此。残疾人有权利享有受教育权,享有受职业教育的权利。完善陕西地方性残疾人职业教育保障的政策和法规,保障陕西省残疾人职业教育权利。

3. 全纳教育原则

梳理现有陕西职业教育资源,各级各类职业院校均应无歧视、无条件接纳残疾人入学就读,促进残疾人融入普通职业教育中,融入健全学生群体中,促进残疾人身心健康发展。陕西省残疾人职业院校要发挥残疾人职业教育的主阵地作用,为残疾人提供高水平、优质的职业教育。

4. 无障碍原则

加强残疾人职业教育学校的无障碍环境建设,校园环境的无障碍建设,残疾人入学考试与录取无障碍、技能教育与技能培训无障碍、就业与升学无障碍等。保障残疾人在接受职业教育全过程享有平等教育的权利和机会,教学方式的无障碍、教材和辅具的无障碍、信息化线上和线下服务无障碍、生活服务条件无障碍,促进残疾人无障碍参与和融入职业教育全过程。

5. 挖掘潜能与功能补偿原则

"上帝关上一扇门,就会打开一扇窗户。"残疾人是折翼天使,无论先天残疾还是后天致残,都具有较强的可塑性。在各项教育教学活动中,要秉持扬长补短的理念,激发残疾人潜能,发挥功能补偿作用,发展残疾人自主能力和功能。

6. 适切教育原则

残疾人致残原因和致残状况不尽相同,受教育的基础薄弱,受教育的经历曲折,能够接受职业教育的程度和能力差异较大,区别于普通职业教育,残疾人职业教育更加需要因材施教和个性化的教育方式,更需要发展既适合残疾人状况、又适合市场经济需要的适切教育。

(四)陕西省残疾人职业教育中长期发展规划主要任务的建议

1. 落实立德树人根本任务

把学习贯彻习近平新时代中国特色社会主义思想作为首要任务,贯穿到陕西省残疾人职业教育改革发展全过程,落实到陕西省残疾人职业教育改革现代化各环节。解决好培养什么人、怎样培养人、为谁培养人这个根本问题,坚持不懈用习近平新时代中国特色社会主义思想铸魂育人。

把新时代陕西省残疾人职业教育学校思想政治理论课的改革创新作为落实立德树人根本任务的重要抓手,把"三全育人"落实到学校教育教学全过程。中等层次陕西省残疾人职业教育思政课重在提升政治素养,引导学生衷心拥护党的领导和我国社会主义制度,形成做社会主义建设者和接班人的政治认同。要建设一支政治强、情怀深、思维新、视野广、自律严、人格正的残疾人职业教育院校思政课教师队伍。引导专业课教师加强课程思政建设,将思政教育全面融入人才培养方案和专业课程。加强德育工作队伍建设,办好班主任业务能力比赛。鼓励从企业中聘请劳动模范、技术能手、大国工匠、道德楷模担任兼职德育导师,建设一支阅历丰富、有亲和力、身正为范的兼职德育工作队伍。

陕西省各类残疾人职业教育院校党组织要把思政课建设作为党的建设和意识形态工作的标志性工程摆上重要议程,党组织每年至少召开1次专题会议研究思政课建设,抓住制约思政课建设的突出问题,在工作格局、队伍建设、支持保障等方面采取有效措施。思政课建设情况纳入党组织领导班子考核。将党建和思想政治工作评价指标全面纳入学校事业发展规划、专业质量评价、人才项目评审、教学科研成果评估等。

主要措施:①培训思政课专任教师、德育骨干管理人员;②培育遴选"三全育人"特色案例;③培育遴选思想政治课示范课堂;④培育遴选具有残疾人职业教育特点的课程思政教育案例;⑤培育遴选名班主任工作室。

2.完善陕西省残疾人职业教育体系建设

按照初等职业学校教育、中等职业学校教育、高等职业学校教育、高校专业学位研究生教育的体系结构,理顺陕西省现有的开展残疾人职业教育的各级各类学校的关系,系统构建从中职、专科、本科到专业学位研究生的陕西省残疾人职业教育培养体系,满足残疾人各层次技术技能人才的教育需求,服务一线残疾人的职业成长。按照终身教育理念,梳理陕西省内残疾人职业教育资源,形成服务需求、开放融合、纵向流动、职前职中职后继续教育沟通的现代陕西省残疾人职业教育的体系框架和总体布局,具体如图7-1。

主要措施:①建设陕西省残疾人职业教育政府联席会议制度;②建设陕西省残疾人职业教育专家智库,邀请国内特教、职教领域的专家,企业、行业的领军人物参与,指导陕西省残疾人职业教育事业发展与建设;③陕西中医药大学面向视力障碍学生实施针灸推拿学专业"3+4"中职本科贯通人才培养;④西安美术学院面向听力、言语障碍学生实施工艺美术专业"3+4"中职本科贯通人才培养;⑤创建陕西特殊教育职业技术学院;⑥培育高水平或优质残疾人中等职业学校;⑦研制《陕西省残疾人高等职业学院设置标准》和《陕西省残疾人中等职业学校设置标准》;⑧核定陕西公办残疾人职业教育院校教职工编制,按照教学班与教职工比例不低于1:5核定编制等;⑨核定陕西省残疾人中职、高职院校学生生均经费,按照高于普通中职和高职生均经费的5-8倍的水平给予优先和倾斜保障;⑩完善院校自主聘任兼职教师办法;改革完善院校绩效工资政策;专业教师中双师教师占比超过50%;⑪中职、高职及本科院校无障碍环境建设;⑫普通职业院校设立"随班就读",参与"随班就读"教学和管理的教师享受特殊教育津贴。

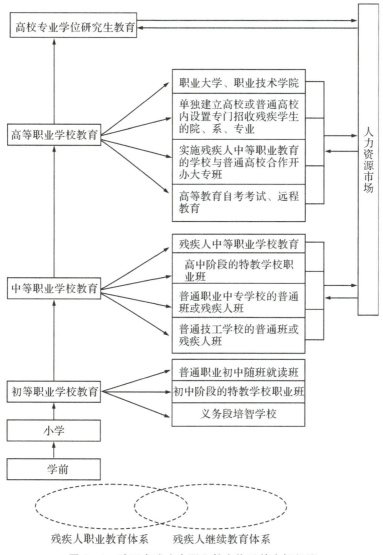

图 7-1 陕西省残疾人职业教育体系基本框架图

3. 促进陕西省残疾人职业教育中高职衔接

探索多形式的中高职衔接途径;依据有关标准开展中高职衔接的专业建设工作;注重课程内容的连续性、递进性和层次性;创造条件,促进具有较好学习能力的残疾学生通过适宜的高职入学考试或学业测评顺利进入高职院校深造;完善有关制度,从制度建设方面确保中高职有效衔接。

主要措施：①建立健全陕西省残疾人职业教育中高职衔接单独招生考试制度；②举办省级职业院校残疾学生技能大赛。

4. 深化新时代陕西省残疾人职业教育评价改革

按照中共中央国务院印发的《深化新时代教育评价改革总体方案》要求，建设适宜陕西省残疾人职业教育特点的评价标准，规范评价措施，分析研判评价结果，以评价为导向，倒逼院校促进改革，提高办学质量水平，办人民满意的陕西省残疾人职业教育。

（1）建立陕西省残疾人职业教育院校评价标准。

在立德树人成效方面评价院校。将落实党的全面领导、坚持正确办学方向、加强和改进学校党的建设以及党建带团建队建、做好思想政治工作和意识形态工作、依法治校办学、维护安全稳定作为评价学校及其领导人员、管理人员的重要内容，健全学校内部质量保障制度，坚决克服重智育轻德育、重分数轻素质等片面办学行为，促进学生身心健康、全面发展。

在职教类型办学成效方面评价院校。重点评价德技并修、产教融合、校企合作、育训结合、学生获取职业资格或职业技能等级证书、毕业生就业质量、"双师型"教师队伍建设等情况，扩大行业企业参与评价，引导培养高素质劳动者和技术技能人才。加大残疾人职业培训、服务区域和行业的评价权重，将承担残疾人职业培训情况作为核定职业学校教师绩效工资总量的重要依据，推动健全终身残疾人职业技能培训制度。

在突出服务残疾学生成长方面评价院校。将无障碍环境建设情况、推行通用手语和通用盲文情况、残疾学生心理健康教育情况纳入评价。

（2）建立陕西省残疾人职业教育院校教师评价标准。

把师德师风作为第一标准；突出教育教学实绩，把认真履行教育教学职责作为评价教师的基本要求，引导教师上好每一节课、关爱每一个学生；教师绩效考核办法、绩效工资分配向班主任倾斜，向教学一线和教育教学效果突出的教师倾斜；健全"双师型"教师认定、聘用、考核等评价标准，突出实践技能水平和专业教学能力；把参与教研活动、编写教材、案例，指导学生毕业设计、就业、创新创业、社会实践、社团活动、竞赛展演等计入工作量；完善教材质量监控和评价机制，实施教材建设奖励制度，对作出突出贡献的教师按规定进行表彰奖励；明确领导干部和教师参与学生工作的具体要求；建立教师家访制度,将家校联系情况纳入教师考核;完善学校党政管理干部选拔任用机制,原则上应有思政课教师、辅导员或班主任等学生工作经历;教师职称晋升给予倾斜政策,对作出突出贡献者职称破格晋升。

(3)建设具有陕西省残疾人职业教育特色的学生评价模式。

一是针对学习能力弱的学生,应用"最近发展区"理论,阶段性设定最近发展区目标和内容。采用"弱化学生同辈之间的横向比较,侧重每个学生个体成长的纵向比较"的评价模式。

二是针对学习能力强的学生,应用"长板"理论,挖掘学生最大潜力,促进学生特长发展。采用"学生同辈之间的横向比较和学生个体成长的纵向比较同步结合"的评价模式。

三是按照"一人一课一档案"的模式,给每一个学生建立学生成长档案和课程学习成效档案,记录学生综合素质和专业技能进步的每一次成果,突出过程性评价,形成学生个体纵向成长记录,以奖励个体进步作为日常教学和管理的常态,促进每个学生都有成长和发展。

主要措施:制订陕西省残疾人职业教育评价标准并开展教育评价。

5. 深化陕西省残疾人职业教育教学改革

服务陕西区域产业经济发展,结合职业教育类型教育的特点和残疾人职业教育规律特点,按照国家职教改革和职业教育提质培优行动计划要求,深化教学改革。

(1)提高专业设置的科学性和合理性。

一是专业设置要发挥残疾人的特长,避开他们的生理缺陷。残疾人因为生理上听力或视力的损失,文化知识的学习和掌握能力低于健全学生,但他们除去听力和视力以外的其他方面的能力却和健全人无异,甚至超过健全人。例如,聋人有超强的视觉观察力、形象思维能力以及手的灵活表达能力;盲人敏锐的听力、记忆力和手的敏感程度都超过健全人。专业设置要扬长避短,发挥残疾人功能补偿的特点。

二是专业设置要紧扣陕西乃至国内经济特色、文化特色和优势产业,与行业企业深入对接、沟通和合作,设置适宜残疾人就业的专业。

三是积极探索设置面向智力残疾学生、多重残疾学生的专业或方向,扩大残疾人就读专业的选择机会,为残疾人提供适合的职业教育,同步促进残疾人的康复与职业技能提升。

主要措施：①培育高水平或优质专业（专业群）；②打造"自强按摩"商标注册金字品牌；③"国务院政府特殊津贴享受者"技能大师工作室建设；④校企合作共建产教融合型实训基地；⑤遴选特色人才培养模式实践典型案例。

（2）实施现代学徒制人才培养模式。

在具备条件的专业实施现代学徒制人才培养模式，推进招生与招工一体化，学校、企业深度合作，工学交替，教师、师傅联合传授，校企共同主导人才培养，实现专业设置与产业需求对接，课程内容与职业标准对接，教学过程与生产过程对接，毕业证书与职业资格证书对接，职业教育与终身学习对接，提高人才培养质量和针对性。

主要措施：遴选现代学徒制实践典型案例。

（3）实施"1＋X"证书制度试点，促进书证融通。

"1＋X"证书制度，即学历证书＋若干职业技能等级证书制度。书证相互衔接融通是"1＋X"证书制度的精髓所在。将"1＋X"证书制度试点与专业建设、课程建设、教师队伍建设等紧密结合，推进"1"和"X"的有机衔接，提升职业教育质量和学生就业能力。试点院校要根据职业技能等级标准和专业教学标准要求，将证书培训内容有机融入专业人才培养方案，优化课程设置和教学内容，统筹教学组织与实施，深化教学方式方法改革，提高人才培养的灵活性、适应性、针对性。通过培训、评价使学生获得职业技能等级证书，也可探索将相关专业课程考试与职业技能等级考核统筹安排，同步考试（评价），获得学历证书相应学分和职业技能等级证书。深化校企合作，坚持工学结合，充分利用院校和企业场所、资源，与评价组织协同实施教学、培训。结合职业技能等级证书培训要求和相关专业建设，改善实训条件，盘活教学资源，提高培训能力，积极开展高质量培训。根据社会、市场和学生技能考证需要，对专业课程未涵盖的内容或需要特别强化的实训，组织开展专门培训。试点院校在面向本校学生开展培训的同时，积极为社会成员提供培训服务。社会成员自主选择证书类别、等级，在试点院校内、外进行培训。同步参与职业教育国家"学分银行"试点，探索建立有关工作机制，对学历证书和职业技能等级证书所体现的学习成果进行登记和存储，计入个人学习账号，尝试学习成果的认定、积累与转换。

主要措施:实施"1+X"证书制度试点,提高通过率。

(4)拓展校企育人途径与方式。

引入企业新技术、新工艺;引入企业文化、行业文化、工匠精神进校园、进教学、进实习实训场所;引入企业高技能人才,建设技能大师工作室;探索校企共建校内外生产性实训基地;探索引企入校,移校入企;探索建设校内残疾人职业教育孵化基地,为残疾人就业创业做好孵化基础工作。

主要措施:校企共建陕西省残疾人职业教育集团并开展校企对话和研讨活动。

(5)加强残疾人职业教育师资队伍建设力度。

将残疾人职业教育教师培训纳入教师国培、省培计划,建设陕西省残疾人职业教育师资培训基地,对从事残疾人职业教育的教师定期进行专门化系统培训,开展残疾人法律法规、特殊教育学、残疾人心理健康、残疾人康复、残疾人职业教育规律、残疾学生管理与教育、通用手语、通用盲文等专门培训,提升教师爱岗敬业、关爱残疾学生的素养,提高教师开展残疾人职业教育的综合能力。遴选和安排具有特殊教育资质或教学经验丰富的教师承担"随班就读"或特殊教育班级(专业)的教育教学工作,为残疾学生配备优质师资。专业课教师每5年应有不少于6个月的企业或生产服务一线实践,没有企业工作经历的新任教师应先实践再上岗。培养"双师型"教师,提高"双师型"教师比例。建设符合项目式、模块化教学需要的教学创新团队,不断优化教师能力结构。与国际同类院校对接,选派优秀教师参与教师国际交流项目,拓宽教师视野,推介成功案例和经验,学习其他国家先进经验和有效做法。

主要措施:①建设陕西省残疾人职业院校师资培养培训基地;②校企共建"双师型"教师培养培训基地和教师进企业实践基地;③培育遴选省级残疾人职业教育教学名师;④建设残疾人职业教育名师(技能大师、教学能手、劳动模范)工作室;⑤培育遴选省级教师教学创新团队;⑥实施教学创新团队境外培训计划,选派专业带头人和骨干教师出国研修访学。

(6)加大残疾人职业教育课程、教材建设力度。

加强残疾人职业教育教材和教学资源建设,组织开发适合残疾人的职业教育教材。鼓励职业院校开发适合残疾人职业教育的校本教材。健全教材选用制度,选用体现新技术、新工艺、新规范等的高质量教材,引入典型生产案例。规范使用国规教材,校企双元开发活页式、手册式教材,开发适宜残疾学生学习特点和学习规律的教材(包括盲人教材、大字版教材、有声教材等)。

主要措施:培育遴选校企双元合作开发的职业教育规划教材。

(7)改进课堂教学方法。

采用适宜残疾人学习的教学方法。普及项目教学、案例教学、情境教学、模块化教学等教学方式,广泛运用启发式、探究式、讨论式、参与式等教学方法,推广翻转课堂、混合式教学、理实一体教学等新型教学模式,推动课堂教学革命。

主要措施:培育遴选"课堂革命"典型案例。

(8)加强残疾人职业教育研究工作。

开展以残疾人职业教育教学改革为中心的经常性教育与管理研究活动,促进教育教学质量的提高。围绕现代学徒制、产教融合型专业建设、"三教"改革、残疾学生教育与管理等,聚焦热点、痛点、难点,开展教学与管理实践,及时发现、总结和提炼创新成果,科学有序普及推广创新成果。

主要措施:成立陕西省残疾人职业教育研究中心,指导并组织课题研究工作。

(9)推广国家通用盲文和通用手语。

听力和视力残疾人拥有使用语言文字的权利。国家通用手语和国家通用盲文是国家通用语言文字的重要补充,对听力和视力残疾人学习文化知识、获取信息、社会交往以及更加公平地参与社会生活,平等实现权益与融合发展起到重要作用。要切实落实好中央宣传部、中国残联、教育部、国家语委和国家广播电视总局制定的《国家通用手语推广方案》《国家通用盲文推广方案》要求。

主要措施:建设陕西国家通用手语和国家通用盲文推广服务中心,依托国家通用盲文和通用手语推广服务中心资源,面向陕西省残疾人和特教师资推广通用盲文和通用手语。

6.加强陕西省残疾人职业学校学生综合素质教育

从德智体美劳五个维度开展教育工作,促进残疾学生全面发展。德育方面纳入残疾学生参与党团活动情况、参与公益活动情况和日常品德操行等,增强残疾学生文明品德修养和社会责任意识;智育方面主要结合学业水平,建设适宜陕西省残疾人职业教育的学业水平测试模式,检测学习效果和水平,作为残疾学生毕业、升学和用人机构录用的重要依据;体育方面要突出残疾学生康复健身,以平等参与、共享融合为基本原则,以残疾学生为中心,体育设施建设和器材配置、体育活动和赛事的设计与实施,要适合残疾学生特点,兼顾不同类别和不同级别残疾学生的需求;美育方面要结合残疾学生身体特点,开设适宜的艺术类课程、第二课堂或社团,以美育人,以文化人,培育残疾学生文化认同和文化自信;将劳动教育纳入人才培养方案,设立劳动教育必修课程,统筹勤工俭学、实习实训、社会实践、志愿服务等环节系统开展劳动教育,加强职业道德、职业素养、职业行为习惯培养,职业精神、工匠精神、劳模精神等专题教育不少于16学时。此外,要高度重视残疾学生心理健康教育,建设心理咨询室,选派具有资质和经验丰富的教师开展此项工作,集体教育和个体辅导相结合,做残疾学生的"心理按摩师",促进残疾学生身心健康发展。

主要措施:①建设陕西省残疾人职业院校"自强模范"表彰活动,结合"国际残疾人日",对学校涌现的自强不息、勤奋上进的残疾学生典型榜样进行表彰,树立典型,激励更多残疾学生比学赶帮。②建设陕西省残疾人康复健身体育基地,创造条件开设陕西省残疾人体育赛项,例如,田径、游泳、举重、乒乓球、坐式排球、轮椅篮球、盲人柔道、射击、射箭、轮椅网球、轮椅击剑、自行车、羽毛球、盲人门球等赛项(目前,中国残疾人体育协会参照健全人各项目的比赛规则,按照国际残疾人体育规则审定了这14个项目的竞赛规则),为国家级和国际残疾人体育赛事培育优秀运动员,促进陕西省残疾人职业学校体育工作发展。③建设陕西省残疾人职业院校艺术展演活动,每年组织一次,集中展示学校美育成果和残疾学生艺术表演特色。④建设陕西职业院校残疾学生心理健康教育测评、筛查与干预机制,培养残疾学生心理咨询师资,配备心理健康咨询室,研究残疾学生心理健康教育,宣传心理健康知识。

7. "残健融合"扩大办学规模,促进学生就业

以残疾人职业教育为重点,"残健融合",逐步扩大残疾学生和健全学生相融合的办学规模。畅通招生渠道,理顺残联、民政、教育对应的适宜残疾学生和健全学生顺利进入职业院校的途径。促进中职学生升学和就业。提高残疾人接受高等职业教育的比例,在教学目标、专业设置、课程开发、教学管

理等方面进行整合和衔接,有效建立残疾人中、高职教育的衔接通道。成立专业化的就业指导团队,为学生提供从入学到毕业的全程化、有层次、有梯度的专业就业指导和咨询服务,为毕业生匹配推荐就业岗位,提升就业率和就业质量。对就业后又失业的残疾毕业生进行二次或多次就业帮扶,保障他们的工作稳定。帮扶残疾人就业创业,帮助他们通过参与生产劳动过上更好更有尊严的生活。拓宽残疾人特别是盲人在文化艺术、心理卫生和互联网服务等领域就业渠道。为残疾人特别是聋人参加职业技能培训、就业创业提供无障碍支持服务。支持手工制作等残疾妇女就业创业项目,鼓励残疾人参与文化产业。扶持残疾人亲属就业创业,实现零就业残疾人家庭至少有一人就业。

主要措施:①扩大办学规模,"残健融合"招生,实施"残健融合"职业教育;②成立陕西省残疾人就业促进指导中心;③建设陕西省残疾人创新创业孵化基地;④遴选陕西省残疾毕业生创新创业典型案例。

8. 开展残疾人职业技能培训教育

面向社会广大残疾人,开展适合残疾人特点的职业技能培训,扩大残疾人职业技能培训规模,提升残疾人就业能力。

一是开展就业技能培训。对残疾人中新成长劳动力和城镇登记失业人员开展专项技能或初级技能培训。以就业为导向,依托技工院校、职业院校、企业培训机构、就业培训中心、民办职业培训机构等教育培训机构开展培训,强化实际操作技能训练和职业素质培养,使培训对象达到上岗要求或掌握初级以上职业技能,着力提高培训后的就业率。重点加强适合残疾人特点的职业培训,扶持一批民间工艺和民族传统文化技艺传承人。

二是开展岗位技能提升培训。对用人单位在岗残疾职工开展提高技能水平的培训。由用人单位依托所属培训机构或其他各类培训机构,根据行业特点和岗位技能需求,结合技术进步和产业升级对职工技能水平的要求,对新录用残疾职工开展岗前培训或学徒培训,对已在岗残疾职工开展岗位技能提升培训或高技能人才培训。

三是开展创业培训。对有创业意愿并具备一定创业条件的残疾人开展提高创业能力的培训。依托培训机构,结合当地产业发展和创业项目,根据培训对象的特点和需求组织开展创业培训。重点开展创业意识教育、创业项目指导和企业经营管理培训,提高培训对象的创业能力。

第七章 陕西省残疾人职业教育改革策略与发展规划

三是开展残疾人社区教育。发挥陕西省残疾人职业院校的资源优势,开展陕西省残疾人社区教育,为重度残疾人、多重残疾人、生活无法自理无法进入学校学习的残疾人开展进社区技能培训,帮扶他们提高生存技能能力和职业技能岗位能力,引入企业能够居家参与工作的职业岗位,为这部分弱势人群提供力所能及的援助。

主要措施:①建设陕西省残疾人职业技能培训中心;②开展残疾人社区教育,送教上门,扶助重度残疾、多重残疾人员技能培训。

9.提升残疾人职业教育信息化建设水平

按照《职业院校数字校园规范》要求,系统设计学校信息化整体解决方案。提升学校信息化基础能力,建设高速稳定的校园网络,联通校内行政教学科研学生后勤等应用系统,统筹建设一体化智能化教学、管理与服务平台。推动信息技术和智能技术深度融入学校管理全过程,大幅提高决策和管理的精准化、科学化水平。推动信息技术与教育教学深度融合,鼓励学校利用现代信息技术推动人才培养模式改革,满足学生的多样化学习需求,大力推进"互联网+""智能+"教育新形态,推动教育教学变革创新。校企共建共享陕西省残疾人职业教育资源库,建设精品课程,引入虚拟仿真实训,促进教学理、虚、实一体化,提升教师和管理人员的信息化能力,以及残疾学生利用网络信息技术和优质在线资源进行自主学习的能力。

主要措施:①落实《职业院校数字校园规范》,研制校本数据中心建设指南,系统设计院校信息化整体解决方案;②建设陕西省残疾人职业教育专业教学资源库;③培育遴选虚拟仿真实训室基地;④培育遴选面向公共基础课和量大面广的专业(技能)课,培育遴选精品在线开放课程。

10.推动陕西省残疾人职业教育院校内部治理能力提升

构建与残疾人职业教育类型教育相匹配的院校内部治理结构。完善以《章程》为核心的校内规章制度体系,兼顾学校、企业、教师、学生、家长等"多元"利益相关方,体现院校办学主体责任,发挥专业建设委员会、教代会、职代会、学生会、家委会共同参与院校治理的模式,完善教师绩效奖励分配制度和职业发展成长提升培养机制,完善残疾学生管理与服务机制,完善师生权益保障与维护机制,完善后勤保障和服务能力水平,建设校企合作的特色育人校园文化氛围,建设智慧校园,利用信息系统数据收集与分析,提高院校治理现代化水平。

主要措施：开展陕西省残疾人职业院校内部治理校长和管理干部培训工作。

11. 构建陕西省残疾人职业教育院校网格化的内部质量保证体系

深入推进职业学校教学工作诊断与改进制度建设，切实发挥院校质量保证主体作用。建设学校层面、专业层面、课程层面、教师层面、学生层面的目标链和标准链，促进学校决策指挥系统、质量生成系统、资源建设系统、支持服务系统、监督控制系统的优化升级，应用"8字形"质量改进螺旋，打造机制和文化"双引擎"，促进残疾人职业学校内部质量保证能力，推动人才培养向高水平、高质量发展。

学校层面：建设基于SWOT分析和专家企业行业参与研制的院校五年或中长期发展规划，明确院校发展目标，建设院校层面目标链。对接国家和省级职业教育有关标准，建设院校内部办学质量的标准链。建设服务保障院校发展的规章制度。学校层面各项业务按照"8字形"质量改进螺旋开展设计、组织、实施、诊断、激励、学习、创新、改进，实时检测、预警并改进，保障院校科学化、可持续发展和运行。完善院校督导运行模式，建立行之有效的院校内部督导评价模式。

专业层面：建设基于适宜残疾人学习和就业、市场调研和可行性分析基础上的专业建设规划，明确专业设置和建设目标，建设专业层面目标链。校企合作，共同建设专业人才培养方案、专业建设指导委员会、师资配备、课程设置、课程标准、实习实训等标准链。专业层面各项业务按照"8字形"质量改进螺旋开展设计、组织、实施、诊断、激励、学习、创新、改进，实时检测、预警并改进。

课程层面：按照各专业人才培养方案目标和标准要求，建设课程建设规划，明确公共基础课程和专业技能课程（专业核心课程和专业方向课程）设置与建设目标，建设课程层面目标链。建设课程层面的标准链。课程层面各项业务按照"8字形"质量改进螺旋开展设计、组织、实施、诊断、激励、学习、创新、改进，实时检测、预警并改进。

教师层面：建设具有残疾人职业教育特色的优秀教学团队建设规划，明确教师发展目标，建设教师层面目标链。建设教师层面标准链。教师层面各项业务按照"8字形"质量改进螺旋开展设计、组织、实施、诊断、激励、学习、创新、改进,实时检测、预警并改进。

学生层面:建设适宜促进残疾学生全面发展和成长成才的学生发展规划,明确残疾学生发展目标,建设学生层面目标链。建设学生层面标准链。学生层面各项业务按照"8字形"质量改进螺旋开展设计、组织、实施、诊断、激励、学习、创新、改进,实时检测、预警并改进。

主要措施:①推进教学工作诊断与改进制度建设,推行人才培养方案公开制度,巩固院校质量年报发布制度;②制订陕西省残疾人职业院校教育督导评估办法。

三、保障策略

(一)加强陕西省残疾人职业教育的省级顶层设计和统筹工作

1. 全面统筹规划全省残疾人教育工作

坚持李克强总理提出的"特教特办"的原则,树立"大特教"观念,按照"全省残疾人教育工作一盘棋"的思路,对陕西省残疾人教育工作进行全面统筹规划,建设涵盖陕西省残疾人学前教育、小学教育、初中教育、高中阶段教育、高职教育、本科和研究生教育的全体系教育规划,统一谋划,统筹各方面资源,省级顶层设计,理顺体制机制,保障各级各类政府部门政策的一致性和连贯性,凝聚力量,建设具有陕西省特色和品牌的残疾人教育工作。邀请国内特教领域的知名专家、学者,共商陕西省残疾人教育发展,汲取先进理念、有效思路和适宜措施,高质量、高水平谋划陕西省残疾人教育发展。

2. 理顺残疾人职业教育工作的体制机制

以2035年实现陕西省残疾人职业教育现代化为目标,绘制发展蓝图,一张蓝图干到底,久久为功。实施残疾人职业教育质量提质培优计划,3年为1期,15年共5期,落实建设项目任务,保障推广项目,实现弯道超车,提速发展陕西省残疾人职业教育。鼓励有条件的地区或院校探索推进职业学校股份制、混合所有制改革。

3. 推进"残健融合"教育,促进残疾人更加平等充分地融入社会生活

建设两种形式的"残健融合"教育。一方面,促进残疾学生进入普通职业院校,以"随班就读"特教班的方式促进残疾学生与健全学生一起公平共享接受职业教育的权利;另一方面,鼓励残疾人职业院校招收健全学生,以"残健融合"的方式促进残疾学生与健全学生一起公平共享接受职业教育的权利。建设融合教育体制机制。明确发展融合教育的指导思想和工作思路,促进融合教育向着素质教育方向发展。加强融合教育支持体系建设,不断提高融合教育质量。

4.增加经费投入

省级财政设立专项资金,对陕西省残疾人职业教育的办学条件、校企合作、师资队伍培养培训、教育科研、项目支撑等给予经费保障。按照高于普通中职和高职生均经费的5—8倍的水平给予优先和倾斜保障,切实保障残疾人职业院校运行经费和绩效经费。设立残疾人接受职业教育的特殊学习用品费补助、交通费补助和生活补助标准,并给予经费保障。协调教育、残联、发改委、财政、人事、民政和劳动保障部门,一揽子统筹各部门资金用于残疾人职业教育,进一步完善残疾人职业教育各项优惠政策,用好残疾人事业发展资金、就业补助资金等,支持残疾人接受职业教育和培训,组织实施好"彩票公益金助学项目""交通银行助学计划"等扶残助学项目。鼓励企事业单位、社会组织、公民个人捐资支持残疾人职业教育发展。推行"普惠+特惠"政策,完善残疾学生资助体系,提高资助水平,进一步健全助学体系,利用残疾人保障金、残疾人福利基金、慈善机构募集资金等,加大特困生资助力度,设立残疾学生交通费补助、生活困难补助和学习用品补助等,助力其顺利完成学业。

落实《国务院关于印发"十四五"残疾人保障和发展规划的通知》(国发〔2021〕10号)要求,落实残疾人自主就业创业补贴、残疾学生见习补贴、招录(聘)残疾人的用人单位补贴、辅助性就业机构补贴、通过公益性岗位安排残疾人就业的用人单位补贴;落实超比例安排残疾人就业奖励和残疾人就业服务奖励。

5.促进残疾人接受高等职业教育

对于获得由教育部主办或联办的全国职业院校技能大赛三等奖及以上奖项或由省级教育行政部门主办或联办的省级职业院校技能大赛一等奖的残疾人,以及具有高级工或技师资格(或相当职业资格)、获得县级劳动模范先进个人称号的在职在岗残疾人,经报名地省级教育行政部门核实资格、高等职业院校考核公示,并在教育部阳光高考平台公示后,可由高等职业院校免试录取,接受高等职业教育。

充分利用陕西高校资源优势,依托有关高校,中职高校合作办学,在残疾人中职院校建设五年一贯制高职教育、建设"3+2"中高职衔接的职业教育、建设"3+4"中职本科衔接的职业教育,或者创设陕西省残疾人高职院校,建设残疾人单招考试制度,入学考试的方式和方法应当结合残疾人身体障碍实际,采用更加灵活有效的测试方式。加强陕西高校专业支持体系和无障碍环境建设,并在高考和大学学习、生活等方面为残疾学生提供更多的合理便利。

6.合理核定编制

结合省情合理确定残疾人职业教育学校教职工编制并保障落实,建议按师生比 1∶3—1∶5 的标准核定残疾人职业院校编制,进一步提高残疾人职业教育学校专任教师的占比,加强残疾人职业院校康复医生、康复治疗师、康复训练人员的配备。

7.落实院校办学自主权

以适应产业和就业需求为导向,在管理体制、专业设置、教师待遇、职称评聘、校企合作、教师招聘等方面,赋予学校更多自主权,由学校在限额内自主设立内设机构并报机构编制部门备案,自主设置岗位,自主确定用人计划,自主确定招考标准、内容和程序,在相应人事考试官方网站公开招聘岗位信息、自主招聘各类人才,实行事后备案。大力推进职业院校内部管理体制改革,探索由学校自主聘用内设机构干部。职业院校与行业企业可按规定在目录外合作共建新专业,开发新课程,培养紧缺急需领域的技术技能人才。对公益一类事业单位的残疾人职业院校放宽政策,允许其具备社会化培训自主收支资格。

8.稳步提高教师待遇,保障教师权益

改革完善职业学校绩效工资政策,核增绩效工资总量。校企合作、技术服务、社会培训、自办企业等所得收入,可按一定比例作为绩效工资来源;教师依法取得的科技成果转化奖励收入不纳入绩效工资,不纳入单位工资总额基数。结合职业院校承担扩招任务、职业培训的实际情况,核增绩效工资总

量。教师外出参加培训的学时(学分)应核定工作量,作为绩效工资分配的参考因素。探索绩效分配改革,将残疾人职业院校绩效工资总额核定系数最高提高到事业单位人员工资基准线的3—5倍,提高绩效工资总量,充分调动广大教师的积极性。设立教学型教师年度专项奖励,健全完善教学型教师业绩评价机制,教学业绩考核评价优秀者,可给予重点奖励。科研教学成果可设立单项奖激发教师科研工作动力。职称评审政策向残疾人职业教育院校教师倾斜,教师职称中建立特殊教育序列。完善教师权益保障机制。

9.促进院校办学条件达标

修订《陕西省残疾人中等职业学校设置标准(试行)》,制订陕西省残疾人职业院校办学标准。加强招收残疾学生的职业院校无障碍环境建设,为残疾学生就学、生活提供便利,促进院校办学条件达标。引入国内服务残疾人的信息化资源,促进残疾学生共享和使用信息化资源参与学习。引入仿真实训设施设备,更大程度满足残疾学生体验和参与真实岗位的技能学习和锻炼。引入"医教结合"的教学仪器、医疗设备和康复器材,促进残疾学生身体机能持续康复锻炼。

10.创设条件,拓展残疾人就业渠道

建设陕西省残疾人就业服务中心,组织专门团队和力量,服务全省残疾人就业工作。定期召开线上与线下相结合的灵活多样的招聘会,推进新型现代学徒培养和订单培养,推动招生与高质量就业。加强残疾人的就业指导和援助。结合残疾学生特点和需求提供就业创业指导,提高残疾学生的就业创业能力,开展"一对一"服务,做到不就业不脱钩。支持残疾学生在获得学历证书的同时,积极取得多类职业技能等级证书,拓展就业创业本领。鼓励职业院校积极参与政府购买残疾人职业技能培训服务和残疾人职业培训基地创建工作,针对劳动力市场需要、残疾人的实际,开展形式多样的职业技能培训和创业培训。

11.打造"自强按摩"金字招牌

陕西宝鸡是中国远古时代"推拿"的发源之地。中国中医经典著作《黄帝内经》即黄帝与歧伯等讨论医学的著作。据记载,歧伯是中国上古时期最有声望的医学家,道家名人,精于医术脉理,名震一时,后世尊称为"华夏中医始

祖""医圣"。一般认为,岐伯是岐山(今陕西省宝鸡市岐山县)人。宋《路史》载:"古有岐伯,原居岐山之下。黄帝至岐见岐伯,引载而归,访于治道。"南宋纪传体通史《通志》载:"岐氏,周故都也,今凤翔岐山是也。"《黄帝内经》中的《素问·异法方宜论》记载:"皇帝曰:医之治病也,一病而治各不同,皆愈,何也?岐伯对曰:中央者,其地平以湿,天地所以生万物也众,其民食杂而不劳,故其病多痿厥寒热,其治宜导引按跷,故导引按跷者,亦从中央出也。"这里的"按跷"即推拿,就是岐伯提出并实施的治疗方法。可以说,陕西宝鸡就是中国"推拿"的发源地!

陕西省自强中等专业学校从事中医技术类专业教学的历史悠久,"自强按摩"品牌注册。学校前后有五次变更中医技术类专业名称:第一次,1951年建校初期,学校首批就开设有"盲人中医按摩"专业;第二次,1984年经省政府批准,更名为"陕西省盲人按摩中等专业学校",根据当时的中专专业目录,专业名称为"按摩医士"专业;第三次,20世纪90年代初,随着国家中等职业学校专业目录的规范,"按摩医士"又变更为"针灸推拿"专业,教学内容也从"按摩"扩展到"针灸推拿",20世纪90年代末,随着中等职业学校招生、就业制度改革,也为了实践回归主流、全纳型教育的特殊教育理念,从而招生对象从单纯的盲人,扩展到低视力和部分肢体残疾学生以及健全学生,2008年该专业还曾被教育厅确定为"陕西省《民生八大工程》职业教育项目省级示范专业";第四次,2010年按照教育部新的中专学校专业名录,再次申请更名为"中医(针灸推拿方向)"专业;第五次,2014年,根据国家中医药管理局办公室、教育部办公厅《关于进一步做好中等中医类专业招生工作的通知》精神,学校为了满足残疾人接受职业教育的需要,依托原有的医疗卫生类专业办学经验和基础,2014年再次申请报备了"中医康复保健(针灸推拿方向)专业",2017年该校中医康复保健专业通过陕西省卫健委和省厅的专业评审,该专业毕业生可按照相关要求参加卫生技术类资格考试,2017年"自强按摩"品牌注册成功。

依托陕西省自强中等专业学校中医康复保健专业优势资源,给予政策倾斜和资金保障,从提升学历层次、引入企业先进技术、引入国务院政府特殊津贴享受者专家,产教融合校企合作,打造"自强按摩"金字品牌,立足陕西,辐射全国。

(二)加强对残疾人职业教育工作重要性的认识

残疾人接受职业教育的权利,既是发展残疾人事业的客观需要,也是建设富强民主文明的社会主义现代化国家的必然要求。各级党委、政府要对残疾人职业教育高度重视、大力支持。各级工会、共青团、妇联、少先队组织及驻军和武警部队,要充分发挥各自优势,深入开展青年志愿者服务等扶残助学活动。各新闻媒体要依据"助残日"活动安排,广泛宣传党和政府有关残疾人的政策法规,宣传残疾人自强不息、积极进取的成功典型,宣传残疾人事业发展成就,营造全社会扶助残疾人、支持残疾人事业的良好社会环境,增强全社会对特殊教育的认知度和扶残助学的意识。鼓励企事业单位、社会组织、公民个人捐资支持残疾人职业教育发展。

(三)加强立法和制度政策保障

依据《残疾人教育条例》等有关政策,以服务陕西省残疾人职业教育事业高质量发展为目标,建设促进陕西省残疾人职业教育法规和制度,完善相关政策文件,落实发展残疾人职业教育事业发展的各项经费投入政策,切实保障院校办学自主权和残疾人接受职业教育权益。

(四)完善协同推进机制

建设陕西省残疾人职业教育工作联席会议制度,省教育厅牵头,省残联、省发改委、省财政厅、省民政厅、省编办、省人社厅参与,定期研究有关事宜,制定工作方案、协调支持经费、加大政策供给,将陕西省残疾人职业教育事业发展与"十四五"社会事业发展同规划、同部署、同考核,确保改革发展任务落地。

(五)建立残疾人职业教育督导和调研体制

将残疾人职业教育督导工作纳入省政府教育督导体系中,结合教育评价,研制督导评价指标,对政府协同施策履职情况进行督导,对残疾人职业院校办学情况、教师教学质量和残疾学生个性化学业水平测试情况进行督导,以督促建,切实推动全省残疾人职业教育向高水平、高质量发展。省人大、政协每年定期对全省残疾人职业教育进行调研,听取发展情况汇报,了解职业教育动向,掌握发展中的重点和难点,向省上提出合理化建议,帮助残疾人职业教育高水平、高质量发展。

附件：陕西省残疾人职业教育中长期发展提质培优计划任务书

陕西省残疾人职业教育中长期发展提质培优计划任务书

序号	一级任务（12项）	二级任务（56项）	提质培优计划一期指标（2021—2023）	提质培优计划二期指标（2024—2026）	提质培优计划三期指标（2027—2029）	提质培优计划四期指标（2030—2032）	提质培优计划五期指标（2033—2035）	责任部门
1	立德树人根本任务	1. 培训思政课专任教师、德育骨干管理人员	30人/年	30人/年	30人/年	30人/年	30人/年	省教育厅
		2. 培育遴选"三全育人"特色案例	3个/年	3个/年	3个/年	3个/年	3个/年	
		3. 培育遴选思想政治课示范课堂	3个/年	3个/年	3个/年	3个/年	3个/年	
		4. 培育遴选具有残疾人职业教育特点的课程思政教育案例	10个/年	10个/年	10个/年	10个/年	10个/年	
		5. 培育遴选名班主任工作室	3个/年	3个/年	3个/年	3个/年	3个/年	
2	陕西省残疾人职业教育体系建设	1. 建设陕西省残疾人职业教育政府联席会议制度	建成并实施	实施	实施	实施	实施	省政府办公厅

续表

序号	一级任务（12项）	二级任务（56项）	提质培优计划一期指标（2021—2023）	提质培优计划二期指标（2024—2026）	提质培优计划三期指标（2027—2029）	提质培优计划四期指标（2030—2032）	提质培优计划五期指标（2033—2035）	责任部门
2	陕西省残疾人职业教育体系建设	2. 建设陕西省残疾人职业教育专家智库，邀请国内特教、职教领域的专家、企业、行业的领军人物参与指导陕西省残疾人职业教育事业发展与建设	建成并实施	实施	实施	实施	实施	省政府办公厅
		3. 陕西中医药大学面向视力障碍学生实施针灸推拿学专业"3+4"中职本科贯通人才培养	建成并实施	实施	实施	实施	实施	省教育厅
		4. 西安美术学院面向听力语言障碍学生实施工艺美术专业"3+4"中职本科贯通人才培养	建成并实施	实施	实施	实施	实施	省教育厅
		5. 创建陕西特殊教育职业技术学院	筹建办学条件达标教学条件达标	力争正式成立持续规范化建设	建设省级高水平示范学院	持续建设	建设国家级高水平示范学院	省教育厅、省残联、省编办、省人力资源和社会保障厅、省财政厅

第七章 陕西省残疾人职业教育改革策略与发展规划

续表

序号	一级任务(12项)	二级任务(56项)	提质培优计划一期指标(2021—2023)	提质培优计划二期指标(2024—2026)	提质培优计划三期指标(2027—2029)	提质培优计划四期指标(2030—2032)	提质培优计划五期指标(2033—2035)	责任部门
2	陕西省残疾人职业教育体系建设	6. 加快推进高水平或优质残疾人中等职业学校建设	省级高水平或优质学校	持续建设	建设国家级高水平或优质学院	持续建设	持续建设	省教育厅、省残联、省财政厅
		7. 研制《陕西省残疾人高等职业学院设置标准》和《陕西省残疾人中等职业学校设置标准》，促进院校办学条件达标	建成并实施	实施	实施	实施	实施	省教育厅、省残联、省编办、省财政厅、省民政厅
		8. 核定陕西省公办残疾人职业教育院校教职工编制，按照教学班与教职工比例不低于1:5核定编制	建成并实施	实施	实施	实施	实施	省编办、省人力资源和社会保障厅、省教育厅、省残联、省财政厅

续表

序号	一级任务(12项)	二级任务(56项)	提质培优计划一期指标(2021—2023)	提质培优计划二期指标(2024—2026)	提质培优计划三期指标(2027—2029)	提质培优计划四期指标(2030—2032)	提质培优计划五期指标(2033—2035)	责任部门
2	陕西省残疾人职业教育体系建设	9.核定陕西省残疾人中职、高职院校学生生均经费，按照普通中职和普通高于高职生均经费的5—8倍的水平给予优先和倾斜保障	建成并实施	实施	实施	实施	实施	省财政厅、省教育厅、省残联
		10.完善院校自主聘任兼职教师办法；改革完善院校绩效工资政策；专业教师中双师教师占比超过50%	建成并实施	实施	实施	实施	实施	省教育厅、有关部门
		11.中职、高职、本科院校无障碍设施环境建设	实施	实施	实施	实施	实施	省教育厅、省残联、省财政厅、省发展改革委员会
		12.普通职业院校设立"随班就读"，参与"随班就读"教学和管理的教师享受特殊教育津贴	实施	实施	实施	实施	实施	省财政厅
3	陕西省残疾人中高职衔接	13.建立健全陕西省残疾人职业教育中高职衔接单独招生考试制度	建成并实施	实施	实施	实施	实施	省教育厅
		14.省级职业院校残疾学生技能大赛	1次/年	1次/年	1次/年	1次/年	1次/年	省教育厅

314

续表

序号	一级任务(12项)	二级任务(56项)	提质培优计划一期指标(2021—2023)	提质培优计划二期指标(2024—2026)	提质培优计划三期指标(2027—2029)	提质培优计划四期指标(2030—2032)	提质培优计划五期指标(2033—2035)	责任部门
4	新时代陕西省残疾人职业教育评价改革	制订陕西省残疾人职业教育评价标准并开展教育评价	1次	1次	1次	1次	1次	省教育厅
5	陕西省残疾人职业教育教学改革	1.培育高水平或优质专业(专业群)	省级至少3个	省级至少3个	国家级至少2个	国家级至少2个	国家级至少2个	省教育厅
		2.打造"自强按摩"商标注册金字品牌	实施	实施	实施	实施	实施	
		3.校企合作共建产教融合型实训基地	至少2个	至少2个	至少2个	至少2个	至少2个	
		4.遴选特色人才培养模式实践典型案例	2个/年	2个/年	2个/年	2个/年	2个/年	
		5.遴选现代学徒制实践典型案例	2个/年	2个/年	2个/年	2个/年	2个/年	
		6.实施"1+X"证书制度试点	达到至少80%的通过率	达到至少80%的通过率	达到至少80%的通过率	达到至少80%的通过率	达到至少80%的通过率	

续表

序号	一级任务(12项)	二级任务(56项)	提质培优计划一期指标(2021—2023)	提质培优计划二期指标(2024—2026)	提质培优计划三期指标(2027—2029)	提质培优计划四期指标(2030—2032)	提质培优计划五期指标(2033—2035)	责任部门
5	陕西省残疾人职业教育教学改革	7. 校企共建陕西省残疾人职业教育集团并开展校企对话和研讨活动	1次/年	1次/年	1次/年	1次/年	1次/年	省教育厅
		8. 建设陕西省残疾人职业院校师资培养培训基地	建成并培训30人/年	培训30人/年	培训30人/年	培训30人/年	培训30人/年	
		9. 校企共建"双师型"教师养培训基地和教师进企业实践基地	建成并实施	实施	实施	实施	实施	
		10. 培育遴选省级残疾人职业教育教学名师	5人/年	5人/年	5人/年	5人/年	5人/年	
		11. 建设残疾人职业教育名师(技能大师、教学能手、劳动模范)工作室	建设并实施	实施	实施	实施	实施	
		12. 培育遴选省级教师创新团队	至少2个/年	至少2个/年	至少2个/年	至少2个/年	至少2个/年	
		13. 实施教学创新团队境外培训计划、选派专业带头人和骨干教师出国研修访学	1次/年	1次/年	1次/年	1次/年	1次/年	
		14. 培育遴选校企双元合作开发的职业教育规划教材	至少3个	至少3个	至少3个	至少3个	至少3个	
		15. 培育遴选"课堂革命"典型案例	至少5个/年	至少5个/年	至少5个/年	至少5个/年	至少5个/年	

第七章　陕西省残疾人职业教育改革策略与发展规划

续表

序号	一级任务(12项)	二级任务(56项)	提质培优计划一期指标(2021—2023)	提质培优计划二期指标(2024—2026)	提质培优计划三期指标(2027—2029)	提质培优计划四期指标(2030—2032)	提质培优计划五期指标(2033—2035)	责任部门
5	陕西省残疾人职业教育教学改革	16.成立陕西省残疾人职业教育研究中心	建成并实施	实施	实施	实施	实施	省教育厅
		17.建设陕西国家通用手语和国家通用盲文推广服务中心	建成并实施	实施	实施	实施	实施	
6	陕西省残疾人职业学校学生综合素质教育	1.陕西省残疾人职业院校"自强模范"和"助残先进个人"表彰活动	1次/年	1次/年	1次/年	1次/年	1次/年	省教育厅、省残联
		2.建设陕西省残疾人康复体育基地,创造条件开设陕西省残疾人体育赛项	建成	1次/年	1次/年	1次/年	1次/年	
		3.开展陕西省残疾人职业院校艺术展演活动	1次/年	1次/年	1次/年	1次/年	1次/年	
		4.建设陕西省职业院校残疾学生心理健康教育咨询室,配备培养残疾学生心理咨询师资,筛查与干预机制,开展残疾学生心理测评、咨询,研究残疾学生心理健康咨询室,宣传心理健康知识,宣传心理健康教育	建成并实施	实施	实施	实施	实施	

· 317 ·

续表

序号	一级任务（12项）	二级任务（56项）	提质培优计划一期指标（2021—2023）	提质培优计划二期指标（2024—2026）	提质培优计划三期指标（2027—2029）	提质培优计划四期指标（2030—2032）	提质培优计划五期指标（2033—2035）	责任部门
7	扩大办学规模，促进学生就业	1. 扩大办学规模	残健融合招生	残健融合招生	残健融合招生	残健融合招生	残健融合招生	省教育厅、省残联
		2. 成立陕西省残疾人就业促进指导中心	建成	实施	实施	实施	实施	
		3. 建设陕西省残疾人创新创业孵化基地	建成并实施	实施	实施	实施	实施	
		4. 遴选陕西省残疾毕业生创新创业典型案例	至少5个/年	至少5个/年	至少5个/年	至少5个/年	至少5个/年	
8	残疾人职业技能培训教育	1. 建设陕西省残疾人职业技能培训中心	建成并实施	实施	实施	实施	实施	省残联
		2. 开展残疾人社区教育，送教上门，扶助重度残疾、多重残疾人员，对其开展技能培训	实施	实施	实施	实施	实施	
9	残疾人职业教育信息化建设水平	1. 落实《职业院校数字校园规范》，研制校本数据中心建设指南、系统设计与院校信息化整体解决方案	建成并实施	实施	实施	实施	实施	省教育厅
		2. 制订陕西省残疾人职业教育专业教学资源库	至少1个专业	至少1个专业	至少1个专业	至少1个专业	至少1个专业	

第七章　陕西省残疾人职业教育改革策略与发展规划

续表

序号	一级任务（12项）	二级任务（56项）	提质培优计划一期指标（2021—2023）	提质培优计划二期指标（2024—2026）	提质培优计划三期指标（2027—2029）	提质培优计划四期指标（2030—2032）	提质培优计划五期指标（2033—2035）	责任部门
9	残疾人职业教育信息化建设水平	3. 培育遴选虚拟仿真实训室基地	至少1个专业	至少1个专业	至少1个专业	至少1个专业	至少1个专业	省教育厅
		4. 培育遴选面向公共基础课和量大面广专业（技能）课、培育遴选精品在线开放课程	至少3门课程	至少3门课程	至少3门课程	至少3门课程	至少3门课程	
10	陕西省残疾人职业院校内部治理校长和管理干部培训		20人/年	20人/年	20人/年	20人/年	20人/年	省教育厅
	陕西省残疾人职业院校网格化的内部质量保证体系建设	1. 推进教学工作诊断与改进制度建设；推行人才培养方案公开制度；巩固院校质量年报发布制度	常态化实施	常态化实施	常态化实施	常态化实施	常态化实施	省教育厅
11		2. 制订陕西省残疾人职业院校教育督导评估办法	建成并实施	实施	实施	实施	实施	

续表

序号	一级任务(12项)	二级任务(56项)	提质培优计划一期指标(2021—2023)	提质培优计划二期指标(2024—2026)	提质培优计划三期指标(2027—2029)	提质培优计划四期指标(2030—2032)	提质培优计划五期指标(2033—2035)	责任部门
12	营造良好发展氛围	1. 制订和颁布残疾人职业教育省级法规	建成并实施	实施	实施	实施	实施	教育厅、省残联
		2. 建设残疾人职业教育院校校园文化	建设	建设	建设	建设	建设	

320

附录 陕西省残疾人职业教育发展研究报告

残疾人职业教育属于职业教育的重要组成部分,同时也是教育事业的重要组成部分,办好残疾人职业教育,是落实党的十九大关于"办好特殊教育",以及习近平总书记指出的"全面建成小康社会,残疾人一个也不能少"的重要体现。残疾人教育事业的发展是衡量一个国家现代化水平与文明程度的重要指标,同时也是残疾人回归社会的重要途径。

残疾人职业教育发展研究,主要研究各类残疾类别的受教育对象的身心特点及其身心发展规律;残疾人职业教育的目标是由总体育人目标和各级各类残疾人职业教育育人目标构成;残疾人职业教育的基本要素主要有政策保障、专业设置、资源与条件、教师、课程、形式与教法,以及主要模式等;残疾人职业教育的组织主要包括宏观的残疾人职业教育体制,中观的残疾人职业教育学校,以及微观的残疾人职业教育班级;残疾人职业教育的方法主要包括残疾人职业教育的教学方法、残疾人职业教育的评估方法,以及残疾人职业教育的管理方法。新中国成立以来,特别是改革开放以来,党和政府高度重视特殊职业教育发展,出台了一系列政策措施,显著提升了残疾人职业教育发展水平。

经过70余年的不断探索与创新,我国走出了一条具有中国特色的残疾人"融合教育"发展道路,特别是十八大以来,以习近平同志为核心的党中央格外关心残疾人、高度重视发展残疾人事业。近年来国家出台了《残疾人教育条例》《职业教育法》《残疾人保障法》等法律法规,以及两期"特殊教育提升计划"等文件,全面规定了残疾人应享有的接受职业教育的权益,显著提升了残疾人职业教育发展水平。2015年,教育部确定了37个国家特殊教育改革实验区,其中22个开展普通教育与残疾人"融合教育"实验。2017年,普通教育与残疾人融合教育首次写进《残疾人教育条例》。2018年,教育部等四部门印发《关于加快发展残疾人职业教育的若干意见》《中国教育现代化2035》和《第二期特殊教育提升计划(2017—2020年)》等文件均提出全面推进普通教育与残疾人融合教育。围绕学生"进得去、留得住、学得好",以两期"特殊教育提升计划"为部署,以《残疾人教育条例》为核心,衔接各项具体政策,涵盖全学段,政府、学校、家庭和社会共同推进残疾人"融合教育"发展。从"残疾人蓝皮书"统计数据来看,中国残疾人事业取得长足发展,残疾人职业教育在经历了初创期、形成期、发展期、成熟期的历程中,地方政府和残联提供全方位的大力支持,使残疾人职业教育事业得到了极大的发展和进步。

陕西地处经济相对不发达地区,近年来,虽然陕西省残疾人职业教育得到较快发展,但总体来看,陕西省残疾人职业教育滞后于全省教育整体水平,残疾人职业教育整体水平有待提高,办学水平偏低、师资力量薄弱、布局不合理等问题依然比较突出,与整体职业教育发展水平和广大残疾人接受职业教育的迫切需求之间存在较大差距。为全面、系统了解陕西省残疾人职业教育发展概况,课题组采用现状调查、比较调查、案例研究等方法,对陕西省8个地市以及国内外发达地区残疾人职业教育发展概况、典型个案进行了全面调查分析,总结陕西省残疾人职业教育发展中的成功经验,发现存在的问题和不足,探寻解决或化解问题与矛盾的策略,勾画未来10年陕西省残疾人职业教育的发展规划,并提出政策性建议,以此推动陕西省残疾人职业教育的可持续发展。

一、陕西省残疾人职业教育发展现状

我国残疾人人口基数庞大,受教育程度亟待提高,尤其是针对残疾人的中高等职业教育在我国起步较晚,发展较为迟缓。目前,我国较为完善的残疾人教育主要集中在义务教育阶段,残疾人职业教育在政策制定、制度体系等方面,与其他阶段的残疾人教育和普通职业教育的发展都存在较大差距。残疾人职业教育虽获得一定发展,但仍存在诸多不足,中高等职业教育衔接不畅、师资等办学基础条件欠缺、专业设置不合理等问题较为突出。

为改善上述情况,各地在着力发展本地区残疾人职业教育方面不断尝试、探索。陕西省作为教育大省,在残疾人职业教育方面也积累了一定的经

附录　陕西省残疾人职业教育发展研究报告

验。陕西省紧跟国家战略部署,针对残疾人职业教育先后出台了《陕西省实施〈中华人民共和国残疾人保障法〉办法》《陕西省贯彻〈教育部等八部门关于进一步加快特殊教育事业发展的意见〉的实施意见》《陕西省第二期特殊教育提升计划(2017—2020年)实施方案》等一系列政策措施,从而促进残疾人接受职业教育机会不断扩大,残疾人职业教育学校和机构的办学条件及保障能力显著改善,有力地推动了残疾人职业教育事业的发展。

(一)陕西省残疾人职业教育政策概况

陕西省人民政府1995年7月13日发布《陕西省按比例安排残疾人就业办法》,2002年10月15日发布《陕西省人民政府关于修改〈陕西省按比例安排残疾人就业办法〉的决定》(陕西省人民政府令第85号)(后经过2011年和2018年两次修订),明确了陕西省残疾人就业的相关规定,为陕西省残疾人就业提供基础保障。2009年陕西省省教育厅、省发改委、省民政厅、省财政厅、省人力资源和社会保障厅、省卫生厅、省编办、省残联等八部门正式下发《陕西省贯彻〈教育部等八部门关于进一步加快特殊教育事业发展的意见〉的实施意见》,其中就残疾人教育方面提出的措施主要包括大力发展以职业教育为主的高中阶段特殊教育,同时还提出要加大特殊教育经费投入,各地要将一定比例的残疾人就业保障金用于特殊教育学校的职业教育与培训。2012年陕西省印发《陕西省实施〈中华人民共和国残疾人保障法〉办法》(该办法于1994年6月27日陕西省第八届人民代表大会常务委员会第七次会议通过,2012年3月29日陕西省第十一届人民代表大会常务委员会第二十八次会议修订),提出政府有关部门、残疾职工所在单位或者有关社会组织应当对残疾人开展扫除文盲、职业教育、创业培训和成人教育等要求,并鼓励残疾人自学成才,要求教育部门、人力资源和社会保障部门应当重点发展残疾人初等和中等职业教育,开展以实用技术为主的中期、短期培训,特殊教育机构应当对残疾学生进行职业技术教育。2017年12月,陕西省教育厅等七部门联合印发《陕西省第二期特殊教育提升计划(2017—2020年)》,明确2020年前各市(区)要依托现有特殊教育和职业教育资源,建设一所能够满足本地区残疾学生高中阶段就学需求的特殊教育学校,各区县特殊教育学校要根据实际开设高中部(班)或中职部(班)。各地要鼓励特殊教育学校根据实际开设特色鲜明的职业教育专业,支持特殊教育学校与职业教育学校合作办学,把残疾人职业教育纳入全省职业教育发展规划、职业教育集团、校企合作范畴及现代职业教育体系中予以支持。陕西省有关残疾人职业教育的政策在贯彻落实中央政策文件精神的同时,更多地侧重发展本省残疾人职业教育的领先优势。陕西省作为教育大省,在残疾人职业教育方面也给予了更多的政策关注,在政策制定及实施方面,步伐也走在全国残疾人职业教育发展的前列。例如,提出要将就业保障金的一定比例用于发展特殊教育学校的职业教育与培训,设置职业教育部、职业教育融合资源中心等,这些都是陕西省在发展本省残疾人职业教育方面做出的有力政策部署。

(二)陕西省残疾人职业教育发展概况

1. 陕西省残疾人类别及受教育程度

截至2019年,陕西省已办理残疾人证的人数为1 345 070人,其中,肢体残疾人数最多,占比53.81%,其次是视力残疾、听力残疾、精神残疾、多重残疾、智力残疾、言语残疾。小学阶段受教育率为37.30%,初中阶段受教育率为32.33%,高中及以上阶段受教育率约为10.18%。陕西省残疾人的受教育水平主要集中在义务教育阶段,高中及以上文化程度占比比较低,真正接受残疾人职业教育的人群覆盖率相对较低。

2. 陕西省残疾人教育发展规模日益壮大

近年来,陕西省残疾人教育事业取得较大发展,各级政府的投入明显增加,残疾儿童入学"零拒绝",基本实现了30万人口以上市(县/区)独立设置一所特殊教育学校的目标,残疾学生在国家和省级助学体系中得到优先保障。特殊教育学校的班数、毕业生数、招生数、在校生数、教职工数都在逐年增加,具体情况如下。

陕西省特殊教育学校从2013年的50所,发展到2019年的66所。

班数从2013年的400个,发展到2019年的724个。

陕西省特殊教育在校生数从2013年的6 494人,发展到2019年的18 286人,增加了11 792人,累计增长了181.58%,年均增长率为19.24%。在校生中,小学阶段在校生从2013年的4 603人发展到2019年的13 126人,共增加了8 523人,增加了1.85倍;中学阶段在校生从2013年的1 809人发展到2019年的5 085人,共增加了3 276人,增加了1.81倍;高中阶段在校生从

2013年的82人减少到2019年的75人,是负增长。

毕业生数从2013年的1 109人发展到2019年的2 412人,增加了1 303人,累计增长了117.49%,年均增长率为15.67%。在校生数从2013年的6 494人发展到2019年的18 286人,增加了11 792人,累计增长了181.58%,年均增长率为19.24%。教职工数从2013年的1 173人发展到2019年的1 842人,增加了669人,累计增长了50.03%,年均增长率为7.86%。

从专任教师学历情况来看,2013年到2019年,专任教师中研究生毕业人数持续上升,其占比从2013年的1.15%上升到2019年的2.76%;专任教师中本科毕业人数也是持续上升的,其占比从2013年的45.29%上升到2019年的68.07%。

3.陕西省残疾人中等职业教育发展规模由高到低再进入缓慢回升

陕西省残疾人中等职业教育学校或班数从2013年的8个下降到2015年的2个,再缓慢回升至2019年的5个,整体上呈回落再增长态势。参见图F-1。

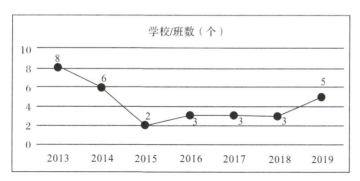

图F-1　陕西省残疾人中等职业教育学校/班数变化(2013—2019)

陕西省残疾人中等职业教育招生人数从2013年的1 548人下降到2015年的250人,再缓慢回升至2017年的494人,然后下降至2018年的437人,再上升至2019年的482人,整体上呈回落再回升态势。参见图F-2。

图 F-2　陕西省残疾人中等职业教育招生人数变化(2013—2019)

陕西省残疾人中等职业教育在校生人数从2013年的1 399人下降到2015年的581人,再缓慢回升至2017年的1 104人,然后又下降至2018年的1 051人,再上升至2019年的1 258人,整体上呈回落上升再回落态势。参见图F-3。

图 F-3　陕西省残疾人中等职业教育在校生人数变化(2013—2019)

陕西省残疾人中等职业教育毕业生人数从2013年的1 223人下降到2015年的284人,再缓慢回升至2017年的299人,然后下降至2017年的282人,再上升至2019年的516人,整体上呈下降再上升态势。参见图F-4。

附录 陕西省残疾人职业教育发展研究报告

图 F-4 陕西省残疾人中等职业教育毕业生人数变化(2013—2019)

陕西省残疾人中等职业教育毕业获职业资格证书人数从2013年的997人下降到2017年的170人,再缓慢回升至2019年的469人,整体上也呈回落再攀升态势。

陕西省残疾人中等职教育的基本情况,总体上变化比较慢,所有指标都呈回落再攀升态势。从基本情况来看,陕西省残疾人中等职业教育的发展处于爬坡阶段,无论是从学校或班数、招生数、在校生数、毕业生数,还是从毕业获得职业资格证书人数、被普高等院校录取人数,都是如此。

4. 陕西省残疾人职业教育办学条件持续稳步改善

2013年以来陕西经济发展速度较快,GDP增速除了2015年较低外,其他年份增速均在6%以上。经济的快速增长,为陕西省残疾人职业教育提供了有力的经费支撑,其经费投入逐年增加,校舍建筑面积、占地面积、图书馆藏书也都逐年增加。具体如表F-1所示。

表 F-1 陕西特殊教育的办学条件(2013—2019)

年份	经费总计/万元	校舍建筑面积/平方米	占地面积/平方米	馆藏图书/册
2013	16 435.80	155 016.00	298 725.00	186 594
2014	15 369.90	179 595.00	333 691.00	205 001
2015	17 641.20	183 664.64	360 544.40	200 575
2016	20 858.90	204 493.50	397 818.26	231 867
2017	24 803.60	216 218.48	510 579.63	221 110

续表

年份	经费总计/万元	校舍建筑面积/平方米	占地面积/平方米	馆藏图书/册
2018	30 015.00	228 011.10	498 049.36	305 616
2019	34 482.00	239 021.57	544 591.54	311 703

数据来源：中国教育经费统计年鉴(2013—2019)，中国教育统计年鉴(2013—2019)。

5. 陕西省残疾人职业教育专业设置门类丰富

专业设置是残疾人职业教育的前提条件。残疾人职业教育对象的特殊性决定了残疾人职业教育的专业设置除了要遵循职业教育一般规律外，还要考虑残疾学生身心发展的特点，即"应当根据社会需要和残疾人的身心特性合理设置专业"。陕西省现有残疾人职业教育专业主要涉及7大门类，分布在加工制造类、信息技术类、医药卫生类、休闲保健类、旅游服务类、文化艺术类、公共管理与服务类。

6. 陕西省残疾人职业教育培训全面开展

残疾人职业培训是残疾人职业教育不可或缺的重要组成部分。陕西省残疾人职业培训在2013—2019年期间，累计培训549 957人次，其中，培训人数最多的年份是2016年，共培训了91 186人次，培训人数最少的年份是2018年，共培训了62 827人次。培训期数累计10 674期，其中，最多的年份是2013年，合计培训1 880期，培训期数最少的年份是2018年，合计培训972期。培训经费累计5 497.74万元，其中，最多的年份是2014年，合计969.43万元。培训经费最少的年份是2015年，合计519.69万元。培训基地个数，只采集到2013—2015年的数据，培训基地个数最多的年份是2015年，共计1 018个，培训基地个数最少的年份是2013年，共计219个。

二、国内外发达地区残疾人职业教育的理念和经验

本课题选取美国、德国、日本、新加坡等发达国家以及国内发达地区的残疾人职业教育作为比较研究案例，系统总结、比较各国家和地区在法律保障、政策支持、发展路径、发展理念等方面的成功经验，为陕西省残疾人职业教育的发展提供参考。

(一)国外残疾人职业教育的理念与经验

美国在开展残疾人职业教育和职业培训、支持残疾人就业等方面走在了世界前列。美国残疾人职业教育发展模式经历了前期探索、规模扩张、质量提升三个阶段。发展理念从排斥走向接纳,再由接纳走向融合。比较分析发现,美国残疾人职业教育和职业培训有如下特点:一是有完善的法律保障和具体的配套政策支持。美国联邦政府和各州先后制定颁布包括《美国残疾人法》《残疾人教育法》及其修正案、《残疾人教育促进法》《康复法案》《联邦无障碍法规》《不让一个孩子掉队》《建筑障碍法案》《从学校到工作机会法案》《障碍者教育促进法》和《美国教育法案》等10多部法律法规,它们之间相互补充,并配套具体实施细则,为残疾人接受职业教育提供了从受教育权利到就业的一系列保障。二是有具体可操作的残疾人职业教育路径。残疾学生可以在普通高等院校接受普通的职业教育,如美国残疾人职业教育典型代表——社区学院,或是在普通高等院校中专门为残疾人设立的特殊专业中接受职业教育,如圣塔莫妮卡学院的残疾学生中心,或是在专为残疾人特别设立的高等院校中接受职业教育。

德国职业教育一直处于世界领先地位,而且其残疾人职业教育发展起步较早,在残疾人职业教育发展理念和具体教育实践上都积累了丰富的经验。一方面,德国残疾人职业教育有法律保障。2019年新修订的《职业教育法》对特殊人群职业教育作出法律规定与详细解释,设立"残疾人员职业教育委员会"。这一特定机构给予该委员会法律效能,该委员会致力于兼顾残疾人在职业教育中的特殊需要,并使残疾人的职业教育与其他促进残疾人参与劳动就业的措施协调发展。另一方面,德国完善的职业教育体系为残疾人接受教育和职业培训提供支持。

日本从国家层面来保护残疾人平等接受职业教育的权利,其于1970年颁布的《残疾人基本法》明确规定了国家、地方公共团体等在残疾人法律实施中的职责。此外,还规定了身心残疾的预防措施及相关医疗、训练、保护、教育、雇佣促进、无障碍化、住宅确保等与身心残疾人福利相关的措施,以实现残疾人政策的综合推进和残疾人福利的持续增加。另外,建立以融合教育为主的残疾人职业教育体系,推动残疾人融合教育的发展。

新加坡强调多元性的和谐共存,尤其在教育上,处处渗透着和谐的教育理念和政策。在新加坡政府的支持下,新加坡教育部对特殊教育政策不断完善,使得新加坡特殊教育在向全纳教育发展的过程中有自己独有的政策和举措。

通过对上述四个国家的残疾人职业教育状况的考察分析可以看出,各国发展残疾人职业教育具有一定的特点,同时也给我国发展残疾人职业教育提供了借鉴。

第一,完善残疾人职业教育立法,保障残疾人平等接受职业教育的权利。

第二,探索和建立以融合职业教育为主的现代残疾人职业教育体系。

第三,政府加大投入,改善职业院校开展残疾人教育的办学条件,包括无障碍环境改造、建立特殊教育资源教室等。

第四,建立较为丰富的残疾人就业服务机构以及职业院校,丰富残疾学生接受职业教育的机会。

(二)国内部分地区残疾人职业教育的启示

通过对国内部分省(市)如北京、上海、江苏、山西、青海、南京等在残疾人职业教育方面所采取的举措的分析可以看出,它们的成功经验主要体现在以下几个方面。

一是突出政府责任,创新行政机制。突出政府在残疾人融合教育发展中的主导作用,利用政府的行政力量调动各方资源,使政府成为推进残疾人融合教育发展的原动力。

二是加强制度创新,落实教育公平。从制度层面整合协同相关方力量,责任共担,用制度指导和规范残疾人融合教育资源中心工作,为残疾人在学习中真正享有公平且有质量的教育提供制度保障。

三是按需提供特殊教育服务。为有特殊教育需要的学生提供专业化的支持和服务,通过制度落实残疾学生"特需"服务的内容和责任,提高融合教育的质量。

四是开展多元化培训,提供教育就业一条龙服务。结合市场实际和用工信息等情况制订适合残疾人的多元化培训项目,提升学员的实践能力、动手能力和创新能力,增强就业信心;推行订单式培训,根据"订单"要求,组织残疾学员到用工企业参加培训,培训结束后,将其整体输送给企业安置就业。

五是通过大赛引领,促进残疾人职业培训。开展职业技能大赛,宣传获奖选手的事迹,增强培训机构继续办好培训的信心,吸引更多的残疾人关注和参加培训活动,帮助越来越多的残疾人实现就业。

三、陕西省残疾人职业教育存在的问题与不足

(一)招生信息发布手段需逐步走向多元化

残疾人获知信息渠道不畅,大部分残疾人获得技能培训信息是通过残联机构之间逐级通知获取。各级间信息传达不顺畅,导致残疾人无法及时获得培训信息,致使他们错失接受培训的机会。目前,陕西省多数残疾人仍靠亲戚介绍、朋友介绍等传统且低效率途径获取职业技能培训的相关信息,而通过培训机构、相关部门途径获取信息的残疾人相对较少。同时,残疾人就业服务机构不能及时将用工信息第一时间传达给有就业需求的残疾人。近些年,随着残疾人职业教育培训的不断发展,残疾人培训机构通过实地走访宣传、微信公众号宣传、网站宣传、公益活动等方式进行残疾人职业能力培训宣传。宣传方式上有了很大的改观,残疾人能更加便捷地找到适合自己的培训机构与培训项目。

(二)培训力度有待加强

高速发展的社会与经济,给残疾人带来两方面的变化:一是给他们提供了良好的物质生活条件;二是给他们带来了更大的挑战和危机。对于那些具备劳动能力和就业条件的残疾人,希望通过就业来实现其社会价值,参与到社会生活中去,不断应对生活中的挑战。这种强烈的就业意识使他们迫切希望得到来自政府和社会的指导与帮助,获得职业技术、职业技巧和职业技能上的学习与提升。然而,以往的陕西省残疾人职业教育培训工作的强度总体不足,残疾人接受职业培训次数少,培训时间短,难以满足残疾人对职业培训和就业的需求。在实际中,参与培训的大多数残疾人只进行过1次培训,参与培训的受访残疾人中有的人培训时间不足1个月。培训时间和培训次数是培训质量和效果的最基本保证,培训时间和次数较少是整体培训工作强度不足和培训质量较弱的主要原因。因此,目前残疾人职业培训已开始注重培训的连续性,做到岗前培训、轮转培训和在岗培训等职业全周期培训,使残疾人更好地适应各种工作环境。

(三)培训模式需向多元化转变

残疾人职业培训在模式、授课方式、组织管理以及后续服务等方面一直存在固化僵化的问题。在授课方式上,存在偏重理论性教学问题,教学内容无趣,讲课方式枯燥,不关注残疾人的真实需求,盲目授课。在组织管理上,一些农村地区的残疾人职业培训大多流于形式,只是完成上级安排的任务指标,而上级组织没有对培训进行严格的考核评估,这样的培训,既没有达到培训的目的,也造成了培训经费和培训资源的浪费。在后续服务上,缺少职业培训后的相关服务。在对残疾人进行一轮职业技术培训后就不了了之,没有实现培训与就业的双向互动。残疾人在生理条件、经济状况和社会环境的影响下,很难实现个人意愿,而现场培训需要残疾人走出家门,这无形中给其增加了困难。网络技术迅速发展给人们带来了巨大的生活便利,残疾人职业培训也可以顺应潮流开展网络培训,使其在家中就可以参加各类专业职业培训课程。另外,残疾人在参加完职业培训后很难获得机构提供的后续服务。残疾人参加培训的目的在于找到适合自己的工作岗位,因此,获取就业相关信息的意愿尤为强烈。目前,很多残疾人培训机构除了注重课程进行中的培训服务外,还对培训后相关就业信息、其他培训信息,以及相关职业技能辅导等服务予以提供,使残疾人参加职业培训后的就业率有了明显的提升。

此外,相对以往的培训模式,在培训过程中对残疾人的心理关注与教育越来越多。改变了相当一部分残疾人对政府特殊扶持政策的依赖。同时,提升残疾人的自信心,引导残疾人积极就业,通过真实案例激励残疾人凭借一技之长,也可以改善自身生活水平,实现人生价值。相对以往的注重短期培训效果,注重残疾人技能水平提升的培训模式,新模式在一定程度上加强了对残疾人心理的关注。

(四)培训内容针对性需逐渐加强

以往残疾人培训内容上的主要问题是针对性较弱,存在对培训内容不调查、不研究、不更新等现象。有的培训机构在开展培训前没有针对市场需求进行深入的调查研究,造成培训内容与企业需求不对口。残疾人在接受完职业培训后发现自己空有一身专业技术,但在市场上无用武之地。大多数培训机构的培训内容没有做到及时更新,有些培训机构连续很长时间使用相同的课程内容,甚至给残疾人进行第二次培训时还使用与之前大致相同的内容。这种盲目性和不负责任的培训对残疾人就业是没有效果的。培训内容低层次体现在内容简单,没有技术性和科学性,对残疾人没有实际性的帮助。另外,培训内容涉及的就业岗位层次低,多为体力工作。尽管当前残疾人培训已经拥有种类繁多的培训项目,但在实际的培训工作中,还是以传统的一些基础性岗位的培训为主。随着残疾人职业教育不断完善发展,培训机构在职业培训内容上有了很大的改观,能针对残疾人的真实状况与知识水平,为其安排合适的培训内容和对口的就业岗位。

(五)残疾人职业教育师资力量有待加强

教师作为传道授业解惑的引路人,在教育和培训的过程中具有启蒙的重要作用,尤其在缺乏教育的残疾人中,特别需要有丰富经验和知识的教师对他们进行专业的培训和指导。近年来,政府在残疾人职业培训师资的发展方面投入了很大的人力物力,目的在于培养符合残疾人教育培训的专业人才。然而,在实际中还有着很多潜在的问题。一方面,教师整体专业背景不足。针对残疾人的培训,培训教师仅有专业知识是不够的,还需要具备与残疾人进行良好沟通的技巧,以及了解残疾人心理活动等要求。因此,要求教师既要具备职业教育经验,也要具备特殊教育经验。然而,现实情况则是具备两种或一种教育经历的教师严重不足。在调查中发现,仅有少部分受访残疾人参加职业培训时的授课教师同时具有职业教育和特殊教育的经历。另一方面,教师学历水平较为普通。教师的学历水平决定了其课程的深度和专业方面,受访残疾人参加职业培训时的授课教师的学历水平在本科及以上的不足一半,大专及以下学历水平的居多,由此看来,以往的教师队伍中高学历师资比较短缺。近年来陕西省残疾人职业培训工作在不断发展,也取得了一些阶段性的成就,残疾人职业教育培训机构教师的准入门槛也在不断提高,高水平教师的加入,会使得残疾人职业教育更具科学性、系统性。

(六)培训内容需多元化

以往举办的残疾人培训项目主要集中在盲人按摩、面点、插花、计算机、美容美发培训等"老五样",培训技术含量相对较低、培训内容层次不高,这在一定程度上与社会用工需求相脱节,无法全面满足当今企业与用工市场的多样化需求。面对当前互联网与新兴行业的冲击,陕西省一些残疾人培训机构对市场做了充分的调研,不断探索研究新的就业岗位需求,开设对接新兴行业的培训课程。

四、陕西省残疾人职业教育发展的策略和建议

(一)陕西省残疾人职业教育发展的策略

1. 学习贯彻习近平新时代中国特色社会主义思想,落实立德树人根本任务

把学习贯彻习近平新时代中国特色社会主义思想作为首要任务,贯穿到陕西省残疾人职业教育改革发展的全过程中,落实到陕西省残疾人职业教育改革现代化的各个环节中。解决好培养什么人、怎样培养人、为谁培养人这个根本问题,坚持不懈地用习近平新时代中国特色社会主义思想铸魂育人。

2. 建设完善陕西省残疾人职业教育体系

按照终身教育理念,梳理陕西省残疾人职业教育资源,形成服务需求、开放融合、纵向流动、职前职中职后继续教育沟通的现代陕西省残疾人职业教育的体系框架和总体布局。系统构建从中职、专科、本科到专业学位研究生的陕西省残疾人职业教育培养体系,满足残疾人各层次技术技能人才的教育需求,服务一线残疾人的职业成长。畅通一线残疾人劳动者继续学习深造的路径,增加有工作经验的残疾人技术技能人才在职业院校学生中的比重,建立在职残疾人员"学习—就业—再学习"的通道,实现优秀人才在职业领域与教育领域的顺畅转换。

3. 开展陕西省残疾人职业辅导教育

针对残疾学生的具体情况,有针对性地开展职业辅导教育。职业院校要做出特别的辅导安排,关照每一位残疾人具体的问题,提出个性化的教育辅导解决方案,并在实践基础上不断优化。

4. 发展陕西省残疾人职业教育的终身教育

促进残疾人终身职业教育学习,增强中等、高等职业教育的开放性和多样性,使残疾人劳动者能够在职业发展的不同阶段通过多次选择、多种方式灵活接受职业教育和培训,促进残疾人劳动者为职业发展而学习,使职业教

育成为促进残疾人可持续发展的教育。

5. 促进陕西省残疾人职业教育中高职衔接

(1)建设陕西省残疾人职业教育中高职院校设置标准。落实教育部、中国残联发布的《残疾人中等职业学校设置标准(试行)》,建设《陕西省残疾人高等职业学校设置标准》,探索建设《陕西省特殊教育学校职业班设置标准》《陕西省残疾人高等职业学校设置标准》,改善学校办学条件,探索适宜陕西省残疾人职业教育中高职院校的办学规模、专业设置、班额建设、生均经费标准、教学班与教职工比例、"双师型"教师数占比、专任教师数占比、专业课教师数占比、图书量、盲文图书、有声读物、盲人和聋人电子阅览室、无障碍环境及实训基地、校园占地面和校舍建筑面积、信息化建设等。

(2)制度上确保中高职衔接的统筹管理。通过加强政府统筹和政策导向,做好学校布局、专业布局、招生等方面的统筹,打通中高职学校外部管理壁垒,对中高职衔接在内容、形式、路径上进行统一合理规划,开展中高职衔接招生制度改革,统筹制定人才培养方案,构建无缝衔接贯通体系。

(3)促进专业设置的专业性与对口性。按照要求统一中、高职专业类别。残疾人中职学校在积极开拓具有区域特色专业的同时,也要以特殊高等职业教育学校专业设置为导向,合理开设专业课,以实现中职专业与高职专业基本对应。另外,特殊高等职业教育学校要充分利用中职学校的专业资源,在中职院校的基础上设置新专业、新课程,以解决部分专业的中职学生升学困难的问题。

(4)探索多形式的中高职衔接途径。残疾人中高职衔接途径可积极探索"3+2"的人才培养模式,由特殊教育高职院校与中职学校共同制定"3+2"的人才培养方案,联合招收应届残疾初中毕业生,并以高职院校为主,统筹中职、高职阶段的教学与管理。

(5)注重课程内容的连续性、递进性和层次性。根据职业岗位的工作内容要求,全面统筹中高职教育内容,保证知识的连贯性和整体性,构建由文化课、专业课、专业选修课、公共选修课、实训课等共同组成的中高职衔接课程体系。

(6)畅通残疾人免试录取进入高等职业院校途径。

6. 改革陕西省残疾人职业教育评价标准

(1)改革陕西省残疾人职业教育院校评价标准。其侧重点在立德树人成效、办学成效、服务残疾学生成长等方面评价院校。

(2)改革陕西省残疾人职业教育院校教师评价标准。把师德师风作为第一标准;突出教育教学实绩,健全"双师型"教师认定、聘用、考核等评价标准,突出实践技能水平和专业教学能力;完善教材质量监控和评价机制,实施教材建设奖励制度;教师职称晋升给予倾斜政策。

(3)探索具有陕西省残疾人职业教育特色的学生评价模式。

7. 深化陕西省残疾人职业教育教学改革

(1)提高专业设置的科学性和合理性。一是专业设置要发挥残疾人的特长,避开他们的生理缺陷,发挥残疾人功能补偿的特点;二是专业设置要紧扣陕西乃至国内经济特色、文化特色和优势产业,与行业企业深入对接、沟通与合作,设置适宜残疾人就业的专业;三是积极探索设置面向智力残疾学生、多重残疾学生的专业或方向,扩大残疾人就读专业的选择机会,为残疾人提供适合的职业教育,同步促进残疾人的康复与职业技能提升。

(2)实施现代学徒制人才培养模式。在具备条件的专业实施现代学徒制人才培养模式,推进招生与招工一体化,学校、企业深度合作,工学交替,教师、师傅联合传授,校企共同主导人才培养,实现专业设置与产业需求对接,课程内容与职业标准对接,教学过程与生产过程对接,毕业证书与职业资格证书对接,职业教育与终身学习对接,提高人才培养质量和针对性。

(3)实施"1+X"证书制度试点,促进书证融通。"1+X"证书制度,即学历证书+若干职业技能等级证书制度。将"1+X"证书制度试点与专业建设、课程建设、教师队伍建设等紧密结合,推进"1"和"X"的有机衔接,提升职业教育质量和学生就业能力。

(4)拓展校企育人途径与方式。引入企业新技术、新工艺;引入企业文化、行业文化及工匠精神进校园、进教学、进实习实训场所;引入企业高技能人才,建设技能大师工作室;探索校企共建校内外生产性实训基地;探索引企入校,移校入企;探索建设校内残疾人职业教育孵化基地,为残疾人就业创业做好孵化基础工作。建设陕西省残疾人职业教育"双创"项目,对残疾人创新创业典型案例进行选拔和表彰,树立楷模,培育残疾人工匠精神,引导更多残疾人创新创业、服务社会、奉献社会。

（5）加强残疾人职业教育教师的培养培训。建设陕西省残疾人职业教育师资培训基地，对从事残疾人职业教育的教师定期进行系统培训，开展残疾人法律法规、特殊教育学、残疾人心理健康、残疾人康复、残疾人职业教育规律、残疾学生管理与教育、通用手语、通用盲文等专项培训，提高教师开展残疾人职业教育的综合能力。

培育陕西省残疾人职业教育教学创新团队建设项目，促进"双师型"教学团队建设，打造一批优质的创新师资团队。

（6）加大残疾人职业教育课程和教材建设力度。加强残疾人职业教育教材和教学资源建设，组织开发适合残疾人的职业教育教材。鼓励职业院校开发适合残疾人职业教育的校本教材。健全教材选用制度，选用体现新技术、新工艺、新规范等高质量的教材，引入典型生产案例。规范使用国家级规划教材，校企双元开发活页式、手册式教材，开发适宜残疾学生学习特点和学习规律的教材（包括盲人教材、大字版教材、有声教材等）。培育陕西省残疾人职业教育课程与教材研究项目，组建团队，校企合作开发课程、编写适宜残疾人专业学习的校本教材并不断拓展教学资源，深化课程和教材改革。

（7）改进课堂教学方法。采用适宜残疾人学习的教学方法，普及项目教学、案例教学、情境教学、模块化教学等教学方式。广泛运用启发式、探究式、讨论式、参与式等教学方法。推广翻转课堂、混合式教学、理实一体教学等新型教学模式，推动课堂教学革命。培育陕西省残疾人职业教育课堂教学改革研究项目，探索、深化和推广适宜残疾人教与学的课堂教学方法。

（8）推进信息技术与教学有机融合。为适应"互联网＋职业教育"新要求，要全面提升教师信息技术应用能力，推动大数据、人工智能、虚拟现实等现代信息技术在教育教学中的广泛应用，积极推动教师角色的转变和教育理念、教学观念、教学内容、教学方法以及教学评价等方面的改革。加快建设智能化教学支持环境，建设能够满足多样化需求的课程资源，创新服务供给模式，服务学生终身学习。建设陕西省残疾人职业教育教师信息技术能力提升项目，开展教师信息技术能力提升培训和研讨交流活动，促进信息技术在服务残疾人职业教育中发挥积极作用。

（9）加强残疾人就业指导和援助。各职业院校、各残疾人就业服务机构要结合残疾学生特点和需求提供就业创业指导,提高残疾学生的就业创业能力。

(10)加强残疾人职业教育研究工作。开展以残疾人职业教育教学改革为中心的经常性教育与管理研究活动,促进教育教学质量的提高。围绕现代学徒制、产教融合型专业建设、"三教"改革、残疾学生教育与管理等,聚焦热点、痛点、难点,开展教学与管理实践,及时发现、总结和提炼创新成果,科学有序普及和推广创新成果。

(11)推广国家通用盲文和通用手语。要切实落实好中宣部、中国残联、教育部、国家语委和国家广播电视总局制定的《国家通用手语推广方案》《国家通用盲文推广方案》要求。建设"陕西国家通用手语和国家通用盲文推广中心",加强对推广工作的组织协调,保障经费投入,协商决定重大事项,集体决议对重大问题的处理,联合开展推广工作督导检查。

8.加强陕西省残疾人职业学校学生综合素质教育

(1)学生德育教育。按照中等职业学校思想政治学科核心素养要求的政治认同、职业精神、法治意识、健全人格和公共参与等方面,开展学生德育教育。开展陕西省残疾人职业院校"自强模范"表彰活动,结合"国际残疾人日",对学校涌现的自强不息、勤奋上进的残疾学生典型榜样进行表彰,树立典型,激励更多残疾学生比学赶帮。

(2)学生康复健身体育教育。建设陕西省残疾人康复健身体育基地,为残疾人增强身体素质、提高生活质量、融入社会交往创造条件。开设陕西省残疾人体育赛事,为国家级和国际残疾人体育赛事培育优秀运动员,促进陕西省残疾人职业学校体育工作的发展。

(3)学生美育教育。将艺术课程与专业课程有机结合,强化实践,开设体现职业教育特点的拓展性艺术课程,培养具有审美修养的高素质技术技能人才,引导学生完善人格修养,增强文化创新意识。开展陕西省残疾人职业院校艺术展演活动,每年组织一次,集中展示学校美育成果和残疾学生艺术表演才能。

(4)学生劳动教育。将劳动教育纳入人才培养全过程,增强学生职业荣誉感和责任感,提高学生职业劳动技能水平,培育学生积极向上的劳动精神和认真负责的劳动态度。

(5)学生心理健康教育。建设学校心理咨询机构,普及心理健康知识,开展个体心理辅助支持,对学生的心理问题进行诊断、辅导和矫治,保障和维护学生拥有健康良好的心理状态。

(6)"残健融合"扩大办学规模,促进学生就业。以残疾人职业教育为重点,运用"残健融合",逐步扩大残疾学生和健全学生相融合的办学规模。畅通招生渠道,理顺残联、民政、教育对应的适宜残疾学生和健全学生顺利进入职业院校的路径,促进中职学生升学和就业。成立陕西省残疾人就业促进指导中心,建设陕西省残疾人创新创业孵化基地,遴选陕西省残疾毕业生创新创业典型案例。

(7)开展残疾人职业技能培训教育。面向社会广大残疾人,开展适合残疾人特点的职业技能培训,扩大残疾人职业技能培训规模,提升残疾人就业能力。

①开展就业技能培训。对残疾人中新成长劳动力和城镇登记失业人员开展专项技能或初级技能培训。以就业为导向,依托技工院校、职业院校、企业培训机构、就业培训中心、民办职业培训机构等教育培训机构开展培训,强化实际操作技能训练和职业素质培养,使培训对象达到上岗要求或掌握初级及以上职业技能,着力提高培训后的就业率。重点加强适合残疾人特点的职业培训,扶持一批民间工艺和民族传统文化技艺传承人。

②开展岗位技能提升培训。对用人单位在岗残疾职工开展提高技能水平的培训。由用人单位依托所属培训机构或其他各类培训机构,根据行业特点和岗位技能需求,结合技术进步和产业升级对职工技能水平的要求,对新录用的残疾职工开展岗前培训或学徒培训,对已在岗的残疾职工开展岗位技能提升培训或高技能人才培训。

③开展创业培训。对有创业意愿并具备一定创业条件的残疾人开展提高创业能力的培训。依托培训机构,结合当地产业发展和创业项目,根据培训对象的特点和需求组织开展创业培训。重点开展创业意识教育、创业项目指导和企业经营管理培训,提高培训对象的创业能力。

④开展残疾人社区教育。发挥陕西省残疾人职业院校的资源优势,开展陕西省残疾人社区教育,为重度残疾人、多重残疾人、生活无法自理无法进入学校学习的残疾人开展进社区技能培训,帮扶他们提高生存技能和职业技

能。建设陕西省残疾人职业技能培训中心,开展残疾人社区教育,送教上门,帮助重度残疾、多重残疾人员接受技能培训。

(8)提升残疾人职业教育信息化建设水平。系统设计学校信息化整体解决方案,提升学校信息化基础能力,统筹建设一体化、智能化的教学、管理及服务平台。落实《职业院校数字校园规范》,研制校本数据中心建设指南,系统设计院校信息化整体解决方案,建设陕西省残疾人职业教育专业教学资源库,培育遴选虚拟仿真实训基地,培育遴选面向公共基础课和量大面广的专业(技能)课,培育遴选精品在线开放课程。

(9)改进陕西省残疾人职业教育办学条件。加大对残疾人职业教育的投入,加强残疾人职业院校基础建设,为残疾学生就学、生活提供便利。鼓励职业院校与现有独立设置的特殊教育学校,共建、共享实训实习基地和创业孵化基地。加大对接受职业教育残疾学生的资助保障。

(二)陕西省残疾人职业教育发展的建议

1.加强陕西省残疾人职业教育的顶层设计工作

(1)全面统筹规划全省残疾人教育工作。坚持"特教特办"的原则,树立"大特教"观念,按照"全省残疾人教育工作一盘棋"的思路,对陕西省残疾人教育工作进行全面统筹规划,建设涵盖陕西省残疾人学前教育、小学教育、初中教育、高中教育、高职教育、本科及研究生教育的全体系教育规划,统筹各方面资源,凝聚力量,开创具有陕西特色和品牌的残疾人教育工作。

(2)理顺残疾人职业教育工作体制机制。统筹建立残疾人职业教育联席会议制度,破除部门间壁垒,形成政策和机制合力,及时研究解决残疾人职业教育工作中的有关问题,制订并完善全省残疾人职业教育的发展规划、实施机制、督导机制、评价机制和经费保障机制,统筹全省残疾人职业教育的改革和发展。主动对接和引入国内及国际高校、行业、企业、学会、社会组织、非遗传承资源等,建立陕西省残疾人职业教育专家智库,引入国内外残疾人职业教育的先进理念、成果经验、典型案例和推广项目,实现弯道超车,大力发展陕西省残疾人职业教育。

2.全面推进融合教育,促进残疾人更加平等充分地融入社会生活

(1)构建"随班就读"融合模式与残疾人职业院校"残健融合"模式并举的

融合教育模式。一方面,促进残疾学生进入普通职业院校,以"随班就读"的方式与健全学生一起接受职业教育;另一方面,鼓励残疾人职业院校招收健全学生,以"残健融合"的方式与健全学生一起接受职业教育。不断扩大残疾人接受职业教育的机会,以中等职业教育为重点,通过"随班就读"、专门编班等形式,逐步扩大招收残疾学生的规模。鼓励职业学校有针对性地开设适合残疾人学习的专业,积极探索设置面向智力残疾学生、多重残疾学生的专业或方向,扩大残疾人就读专业选择机会。鼓励职业院校与现有独立设置的特殊教育机构合作办学,联合招生、学分互认、课程互选,共同培养残疾学生。发挥现有残疾人职业教育机构在区域内的辐射引领作用,引导其对接收残疾学生的职业院校提供必要的业务指导和帮助。

(2)建设融合教育体制机制。加强对融合教育工作的组织领导和制度建设,建立健全推进融合教育的现代治理体制及运行机制,建立全覆盖的融合教育公平导向机制和行政支持机制,建立融合(或特殊)教育联席会议等制度,加强党的领导和政府统筹协调,逐步形成党的领导、政府主导、多部门协调配合、统分结合、依法行政的融合教育工作运行机制。加强对融合教育工作的评估检查,建立融合教育工作运行评价机制和监督机制。加强经费、专业人员等政策配套,形成融合教育发展的动力机制和激励机制。

(3)明确发展融合教育的指导思想和工作思路,促进融合教育向素质教育发展。积极引导普通职业院校和残疾人职业院校在实施融合教育过程中,全面深化课程教学改革,发展素质教育,逐步探索建立一体化融合教育体系下的既面向全体学生,又适合学生个别差异(重点是残疾学生)的统一性和多样性相结合的现代课程、教学模式及高质量育人体系,促进每一个学生绽放生命的精彩。

(4)加强融合教育支持体系建设,不断提高融合教育质量。全面推进融合教育,重点加强融合教育专业支持体系建设。建设残疾人职业教育指导中心,建立融合教育巡回指导制度及体系,加强省内融合教育规划与组织,开展巡回指导,加强教师培训,指导普通院校资源教室建设,整合教育资源,组织融合教育学校共同开展科学研究,推进省内融合教育发展。

3. 增加经费投入

按照高于普通中职和高职生均经费的 3—6 倍的水平给予优先和倾斜保

障,切实保障残疾人职业院校运行经费和绩效经费。给予残疾人接受职业教育的特殊学习用品费补助、交通费补助和生活补助标准,并给予经费保障。协调教育、残联、发改委、财政、人事、民政和劳动保障部门,一揽子统筹各部门资金用于残疾人职业教育,进一步完善残疾人职业教育各项优惠政策,用好残疾人事业发展资金、就业补助资金等,支持残疾人接受职业教育和培训,组织实施"彩票公益金助学项目""交通银行助学计划"等扶残助学项目。推行"普惠＋特惠"政策,完善残疾学生资助体系。提高资助水平,进一步健全助学体系,利用残疾人保障金、残疾人福利基金、慈善机构募集资金等,加大特困生资助力度,给予残疾学生交通费补助、生活困难补助和学习用品补助等,助力其顺利完成学业。

4. 促进残疾人接受高等职业教育

充分利用陕西省高校资源优势,中职与高校合作办学,在残疾人中职院校建设五年一贯制高职教育、建设"3＋2"中高职衔接的职业教育、建设"3＋4"中职本科衔接的职业教育,或者创设残疾人高职院校,建设残疾人单招考试制度,入学考试的方式和方法应当结合残疾人身体障碍实际,采用更加灵活有效的测试方式。加强高校专业支持体系和无障碍环境建设,并在高考和大学学习、生活等方面为残疾学生提供更多的便利。

5. 合理核定编制

结合陕西省具体情况,合理确定残疾人职业教育学校教职工编制并保障落实,建议按师生比1∶3—1∶5的标准核定残疾人职业院校编制,进一步提高残疾人职业教育学校专任教师的占比,加强残疾人职业院校康复医生、康复治疗师、康复训练人员的配备。

6. 落实院校办学自主权,稳步提高教师待遇,保障教师权益

以适应产业和就业需求为导向,在管理体制、专业设置、教师待遇、职称评聘、校企合作、教师招聘等方面,赋予学校更多自主权,稳步提高教师待遇,保障教师权益。

7. 促进院校办学条件达标

按照残疾人职业院校设置标准和特教学校建设标准,加强院校无障碍环境改造建设,促进院校办学条件达标。引入国内服务残疾人的信息化资源,

促进残疾学生利用信息化资源参与学习;引入仿真实训设施设备,更大程度满足残疾学生体验和参与真实岗位的技能学习和锻炼;引入"医教结合"的教学仪器、医疗设备和康复器材,促进残疾学生身体机能持续康复锻炼。

9.创设条件,拓展残疾人就业渠道

建设陕西省残疾人就业服务中心,组织专门团队和力量,服务全省残疾人就业工作。推进新型现代学徒培养和订单培养,推动招生与高质量就业,加强残疾人的就业指导和援助。鼓励职业院校积极参与政府购买残疾人职业技能培训服务和残疾人职业培训基地创建工作,针对劳动力市场需要及残疾人的实际,开展形式多样的职业技能培训和创业培训。

参考文献

[1] 范莉莉,方仪.残疾人现代职业教育发展策略研究[J].教育理论与实践,2019,39(36):22-24.

[2] 方仪,许巧仙.发达国家残疾人职业教育的发展经验及对我国的启示[J].中国职业技术教育,2018(24):69-73.

[3] 陈瑞英,刘炜.美国残疾人职业教育立法特点及其启示[J].实验室研究与探索,2019,38(1):207-209.

[4] 张蔚然,石伟平.如何发展残疾人职业教育:美国社区学院的经验与启示[J].中国职业技术教育,2019(22):68-75.

[5] 陈瑞英.德国特殊人群职业教育的经验对我国现代职业教育体系构建的启示[J].职教论坛,2015(30):93-96.

[6] 刘立新,张凯.德国《职业教育法(BBiG)》2019年修订版[J].中国职业技术教育,2020(4):16-42.

[7] 王光净.简析德国特殊人群职业教育模式[J].高教学刊,2016(7):9-10.

[8] 刘金霞.论日本《残疾人基本法》的变迁[J].现代特殊教育(高等教育研究),2017(8):76-80.

[9] 王轶,迟晓君.日本职业教育发展:阶段梳理与经验借鉴[J].职业技术教育,2020,41(18):75-80.

[10] 张凤莲.论日本职业技术教育与经济发展的适应性[J].广州大学学报:综合版,1990(1):15-22+14.

[11] 丁宁.日本职业教育发展历程、特点及启示[J].教育与职业,2019(4):79-85.

[12] 陈丽娟.日本职业教育发展的历史进程及特点[J].文教资料,2009(6):110-112.

[13] 宫靖,祝士明,柴文革.日本职业教育立法的演进[J].中国职业技术教育,2009(11):19-22.

[14] 祁占勇,王佳昕.日本职业教育制度的发展演变及其基本特征[J].河北师范大学学报:教育科学版,2018(1):73-78.

[15] 沈雁霞.日本高等专门学校发展史及对我国高等职业教育的启示[J].经济师,2007(8):146-147.

[16] 田子键. 日本当前的教育改革:日本临时教育审议会第二次答询要点[J]. 世界科技研究与发展,1987(10):12-14.

[17] 王得义. 中、美、日三国残疾人高等职业教育课程设置模式之比较研究[J]. 中国校外教育,2011(5):140-143.

[18] 陈时华. 新加坡职业教育特色及其启示[J]. 湖州职业技术学院学报,2020(1):43-46.

[19] 顾秀林,丁念金. 核心素养导向的课程改革:新加坡基础教育课程改革刍议[J]. 外国中小学教育,2017(4):68-75.

[20] 罗丹. 职业教育应对产业转型升级的新加坡模式研究:由"适应"到"引领"[J]. 职业技术教育,2015(1):75-79.

[21] 张国民,袁清心. 新加坡技能创前程计划及其对我国职业教育发展的若干启示[J]. 职业技术教育,2018(13):74-79.

[22] 卿中全. 新加坡职业教育发展述评:探索、改革与经验[J]. 高等工程教育研究,2018(2):6.

[23] 屈超,周林军. 借鉴新加坡职教办学理念构建一流高职教育师资队伍[J]. 教育教学论坛,2014(16):35-38.

[24] 王和平,杜晓新,张福娟. 新加坡培智学校课程设置特点及启示[J]. 外国中小学教育,2008(12):15-19.

[25] 邓猛. 关于全纳学校课程调整的思考[J]. 中国特殊教育,2004(45):1-7.

[26] 邓猛,雷江华. 培智学校课程改革与社会适应目标探析[J]. 中国特殊教育,2006(74):18-21.

[27] 杜晓新,王和平,黄昭鸣. 试论我国培智学校课程框架的构建[J]. 中国特殊教育,2007(83):13-17.

[28] 陈瑞英,王光净. 残疾人职业教育产教融合的推进策略[J]. 中国高等教育,2020(23):49-51.

[29] 彭琳,孙韵,原溯. 残疾人中等职业教育现状调查:以江苏省为例[J]. 中国校外教育,2020(21):104-105.

[30] 陈瑞英. 残疾人职业教育校企合作支持体系构建[J]. 实验室研究与探索,2020,39(7):247-250.

[31] 李志云. 精准扶贫视角下残疾人职业教育发展策略研究:以广东省培英职业技术学校为例[J]. 科教文汇(上旬刊),2020(7):8-10.

[32] 孙会,张金福. 政策过程视域下我国残疾人职业教育支持服务体系的建构、困境与优

化[J].职业技术教育,2020,41(19):46-51.

[33] 王静波.基于社会融入视角的残疾人中等职业教育研究[J].现代职业教育,2020(25):128-129.

[34] 索朗秋吉,陈莲俊,次仁拉姆.西藏残疾人职业教育产教融合的探索与实践:以那曲市特殊教育学校听障学生缝纫专业为例[J].现代特殊教育,2020(5):9-12.

[35] 邢颐.建设特殊教育专业课程标准增强残疾人就业创业能力:以陕西省城市经济学校为例[J].佳木斯职业学院学报,2019(12):236-238.

[36] 方威,程蕉,陈伟.广州市残疾人中等职业教育招生问题研究[J].教育教学论坛,2019(34):57-61.

[37] 周姊毓,贾海玲,刘海燕,等.校企合作视角下残疾人高等职业教育课程设置建议:以黑龙江省为例[J].绥化学院学报,2019,39(7):134-136.

[38] 李尚卫.我国特殊教育课程发展战略:回顾与展望[J].现代特殊教育,2019(12):3-11.

[39] 李尚卫,沈有禄.我国特殊职业教育发展战略:回顾与展望[J].中国职业技术教育,2019(16):37-43.

[40] 邱淑女.残疾人融合职业教育研究与启示[J].现代职业教育,2019(5):164-165.

[41] 李莉,冯建新,张萌.基于"工匠精神"的残疾人职业教育研究[J].绥化学院学报,2019,39(1):110-112.

[42] 董亚琦,张婷,于丽君.我国残疾人职业教育研究现状及趋势:基于CNKI(1988—2018)[J].绥化学院学报,2019,39(1):126-129.

[43] 尤兴琴,郭文斌.我国残疾人职业教育发展的困境及出路[J].山东高等教育,2018,6(6):7-12.

[44] 杨庆锋,程蕉,陈伟.广州市残疾人职业教育教师问题研究[J].教育教学论坛,2018(42):26-28.

[45] 吴涛,程蕉,陈伟,等.广州市残疾人职业教育课程研究[J].教育教学论坛,2018(42):229-231.

[46] 刘文丽,雷江华.盲人按摩中等职业教育课程实施困境及对策研究[J].绥化学院学报,2018,38(10):91-94.

[47] 郭文斌,张梁.残疾人职业教育研究热点及发展趋势[J].残疾人研究,2018(3):57-65.

[48] 何子良.残疾人职业教育的现状及发展对策探析[J].现代职业教育,2018(16):35.

[49]沈洪博.残疾人职业教育服务残疾人精准扶贫的路径探析[J].现代职业教育,2018(11):153.

[50]周姊毓,赖雪砚,贾海玲,等.残疾人职业能力评估的作用及发展途径探析[J].现代特殊教育,2017(20):49-52.

[51]甘昭良.促进残疾人就业的职业教育支持研究[J].北京联合大学学报,2017,31(4):84-92.

[52]赵小红.智力残疾人职业高中教育发展阶段特征探微[J].中国特殊教育,2017(8):37-43.

[53]王薇,丁玲,沈洪博.残疾人现代学徒制实施策略研究[J].辽东学院学报(社会科学版),2017,19(4):137-141.

[54]潘娇娇.融合教育背景下的残疾人职业教育探析[J].教育导刊,2017(7):76-80.

[55]陈瑞英,许保生.残疾人中高职教育一体化人才培养情况的调查[J].中国职业技术教育,2017(7):93-96.

[56]苏晗,赵长亮,石伟星.新常态下特殊教育学校职业教育专业设置研究:基于十所残疾人中等职业学校的办学实践[J].现代特殊教育,2017(4):60-64.

[57]范莉莉,方仪.提升残疾人职业教育水平助力残疾人小康进程[J].现代特殊教育,2017(4):79-80.

[58]周志英.职业教育应加强对残疾学生"工匠精神"的培育[J].现代特殊教育,2016(23):71-73.

[59]张金福.我国残疾人职业教育的发展及职业能力开发[J].教育理论与实践,2016,36(27):21-23.

[60]周姊毓.残疾人职业能力培养的实践研究[J].教育探索,2016(9):56-59.

[61]王中华.近二十年来关于残疾人职业教育的研究与展望[J].南昌师范学院学报,2016,37(4):134-137.

[62]赵小红,孙颖,王红霞.中国残疾人职业教育研究进展[J].中国特殊教育,2016(6):8-16.

[63]潘威.残疾人职业教育专业设置改革的探索[J].哈尔滨职业技术学院学报,2016(3):50-52.

[64]许保生.论残疾人职业教育的现状及发展对策[J].浙江师范大学学报(社会科学版),2012(11):95-99.

[65]邱淑女.残疾人融合职业教育研究与启示[J].现代职业教育,2019(5):164-165.

[66]许家成.残疾人职业教育的准备式和支持式模式[J].中国特殊教育,1998(2):32-36.

[67]潘娇娇.融合教育背景下的残疾人职业教育探析[J].教育导刊,2017(7):76-80.

[68]王炳洋.创新理念构建特教学校职业教育新模式[J].现代特殊教育,2017(5):25-27.

[69]马芳.宁夏特殊教育学校职业教育现状分析与对策研究[J].宁夏师范学院学报,2020(5):35-38.

[70]解彦青,刘雪莲.特殊教育学校职业教育体系的创新构建[J].职业教育,2019(20):75.

[71]刘惠苑,戴双翔.特殊职业教育保障体系研究[J].黑河学院学报,2012(2):73-75.

[72]李尚卫,沈有禄.我国特殊职业教育发展战略:回顾与展望[J].中国职业技术教育,2019(16):37-43.

[73]任登峰.我国特殊职业教育与职业教育合作问题研究[J].职业教育研究,2011(6):47-48.

[74]胡智锋,樊小敏.中国融合教育的发展、困境与对策[J].现代教育管理,2020(2):1-7.

[75]邓猛,杜林.西方特殊教育范式的变迁及我国特殊教育学校功能转型的思考[J].中国特殊教育,2019(3):3-9.

[76]刘桂香.思考特殊教育学校职业教育结构优化的基本路径[J].教育研究学刊,2018(1):202.

[77]张婷,朱凤英.特殊教育内涵发展的走向与实践依托水[J].中国特殊教育,2017(10):3-8.

[78]徐莉亚.职业教育专业设置与产业结构适应性分析[J].教育与职业,2016(3):5-8.

[79]潘威.残疾人职业教育专业设置改革的探索[J].哈尔滨职业技术学院学报,2016(3):50-52.

[80]刘礼兰.残疾人教育的公正性反思[J].绥化学院学报,2016,36(4):152-155.

[81]李长征.学生基础对专业建设的影响[J].职业,2019(27):63-64.

[82]残疾人中职学校设置标准解读[J].中国残疾人,2007(8):28-29.

[83]崛起中的吉林省大安市特殊教育学校[J].现代教育科学,2013(10):181.

[84]赵超君.竞赛法的多重价值及运用策略新探[J].中国学校体育,2018(6):29-31.

[85]管作闱.如何有效地促进农村小学随班就读学生的学习[J].学周刊,2015(34):105.

[86]王海波,吉英素.未成年违法犯罪学生跟班就读的实践与思考[J].卫生职业教育,2010,28(17):43-45.

[87]王阳,冶美琳.新疆普校特殊班的现实困境与发展路径[J].绥化学院学报,2019,39(10):149-152.

[88]丁勇.切实发挥特殊教育学校"办好特殊教育"的骨干作用[J].现代特殊教育,2020(5):4-8.

[89]何茹.行为导向教学法在汽车营销学教学中的应用分析[J].湖北农机化,2019(18):54.

[90]周丹,王雁,冯雅静.合作教学论视角下我国残疾人高等教育教师团队建设路径研究[J].现代特殊教育,2016(12):61-65.

[91]孙碧艳.高职院校思政理论课实践教学资源利用的思考[J].学理论,2015(18):185-187.

[92]萧丽萍.随班就读特殊孩子的教育[J].科学咨询(科技·管理),2018(6):139.

[93]孙璐,孔锦,王琦.特教职业教育中引入高职校企合作教育模式的思考[J].扬州教育学院学报,2014,32(1):62-65.

[94]姜亚萍,董晶.高职电气自动化专业实践教学的必要性分析[J].科技经济市场,2017(8):164-165.

[95]尤兴琴.我国残疾人领域的研究重点和构成演变:基于2072篇博硕学位论文的可视化分析[J].现代特殊教育,2019(2):17-22.

[96]孙会,张金福.政策过程视域下我国残疾人职业教育支持服务体系的建构、困境与优化[J].职业技术教育,2020,41(19):46-51.

[97]钱丽霞.全纳教育在中国实施之设想[J].全球教育展望,2003(5):45-50.

[98]邓猛,朱志勇.随班就读与融合教育:中西方特殊教育模式的比较[J].华中师范大学学报:人文社科版,2007(4):125-129.

[99]王刚,王艺璇."十三五"期间我国关键教育政策问题与对策建议[J].现代教育管理,2020(3):36-44.

[100]庞春梗.残疾人职业教育发展现状与思考[J].职业教育,2019(6):184.

[101]杨希洁.当前特殊教育发展若干特点及问题的思考[J].中国特殊教育,2019(8):8-13.

[102]刘俊卿.发展特殊教育学校中等职业教育的机遇、挑战及策略[J].沈阳师范大学学报(社会科学版),2017,41(6):100-103.

[103]赵小红.改革开放30年中国特殊教育的发展及政策建议[J].中国特殊教育,2008(10):35-41.

[104]杨克瑞.改革开放40年我国特殊教育政策的顶层设计与战略推进[J].中国教育学刊,2018(5):31-35

[105]张茂聪,王宁.改革开放四十年来我国特殊教育政策演进与逻辑[J].中国特殊教育,2019(3):11-19.

[106]范莉莉,方仪.残疾人现代职业教育发展策略研究[J].教育理论与实践,2019(8):22-24.

[107]程凯.办好公平、包容、优质的特殊教育:不让一个残疾孩子落下:关于实施《2030年可持续发展议程》教育目标若干问题的思考[J].现代特殊教育:高教,2016(13):3-7.

[108]丁勇.办好特殊教育,提高特殊教育质量[J].现代特殊教育,2016(10):1.

[109]苗晓丹.创新背景下的德国职业教育体系及质量研究[M].北京:光明日报出版社,2017.

[110]陈云英,沈家英,王书荃.特殊教育的理论与实践[M].北京:教育科学出版社,1992.

[111]王和平.新加坡特殊教育观感[M]//上海市特教研究所.探索·研究·交流:上海特教精粹.上海:上海教育出版社,2007:453-456.

[112]中华人民共和国教育部发展规划司.中国教育统计年鉴2013[M].北京:人民教育出版社,2014.

[113]中华人民共和国教育部发展规划司.中国教育统计年鉴2014[M].北京:人民教育出版社,2015.

[114]中华人民共和国教育部发展规划司.中国教育统计年鉴2015[M].北京:人民教育出版社,2016.

[115]中华人民共和国教育部发展规划司.中国教育统计年鉴2016[M].北京:人民教育出版社,2017.

[116]中华人民共和国教育部发展规划司.中国教育统计年鉴2017[M].北京:人民教育出版社,2018.

[117]中华人民共和国教育部发展规划司.中国教育统计年鉴2018[M].北京:人民教育出版社,2019.

[118]中华人民共和国教育部发展规划司.中国教育统计年鉴2019[M].北京:人民教育出版社,2020.

[119]中华人民共和国教育部发展规划司.中国教育统计年鉴2020[M].北京:人民教育出版社,2021.

[120]教育部财务司,国家统计局社会科技和文化产业统计司.中国教育经费统计年鉴2013[M].北京:中国统计出版社,2014.

[121] 教育部财务司,国家统计局社会科技和文化产业统计司.中国教育经费统计年鉴2014[M].北京:中国统计出版社,2015.

[122] 教育部财务司,国家统计局社会科技和文化产业统计司.中国教育经费统计年鉴2015[M].北京:中国统计出版社,2016.

[123] 教育部财务司,国家统计局社会科技和文化产业统计司.中国教育经费统计年鉴2016[M].北京:中国统计出版社,2017.

[124] 教育部财务司,国家统计局社会科技和文化产业统计司.中国教育经费统计年鉴2017[M].北京:中国统计出版社,2018.

[125] 教育部财务司,国家统计局社会科技和文化产业统计司.中国教育经费统计年鉴2018[M].北京:中国统计出版社,2019.

[126] 教育部财务司,国家统计局社会科技和文化产业统计司.中国教育经费统计年鉴2019[M].北京:中国统计出版社,2020.

[127] 中国残疾人联合会.中国残疾人事业统计年鉴2013[M].北京:中国统计出版社,2014.

[128] 中国残疾人联合会.中国残疾人事业统计年鉴2014[M].北京:中国统计出版社,2015.

[129] 中国残疾人联合会.中国残疾人事业统计年鉴2015[M].北京:中国统计出版社,2016.

[130] 中国残疾人联合会.中国残疾人事业统计年鉴2016[M].北京:中国统计出版社,2017.

[131] 中国残疾人联合会.中国残疾人事业统计年鉴2017[M].北京:中国统计出版社,2018.

[132] 中国残疾人联合会.中国残疾人事业统计年鉴2018[M].北京:中国统计出版社,2019.

[133] 中国残疾人联合会.中国残疾人事业统计年鉴2019[M].北京:中国统计出版社,2020.

[134] 中国残疾人联合会.中国残疾人事业统计年鉴2020[M].北京:中国统计出版社,2021.

[135] 方俊明.雷江华.特殊教育学[M].2版.北京:北京大学出版社,2019:50-68.

[136] 黄志成.等.全纳教育:关注所有学生的学习和参与[M].上海:上海教育出版社,2004:3.

[137]雷江华.融合教育导论[M].北京:北京大学出版社,2017:1-28.

[138]许保生,张帆.浙江省残疾人中等职业教育办学现状及对策[J].绥化学院学报,2015,35(4):5.

[139]许保生.论残疾人职业教育的现状与发展对策[J].浙江师范大学学报(社会科学版),2012,37(6):5.

[140]彭跃刚.美国社区学院发展与变革研究[D].上海:华东师范大学,2017.

[141]李风娇.新加坡特殊教育政策内容分析[D].兰州:西北师范大学,2013.

[142]赵玲娟.新加坡高等职业技术教育研究[D].桂林:广西师范大学,2014.

[143]谢颖.利益相关者视角下残疾人职业教育发展路径研究[D].南京:南京大学,2020.

[144]何云霞.残疾人职业教育问题及对策研究[D].长沙:湖南师范大学,2011.

[145]于妍.改革开放以来我国特殊教育学校职业教育政策研究[D].沈阳:沈阳师范大学,2018.

[146]林营营.以就业为导向的聋人中等职业学校专业设置研究[D].沈阳:沈阳师范大学,2014.

[147]项冬松.徐州市中等职业学校专业设置的现状与对策研究[D].天津:天津大学,2004.

[148]冯丹阳.培智学校一般性课程教育康复训练现状研究[D].大连:辽宁师范大学,2017.

[149]张亦弛.远程教育系统结构分析[D].长沙:中国人民解放军国防科技大学,2002.

[150]LEVINSONE M,PALMER E J. Preparing Students With Disabilities for School-to-Work Transition and Postschool Life[J]. Reading Improvement,2005.

[151]FICHTEN C S,JORGENSEN S,HAVEL A,et al. What happens after graduation? Outcomes,Employment,and Recommendations of Recent Junior/Community College Graduates with and without Disabilities[J]. Disability and Rehabilitation,2012,34:917-924.

[152]ACTR. Students with Disabilities Preparing for Postsecondary Education:Know Your Rights and Responsibilities[J]. US Department of Education,2005:6.

[153]BRANDB,VALENT A,DANIELSON L. Improving College and Career Readiness for Students with Disabilities[J]. College & Career Readiness & Success Center,2013:33.

[154]Ministry of Education,Singapore. Special Education in Singapore[EB/OL]. [2022-

03 – 15]. http://www.moe.gov.sg/education/special-education.

[155] LIM L, NAM S S. Special Education in Singapore[J]. Journal of Special Education, 2000.

[156] Movement for the Intellectually Disabled of Singapore: Services of Schools[EB/OL]. [2022 – 03 – 15]. http://www.minds.org.sg/main/services.php.

[157] Association of Persons with Special Needs. Curriculum Framework of Chaoyang School[EB/OL]. [2022 – 03 – 15]. http://www.apsn.org.sg/.

[158] 有松玲. 障害者政策の現状と課題:制度改革の現況分析を通して[J]. Core Ethics:コア・エシックス,2012(8):1 – 11.

[159] 新田秀樹. 日本における障害者法学の成立可能性:障害者基本法を素材とした試論[J]. 大原社会問題研究所雑誌,2012(2):33 – 47.

[160] 文部科学省. 日本の障害者施策の経緯[EB/OL]. (2010 – 07 – 20)[2022 – 03 – 15]. http://www.mext.go.jp/b_menu/shingi/chukyo/chukyo3/siryo/attach/1295934.htm.

[161] 科学技術教育の振興方策について(答申)[EB/OL]. (1957 – 04 – 27)[2022 – 03 – 15]. https://www.mext.go.jp/b_menu/shingi/chuuou/toushin/571101.htm.

[162] 国立工業教員養成所の設置等に関する臨時措置法[EB/OL]. (1961 – 05 – 19)[2020 – 03 – 20]. http://www.shugiin.go.jp/internet/itdb_housei.nsf/html/houritsu/03819610519087.htm.

[163] 専修学校の振興に関する検討会議・専修学校の具体的な振興方策の提案:当面する重要な課題の解決に向けて[EB/OL]. (2007 – 11 – 21)[2022 – 03 – 15]. https://www.mext.go.jp/b_menu/shingi/chousa/shougai/015/siryo/attach/1374901.htm.

[164] 体系的なキャリア教育:職業教育の推進に向けたインターンシップの更なる充実に関する調査研究協力者会議の設置について[EB/OL]. (2013 – 02 – 06)[2022 – 03 – 20]. https://www.mext.go.jp/b_menu/shingi/chousa/koutou/055/attach/1331536.htm.

[165] 小川政亮. 小川政亮著作集:障害者・患者・高齢者の人として生きる権利[M]. 東京:大月書店,2007:102.

[166] 山口薫,金子健. 特殊教育的展望:面向21世纪[M]. 大连:辽宁师范大学出版社,1986.

后　　记

本书是陕西省残疾人联合会资助支持的陕西省残疾人职业教育发展研究课题的主要成果之一。从课题策划、开题到完成结题历时一年多，是从事职业教育管理研究人员和残疾人职业教育一线工作者集体劳动的成果。在付梓之际，感谢各位课题参与者的坚守和奉献，感谢陕西省残疾人联合会的支持和指导，感谢陕西省城市经济学校为项目研究提供的帮助和支持。

陕西省残疾人职业教育发展研究课题由7个子课题组成并由相应负责人各自完成研究任务。本书各章的编撰者分别是：第一章残疾人职业教育理论基础与发展历程由郭凌华（陕西科技大学）、胡亚华（陕西科技大学）、刘雁（陕西省城市经济学校）、马小莉（陕西科技大学）、周小军（陕西科技大学）、张红（陕西科技大学）等编著；第二章陕西省残疾人职业教育现状由张燕（西安外事学院）、何晓莉（陕西省城市经济学校）、雷润玲（西安外事学院）、郑春（西安外事学院）、王晓辉（咸阳职业技术学院）、张俊（陕西省城市经济学校）等编著；第三章国外残疾人职业教育典型案例由祝和意（陕西铁路工程职业技术学院）、周荣亚（陕西铁路工程职业技术学院）、姜东亮（陕西铁路工程职业技术学院）、吴海光（陕西铁路工程职业技术学院）、赵东（陕西铁路工程职业技术学院）、邢颐（陕西省城市经济学校）、蔡昱（陕西铁路工程职业技术学院）等编著；第四章国内残疾人职业教育发展经验研究由薛冬（渭南技师学院）、郭凌华（陕西科技大学）、刘萌（陕西省城市经济学校）、徐艳平（渭南技师学院）、贺永锋（渭南技师学院）、王蕊（渭南技师学院）等编著；第五章陕西省残疾人职业教育实践研究由刘引涛（陕西工业职业技术学院）、贺林飞（陕西省教育厅）、杨金产（陕西省城市经济学校）、王恩波（陕西工业职业技术学院）、杨延波（陕西工业职业技术学院）、胡楠（陕西工业职业技术学院）、张育洋（陕西工业职业技术学院）、罗蓉（陕西省自强中等专业学校）等编著；第六章陕西省残疾人职业教育形势与任务由邓志博（西安航空职业技术学院）、边小卫（陕西省城市经济学校）、史佳豪（西安航空职业技术学院）、李昊燔（西安航空职业

03-15]. http://www.moe.gov.sg/education/special-education.

[155] LIM L，NAM S S. Special Education in Singapore[J]. Journal of Special Education，2000.

[156] Movement for the Intellectually Disabled of Singapore：Services of Schools[EB/OL]. [2022-03-15]. http://www.minds.org.sg/main/services.php.

[157] Association of Persons with Special Needs. Curriculum Framework of Chaoyang School[EB/OL]. [2022-03-15]. http://www.apsn.org.sg/.

[158] 有松玲.障害者政策の現状と課題：制度改革の現況分析を通して[J]. Core Ethics：コア・エシックス，2012(8)：1-11.

[159] 新田秀樹.日本における障害者法学の成立可能性：障害者基本法を素材とした試論[J].大原社会問題研究所雑誌，2012(2)：33-47.

[160] 文部科学省.日本の障害者施策の経緯[EB/OL]. (2010-07-20)[2022-03-15]. http://www.mext.go.jp/b_menu/shingi/chukyo/chukyo3/siryo/attach/1295934.htm.

[161] 科学技術教育の振興方策について(答申)[EB/OL]. (1957-04-27)[2022-03-15]. https://www.mext.go.jp/b_menu/shingi/chuuou/toushin/571101.htm.

[162] 国立工業教員養成所の設置等に関する臨時措置法[EB/OL]. (1961-05-19)[2020-03-20]. http://www.shugiin.go.jp/internet/itdb_housei.nsf/html/houritsu/03819610519087.htm.

[163] 専修学校の振興に関する検討会議・専修学校の具体的な振興方策の提案：当面する重要な課題の解決に向けて[EB/OL]. (2007-11-21)[2022-03-15]. https://www.mext.go.jp/b_menu/shingi/chousa/shougai/015/siryo/attach/1374901.htm.

[164] 体系的なキャリア教育：職業教育の推進に向けたインターンシップの更なる充実に関する調査研究協力者会議の設置について[EB/OL]. (2013-02-06)[2022-03-20]. https://www.mext.go.jp/b_menu/shingi/chousa/koutou/055/attach/1331536.htm.

[165] 小川政亮.小川政亮著作集：障害者・患者・高齢者の人として生きる権利[M].东京：大月書店，2007：102.

[166] 山口薫，金子健.特殊教育的展望：面向21世纪[M].大连：辽宁师范大学出版社，1986.

后 记

本书是陕西省残疾人联合会资助支持的陕西省残疾人职业教育发展研究课题的主要成果之一。从课题策划、开题到完成结题历时一年多，是从事职业教育管理研究人员和残疾人职业教育一线工作者集体劳动的成果。在付梓之际，感谢各位课题参与者的坚守和奉献，感谢陕西省残疾人联合会的支持和指导，感谢陕西省城市经济学校为项目研究提供的帮助和支持。

陕西省残疾人职业教育发展研究课题由7个子课题组成并由相应负责人各自完成研究任务。本书各章的编撰者分别是：第一章残疾人职业教育理论基础与发展历程由郭凌华(陕西科技大学)、胡亚华(陕西科技大学)、刘雁(陕西省城市经济学校)、马小莉(陕西科技大学)、周小军(陕西科技大学)、张红(陕西科技大学)等编著；第二章陕西省残疾人职业教育现状由张燕(西安外事学院)、何晓莉(陕西省城市经济学校)、雷润玲(西安外事学院)、郑春(西安外事学院)、王晓辉(咸阳职业技术学院)、张俊(陕西省城市经济学校)等编著；第三章国外残疾人职业教育典型案例由祝和意(陕西铁路工程职业技术学院)、周荣亚(陕西铁路工程职业技术学院)、姜东亮(陕西铁路工程职业技术学院)、吴海光(陕西铁路工程职业技术学院)、赵东(陕西铁路工程职业技术学院)、邢颐(陕西省城市经济学校)、蔡昱(陕西铁路工程职业技术学院)等编著；第四章国内残疾人职业教育发展经验研究由薛冬(渭南技师学院)、郭凌华(陕西科技大学)、刘萌(陕西省城市经济学校)、徐艳平(渭南技师学院)、贺永锋(渭南技师学院)、王蕊(渭南技师学院)等编著；第五章陕西省残疾人职业教育实践研究由刘引涛(陕西工业职业技术学院)、贺林飞(陕西省教育厅)、杨金产(陕西省城市经济学校)、王恩波(陕西工业职业技术学院)、杨延波(陕西工业职业技术学院)、胡楠(陕西工业职业技术学院)、张育洋(陕西工业职业技术学院)、罗蓉(陕西省自强中等专业学校)等编著；第六章陕西省残疾人职业教育形势与任务由邓志博(西安航空职业技术学院)、边小卫(陕西省城市经济学校)、史佳豪(西安航空职业技术学院)、李昊燔(西安航空职业技术学院)、田方(西安航空职业技术学院)、张荣(陕西省城市经济学校)、龚小涛(西安航空职业技术学院)等编著;第七章陕西省残疾人职业教育改革策略与发展规划由惠均芳(陕西省教育科学研究院)、高居红(陕西省教育科学研究院)、祁淑红(陕西省自强中等专业学校)、武燕(陕西省城市经济学校)、安鑫(陕西省自强中等专业学校)等编著;《陕西残疾人职业教育发展研究报告》由杨晓(陕西科技大学)、秦瑾若(陕西科技大学)、李核(陕西科技大学)、杨辉(陕西省城市经济学校)等编著。

  本书由西安外事学院七方教育研究院副院长、陕西科技大学兼职教授李明富负责统筹与策划,陕西科技大学教育学院院长刘正安主持项目实施并负责统稿,陕西科技大学杨晓教授参与书稿统稿和校核。本书编撰过程中参考了相关研究论文、论著,在此特别加以说明并向作者致以谢忱。本书的出版,得到了西安交通大学出版社职业教育分社曹昳社长的热心帮助和支持,在此谨致谢意。

  由于时间较仓促,加之水平所限,书中不当之处,恳请职业教育同仁和读者朋友批评指正。

编者

2021 年 10 月 28 日